U0873057

科学出版社“十四五”普通高等教育本科规划教材
吉林大学“十四五”规划教材

信息分析：方法、应用与工具

（第2版）

主编　王晰巍

科 学 出 版 社
北 京

内 容 简 介

本书的内容涵盖信息分析的基本方法，目的是使学生系统、深入地掌握信息分析的主要应用和目前主流信息分析工具。本书共 4 篇，包括基础篇、方法篇、应用篇和前沿篇：基础篇包括信息分析概论、信息分析框架；方法篇包括逻辑思维方法、德尔菲法、回归分析法、聚类分析；应用篇包括竞争情报分析、社会调查法、市场信息分析与预测、文献计量法、专利信息分析；前沿篇包括大数据、人工智能、虚拟现实与增强现实、区块链技术。

本书适合工商管理、管理科学与工程、图书情报与档案管理、公共管理等相关专业的本科生阅读。其中，部分章节的内容研究较深，适合部分本科生和硕士研究生在进行研究方法的深入学习时使用。同时，本书也可供具有一定工作经历的工商管理硕士（MBA）参考。

图书在版编目（CIP）数据

信息分析：方法、应用与工具 / 王晰巍主编. —2 版. —北京：科学出版社，2024.10

科学出版社“十四五”普通高等教育本科规划教材
吉林大学“十四五”规划教材

ISBN 978-7-03-073846-2

Ⅰ. ①信…　Ⅱ. ①王…　Ⅲ. ①信息－分析－高等学校－教材
Ⅳ. ①G202

中国版本图书馆 CIP 数据核字（2022）第 220559 号

责任编辑：王喜军　高慧元 / 责任校对：任苗苗
责任印制：赵　博 / 封面设计：无极书装

科学出版社出版
北京东黄城根北街 16 号
邮政编码：100717
http://www.sciencep.com
北京天宇星印刷厂印刷
科学出版社发行　各地新华书店经销
*
2015 年 11 月吉林大学出版社第一版
2024 年 10 月第　二　版　开本：787×1092　1/16
2025 年 1 月第二次印刷　印张：20 3/4
字数：492 000

定价：90.00 元

（如有印装质量问题，我社负责调换）

前　　言

大数据（big data）时代背景下如何利用信息分析的方法对企业、产业、政府等不同领域的海量数据进行科学和系统分析，是当前企业发展和管理专业本科生、研究生和工商管理硕士（MBA）职业发展中面临的重要问题。掌握现代信息分析和决策的相关理论、方法和工具，从定性分析和定量分析角度，全方位、系统性地整合企业和行业发展中的信息，是当代管理专业人才应当具备的重要专业素质。

本书的整体设计保持“信息分析”方法的严谨性，涵盖管理学领域中常用的信息分析方法的知识点，内容安排由浅入深，符合认知规律。同时，针对大数据时代信息分析的特点，介绍信息分析常用的主流分析方法。针对国内市场上信息分析教材体系建设中存在的不足，本书在体系设计上突出“方法、案例与应用”相结合的“三维一体”的教材特色，并结合近几年在一线教学和科研实践中的积累，提供丰富的教学案例。其中，本书在设计上体现了“理论的应用性、学习的趣味性和知识的前沿性”，从而以多种形式呈现教材的生动性。

作为新形态教材，本书主要特色体现在以下几个方面。①思政育人。为落实课程思政的要求，将“道”与“术”有机融合。“道”即体现了信息分析领域最新的行业发展方向，培养学生的国际视野和责任担当；“术”即让学生通过本书可以掌握信息分析相关的信息分析方法及工具，并有技巧地融入课程思政的元素。②任务驱动。本书整体章节的设计采用“任务驱动”模式编写，既以理论为指导，又以实践为目的。为让学生更好地将信息分析中的研究方法与管理学实践环节相联系，在阶段章节的后面附实践项目内容，实现“教、学、做”的统一。③案例导向。为让学生对学习的信息分析方法在实践中的应用有更好的理解，本书配有团队编写的行业发展的最新案例。通过案例的分析和讨论，让学生了解不同信息分析方法在实践中的应用目的、效果和适用场合，并锻炼学生的综合分析能力。④实验指导。随着信息分析软件工具的发展，作者在本书的编写过程中，除增加 Excel、SPSS 的实验操作指导外，还对最新的信息分析工具 EndNote、NoteExpress，以及知识图谱信息分析工具 BibExcel、Ucinet 等进行介绍，从而增强学生的软件工具应用能力和图形处理分析能力，帮助学生运用这些工具解决实际管理学应用和科研问题，让学生知道“为什么做、怎样做和如何做”。⑤数字资源。本书相关建设内容分别提供本科生“信息分析”和研究生“信息分析与决策”的慕课数字资源教学平台，平台提供了视频教学、经典文献、案例教学、实践项目演练等网络数字资源，与教材实现有机融合，学生可登录吉林大学超星学习平台，报名“信息分析”慕课课程进行学习和获取相关资料。

本书部分内容及案例源于作者研究团队在承担国家自然科学基金项目（项目编号：71203074）和国家社会科学基金重大项目（项目编号：18ZDA310）时的研究成果。此次的修订是在第一版教材编写和使用的基础上，对教材知识体系、新型工具的优化和升级。同时，本书也得到吉林大学本科“十四五”规划新形态教材和吉林大学管理学院 MBA 教材建设、吉林大学“十二五”规划教材前期项目的资助。本书编写过程中，作者研究团队中的李玥琪、王楠阿雪、刘宇桐、乌吉斯古楞、罗然、邱程程 6 位博士研究生，毕樱瑛、王小天、赵可轶 3 位硕士研究生付出了很多辛苦的努力，他们对本书的案例和实验操作指导内容进行了修订和完善。

信息分析方法具有很强的跨学科性和综合性，信息分析的方法和工具在不断更新和迭代，因此本书仍存在一定的不足。我们将在本书发行之后，收集来自不同院校老师和同学的意见，不断进行教材的修改和完善，为大数据时代培养更好的信息分析和管理人才贡献自己的微薄之力！

作　者

2024 年 5 月 30 日

目　录

第二篇　方　法　篇

第三篇 应 用 篇

第四篇 前 沿 篇

第一篇　基　础　篇

第 1 章　信息分析概论

【学习目标】

- ■ 掌握信息分析的概念
- ■ 理解数据、信息和知识之间的区别
- ■ 掌握信息分析的类型
- ■ 了解信息分析的发展趋势

【思政目标】

- ■ 引导学生树立职业理想，培养学生“讲仁爱、守诚信、崇正义”的行事标准
- ■ 推进培育践行社会主义核心价值观，促进中国特色社会主义思想和中国梦教育

1.1　信息分析的产生与发展

1.1.1　美国信息分析的产生与智库发展

1. 美国的信息分析与预测活动的五个层次

美国开展信息分析与预测活动比较早。目前，美国信息分析活动多以咨询服务的形式出现，其领域非常广泛，具体包括以下五个层次范围。

第一个层次，美国政府重点支持的信息服务机构。例如，美国国会图书馆、国家农业图书馆、国家医学图书馆、国家标准技术图书馆、国家技术信息服务中心、国家专利商标文献中心以及各部所属的专业信息中心，它们都是通过立法由国家预算及时拨款予以支持的。它们必须完成立法规定的任务，形成的信息产品进入市场后其财务实行“收支两条线”。

第二个层次，州政府支持的信息服务机构。每个州都有一个州图书馆以及一些信息中心、研究中心，如华盛顿州立图书馆、伊利诺伊州立图书馆、纽约州立图书馆等。它们由州政府进行预算支持，并承担政府信息公开发布的重要渠道。

第三个层次，美国教育系统的信息服务机构。例如，美国高等院校图书馆、信息研究所、信息中心、战略研究所，这些信息服务机构主要从事信息分析工作，实行多元预算，不仅联邦政府或州政府给予一定的支持，而且学校、私人基金会或私人也会给予一些支持。此外，其也会与企业进行交流合作，同样会获得一些资金支持。

第四个层次，公司企业所属的信息服务机构。美国企业中的信息咨询中心，其主要

的功能就是满足企业的专业信息需求，并保障企业内部信息交流渠道畅通。通常情况下，这类咨询机构负责协助企业在发展经营中的信息情报服务及决策，成为美国企业的专属“信息支持”。

第五个层次，独立经营的各类私人信息机构。这种信息机构主要由私人设立经营，由市场竞争环境决定其存续的时间。其预算来自有偿服务，一般在市场经营中承担社会信息咨询需求，是一种独立于政府的服务行为。

以上不同的信息机构层次构成了整个美国的信息服务层级，形成了为美国信息化社会服务的信息基础结构。

2. 美国智库的三个类别

咨询研究机构。这是一种高级信息服务机构。美国有几百所集信息、咨询、研究于一体的单位，被称为“思想库”“思想工厂”或“智囊团”。为联邦政府及大企业、公司的领导人出谋划策，如兰德公司、斯坦福国际问题研究所、赫德森研究所、巴特尔纪念研究所等。其共同特点表现在五个方面：基本上属非营利性质、拥有一批学术造诣较深的研究人员、运用软件和系统的方法、面向未来对国内外战略性问题作出分析和预测、有自己的图书馆和出版物。

科学信息加工与交换机构。如国家技术信息服务中心、史密森科学信息交换中心、国会信息服务公司、（费城）科学信息研究所等。其特点是既有私营的又有属于联邦政府的，且它们的服务内容各有特色。

联机信息检索系统或机构。如DIALOG系统（dialog system）、ORBIT（online retrieval of bibliographic information time-shared）系统、书目检索服务中心、数据资源公司和OCLC（online computer library center）等。其特点是营利型与非营利型并存。

3. 美国信息服务及智库机构的作用

（1）充当政府、重要财团的幕后决策机构或者咨询机构。美国中央政府、各级地方政府和企业往往依靠一些产业化的信息服务公司提供决策依据，甚至有些重大的区域性事项也由一些信息服务公司提供信息依据和拟订决策预案。

（2）收集其他国家潜在能力和意图的信息。美国情报机构的主要任务就是公开或秘密地收集和分析关于国外政府、公司、恐怖组织、个人、政治、文化和科技等方面的情报，协调其他国内情报机构的活动，并把这些情报报告到美国政府各个部门。

（3）提供政策、管理、科技和工程等咨询服务。美国的信息分析公司及其研究人员会根据客户提出的需求，提出具体的项目建议。双方就项目的具体情况进行交流讨论，对具体内容进行必要的修改，然后形成包括问题、方法、背景、数据、进度、预算和时间表等在内的项目策划。还有部分项目是信息分析公司认为有意义或会造成重大影响而自主选择的。对于后一类项目，信息分析公司会在开题后向可能的用户推荐和兜售，或在研究结束后以粗线条方式告诉潜在用户，动员他们来购买研究成果。

1.1.2　日本信息分析的产生与智库发展

1. 日本信息分析及智库机构的发展

在世界各国形形色色的情报研究机构中，如果说美国思想库是政治斗争的产物，日本的情报研究则是作为经济扩张的一种手段而诞生的。在日本最先开展情报研究的是一类统称为思想库的机构。日本思想库的产生先于情报机构，日本最大的属于国家级的情报机构当推日本科学技术情报中心（Japan Information Centre of Science and Technology，JICST）。该中心成立于 1957 年，成立之初的基本任务是编制《日本科学技术文献速报》，向社会提供文献检索工具。

日本成立较早的另一个思想库是日本贸易振兴会，该会的前身是关西企业家于 1951 年出资创办于大阪的海外市场调查会，其宗旨是收集、分析国外经济、贸易、产业及商品的情况，监视国际技术动向。贸易振兴会顾名思义是一个商业性协会，由此也可说明日本的情报研究最先发端于经济领域，非常重视经济、技术情报的收集和分析。

日本在第二次世界大战结束后，国家经济几乎处于瘫痪状态。1950 年日本的国民生产总值仅为英国的 1/29、法国的 1/38，经济远落后于欧洲先进国家在 20 世纪二三十年代的发展水平，然而自 1966 年开始，日本的国民生产总值仅以三年时间相继超越了英国、法国、德国，并且一直保持经济增长和劳动生产率的高速增长至 1972 年。

第二次世界大战结束后，日本从战败国蜕变为经济强国，利用“情报立国”实现了经济的腾飞。由于没有自己的军队且受控于美国，所以其国家的主要方向是发展自己的民族经济。有很多部队中的情报人员退伍之后留在日本的企业中，用情报支持企业发展。第二次世界大战结束后 48 年时间，日本一跃成为世界经济强国，其中国民生产总值中 54%来源于情报。1963 年日本提出了“信息社会”思想，并于 20 世纪 60 年代末掀起了第一次信息化浪潮。20 世纪 90 年代初，日本大力发展计算机处理器和计算机并行处理技术等核心信息技术领域。进入 21 世纪，日本大力重视信息技术产业发展。

日本擅长从内容分析中获取情报。日本的信息分析与预测活动一般称为情报调查，主要机构有日本最大的国家级情报机构日本科学情报中心以及日本信息科学技术协会、日本贸易振兴会和综合研究所等。

2. 日本的情报调查活动体现在四个方面

（1）科技政策研究。1988 年 7 月日本成立了国家科学技术政策研究所，它是一个以情报收集和分析为基本业务的机构，该所的任务是对科技政策的基础性问题进行广泛而综合的研究，不局限于某一专业领域，而是具有跨学科性和预见性。在实际工作中，该所紧密围绕日本科技发展中的现实问题进行调研，把握日本科技政策现状。在分析的基础上提出问题、研究对策，并进行效果评价。

（2）技术动向分析。日本的一些情报分析机构主要从事国际工业技术政策动向的调查，如日本贸易振兴会是调查、收集和提供国外经济贸易、产业和商品情况的情报机构，被人们称为国际技术动向的“监听站”，会通过调查美国国会贸易审议情况以了解美国对日本的技术与贸易政策。或者调查一些新兴工业化国家和地区的出口产业情况，以考察其对日本的影响和威胁。

（3）机型技术跟踪。日本一批企业在发展中放弃了通过解剖产品利用反求工程来了解国际先进技术的做法，而直接从实验研究第一线获取最新技术情报。日本采用以引进国外先进技术为目的的“吸收性战略”，1945～1970 年用 60 亿美元引进国外先进技术，并投资 150 亿美元进行消化吸收取得 26000 项技术成果。成功的技术引进使日本节省了大量的研究费用和约 2/3 的研究时间。

（4）进行全球证券金融经济性问题研究。日本的一些情报机构研究国际金融、经济、国内公共政策、产业政策和技术政策等，专门对国内外证券金融市场作动态性的分析及预测，提供国外证券金融市场、产业政策的最新情报。作为企业向海外投资的参考，该领域情报机构主要从事投资理论和金融理论的基础研究。

3. 日本智库发展经历的五个阶段

第一阶段。20 世纪初至第二次世界大战结束是日本智库发展的雏形期，智库的主要功能是提供对外侵略的相关策略支持。

第二阶段。第二次世界大战结束后至 20 世纪 50 年代末，是日本智库发展的蓄力期。一些人为解决战后日本的社会问题以及恢复经济实力学习和引进欧美的研究方法，或将一些研究机构改头换面，或自发组织研究会。例如，1959 年日本在首相吉田茂积极倡导与推动下，仿效英国皇家国际事务研究所和美国对外关系委员会，成立了日本国际问题研究所。

第三阶段。20 世纪 60 年代初至 20 世纪 80 年代上半期，是日本智库发展的第一个高潮期。受惠于经济的高速发展，号称日本第一个现代“思想库”的野村综合研究所于 1965 年 4 月 1 日成立。1970 年甚至被称作是日本的“智库元年”。1974 年，日本国会通过了《综合研究开发机构法》，并于同年 3 月 25 日建立了日本综合研究开发机构。综合研究开发机构通过提供研究资金和协助研究政策等方式，为日本智库组织的形成作出了重要贡献，曾经被称为日本智库的“总管”。

第四阶段。20 世纪 80 年代下半期至 20 世纪 90 年代初，是日本智库发展的第二个高潮期。在强势经济的支持下，日本建立了众多以金融机构或保险公司为核心的智库，如属于金融系统的富士综合研究所、属于保险系统的安田综合研究所等。

第五阶段。20 世纪 90 年代中期至今是泡沫经济崩溃后日本智库发展的深度调整期。20 世纪 90 年代初，日本泡沫经济破灭，进入了“失去的十年”时代。逐步解散、停止活动、缩小规模以及改变性质，成为这一时期日本智库发展的显著特点。进入 21 世纪，日本的智库开始划分民间和官方两类智库。官方性质有两类：第一类是独立行政法人智库，如日本亚洲经济研究所；第二类是围绕中央政府具体部门的工作职能和实际需要而成立的智库，如最具代表的防卫省的防卫研究所。民间智库包括公益财团法人、公益社团法人和特定非营利活动法人，例如，公益财团法人日本国际问题研究所和公益财团法人综合研究开发机构等。

1.1.3　中国信息分析的产生与智库发展

1. 早期中国信息分析的发展

（1）起步阶段。中国的信息分析工作发端于科技领域。1956 年，我国成立了第一家综合性科技情报机构中国科学情报研究所，后更名为中国科学技术情报研究所，标志着我国的科技情报工作正式开启。60 年代初，全国绝大部分省市和专业部（委）都先后建立了科技情报研究所。后来有相当一部分企业和事业单位也建立了相应的科技情报机构，我国初步有了比较完整的国家科技情报结构体系。

（2）发展阶段。1976～1992 年我国信息分析工作进入了发展阶段，情报研究进入了广泛的社会领域，成为各级各类科学决策、研发和市场开拓活动的重要依据。传统的全盘无偿信息服务模式被打破。1992 年，第八次全国科技情报工作会议在北京召开，会议决定将“科技情报”改为“科技信息”，原有的科技情报机构陆续更名为科技信息机构。另外，一些社会化信息机构（如信息咨询公司）在这一时期也如雨后春笋般地大量涌现，这些机构基本上按照市场和用户的要求开展信息分析与预测服务，成为我国信息分析工作的主要力量。

（3）加速发展阶段。1993～1997 年中国信息分析与情报服务进入全面推进阶段，1998～2001 年进入信息加速发展阶段，此间信息产业部成立，1993 年国务院批准成立国家经济信息化联席会议。2001 年 7 月，由信息产业部会同有关部委共同研究制定的《国家信息化指标构成方案》出台，成为全球首部由国家制定的信息化标准。

2. 中国科技情报服务的发展

我国的科技情报活动主要是在政府主导下发展并壮大起来的，始终为科学发展、技术研发、科技创新等提供战略决策的支撑服务。

1956 年 2 月，国家出台《1956—1967 年科学技术发展远景规划》，为落实第 57 项任务，同年 10 月，我国第一家科技情报机构“中国科学情报研究所”成立，此后，我国科技情报行业的创建逐渐开始，全国范围内的科技情报机构持续建立起来，不断地为各行各业开展技术工作、突破技术封锁等方面提供情报服务。

1970～1977 年，科技情报机构的发展受到不同程度的制约，1978 年后，科技情报行业随着“科学的春天”快速恢复起来，并结合计算机技术开始进行社会、经济等领域的综合性研究。

20 世纪 90 年代，科技情报机构开始进入了市场范围的咨询供给和服务，在主要的公益性质供给服务的基础上，增加了市场供给，开始面向全社会开展市场化的信息科技咨询工作。

党的十八大以来，我国已经构建出了具有高强度事件反应能力、高水平资源响应能力、高效能决策分析能力，以及高协同集成服务能力于一体的大科技情报工作体系。科技情报工作也从发展初期进行具体实际的情报任务的研究工作，转变到可为知识体系、企业战略竞争、科技发展等提供全方位的科技情报服务。科技情报的工作重心也从科技信息上的数据处理与分析，深入到科技情报判断与解答回应上来。我国的科技情报发展模式也在依据不同地区特色、不同优势领域不断针对不同的服务对象及服务内容发展出更多的工作模式。诸如在基于文献信息组织、开发和利用的传统模式上，发展出基于信息化发展的数字化模式、基于情报研究导向的情报服务模式、基于知识组织的知识服务模式等，并持续依托物联网、大数据、5G、人工智能等新技术深度融合全社会的协同参与，加大不同向度科技情报系统的长效协作，以更具开放性、更全面化、更高质量的科技情报服务创新模式，塑造着更轻量化、更具细颗粒度的科技服务新业态。

百年未有之大变局下，科技情报工作已经不仅仅是一项信息分析工作，或是局限在竞争情报应用当中，它更承载着国家安全战略博弈决策的重要环节，对国家政治安全、国家经济安全、国家军事安全、国家技术安全等都具有十分重要的基础性、支撑性作用，是不可替代的前瞻性战略分析领域。

今天的中国，正在开启全面建设社会主义现代化国家新征程，加快科技强国建设，科技情报工作在满足新时代加快科技自立自强步伐新要求的同时，也要直面世界科技发展态势与格局的深刻变化。不断推进数字技术驱动之下科技情报服务范式上的变革，为解答国家科技创新事业发展、服务国家安全战略决策的重要关切问题上提供更加广阔的应用空间与应用场景，站在新坐标、新起点上以更加开放、科学、创新的姿态迎接未来发展的更多挑战，为中国智慧和中国方案贡献出更新的力量。

3. 中国信息分析及服务的智库机构类型

在信息分析发展的过程中，我国逐渐形成以智库为代表的信息分析及服务机构。目前，我国信息分析及服务机构主要有以下五类。

（1）企业咨询智库。这类咨询公司是由企业、政府和媒体等具有市场信息需求的组织为实现其经营、管理和决策目标而承担信息收集、整理及分析工作。信息数据行业的上游为细分市场上的信息调查收集机构，下游为政府机构、银行和企业等信息需求方，对经营管理和战略决策有着非常重要的意义。

（2）党政军智库。这类机构通过立法或者行政组织条例组建，存在于党、政、军系统内部，为各级领导层提供决策服务的智库机构，多以党政机关和军队内部直属的决策咨询机构身份出现。其主要工作是通过内部渠道向领导层直接提供决策参考，在党和政府内部发挥决策“内脑”的职能。

（3）社会科学院。这类是具有中国特色的一类智库机构。从经费来源角度看，社会科学院是以财政全额拨款或资助方式建立、通过项目委托等形式开展相关研究的政府咨询机构。从隶属关系上看，尽管得到政府的资助，但社会科学院又不直接隶属于政府，服务对象也不局限于政府机构，还可以服务于来自企业、行业协会和社会方面等的委托或咨询要求。

（4）高校智库。这类机构隶属于大学，是主要从事政策研究和决策咨询的组织，这类智库是由大学单独或在其他机构、团体的协助下创建的。其经费主要来自校方的拨款和一些基金会、企业赞助或私人捐助，研究人员多为校内各学科的学者以及从其他大学、研究机构聘用的研究员，服务对象和研究课题也相当广泛。

（5）民间智库。这类机构大多由企业、私人或民间团体创设，在组织上独立于其他任何机构，且自筹经费。从经费来源角度看，民间智库可获得的政府资助相对占比较小，甚至不受政府财政支持，其经费大多来自大的基金会或企业赞助，但一般也能与政府部门保持密切关系，甚至也有不少民间智库为政府决策咨询提供服务。因此，也能对具体部门的政策制定产生一定的影响。

1.2　信息分析的含义

1.2.1　数据、信息、知识和智慧

1. 数据

数据是对客观事物的数量、属性、位置及其相互关系进行抽象表示，以适合在这个领域中用人工或自然的方式进行保存、传递和处理。例如，一个杂货店收集和存储了有关顾客购物的交易数据，包括如下的数据元素，如货物名称、数量、价格、日期等，见表 1-1。交易处理系统存储了大量的相关数据，为更高层次的理解奠定了基础。数据的表现形式多种多样，不仅有数字和文字形式，还有图形、图像、声音或计算机代码等形式。

表 1-1　交易数据实例

货物名称	数量/个	价格/元	日期	登记号	店员 ID	会员卡 ID
纸尿裤	1	4.99	2000/11/1	001	213	1209

2. 信息

信息是经过评估的数据，它是经过一定处理后的产物，是数据进行挖掘、分析和提炼出来的结果。例如，不同货物名称、数量和价格就提供了被购货物的信息，包括货物种类、数量和价格等，如表 1-2 所示。通过计算每种货物的销售额就可以进行货物销售额排序。

表 1-2　数据积聚形成信息

货物名称	数量	价格/元	销售额/元
啤酒/听	265	6.85	1815.25
谷物/（500g）	430	3.90	1677.00
面包/个	850	1.59	1351.50
牛奶/袋	1100	1.20	1320.00
纸尿裤/片	200	4.99	998.00

3. 知识

知识是一切人类总结归纳并认为正确的真知，可以指导和解决实践问题的观点、经验和程序等信息。知识不同于数据和信息，它可以来源于数据和信息的任一层次，同时也可以从现有知识中通过一定的逻辑推理得到。国际经济合作组织对知识的界定是，知道是什么、知道为什么、知道怎么做、知道是谁，概括为“4W”。例如，通过对杂货店的数据进行称为规则归纳的数据挖掘，可以得到如下结论：买纸尿裤的顾客通常有一半时候也买啤酒。纸尿裤和啤酒初看起来毫无关联，但通过数据挖掘得到了这种隐含的模式，这就是知识。

4. 智慧

智慧是人类基于已有的知识，针对物质世界运动过程中产生的问题，根据获得的信息进行分析、对比、演绎找出解决方案的能力。智慧，可以说是基于知识基础上的一种判断、谋略或行动。例如，通过对杂货店数据的挖掘分析，得到一种隐含的顾客购买模式。通过这个知识，杂货店主就可以对数据集合进行调查分析，从而开发一系列的销售模式，见表 1-3。

表 1-3　识别购买模式

货物名称	时期 1	时期 2	时期 3	时期 4	总数量
啤酒/听	35	75	100	55	265
纸尿裤/个	10	20	50	120	200
啤酒的关联购买数	5	15	25	55	100

数据、信息、知识和智慧是四个不同的概念，但四者之间又有着密切的联系。①数据是信息的表现形式，是记录信息的一种形式，同样的信息既可以用文字表示，也可以用图画表示；想要赋予数据实用价值，就必须把它们归类、分析、总结并确立相互关联，只有这样才能使数据转化为信息。②知识是由信息抽象出来的产物，是一种具有普遍性和概括性的信息，也就是说，知识就是信息，但并非所有信息都是知识。可以这样认为，数据是信息的原材料，信息则是知识的原材料。③通过利用知识，对于数据的更高层次的理解就被创造出来了，形成了一种智慧并转化为了价值。例如，在考古队员发掘山洞壁画的过程中，考古队员发现山洞岩壁上的绘画图案时，可能是文字、符号或者图画等标记，其对岩壁壁画符的数量、位置等客观实时进行记载就是数据；在记载后对这些符号进行挖掘、分析以及提炼，并留出对考古分析有价值的部分就是信息；在后续分析中，将信息进行抽象化的归类、总结以及概括，以使得其可以指导考古实践，这就是知识；而将知识进行再加工以总结出如人类历史文化现象等内容，即是智慧。

1.2.2　信息分析与相关概念辨析

1. 信息分析与科学研究

信息分析以科学、技术和社会等领域存在的问题为研究对象，依靠各种有关信息，经过加工分析后得出有科学依据和逻辑合理的判断和结论，从而为科学决策服务。所以从这个意义上说，信息分析是一种实用性很强的科学研究，是科学研究的一个重要组成部分，也是科学研究的前提。但是信息分析与科学研究相比还是有区别的，主要表现在以下几个方面。

（1）研究对象的不同。自然科学和社会科学的研究对象分别是自然现象和社会现象，而信息分析的研究对象则是社会信息，包括人类对自然现象的认识（即自然科学知识）以及工程技术、管理科学和社会科学知识。

（2）研究目的的不同。科学研究的目的是认识、揭示自然界、社会和人类思维的规律，而信息分析是对已有的各种信息进行综合、分析和评价，发现问题并提出解决问题的方案，供决策者参考。

（3）研究手段的不同。科学研究一般需要一定的仪器设备及其他物质手段，而信息分析则是以文献调查和实地调查及其所得的文献和素材为研究手段。

（4）研究方法的不同。科学研究方法强调观察、实验、计算和分析，而信息分析则以查阅文献、实地考察和建模计算等定性或定量方法为主。

（5）社会作用的不同。科学研究除纯理论研究之外，其成果可以直接转化为生产力，其对社会的作用是直接的；信息分析的成果需要经过用户使用之后才对科学技术和社会经济发展起到推动作用，对社会的作用是间接和潜在的。

2. 信息分析与软科学研究

在我国，软科学被认为是一类研究社会组织和管理的学科的总称，主要包括系统科学、管理科学、科学学、未来学和技术经济学等，它用现代科学研究方法和手段以阐明现代社会复杂的政策课题为目的，对包括科学技术和社会现象在内的广泛范围的对象进行跨学科的研究，为有关决策提供科学依据。软科学研究以涉及科技、经济和社会协调发展中的战略、政策、规划、方法和管理为研究对象，以实现决策科学化为目的，以系统分析为主要方法。同时综合运用其他学科的研究方法，具有研究方法的全息性，其成果大多以方案、规划和对策等“软件”形式呈现。因此，信息分析与软科学研究在研究对象、研究目标、研究特性、研究内容、研究方法、成果形式、功能和工作机制上均有所不同。

从两者的联系来看，信息分析是软科学研究的基础，信息分析借鉴软科学研究方法，促进了定性与定量的结合。从发展上看，我国的信息分析侧重于情况研究，软科学研究侧重于对策研究，而把信息分析和对策研究结合起来正是 20 世纪 80 年代以来我国信息分析工作的重大发展，许多部委和省市信息分析机构的任务和性质，也逐渐与软科学研究机构类同，在统计上属软科学机构之列。

因此，可以认为信息分析是软科学研究的重要方面，但又从事诸如跟踪研究、动态分析、学科评述、技术攻关和课题查新等一般不属于软科学研究范围之列的工作。因而，信息分析又是有别于软科学研究的一类研究活动。

3. 信息分析与咨询服务

在国外，软科学研究也称决策咨询或综合咨询，是咨询业的重要组成部分，除了政府机关和企业内部的情报研究机构以外，从总体上讲，国外的信息分析也是一种面向社会的商业化活动。因此，也是咨询业的重要构成。

可以认为，从工作性质来讲，我国的信息分析应属咨询业的范畴；但从经营方式上讲，正处在向咨询业转变的过程之中。一部分仍将隶属于政府和企业，一部分将面向社会和市场，而两者都将转换运营机制和工作方式，向咨询业方向发展成为我国咨询业的一大劲旅。

4. 信息分析与竞争情报

竞争情报是关于竞争环境、竞争对手和竞争策略的信息研究，是市场竞争激化和社会信息化高度发展的产物，是信息分析工作的新发展。竞争情报的特点：①竞争情报以增强企业或集团的竞争实力为宗旨，具有全方位性和明确的目的性；②竞争情报以市场竞争为内容，以竞争对手分析为核心，具有强烈的对抗性和针对性；③竞争情报更关注动态信息的把握，强调快速反应性和时效性；④竞争情报直接为企业或集团的竞争决策和经营战略服务，攸关其生存和发展，具有明显的决策性和增值性。

1.2.3　信息分析的定义

1. 对情报研究的理解

要理解信息分析的概念，有必要回到历史从“情报研究”的概念谈起。对情报研究概念理解的几种代表性观点如下。

观点一：情报研究通常指文献情报的分析与综合的过程，即对反映一定时期某一课题领域进展情况的文献情报进行分析和归纳，并以研究报告等多种形式提供的专题情报或系统化的浓缩情报，满足用户或读者的专门需要，或全面了解该领域的现状和发展趋势的需要。

观点二：情报研究是针对用户需要或接受用户委托，制定研究课题，然后通过文献调查和实情调查，收集与课题有关的大量知识和信息，研究其间的相互关系和作用，经过归纳整理、去伪辨新、演绎推理和审议评价，使科技知识得以系统化、综合化、科学化、适用化，以揭示事物或过程的状态和发展（诸如背景、现状动态、趋势和对策等）。

观点三：情报研究就是针对某个课题，从大量文献资料和其他各种有关情报中，经过分析、综合和研究，系统地提出有情况、有对比、有分析、有观点和有预测的情报研究成果，以提供用户参考使用。

2. 对信息分析概念的理解

随着“信息”一词的广泛使用，情报研究在研究对象、研究内容和研究方法等方面与传统相比都有了很大的不同，“情报研究”已经不能完全反映这门学科新形势下的面貌。因此，“情报研究”逐渐被“信息分析”一词取代了。对于“信息分析”的概念，有以下几个代表性观点。

观点一：信息分析旨在通过已知信息揭示客观事物的运动规律，其任务就是要运用科学的理论、方法和手段，在对大量的（通常是零散、杂乱无章的）信息进行收集、加工整理与价值评价的基础上，透过由各种关系交织而成的错综复杂的表面现象，把握其内容本质，从而获取对客观事物运动规律的认识。

观点二：以信息为研究对象，根据拟解决的特定问题的需要，收集与之有关的信息进行分析研究，旨在得出有助于解决问题的新信息的科学劳动过程。

观点三：信息分析就是对消除不确定性的知识或消息进行分析、比较、判断，得出结论，帮助或支持人们决策。

本书认为，信息分析可以理解为对信息的分析。前面已经详细地介绍了信息的概念和范畴，对于“分析”这一概念，与传统的着眼分解和单个认识事物的“分析”不一样，其核心是通过揭示复杂对象各组成部分的内在联系，研究和认识作为完整系统的整体。

对于信息分析一词的定义，可以从五个方面入手：①就成因来看，信息分析的产生是由于社会需求的存在；②从方法来看，信息分析广泛采用情报学和软科学研究方法；③从过程来看，信息分析需要经过一系列相对程序化的环节；④从成果来看，信息分析形成新的增值的信息产品；⑤从目的来看，信息分析是为不同层次的科学决策服务的。

因此本书认为，信息分析是指以社会用户的特定需求为依托，以定性和定量研究方法为手段，通过对社会信息的收集、整理、鉴别、评价、分析、综合等系列化加工过程，形成新的、增值的信息产品，最终为不同层次的科学决策服务的一项具有科研性质的智能活动。

1.3　信息分析的应用领域

2019 年 3 月 5 日，国务院总理李克强在《政府工作报告》中首次提出了“智能＋”，人工智能（artificial intelligence，AI）已经连续三年在政府工作报告中被提及。如何通过“智能＋”推动中国智慧社会发展的转型和升级是未来不同领域关注的新问题。以人为核心，基于互联网技术如大数据、物联网、人工智能、虚拟现实、增强现实等在内构建的信息技术驱动的数字化生态，是“智能＋”的标志。

1. 政治领域

当前，信息分析已经被广泛应用在政治领域中。一方面，信息分析作为技术手段可以作为政府管理的数据分析系统，例如，在 2012 年奥巴马的选举胜利过程中，其技术团队通过分析社交媒体等网络选民特征，构造选民模型、数据库，以帮助奥巴马在获取有效选民、投放广告、募集资金等方面起到一定作用；另一方面，信息分析承担着政务治理的媒介功能，如浙江省的“数字政务数据池”，分别在市民需求、市场监管、产业引导等领域建立智慧平台、智慧服务，整合动态数据信息，实现政府服务的快速对接，并推动政府数字化治理、科学决策和智慧创新的综合发展。

2. 经济领域

人工智能作为经济的新生产要素，通过输出智能化设施和智能化方案，对已有产业进行智能化改造，推动数字经济与实体经济的融合发展，促进新生态的系统建设。贵阳市委、市政府打造的贵州首个智慧商业综合体——云上方舟，通过对大数据的深度融合运用，探索破解实体商业痛点，开启了智慧商业的发展新模式。在云上方舟智慧运营体系中，客户购买的商品、消费习惯、消费额度、优惠券使用等都将转化为数据收集，形成独一无二的标签，让深层次个性化需求得到满足。

3. 医疗领域

医疗大数据是通过对医学文本处理和自然语言理解、非结构化医学数据分析、电子病历表型提取、临床决策支持和精准医学等方面展开应用的医疗数字治理。医疗大数据可帮助医院与患者之间建立协同医疗救助模块。例如，温州市卫生健康委依据“数据为核心、应用出实效”原则，大力推动政府健康医疗信息和公众健康医疗数据互联融合、开放共享，消除信息孤岛，在实践中总结出以地市级“一级平台”为核心的健康大数据应用的温州模式，探索医疗服务新模式，培育发展健康产业新业态。

4. 工业领域

工业大数据（industrial big data）是指由工业设备高速产生的大量数据，对应不同时间下的设备状态，是物联网中的信息，目前较多应用于工业制造领域，促进工业大数据治理的共享和安全。例如，西门子工厂负责生产的 Simatic 系列 PLC（可编程逻辑控制器，programmable logic controller），其大部分生产都实现了数字化，并独立于实际生产进行了仿真和优化。此外，其通过数据矩阵码扫描器和射频识别（radio frequency identification，RFID）芯片，采集产品信息，并加载到上位中央系统，实现控制系统就可以掌握每一件产品的信息，如产品当前状态和是否通过检验等，有助于提高工业生产的效率。

5. 教育领域

大数据在教育领域的应用主要体现在“人工智能 + 教育”的典型应用场景中。智能学习过程中，智能诊断与推荐、智能手表、猜画小歌学科工具、智能学伴机器人、特殊教育智能助手等成为智慧教育支撑的新工具。在智能教育环境建设中，智慧校园巡逻安保机器人、校园安全预警与事故防护、智能校车、人工智能无人值守书店、智能图书盘点机器人等被逐渐应用；班级无感知考勤、智慧钢琴教室等也同样成为学生的智慧学习应用。此外，智能教育评价、智慧教师助理也成为教学中的创新环节，如问题解决能力评估（problem solving ability assessment，PSAA）测试平台、Sleep Shepherd 的智能睡眠头套、学生成长与发展规划报告、佐治亚理工学院 AI 助教、阿凡题秒级自动主观题批改、科大讯飞 AI 助手作文批改等。

1.4　信息分析职业人员的素质结构

1.4.1　大数据时代背景下信息分析人员的市场需求

在数字经济时代，人们的生活随着大数据、云计算和人工智能的快速发展正在发生着越来越深的变革。大数据更被认为是“未来的新石油”，在经济建设和社会生活中发挥的作用日益凸显。党的十八届五中全会公报提出实施“国家大数据战略”，这是大数据第一次写入党的全会决议，标志着大数据战略正式上升为国家战略，2016 年工业和信息化部印发《大数据产业发展规划（2016—2020 年）》更掀起了大数据产业建设的浪潮。随着 5G 和物联网的发展，业界对更为高效、绿色的数据中心和云计算技术设施的需求越发升高，大数据基础层持续保持高速增长。《2020 中国大数据产业发展白皮书》显示，2019 年中国大数据产业规模达 5397 亿元，同比增长 23.1%，预计到 2022 年将突破万亿元，持续促进传统产业转型升级，激发经济增长活力，助力新型智慧城市和数字经济建设。

就企业而言，培养具有数据驱动服务意识、“智能＋”市场前景预测、大数据技术跟踪、企业财务分析、大数据竞争对手分析的专业人员，可以规范企业信息管理工作，提高企业核心竞争力，增强企业应对竞争环境、驾驭市场竞争和获得持续发展的能力。

就政府而言，通过信息分析师职业教育培训，可以帮助政府增强其机构决策咨询人员的信息资源收集、控制和分析能力，保证决策数据的准确性、理论方法的合理性以及制定政策、战略决策的科学性。

就非政府组织而言，如科技中介和知识产权交易服务行业、资产评估与产权交易服务行业、大学信息科学和经济学以及管理科学方向的教师和学生、市场调查和资讯分析咨询行业各类研究院所的信息中心、各类图书馆等，通过信息分析师职业教育培训可以提高我国科技情报研究和技术跟踪的能力，提高信息科学、经济学和管理科学领域师生的信息分析理论水平与实战技能，为我国中介机构的发展提供人才储备，帮助培育中介机构人才队伍建设，规范其信息咨询服务行为，保证信息咨询服务质量，提升我国非政府组织的社会形象，从而促进我国科技进步，健全市场经济结构，促进国民经济持续和健康发展。

企业为了掌握未来市场变化的规律，要对市场做出迅速灵敏的反应，特别是对市场可能出现的机遇要进行分析研究，职业信息分析师可以随时提供相关的资料，供决策参考。社会分工越来越细，政府职能日趋专业化，非政府组织在我国呈快速发展趋势，都有赖于职业信息分析师对社会工作的基础数据采集汇总分析，建立决策支持系统，实施预测分析，监测预警和政策评价，为管理监督提供参考。这有助于提高社会服务效率，提高社会服务水平。

1.4.2　大数据环境信息分析人员的能力要求

1. 学历要求

我国大数据信息人才的学历层次分为 4 个大类，分别是硕士研究生及以上、本科、专科、专科以下，其中本科学历的大数据人才最多，占比 65.45%；其次是硕士研究生及以上学历的大数据人才，占 19.33%；而专科以下学历的大数据人才仅占一小部分。可以看出，大数据行业作为一个新兴行业，对人才的学历要求普遍较高，如图 1-1 所示。

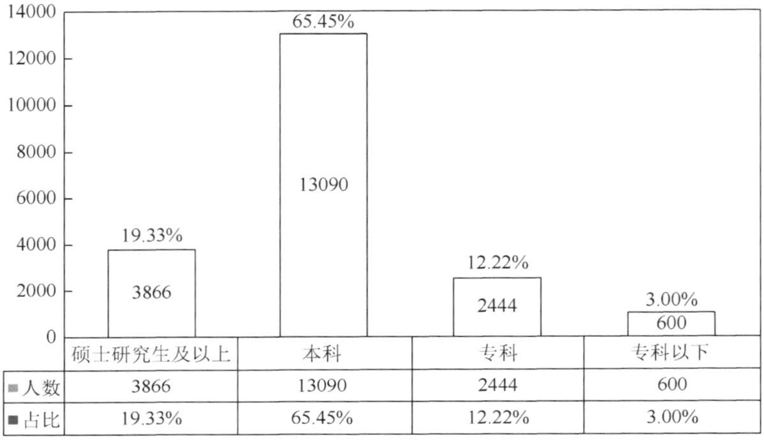

图 1-1　大数据信息人才学历结构图（单位：人）

数据来源：中华人民共和国人力资源和社会保障部

2. 技能要求

目前企业提供的大数据信息分析岗位按照工作内容要求，可以分为以下几类：①初级分析类，包括业务数据分析师、商务数据分析师等；②挖掘算法类，包括数据挖掘工程师、机器学习工程师、深度学习工程师、算法工程师、AI 工程师、数据科学家等；③开发运维类，包括大数据开发工程师、大数据架构工程师、大数据运维工程师、数据可视化工程师、数据采集工程师、数据库管理员等；④产品运营类，包括数据运营经理、数据产品经理、数据项目经理、大数据销售等。

大数据信息人才需要具备较全面的能力，理论上计算机专业、信息专业、数学专业、管理专业等都可以进入大数据领域。

大数据工程师以技术性工作为主，必须具备 Java、大数据开发、大数据架构、软件开发工程等技术背景；会用 SQL/SPSS/SAS 等初级分析工具，了解统计模型相关知识；在一定程度上掌握 Python 等一类通用型编程语言。熟练操作大数据技能，如数据的挖掘、分析预测等工作，参与业务沟通、梳理需求，组织建模解决问题。后期可以为企业内部提供战略意见，提供可靠有效的解决方案。

3. 其他能力要求

此外，大数据信息人才还应掌握较强的沟通协调能力、学习以及推理能力、善于执行和监控，有较强的组织和责任意识，还需要强大的逻辑思维能力、归纳演绎能力帮助理解业务，能快速学习全新领域的商业模式和生态。

1.4.3　大数据环境信息分析人员的素质结构

1. 知识维度

作为情报信息分析人员应具备以下几个方面知识。

1）情报基础知识

如情报学基本概念、基本规律、基本原理以及情报分析相关的专业知识，无论学术界还是企业从业人员都需要具备的基础知识。

2）大数据知识

大数据环境下的数据涵盖许多不完整甚至是错误的数据，数据价值密度低，需要提前对大规模数据进行预处理，这就需要情报分析人员熟练掌握大数据知识，如数据理论、数据挖掘以及数据清洗知识等。

3）相关法律知识

2017 年 6 月 27 日，《中华人民共和国国家情报法》正式发布，情报工作实现了有法可依。国家情报机构及情报工作人员需要依法开展情报工作。新时代对情报工作人员的法律知识提出了更高的要求，不仅要掌握情报方面的法律，还需要了解《中华人民共和国宪法》《中华人民共和国刑法》以及一些部门的规章制度。

4）系统管理知识

使用大数据通常需要额外的计算资源，因此具备系统管理方面的知识对于定义、创建和维护用于存储和分析大数据的计算环境是非常关键的环节。

5）数据可视化技术

数据可视化技术是解释和理解大型复杂数据的重要技术，其主要是通过图形、建模和动画等方式，将杂乱无章的数据清晰有效地传送给需求者。

2. 技能维度

大数据信息分析人员掌握的技能可以概括为以下几个方面。

1）协同分析能力

大数据时代数据规模的庞大使得单一机构或个人很难胜任分析工作，往往需要分析人员在信息分析环节跨界合作。

2）大数据工具使用能力

国内外多家单位在招聘情报分析员时都要求会使用大数据分析工具，如加拿大 Geotab 公司招聘时要求应聘者会使用 Python、Pandas 以及 C 语言等分析工具。

3）具备良好的数据敏感度

数据敏感度是指对某些数据具有一定的辨识能力，能从数据中看到背后的问题，数据敏感度也逐渐成为企业在招聘情报分析人员时的一个重要参考因素。例如，浙江爱仕达电器股份有限公司在招聘中要求应聘者具备良好的数据敏感度，能从大量数据中提炼核心结果，并用简洁清晰的方式呈现数据分析背后的业务逻辑。

4）情报成果展示与传递能力

如何将混杂无序的数据转化成条理分明的可视化图表和报告等，并将其展示给需求者或报送给决策者，是情报分析环节的重要方面。

3. 道德维度

1）良好的职业道德

信息分析工作需要接触政治、经济、科技和文化等多方面的信息，并涉及政府、企业、组织和个人等多方面的利益，如果没有良好的职业道德作为基础，信息分析工作就会误入歧途，不能很好地完成信息分析工作，甚至走上违法犯罪的道路。因此，信息分析工作始终要在道德与法律的约束下进行。

2）良好的政治品德

一个合格的信息分析人员应以社会主义核心价值观为基本准则，坚持党的领导，将自己的政治行为自觉纳入社会主义建设中，爱国、爱党、爱人民、爱集体。遵纪守法，诚实守信，积极践行中国特色社会主义。

本章复习题

1. 对比分析美国、日本和中国信息分析发展的不同及各自的特点。
2. 结合事例说明数据、信息、知识与智慧之间的区别。
3. 信息分析人员应具备的素质是什么？

第 2 章　信息分析框架

【学习目标】

■ 掌握信息分析课题选择与类型
■ 掌握信息分析中逻辑树的应用
■ 使用信息分析工具收集信息

【思政目标】

■ 培养学生严谨的治学态度和科学精神
■ 培养学生适应社会发展带来的不确定性和用科学发展解决实际问题的能力
■ 让学生了解信息分析技术在新冠疫情期间发挥的作用，培养学生学习新技术的热情

2.1　信息分析课题来源与类型

2.1.1　信息分析课题来源

选题是在信息分析作为实际课题进行研究的过程中明确研究对象、研究内容和研究意义的重要步骤。选题是信息分析工作的起点，直接关系到课题的结果。如果选题不当，那么无论收集到的信息资料多么完整、报告多么精练，也只能是事倍功半。许多科学家都认为问题的提出比问题的解决更加困难。信息分析的范围极其广泛，研究的课题也是多方面的。因此，发现问题、提出问题和形成课题就成为信息分析与预测工作十分关键的步骤。课题规划是行动的指南和纲领，是课题任务全面而系统的筹划和安排。从课题提出者的角度来划分，信息分析课题一般来源于以下三个方面。

1. 上级主管部门下达的课题

各级领导部门以课题的形式向其下属信息分析机构下达调研课题常常会遇到许多问题，由于工作性质和所属领域的差异，这些问题涉及的范围也各不相同。有宏观的，带有战略性和先导性；有微观的，如涉及某种产品的更新换代，某项技术改造和市场开拓等。涉及宏观的课题具有费时长、难度大和成本高的特点，涉及微观的课题具有时间紧迫的特点，多为一次性的临时任务，没有连续性。目前国家层面的重要课题包括国家自然科学基金项目和国家社会科学基金项目。

2. 信息用户委托的课题

在市场经济体制下，信息用户委托的课题正在逐年增多，这类课题是信息分析机构

课题的主要来源渠道。信息用户一般将这类课题以合同或咨询委托书的形式提交给信息分析与预测机构。内容包括咨询内容和要求、形式、进度和经费等项。这种信息供求模式具有灵活性、开放性、竞争性和高效性的特点，因而广受信息用户和信息分析机构的青睐。

3. 信息人员自己提出的课题

该类课题靠信息分析人员根据长期积累和主动调查，针对国民经济和社会发展的实际需要总结出来。该类课题不仅具有很好的前瞻性，而且课题的后续工作也易于开展，容易获得丰硕的研究成果。

2.1.2 信息分析课题类型

信息分析的领域十分广泛，涉及多个学科范围，社会生活中的各类具体问题，都可以构成信息分析的课题。信息分析的课题类型主要包括以下几类。

1. 为制定政策进行信息分析

国家发展离不开稳定的政策，经济、教育、国防和科学等各个方面的发展都需要有正确的政策指导。各个行业、各个部门也都需要各自的具体政策指导。信息分析是制定正确政策的基本前提，广泛和系统地收集信息后，为政策的制定提供切实可靠的依据。

2. 配合科研项目的课题

科研活动是基于广泛的信息交流的一个信息过程，人们在现有的科研成果基础上，不断推陈出新进行新的研究创造，并循环往复地发展下去。任何科研工作新的创新突破与发展都是基于现有的研究成果，以他人的研究终点作为自己创新研究的起点。因此，相关信息的调查分析是确定科研课题的前提条件。需要确认研究课题是否是创新性的课题，他人的研究进度是否还有可以深入研究或解决的问题，进而保障研究课题是有意义的，避免时间和精力等多种资源上的浪费。

3. 配合大型工程项目的课题

在假设大型工程项目前，首要的是进行细致而周全的调研论证，对技术先进性、经济合理性和社会可行性进行分析。工程开始前相关信息部门进行大量信息的收集与全方位的信息处理及分析，是一个工程项目成功的保障。

4. 配合技术与设备引进的课题

引进技术和设备时，应考虑技术的先进性和适用性，同时也要考虑经济合理性。因此，在决定引进技术前要收集技术相关信息，充分了解该技术或设备的性能、特点、各项指标和适用范围等方面，并将该技术或设备同其他同类产品进行对比分析，比较后决定是否引进该技术或设备，规避风险，避免错误引进。

5. 配合产品开发的课题

评判一个企业的国际和国内市场竞争能力的重要标准，就是其产品质量提升能力。企业需努力改进老产品，积极开发新产品，促进产品按时更新换代，进而满足消费者日益增长的产品需求。因此，企业需对产品的国内外产销情况、同类水平等相关产品信息进行调查分析。在信息收集与分析的基础上，挖掘商机、占领市场和获取利益。

6. 配合管理活动的课题

在各行各业中管理都非常重要，科学的管理是提高工作效率的基础。科学的管理和技术是推动经济和社会发展的两大重要因素。管理离不开对信息的及时收集掌握和相对的分析预测。充分的信息收集和分析，是管理质量和时效性的重要保障。管理人员的信息素质也决定着管理水平，影响着管理理念。

2.2　信息收集方法

2.2.1　国内信息的收集方法

国内文献信息收集方法以 CNKI、万方数据库、百度文库和维普学术期刊为典型的代表，下面分别进行简单的介绍。

1. CNKI

CNKI 是 China National Knowledge Internet 的英文简称，也可解读为中国知网，是由中国学术期刊（光盘版）电子杂志社、同方知网（北京）技术有限公司主办，基于《中国知识资源总库》的全球信息量最大、最具价值的中文知识门户网站。CNKI 的信息内容经过深度加工、编辑、整合，以数据库形式进行有序管理，内容有明确的来源和出处，内容可信可靠，如期刊杂志、报纸、博士学位论文、硕士学位论文、会议论文、图书和专利等。因此，CNKI 的内容有极高的文献收藏价值和使用价值，可作为学术研究和科学决策的依据。

2. 万方数据库

万方数据库是由万方数据股份有限公司开发的，涵盖期刊、会议纪要、论文、学术成果和学术会议论文的大型网络数据库，集纳了理、工、农、医和人文五大类 70 多个类目共 4529 种，是与中国知网齐名的中国专业学术数据库。其开发公司万方数据股份有限公司，是国内第一家以信息服务为核心的股份制高新技术企业，是在互联网领域集信息资源产品、信息增值服务和信息处理方案于一体的综合信息服务商。

3. 百度文库

百度文库是百度公司发布的供网友在线分享文档的平台。百度文库的文档由百度用户上传，需要经过百度的审核才能发布，百度自身不编辑或修改用户上传的文档内容。网友可以在线阅读和下载这些文档。百度文库的文档包括教学资料、考试题库、专业资料、公文写作和法律文件等多个领域的资料。

4. 维普学术期刊

维普学术期刊是一系列的学术期刊，是经国家新闻出版署批准、由科技部西南信息中心主管、重庆维普资讯有限公司主办的国家级电子学术期刊。分教育、医药、经济、商业、科研、农业和工业等 9 本期刊，由维普网进行全文收录，属于国家级月刊。维普学术期刊是为了推动中国学术产业健康发展，响应国家新闻出版署关于学术期刊要向集团化、产业化和电子化方向发展，进一步净化学术空气和培育浓厚学术氛围而搭建的广大学术工作者有效的学术交流平台。

2.2.2 国外信息的收集方法

国外文献信息收集方法以 Web of Science、爱思唯尔、谷歌学术、Semantic Scholar 为典型代表，下面分别进行简单的介绍。

1. Web of Science

Web of Science 是美国汤姆森科技信息集团（Thomson Scientific）基于 Web 开发的产品，是大型综合性、多学科、核心期刊引文索引数据库，包括三大引文数据库［科学引文索引（science citation index，SCI）、社会科学引文索引（social sciences citation index，SSCI）、艺术与人文科学引文索引（arts & humanities citation index，A&HCI）］，两个化学信息事实型数据库 CCR（current chemical reactions）和 IC（index chemicus），以及科学引文检索扩展版（science citation index expanded，SCIE）、科技会议文献引文索引（conference proceedings citation index-science，CPCI-S）和社会科学以及人文科学会议文献引文索引（conference proceedings citation index-social science & humanalities，CPCI-SSH）三个引文数据库，以 ISI Web of Knowledge 作为检索平台。

Web of Science 是 ISI 数据库中的引文索引数据库，共包括 8000 多种世界范围内最有影响力的、经过同行专家评审的高质量的期刊。该数据库每周更新。除了选收录刊（selected journals）外，其中，A&HCI 全收录刊（all covered journals）共有世界一流艺术与人文科学刊物 1800 多种，其回溯数据目前到 1970 年。SSCI 共收录有世界一流社会科学刊物 3500 多种，回溯数据目前到 1970 年，作者文摘到 1992 年，2000 年中期回溯数据至 1956 年。SCI 扩展版（SCIE）是 SCI 在 Web of Science 中的名称，共包括世界一流科技期刊 9500 多种，比印刷版和光盘版多 2000 种左右，目前的回溯数据已到 1970 年，作者文摘的数据涵盖至 1991 年，而在 2000 年中期，回溯数据扩展至 1945 年。

除了上述三种综合引文索引外，Web of Science 还包括以下三种专科引文索引：生物科学引文索引（biosciences citation index）共有生命科学期刊 930 多种，尤其强调分子科学和细胞科学；化学引文索引（chemsciences citation index）共包括 630 多种化学、生物化学、药学和毒理学方面的期刊；临床医学引文索引（clinical medicine citation index）共包括临床医学研究期刊 2000 多种。Web of Science 中的这些学科数据库既可以独立使用，也可以综合起来进行检索。

2. 爱思唯尔

爱思唯尔（Elsevier）是世界上最大的医学与其他科学文献出版社之一，属于里德·爱思唯尔集团旗下，总部位于阿姆斯特丹。每年共有 250000 篇论文发表在爱思唯尔公司出版的期刊中。爱思唯尔数据库 Science Direct（SD）是著名的学术数据库，对全球的学术研究作出了巨大贡献，每年下载量高达 10 亿多篇，是所有学术类数据库中下载量最大的，也是所有数据库中单篇下载成本最低的，平均每篇不足一毛钱，是目前性价比最高的数据库。

3. 谷歌学术

谷歌学术是一个可以免费搜索学术文章的谷歌网络应用。2004 年 11 月，谷歌第一次发布了谷歌学术搜索的试用版。该项索引包括了世界上绝大部分出版的学术期刊，可广泛搜索学术文献的简便方法。可以从一个位置搜索众多学科和资料来源，如来自学术著作出版商、专业性社团、预印本、各大学及其他学术组织的经同行评论的论文、图书、摘要和文章。谷歌学术搜索可帮助用户在整个学术领域中确定相关性最强的研究。

4. Semantic Scholar

Semantic Scholar 是于 2015 年由微软联合创始人旗下的艾伦人工智能研究所（Allen Institute for Artificial Intelligence，AI2）发布的一个免费学术搜索引擎，目标是帮助科研用户从浩如烟海的文献中快速筛选有用信息，缩短检索时间，提升工作效率。Semantic Scholar 利用机器学习技术，可以从文献文本中挑选出最重要的关键词或短语，确定文献的研究主题，也可以从文献中提取图表，呈现在文献检索页面，能够帮助使用者快速理解文献的主要内容。对于科学研究人员来说，Semantic Scholar 的较大用处是可以帮助他们快速获得重要文献，因为该引擎可以辨别一篇文章引用的参考文献是否具有重要的参考价值。

2.2.3 行业报告的信息收集方法

1. 艾瑞网

艾瑞网是艾瑞咨询集团精心打造的国内首家新经济门户站点。基于 iResearch，艾瑞咨询集团多年来深入互联网及电信相关领域研究成果，融合更多行业资源。为业内人士提供丰富的产业资讯、数据、报告、专家观点和行业数据库等服务，多方位透析行业发展模式及市场趋势，呈现产业发展的真实路径，进而推动行业高速和稳定地发展。

2. 中国互联网络信息中心

中国互联网络信息中心（China Internet Network Information Center，CNNIC）是经主管部门批准于 1997 年 6 月 3 日成立，承担国家互联网络信息中心职责的管理服务机构。中国互联网络信息中心作为中国信息社会重要的基础设施建设者、运营者和管理者，按照“通过安全、稳定的互联网基础设施为公共利益提供高效、应用型服务”的方针，负责运营、管理和服务。承担互联网基础资源研发和保障工作，开展互联网发展研究和咨询，促进全球互联网合作与技术交流，努力建设成为世界一流的网络信息中心。伴随着我国互联网行业的不断发展成熟，作为秉承“国家公益、安全可信、规范高效、服务应用”定位的国家互联网络信息中心，中国互联网络信息中心在坚持传统《中国互联网络发展状况统计报告》研究的基础上，将继续致力于为政府、行业和网民提供公益、专业的互联网在线统计数据及服务。

3. 中国信息通信研究院

中国信息通信研究院（以下简称中国信通院）始建于 1957 年，是工业和信息化部直属科研事业单位。多年来，中国信通院始终秉持“国家高端专业智库，产业创新发展平台”的发展定位和“厚德实学，兴业致远”的核心文化价值理念，在行业发展的重大战略、规划、政策、标准和测试认证等方面发挥了有力支撑作用，为我国通信业跨越式发展和信息技术产业创新壮大起到了重要推动作用。

近年来，适应经济社会发展的新形势和新要求，围绕国家“网络强国”和“制造强国”新战略，中国信通院着力加强研究创新，在强化电信业和互联网研究优势的同时，不断扩展研究领域和提升研究深度。在 4G/5G、工业互联网、智能制造、移动互联网、物联网、车联网、未来网络、云计算、大数据、人工智能、虚拟现实/增强现实（VR/AR）、智能硬件、网络与信息安全等方面进行了深入研究与前瞻布局，在国家信息通信及信息化与工业化融合领域的战略和政策研究、技术创新、产业发展、安全保障等方面发挥了重要作用，有力支撑了互联网 +、制造强国、宽带中国等重大战略与政策出台和各领域重要任务的实施。

4. 中国互联网数据平台

中国互联网数据平台由中国互联网络信息中心在北京发布，这是中国首个免费开放的互联网统计数据产品。基于对中国互联网发展状况的长期研究，自 2010 年起中国互联网络信息中心开始研发“中国互联网数据平台”，成功测试并正式发布了这一平台。中国互联网数据平台面向社会免费开放后，将为企业、政府及广大网民提供更多互联网统计数据，以期从多个层面（宏观和微观、行业和领域等）客观真实地反映中国互联网的发展状况，为互联网行业参与者提供全方位决策支持。

5. 清博大数据

清博大数据是全域覆盖的新媒体大数据平台，拥有清博指数、清博舆情和清博管家等多个核心产品，提供微信、微博和头条号等新媒体排行榜，广告交易、舆情报告和数据咨询等服务。北京清博智能科技有限公司是融合媒体大数据、舆论大数据与产业大数据的技术服务企业，是新媒体影响力标准的研究制定者。清博服务于众多政务机构，人民日报、新华社和中央广播电视总台等中央及地方媒体，海尔等世界 500 强企业，以及阿里巴巴、腾讯、字节跳动、百度和微博等互联网公司。

2.2.4　国际会议的信息收集方法

1. 中国知网会议论文库

中国知网会议论文库重点收录 1999 年以来，中国科协系统及国家二级以上的学会、协会、高校、科研院所、政府机关举办的重要会议以及在国内召开的国际会议上发表的文献，部分重点会议文献回溯至 1953 年。目前，已收录国内会议和国际会议论文集 4 万余本，累计文献总量 383 余万篇。该论文库分为中国重要会议论文全文数据库和国际会议论文全文数据库。中国重要会议论文全文数据库收录了国内重要会议主办单位或论文汇编单位书面授权、投稿到"中国知网"进行数字出版的会议论文，是中国学术期刊（光盘版）电子杂志社有限公司编辑出版的国家级连续电子出版物。重点收录 1999 年以来，中国科协、社科联系统及省级以上的学会、协会，高校、科研机构，政府机关等举办的重要会议上发表的文献。其中，全国性会议文献超过总量的 80%，部分连续召开的重要会议论文回溯至 1953 年。目前，已收录出版 3 万次国内重要会议投稿的论文，累计文献总量 286 余万篇。国际会议论文全文数据库收录了国内外重要会议主办单位或论文汇编单位书面授权并推荐到"中国知网"进行数字出版的重要国际会议论文，是由中国学术期刊（光盘版）电子杂志社有限公司编辑出版的国家级连续电子出版物专辑。重点收录 1999 年以来，中国科协系统及其他重要会议主办单位举办的在国内或国外召开的国际会议上发表的文献，部分重点会议文献回溯至 1981 年。目前，已收录出版国际学术会议论文集 9950 余本，累计文献总量 97 余万篇。

2. 万方数据会议论文库

万方数据会议论文库，也称中国学术会议文献数据库（China Conference Proceedings Database），会议资源包括中文会议和外文会议。中文会议收录始于 1982 年，年收集约 2000 个重要学术会议，年增 15 万篇论文，每月更新。外文会议主要来源于国家科技图书文献中心（National Science and Technology Library，NSTL）外文文献数据库，收录了 1985 年以来世界各主要学协会、出版机构出版的学术会议论文共计 1100 万篇全文（部分文献有少量回溯），每年增加论文 20 余万篇，每月更新。万方数据会议论文库不仅提供基本检索功能，还提供高级检索和专业检索功能，允许用户从多个字段进行会议信息的检索。

3. 国家科技图书文献中心会议论文库

NSTL 是科技部联合财政部等六部门，经国务院批准于 2000 年 6 月 12 日成立的一个基于网络环境的科技文献信息资源服务机构。它由中国科学院文献情报中心、中国科学技术信息研究所、机械工业信息研究院、冶金工业信息标准研究院、中国化工信息中心、中国农业科学院农业信息研究所、中国医学科学院医学信息研究所、中国标准化研究院标准馆和中国计量科学研究院文献馆九个文献信息机构组成。目前，NSTL 会议论文库已收录会议论文 50 余万篇。由于会议论文被收藏在不同机构，NSTL 允许用户将检索结果限制在某个特定的收藏机构。

4. Web of Science 的 CPCI-S 合集

Web of Science 平台上的 CPCI-S 由美国科学情报研究所（Institute for Scientific Information，ISI）出版。其汇集了世界上最新出版的会议录资料，包括专著、丛书、预印本以及来源于期刊的会议论文，提供了综合全面和多学科的会议论文资料。读者可检索自 2000 年以来的数据。CPCI-S 合集帮助研究人员从全球最重要的会议、专题讨论会、研讨会、座谈会和发表会中获取已发表的文献。该资源提供了会议论文集及其对全球研究影响的完整视图，让用户可以使用引用的参考文献检索来跟踪期刊文献中未涵盖的新兴想法和新研究。

2.3　信息分析的步骤

一般情况下，信息分析主要分为六个步骤，即浏览、阅读已收集和整理的原始资料，创造最初的假设，再收集、整理、评价信息，确定前提，确定并拓展推论，验证假设并形成最终的结论。本节以咨询公司、学术研究和调查报告为例介绍信息分析的步骤。

2.3.1　咨询公司信息分析步骤

麦肯锡公司是世界级领先的全球管理咨询公司，自 1926 年成立以来，该公司的使命是帮助领先的企业机构实现显著和持久的经营业绩改善，打造能够吸引、培育和激励杰出人才的优秀组织机构。咨询公司的信息分析通常分为七个步骤，如图 2-1 和图 2-2 所示。

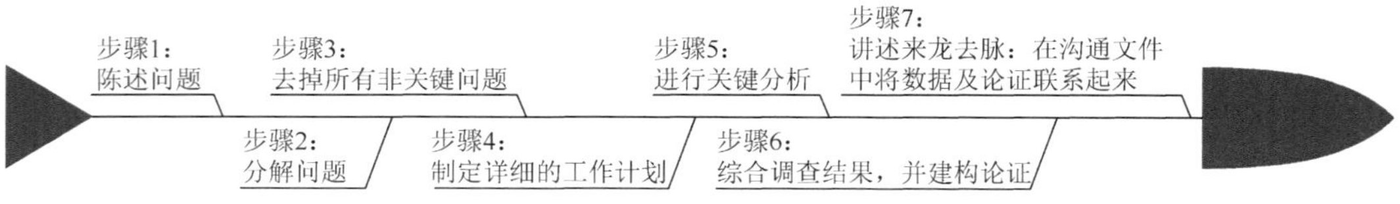

图 2-1　麦肯锡公司解决问题七步骤鱼骨图

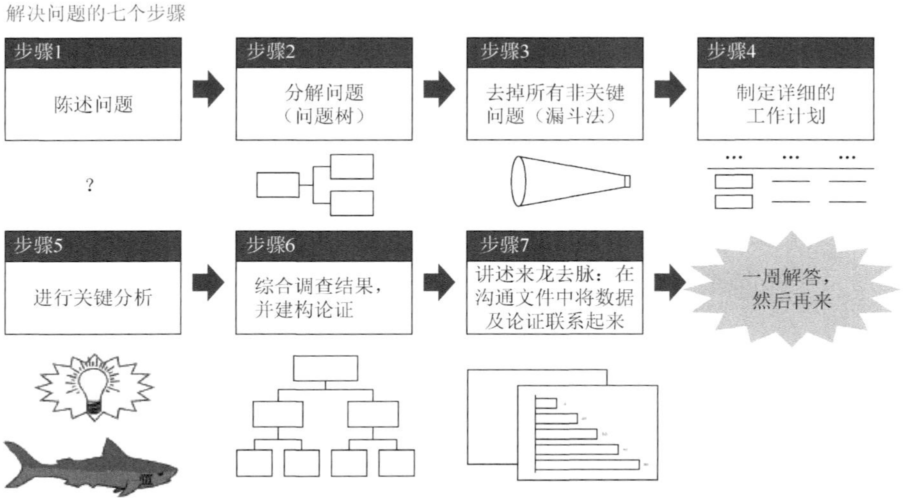

图 2-2　麦肯锡公司解决问题的七个步骤图

本节以“某公司能否明显地减少工作人员必须在周末工作的时间？”这一咨询问题为例，按照麦肯锡公司解决问题的七个步骤进行各个步骤的详细说明，具体步骤讲解及案例分析如下。

1. 陈述问题

陈述问题是清晰地陈述要解决的问题。首要任务是对问题的准确了解，关心听众所急，考虑决策者的主要标准，其特点是一个主导性的问题或坚定的假设，具体而不笼统，有内容的（而非事实的罗列或一种无可争议的主张），可行动的，以决策者下一步所需的行动为重点。在陈述问题过程中，要考虑问题的背景、成功的标准、决策者、其他利益相关方、解决方案受到的限制和解决方案所涉及的范围。陈述问题考虑问题示例如图 2-3 所示，陈述问题示例如图 2-4 所示。

要解决的基本问题：
某公司能否明显地减少工作人员必须在周末工作的时间？

1. 背景
◆很多同事必须每周工作6～7天才能完成工作

2. 成功的标准
◆至少将周末工作时间缩短50%

3. 决策者
◆公司经理
◆部门经理

4. 限制因素
◆不影响工作质量

5. 适用范围
◆所有非客户服务人员

图 2-3　陈述问题考虑问题示例

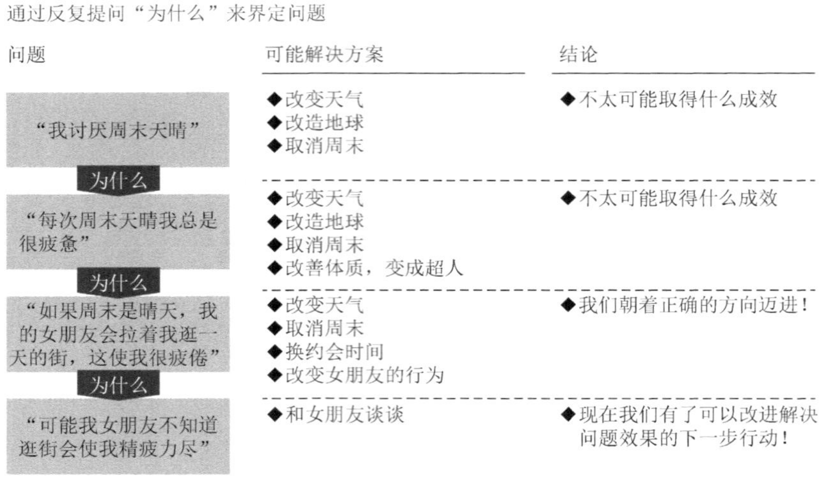

图 2-4　陈述问题示例

2. 分解问题

分解问题通常使用逻辑树的方式，将问题分成几个部分，不同部分按轻重缓急区分，工作责任分派到个人，从而保证问题分解得到完整的解决，使项目小组共同了解解决问题的框架，协助重点使用组织框架和理论。在分解问题时，通常可以通过运用逻辑树，从一个被粗略界定的复杂问题逐步分解为有完整内在联系的一系列相关议题。逻辑树的类型包括议题树、假设树和是否树三种，逻辑树类型如图 2-5 所示，分解问题议题树示例如图 2-6 所示，分解问题假设树示例如图 2-7 所示。

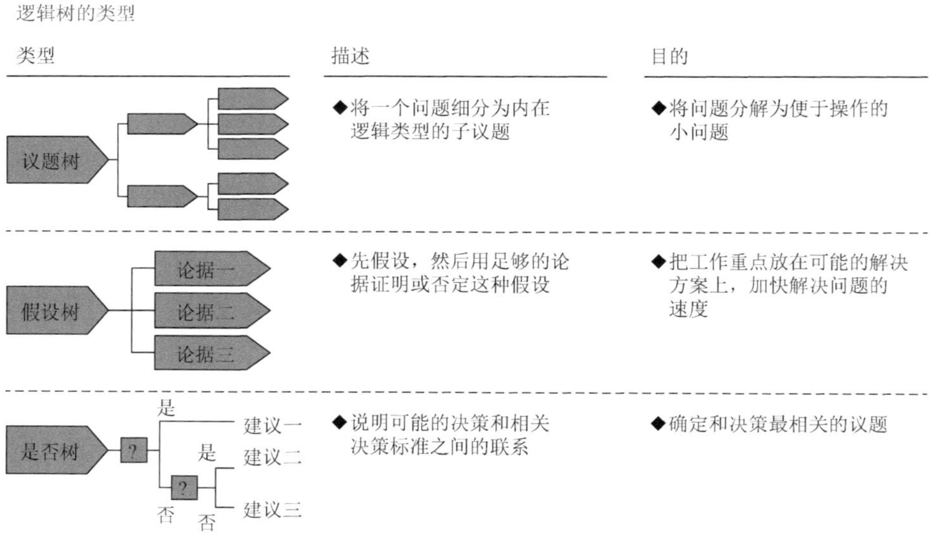

图 2-5　逻辑树类型

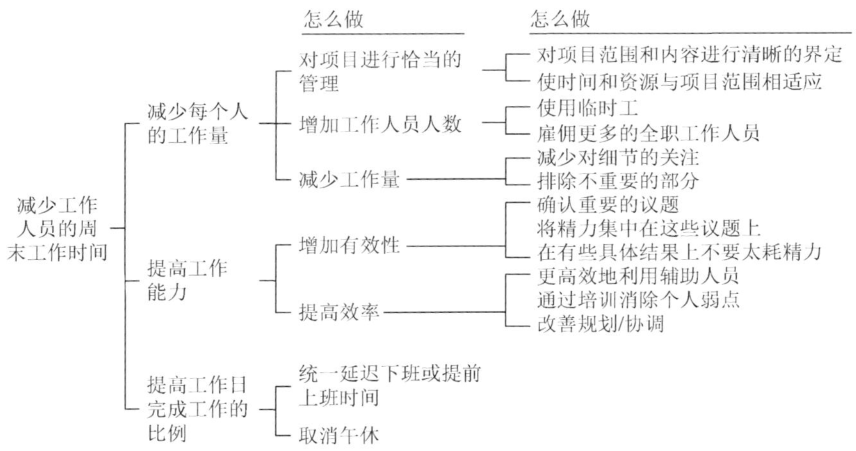

图 2-6　分解问题议题树示例

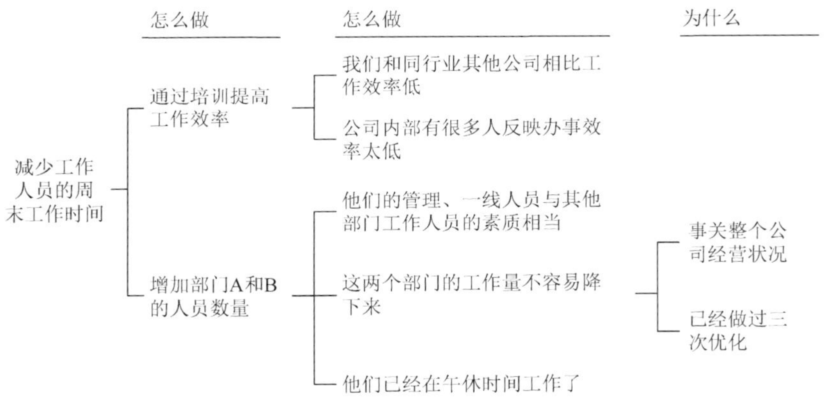

图 2-7　分解问题假设树示例

3. 去掉所有非关键问题

经常反复推敲过程中的第一步在假设/理论及数据之间来回穿梭，使用 80/20 的思考方式，重点努力解决最重要的问题，不仅要常问“那又会怎样”，而且还要问“你忘了什么”。进行一项较困难的研究分析时，淘汰非关键问题是掌握合理生活方式的关键。

4. 制定详细的工作计划

有条不紊地及早规划工作计划对解决问题大有帮助，工作计划表示例如图 2-8 所示。最佳做法是不要等待数据收集完毕才开始工作，经常随着反复仔细分析数据而修改补充和改善工作计划。具体分析，寻找具体来源；综合分析，同项目小组成员一起检测，尝试其他假设；里程碑，有序地工作，使用 80/20 方法按时交付。

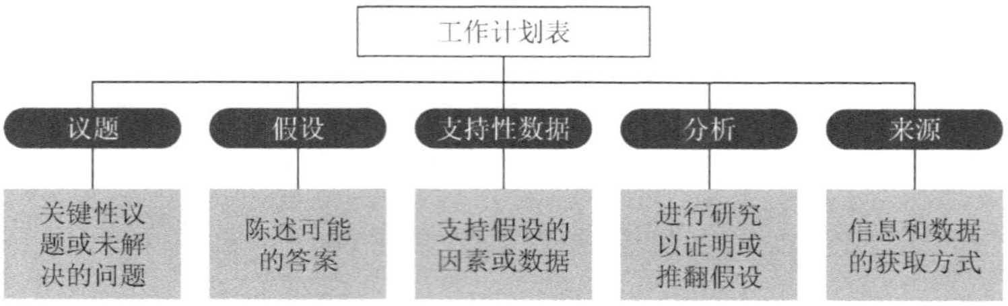

图 2-8　工作计划表示例

5. 进行关键分析

关键事件分析尽可能选择简便的问题解决方式，并避免复杂、间接或推论的方法，对准精确目标即可，不需追求完美或寻找显而易见的事物，一定要充分利用他人的经验，并设法找专家来引导分析的工作，进行检查以保证结论同事实相符。关键事件分析的原则是以假设和最终产品为导向，经常反复地进行假设和数据分析。尽可能地简化分析，事先评估重要性，使用 80/20 及简便思维方法，从专家那里得到数据，对新数据采取灵活的态度，同项目小组共享良计，对困难有所准备，勇于创新。

6. 综合调查结果，并建构论证

调查结果可从“情况—复杂性—解决方法”视角和金字塔结构出发，“情况—复杂性—解决方法”首先陈述问题目前的情况，根据情况详细列出问题存在的困难，从而提供可解决的途径。金字塔结构从主要结论或问题出发，分解为子论点或小问题，再通过数据支撑论点或具体行动，进行论证，具体构建的论证讲解如图 2-9 所示。

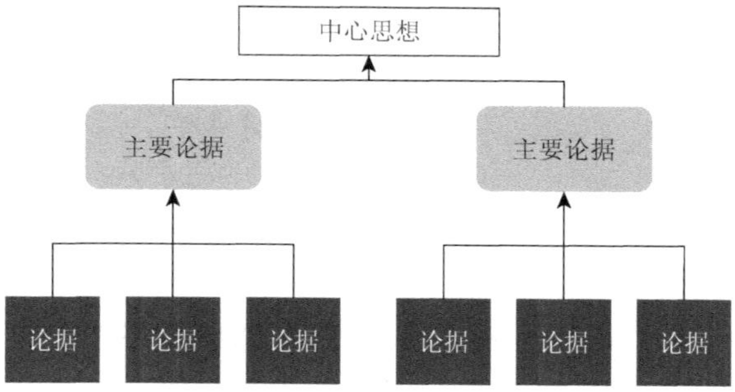

图 2-9　构建论证讲解

7. 讲述来龙去脉

最后画出持有论点的完整结构，以每张图表上方的文字串成一个合乎逻辑又具有说服力的故事。从综合调查结果构建论证到讲述来龙去脉的具体展现如图 2-10 所示。

在综合调查结果构建论证到讲述来龙去脉的过程中，讲述故事的金字塔不需要始终同构建论证金字塔的结构保持一致，其结构在很大程度上受到听众和目标等因素的影响，金字塔逻辑树仅仅是一个帮助建立思维架构的工具。

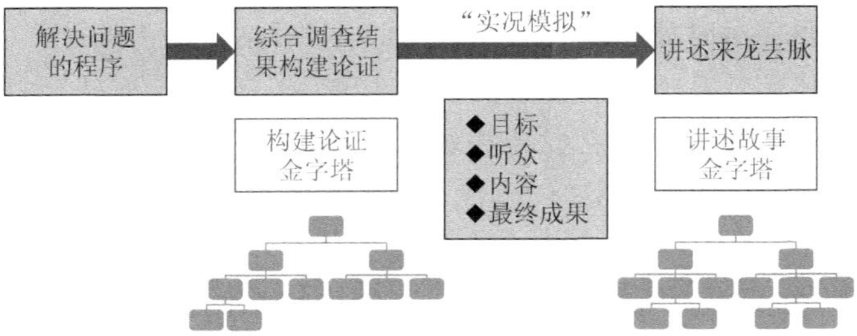

图 2-10　从构建论证到讲述来龙去脉

2.3.2　学术研究信息分析步骤

研究假设也称为理论假设，它是对研究对象的特征以及有关现象之间的相互关系所作的推测性判断或设想，是对问题的尝试性解答。通常情况下研究假设的特点有：研究假设必须是针对所要研究的问题做出的尝试性的理论解释，必须能够由经验事实来检验，必须以明确的概念为基础，必须与有效的观测技术相联系。其分析步骤如下。

1. 研究问题的具体化

选定科学研究内容后，研究者对于研究问题的性质、研究的范围与重点会有比较明确的认识。这时研究者心目中大体有了研究问题、问题的意义、可行性，应该从哪个方向、采用何种方法来进行研究的框架。为了实施具体的科学研究，研究者还必须进一步确定研究目的或主题范围，作为研究行动的依据，然后收集研究资料，构思具体的研究计划。科学研究的具体化涉及提出研究目的、选择和提炼研究主题以及提出待答问题。

1）提出研究目的

研究目的是研究的基本意图，是研究内容的焦点，也是研究行动的指南。唯有明确的研究目的，研究资料的收集才有依据，研究结果的解释才有意义。因此，研究设计的首要任务就是确定研究目的，提出研究目的是研究具体化的步骤之一。

研究者在确定研究课题以后，首先要确定一个暂时的研究题目，然后查阅相关的文献资料。事实上，研究题目和查阅文献资料是互动的，一方面研究者以研究题目为中心和线索来收集查阅文献资料，另一方面在查阅文献资料的过程中可以随时修正研究题目，不断向研究的核心问题聚焦，完善研究课题。研究目的的表述要求直截了当，研究策略如下。

（1）以提示探究行动的陈述句来表述。

陈述句一般开门见山，直奔主题，常用句式“本研究的目的是……”“本研究探讨的内容是……”等。例如：

■ 本研究的目的在于了解小学生的阅读兴趣；
■ 本研究旨在调查中学生压力现况，并分析产生压力的原因；
■ 本研究的主要目的是探讨学生压力管理的方式对学生健康的影响。

以上三个研究目的的表述都提示了探究行动，如“了解”“调查”“分析”“探讨”等语词，三句话的表述语意清楚，任务明确，使用概念具体，可操作。

（2）提示研究变量与研究对象。

研究目的的表述可以从研究变量或研究对象着手，使人一看研究目的就知道研究变量和研究对象。通常，研究目的会涵盖提示变量的特征、变量特征的群体差异、两个变量之间的关系（相关、因果）。例如：

■ 本研究旨在调查小学教师的职业道德（变量特征）；

■ 本研究的目的是比较中学男女学生的学业成就（群体差异）；

■ 本研究的目的是要分析小学生识字量与语文学业成绩之间的相互关系（一般相关）；

■ 本研究的主要目的是要探讨挫折对儿童攻击性行为的影响，并进一步比较这种影响的性别差异（因果关系）。

以上 4 个例子提示了研究对象为小学教师、中学男女学生、小学生、儿童。同时，也提示了研究变量为职业道德、学业成就、识字量与语文学业成绩、挫折和攻击性行为。

（3）提示的变量和对象须与研究的其他部分一致。

研究目的所提示的研究变量与研究对象必须与研究题目相符，不可逾越研究题目的范围。若研究题目不足以涵盖研究目的，则需要修改研究题目。

（4）提示可以研究的具体问题。

变量及其关系的性质决定研究的可行性，有些变量过于抽象，以致无法具体操作；有些关系过于笼统、复杂或涉及价值判断，以致无法由实证资料的收集与分析来解释，使之成为不可研究的问题。提示变量及其关系时一定要考虑可以操作并能进行实证检验。例如：

■ 本研究的目的在于了解我国中学教育的品质（“教育品质”具体操作不易）；

■ 本研究的目的在于探讨中小学行政人员的能力（“行政人员的能力”具体操作不易）；

■ 本研究的目的在于分析师资培训是否应多元化（涉及价值判断，无法实证检验）。

（5）分条列举复杂的研究目的。

对于比较复杂的研究，由于研究变量多，分析的层面也广，如以单一的陈述句来说明研究目的，常常流于抽象笼统，或不切实际。采用分条列举的方法，可以涵盖广阔的研究范围，提示具体的研究项目。例如：

■ 了解中小学的师资结构；

■ 分析中小学学生就学与在学情况；

■ 调查中小学校舍建筑数量及其使用情况；

■ 探讨中小学学生家长对学校的意见。

2）选择和提炼研究主题

科学研究具体化的另一步骤就是选择和提炼研究主题。研究主题是指要探究的问题或研究的具体领域。研究主题通常以问题陈述、待答问题、研究假设来表示。问题陈述就是用句子或段落解释研究目的（见前面“提出研究目的”）。待答问题是研究主题内在的基本问题，或是大问题下的一系列小的具体问题，待答问题通常以问句形式表述。研究假设则是对研究结果所作的预测，是研究者期望得出的结论。

研究者选定的研究问题通常都可以引发出许多研究主题。对于研究者个人来说，可能只关心其中的某个具体问题，这个问题对他而言就是要研究的主题。研究设计包括确定主题范围、选择待研究的主题以及提炼研究主题，并以特定的方式表述研究主题。

发掘研究主题的途径是多种多样的，研究主题可以通过查阅文献资料发现，随便找一本教育期刊，从中就可以发现多个潜在的研究主题。也可以到大学图书馆翻阅教育目录索引或教育期刊索引，从中发现所需主题。还可以通过访谈交流，如询问教师什么因素困扰课堂教学或需要得到什么样的帮助等，教师的回答将有助于获得有关的研究主题。

选择研究主题应考虑以下一些因素：

（1）所选择的主题应是你的专业和兴趣所在，主题应是新颖、有趣的。

（2）所选择的主题应是重要的，能对教育教学某个方面产生影响。

（3）选择具有挑战性的、能得出新结论的主题。

（4）要考虑所选主题的大小和难易程度。

（5）通过广泛查阅文献资料来确认主题是否合适恰当。

（6）还要分析研究的主客观条件和可行性。

（7）最后需考虑研究中的伦理问题。

3）提出待答问题

待答问题起承前启后的作用，待答问题是根据研究目的提出的，作为研究目的与研究行动的桥梁。待答问题决定研究行动，产生的研究结果必须能充分反映待答问题。同时，待答问题也是检验研究结果的基本标准，只有这样才能达到研究目的。研究目的、研究行动、研究结果的关系见图 2-11。

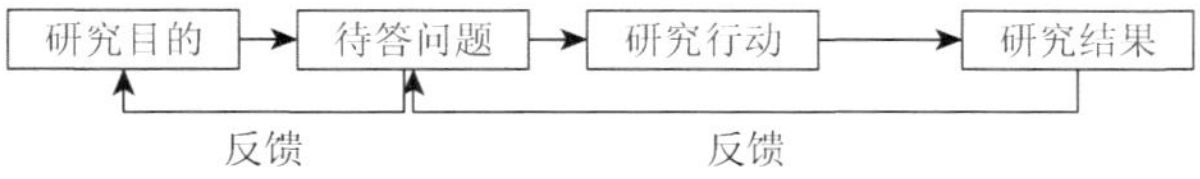

图 2-11 研究目的、研究行动、研究结果关系图

提出合适的待答问题可以考虑以下几点：

（1）以简洁的疑问句提出。

提出待答问题的基本要领就是要用简洁的疑问句提出，例如：

- 天资优异的儿童学习行为有什么特征？
- 小学男生与女生的学习能力有何差异？
- 大学生的专业选择与家庭背景有关吗？
- 提早入学对儿童适应学校生活有何影响？

（2）降低概念的抽象程度。

概念的抽象程度是相对的，由比较而得。在提出待答问题时，一定要以所提示的概念为依据，降低其抽象程度，以比较具体的下位概念来表达。待答问题中概念的抽象程度越低，就越容易操作和测量。例如：

- 小学天资优异的儿童上课时比较专注吗？
- 小学男生与女生的数学计算能力有差异吗？

■ 大学生的专业选择与父母的教育程度有何关系？

■ 提早入学对儿童在学校中的同伴关系有何影响？

（3）以研究变量及其关系的提示为主。

提示研究变量，并质疑变量之间的关系，这个问题才会明确。待答问题可以分为三类，如描述性问题、相关性问题和因果性问题。

■ 小学优秀学生的家庭背景如何？（描述性）

■ 师范院校学生与普通大学学生的价值观有何差异？（描述-比较）

■ 学校组织气氛的相关因素有哪些？（相关性）

■ 中学实施电脑辅助教学对学生的学习兴趣有何影响？（因果性）

（4）降低问题的层次。

待答问题强调概念的具体程度，常常把一个比较抽象的概念分解成几个具体的小问题。在一项研究中，通常要提出好几个待答问题才能满足研究需要。问题和问题之间要有层次，如“小学儿童学校生活满意程度的调查研究”“学校生活满意程度”等比较抽象，可以提出一系列待答问题，当这些待答问题解决了，学生对学校生活满意程度的结果也就出来了。

（5）待答问题的范围要与研究目的相符。

通常研究范围可以从研究变量及其关系来辨识，因此在提出待答问题后必须逐项检查所提示的变量，看是否逾越研究目的所规定的范围，是否遗漏了重要的变量，务必使待答问题与研究目的范围一致，图 2-12 表明待答问题的来源。

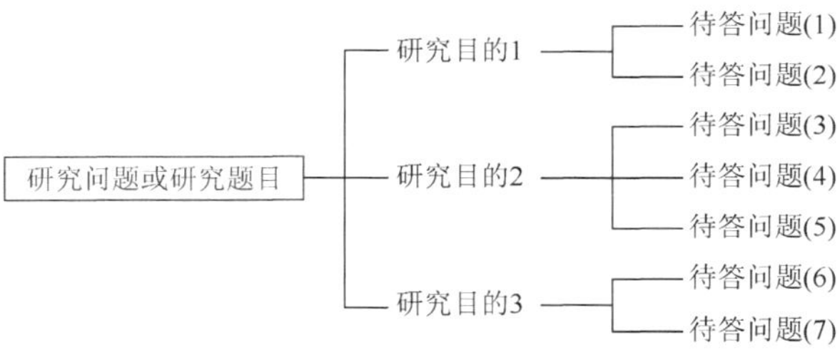

图 2-12　待答问题来源图

（6）要提出可回答的问题。

一个待答问题必须是经过收集资料可以回答的问题。凡不可能收集实证资料，或有了资料仍不能回答的问题不适合做待答问题。例如，“8 岁儿童学习数学时他们的脑细胞正在发生什么样的变化？”对于这样的问题现在是无法收集实证资料的，也不可能得到检验。因此不能作为待答问题提出，必须加以修正。修正问题的最佳策略就是使问题具体化，只要待答问题具体化就能使待答问题成为可以回答的问题。

2. 形成研究假设

在教育研究设计过程中，通常可以通过提出研究假设来取代待答问题，尤其是实证性研究。提出研究假设是研究设计的重要环节，研究假设的提出有助于研究者理清研究思路，明确研究方向，提出研究假设也是教育研究探索的必经之路，是构建和发展教育理论的有效途径和手段。

1）研究假设的概念

研究假设（research hypothesis）是研究者根据经验事实和科学理论，对所研究的问题预先赋予有待验证的暂时性答案，是对研究结果的预测，是对课题涉及的主要变量之间相互关系的设想。一般来说，科学研究以假设验证为主。

假设在日常处理问题过程中是大量存在的。例如，教室里有一盏灯不亮，这是一个需要我们去解决的问题。我们会去试一下开关。这就意味着我们假设灯不亮的原因可能是开关没开。如果试一下开关灯亮了，这就证实了原先的假设，问题得到解决。如果试一下开关，灯仍不亮，便否定了原先的假设，说明灯不亮的原因可能不是开关问题，这时我们会继续假设：是不是镇流器出了问题，我们会去换镇流器来验证假设；是不是灯管坏了，我们会去换灯管来验证假设等，直到最后解决问题。总之，在解决问题的过程中，在任何验证性的活动前，总是会有假设作为行动的基础和指南。

研究者应根据研究的性质来决定是否需要正式提出假设，通常定量研究、验证性研究、涉及两个变量相互关系的研究要求明确提出研究假设，而定性研究、描述性研究、单一变量的研究则不一定要预先提出研究假设，其假设往往隐含在研究过程之中或在研究过程中形成。在实际操作过程中，能直接提出研究假设最好，当情形不适合提出假设或不知该如何提出假设时，研究者至少应该提出待答问题，对研究结果作出简单预测。

2）研究假设的作用

科学研究的目的在于探索未知，形成理论，科学研究的基本过程一般以假设验证为主，因此研究假设在科学研究中具有重要作用。概括起来假设的作用有以下几点：

（1）假设是研究的核心。

在有假设的研究中，整个研究过程实际上就是围绕着验证假设展开的。当然验证的结果并非总是假设被证实，也有被证伪的可能性，但是不管最终结果如何，假设就像大海中的航标，为研究指明方向，使研究不偏离航向。

（2）假设能明确地规定课题。

假设在整个研究过程中起定向和统领的作用。有假设的研究，内容更具体，方向更明确，目标更集中，既便于研究者把握研究的主攻方向，集中火力，又易于别人理解课题内容。研究假设可以帮助研究者确定研究的重点，提示收集资料的方向与范围，并能提供研究结论的框架，指导研究深入发展。

（3）假设是通向理论的桥梁。

假设是理论的先导，从假设到理论是科学认识发展的必由之路。提出假设不是认识的最终目的，而是为过渡到理论做准备，假设只是为解决问题提供暂时性的答案。从性质和意义上来说，假设与理论并无很大的区别，只不过假设是有待验证的理论，理论则是已经证实了的假设。假设具有理论的某些特征，是理论的先导。当假设的基本观念或预言被证实或被证伪时，这个假设就有可能上升为理论。理论在实践检验之前只能具有假设的性质。

另外，假设是一种解释的工具，它能够解释事实。假设陈述的是两个变量之间可能的联系，一旦能通过事实数据证明这种联系，我们不但解决了有关的问题，而且还解释了与此问题有关的其他问题。对某一事实的解释，在于用合适的方法把一事实与其他事实联系起来，研究假设就是这种联系的桥梁。

几乎所有的实证性研究都是围绕着研究假设进行的。因此，提出合适的研究假设是研究成功的基本条件。假设的最终结局有二，一是假设被证实，这是通常认为的理想结局；二是假设被证伪，事实上这也是一种理想的结局，因为假设被证伪、被否定，这并不意味着研究本身的失败。何况有些假设（如虚无假设）的提出，其目的就是希望事先提出的假设被否定、被拒绝。假设的证实或证伪不取决于人们的主观判断，而只能是事实检验的结果，事实是检验假设的根本标准。

3）研究假设的类型

研究假设的类型很多，从不同的角度可对假设作不同的分类。

通常按假设是由归纳还是演绎派生分为归纳假设和演绎假设。归纳假设来自研究者对行为的观察，研究者凭自身的经验和知识去构建假设。例如，采用讨论式的教学方法的效果要优于讲授式的教学方法的效果。演绎假设来自理论，因此更易于检验理论和推广应用。例如，及时奖励儿童的行为有助于强化和巩固该行为。

按假设中变量关系变化的方向可分为以下三类。

（1）条件式。

假设两个变量有条件关系。即如果 A 成立，则 B 也成立，即 if A，then B。这是假设的典型模式，在表述上采用“如果……，那么……”的标准逻辑句型。例如，如果摩擦，那么就会产生热；如果铜被加热，那么它就会膨胀；如果教师采用言语强化的方式来教学，那么学生的课堂行为就会改变。

（2）差异式。

假设两个变量之间在程度上存在差异关系。例如，可假设 $A=B$，也可假设 $A\neq B$；可假设 $A>B$，也可假设 $A<B$。如果 A 代表讲授式教学方法，B 代表讨论式教学方法，我们可以分别作如下假设：

■ 讲授式教学方法的效果等于讨论式教学方法的效果。（$A=B$）

■ 讲授式教学方法的效果不等于讨论式教学方法的效果。（$A\neq B$）

■ 讲授式教学方法的效果优于讨论式教学方法的效果。（$A>B$）

■ 讲授式教学方法的效果差于讨论式教学方法的效果。（$A<B$）

（3）函数式。

假设两个变量之间存在因果共变关系，并且用数学形式表达。如果 X 表示原因，Y 表示结果，那么函数公式就是 $Y=f(X)$，表示“Y 随 X 的变化而变化”的函数关系，即如果“X”是这个值，那么“Y”是那个值。假设用数字形式表示意味着假设的精确性。例如，“男生的学业成绩是女生学业成绩的 1.2 倍”。

在教育研究实际操作过程中，通常按假设的性质来分类，也可分为以下三类。

特定假设：特定假设是推测特定对象之间关系的假设，指向个别的、具体的、特定的事例。例如，“在思维能力上，甲班学生比乙班学生推理能力强”。在这个假设中，甲班学生和乙班学生是具体的、特指的。这个假设只能用于这个甲班和乙班，不能推论到其他班级中去。

一般假设：一般假设是推测一般种类之间关系的假设，指向普通的、抽象的、可推广的事例。例如，“在思维能力上，男生比女生的推理能力强”。这个假设中的男生和女生涉及一般种类。尽管这项研究只是在某个班上进行的，但这项研究的结论可以推广到同类的男生和女生中去。

虚无假设：虚无假设（null hypothesis）又称统计假设，是推测某种不存在的、无倾向的关系的假设，指向中性的、无差异的、无区别的事例。这种假设实际上就是统计学上的零假设。虚无假设在表述上大多采用某变量与某变量之间“无差异”“不相关”“没有影响”等形式来陈述变量之间的关系。例如，“在推理能力上，男生与女生无差异”“学生的学业成就与自我概念无关”。

虚无假设一般不反映研究者对研究结果的期待，人们使用虚无假设是为了使假设与推论统计逻辑相适应。虚无假设的本意是想通过事实的检验来否定自己，否定了虚无假设，结果的倾向性也就明显地显现出来了。虽然虚无假设相对于特定假设和一般假设较难理解，但为了避免在研究过程中出现主观偏见的先入之见，以及为了便于提出假设和进行统计检验，现在许多研究者愿意采用虚无假设。

按假设在表述变量关系中所具有的倾向性可分为以下几点。

（1）定向假设。

定向假设（directional hypothesis）在陈述中示意假设结果的预期方向，指出变量之间差异的特点和倾向。采用定向假设比较符合人们的思维习惯，易于理解和讨论，特定假设和一般假设通常为定向假设。例如：

■“男生的推理能力比女生的推理能力强”。

■“学生的学习动机强，则学习成绩好”。

■“教师的口头警告次数越多，学生上课时的注意力越分散”。

（2）非定向假设。

非定向假设（nondirectional hypothesis）在陈述中不提示假设结果的预期方向，而是期望通过收集数据、检验结果来揭示变量间差异，常用虚无假设来表示。例如，当“男生的学业成绩和女生的学业成绩无差异”这个非定向假设被收集到的事实数据拒绝时，我们便可以从实际的男生和女生的平均成绩上判定其方向性，得出研究结果。

4）研究假设在表述上的特征

在现实的教育研究中，研究假设的类型还可细分，但无论采用哪一种研究假设，研究者必须明白如何陈述研究假设。我们从以上各类研究假设的表述中，可以概括出研究假设在表述上的特征。

（1）一个研究假设只能涉及两个变量。

研究假设必须提示两个变量之间的关系。如果涉及多个变量之间的关系，可将变量一一对应地分成几组假设。例如，要研究教师的文化程度和教学经验与学生的学业成绩的相互关系，这里涉及三个变量：教师的文化程度、教师的教学经验、学生的学业成绩。我们不要将假设表述为“教师的文化程度和教学经验与学生的学业成绩呈正相关”。

因为教师的文化程度和教学经验这两个变量混在一起研究，难以验证学生的学业成绩究竟是教师的文化程度起决定作用，还是教师的教学经验起决定作用，或是教师的文化程度与教师的教学经验组合后产生作用。我们应该将三个变量分为两组假设分别进行验证：

■ 教师的文化程度与学生的学业成绩呈正相关。

■ 教师的教学经验与学生的学业成绩呈正相关。

（2）研究假设要设想两个变量之间的期望关系。

研究假设涉及两个变量之间的关系，在一个假设中必须就两个变量的关系明确提出某种设想。有些假设虽然也描述了两个变量，但没有表明彼此之间的可能关联，没有反映两个变量间可能的变化形式，这样的研究假设就不符合规范。例如，“小学生的语文学业成绩和数学学业成绩都好”，这个假设仅提及“语文学业成绩”和“数学学业成绩”两个变量，未说明两者之间关联情形，因此不能算作研究假设。我们可以这样来表述假设：“小学生的语文学业成绩和数学学业成绩呈正相关”“学习策略对语言能力的提高有重要影响”。

（3）用陈述句形式简洁明确地描述。

研究假设不要用疑问句形式，因为假设是研究者对研究结果预先赋予的答案，是一种可能的解释和说明，而不是问题，不要把问题转问他人。像“学生的学业成绩与教师的文化程度有没有关系？”这种假设是没有意义的，因为研究者没有对这个问题的结果作出推测，这个问题本该研究者回答的，而不是研究者去问别人。

另外，假设的表述应尽可能明确具体，概念要简单，语义要清楚，要直截了当，不要隐含在文字描述之中。研究假设的结构要规范，假设命题本身要符合逻辑，一般一个假设用一句话来表述。假设中尽可能避免使用含义模糊的形容词。请看下面这个假设：“聪明的学生对学校的态度好”。在这里“聪明”“态度”“好”这些词太宽泛、太笼统，不能明确表示研究中的具体问题，人们会继续追问：怎样的学生是聪明的？态度具体指哪些方面？好的具体指标有哪些？这些问题不解决，研究假设就无法检验。如果我们用以下的假设表述就比较具体明确，可以检验：

■“学业成绩排列前十名的学生比学业成绩最后十名的学生更喜欢学校生活”。

■“智力测验分数与态度测验分数呈正相关”。

当我们难以用完全肯定或完全否定的句式来表述时，可以用条件肯定或条件否定的句式表述，例如，在小学阶段，教师的教学经验与学生的学业成绩呈正相关；在中学阶段，教师的文化水平与学生的学业成绩呈正相关。

（4）变量之间的关系应当是可检验的。

研究假设必须是可以验证的，无法验证的假设是不能作为研究假设的，因为人们无法检验假设的有效性。假设必须指示变量之间的关系和变量的测量方法，作为检验假设及判断事实的基础。

假设可检验的条件是：假设中的主要变量可以数量化或能以可操作的形式来重新表述。例如，学生的学业成绩可表述为在某一标准化测验上的得分；教师的文化程度可按教师的学历层次划分为初中、高中、大专、本科、研究生等；教师的教学经验可按教师的教学年限长短划分为 1～5 年、5～10 年、10～15 年、15～20 年、20～25 年、25～30 年等。当假设中的变量具体化到这种程度时，假设便具有被检验的可能性了。因此提出假设时，研究者应尽可能避免使用概念过于抽象、范围过于宽泛并且不易操作量化的变量。例如，“学生的素质与其遗传基因有关”这样的假设，虽然已具备研究假设的表述，但能否通过收集事实和数据来验证就值得考虑了。因为从这个假设中，我们不清楚学生的素质具体指什么，如何去操作，遗传基因如何去测量等。这些问题不解决，这个假设就无法得到验证。

5）好的研究假设的标准

判断一个研究假设的好坏，会有许多标准。一个好的假设应符合以下标准。

（1）科学性。

假设是以经验和理论为基础的，假设有待验证。但假设必须要有一定的事实和理论依据，应符合逻辑，理由充分，能解释与假设有关的事物与现象。假设应尽可能用量化的形式表达，这样可以提高假设的客观性。假设应与现有的知识相协调。

（2）预测性。

假设应具有预测性，假设的正确与否有待于事实的检验，它对因果关系的解释是不确定的、或然的，即两个变量的关系非真则假，非此即彼，要么接受，要么拒绝，不存在中间道路。例如，“我要么是男性要么是女性”，这样的描述是成立的，但没有意义，因为除了男性和女性两种可能性外，没有其他可能性存在。“我是男性，我又不是男性”，这一描述是犯了自相矛盾的错误。“我是男性”，这样的陈述反映的事实可能是真实的（是男性），也可能是不真实的（不是男性），这就是假设的或然性，好的假设就应处于这种状态。

（3）新颖性。

假设是对变量之间关系的大胆设想，应具有创新意义，不要总是用现成的结论来代替假设。当然假设必须针对研究问题而建立。

（4）可验证性。

假设涉及的概念、变量应是可以操纵、测量的，具有被证实或被证伪的可能性。每一个假设都要接受检验，能被验证的假设肯定要比不能被验证的假设好，已被证实的假设肯定要比一个未被证实的假设好。

（5）简明性。

假设在表述上应简要明晰。简洁的假设既利于读者理解，又便于研究者检验。当简单的假设和复杂的假设具有同等解释能力时，应选择简单的假设。

（6）概括性。

好的假设大多能产生或推演出大量的推论，并且在所及范围内具有较大的概括性，一般来说，能演绎产生大量推论的假设必定是好的假设。

6）形成研究假设的策略

大千世界，包罗万象。面对这样一个极其复杂的世界，我们的探索必须要有方向，否则我们只能描述或探讨周围碰巧发生的现象与事物。假设可以用来帮助我们决定优先研究的现象和事物，可以引导启发我们应该做哪些研究或不应该做哪些研究。下面的例子给我们描述了一个形成研究假设的过程。

假定你对人们为什么头痛这一问题的研究很感兴趣，你可能会想起当你紧张不安的时候就会头痛。你会问自己，这时你的身体发生了什么变化以致引起了头痛？你注意到其中一个现象是心情烦躁，肌肉过度紧张。这个观察促使你提出一个假设：“如果一个人的肌肉过度紧张，那么产生头痛的次数就会增加。”于是这个假设引导你作关于人们的肌肉紧张程度和头痛次数的相关研究。这个假设还进一步指导你提出治疗头痛的方案。例如，指导患者放松肌肉，然后观察头痛次数是否减少。这个假设还可能指引你作其他研究，例如，如何预防头痛等。

研究假设是研究者预想获得的研究结果，也是有待验证的暂时性答案。一般来说，科学研究皆以假设验证为主要形式。要确切了解形成假设的思维过程是困难的。以下几条策略有助于理解假设的形成过程。

（1）分清研究问题与研究假设的适用条件。

■ 一般来说，适合用待答问题的情形：叙述性研究；旨在了解事实真相的研究；定性研究。凡不能确定是提出待答问题还是研究假设时，通常提出待答问题，因为待答问题留给研究者的探索空间较大。

■ 适合提出研究假设的情形：以理论为基础的验证性研究；有争议的问题；涉及两个变量的研究；定量研究等。

（2）利用演绎法提出研究假设。

逻辑推理是产生研究假设的重要方法。逻辑推理主要有两种方法：演绎（deduction）法与归纳（induction）法。演绎法以理论或普遍性原理为基础，推论出特定的个别结论；用演绎法来推论涉及逻辑三段论，形成研究假设的过程如图 2-13 所示。

（3）利用归纳法提出研究假设。

归纳法则以个别的事实资料和特定现象为基础，推论至普遍的命题或原理。用归纳法来推论也包括前提和结论，前提是一些个别事物或现象，而结论则是关于事物或现象的普遍性判断。因此，归纳法是从个别到一般的推理过程。例如，人们根据经验发现“张三会死、李四会死、王五会死”等个别现象，最后归纳出“凡人必死”的命题。形成假设的推理过程如图 2-14 所示。

大前提：　凡生物必死；（普遍原理）
小前提：　人是生物；

结论：　凡人必死。（个别结论）

“凡人必死”这个结论，还可以作为后续推演的大前提。例如：

大前提：　凡人必死；（普遍原理）
小前提：　张三是人；

结论：　张三必死。（个别结论）

图 2-13　形成研究假设的过程

	逻辑模式	实例
前提：	S 是 P；	（乌鸦1是黑的）
	S 是 P；	（乌鸦2是黑的）
	⋮	⋮
	S 是 P；	（乌鸦n是黑的）

结论：所有的S都是P。（所有的乌鸦都是黑的）

图 2-14　形成假设的推理过程

但在归纳推理中，前提与结论之间的联系不是必然的，而是或然的。当我们研究某一现象时，通过感知、观察到的可能只是有限的事实，即使这些经验事实是正确的，也不能保证归纳推理出的结论一定是正确可靠的。上例中，虽然我们观察到 n 只乌鸦，并且都是黑的，但毕竟我们没有观察到世上所有的乌鸦，因此不能保证结论的正确性。归纳推理方法运用简便，易于理解，只需根据少数观察到的事实就能推演出研究假设。归纳的方法主要是通过观察事实，浏览相关的资料，从中提炼出相似点，然后将这些相似点联系起来形成某个研究假设。

（4）利用直觉方法提出研究假设。

形成研究假设的过程不存在完全可以套用的模式，或一成不变的逻辑通道。有时研究假设来自直觉经验、下意识的灵感。一般研究者在研究问题明确后，根据已有的经验和事实，会很自然地凭直觉去猜测研究可能的结局。例如，当我们要研究小学生识字量和语文学业成绩的关系时，凭经验、直觉就能提出识字量与语文学业成绩呈正相关的假设。至于究竟有没有相关，相关程度多少，则要通过收集事实材料来加以验证、解释。

（5）利用概念化过程形成研究假设。

概念化是将具体事物或现象提升至抽象的概念层次，辨识该事物或现象的共同特征。当我们将事物或现象概念化的时候，就可深入底层，更深刻地理解现象和事物的本质，避免就事论事，使研究结论更具广泛性。例如，我们要研究程序教学与传统讲授教学的效果，可以从具体的可操作的层面进行，通过观察或实验，获取事实与数据。可以假设：程序教学的效果要优于传统讲授教学的效果。我们也可以从概念化过程入手，从几个维度或概念来探讨两种不同教学方法的异同。可以从反馈程度、巩固程度、教学方式、进度控制、教学分量、学习行为等维度对两种教学方法进行比较。我们可以分别从以上几个维度提出假设，例如，程序教学的反馈程度比传统讲授教学的反馈程度高；程序教学的巩固程度比传统讲授教学的巩固程度高等。

（6）提出备择假设。

备择假设是统计检验中经常用到的一个术语，表示某一研究问题可能存在的各种结果。一个课题可以推导出不止一个研究假设，例如，我们要研究提早入学儿童学习适应性的问题，想对提早入学儿童和适龄儿童的学习适应性进行比较，提出的备择假设至少可以有三个。

■ 备择假设 1：提早入学儿童的学习适应性比适龄儿童的学习适应性好；
■ 备择假设 2：提早入学儿童的学习适应性比适龄儿童的学习适应性差；
■ 备择假设 3：提早入学儿童的学习适应性与适龄儿童的学习适应性相同。

以上三个备择假设中只有一个符合实际情况，也就是说，只要证实了其中一个假设，就自动拒绝其他两个假设。

（7）以理论推演研究假设。

理论是研究假设的主要基础，研究者可以应用演绎推理，从理论所提示的普遍性原理或命题，形成研究假设。例如，遗忘先快后慢，我们可以根据理论推论假设：隔日复习的效果要优于隔周复习的效果。这样的假设，一方面可以验证遗忘理论的解释范围和有效程度，另一方面可以建立增进记忆、减少遗忘的学习策略。因此研究者一定要熟悉教育的相关理论。

（8）从先前研究归纳研究假设。

研究假设还可以从前人的研究发现来归纳，先前的研究发现可以提示形成研究假设的线索。例如，奥苏贝尔（Ausubel）曾做过一项研究，隔日复习与隔周复习的效果并无显著差异。奥苏贝尔解释：两种复习方式各具不同的贡献，早期（隔日）复习使已经记忆的材料牢固，延后（隔周）复习则增进遗忘材料的再学习。后来，盖伊（Gay）根据这个研究发现，提出研究假设：一次早期复习加上一次延后复习的效果要优于任何两次早期复习或两次延后复习。结果这个假设获得实证资料的支持。

（9）用类推的方法形成研究假设。

类推是根据某一事物存在的特征推论出同类的其他事物也包含这种特征的方法。类推可以将一种现象中抽取的特征应用到另一现象。大多数的假设都是出自类推，几乎所有的理论都是用类推的方法形成。例如，我们知道激发学生的学习兴趣可以促使学生更多地投入学习过程，而学生学业成绩的提高与学生投入的有效学习时间成正比。据此，我们可以通过类推形成研究假设：激发学生学习兴趣可以提高学生的学业成绩。

形成研究假设的过程应注意：既要从事实出发，又要敢于超越事实；既要遵循原有的理论，又不要被其束缚；既不要轻易放弃假设，又要勇于接受现实。假设有可能被证实，也有可能被推翻。对于研究来说，证实和证伪具有同等的价值。胡适有句名言："大胆假设，小心求证。"这对我们进行教育研究具有借鉴意义。

2.3.3　调查报告信息分析步骤

社会调查报告是将社会调查研究的目的、过程、方法和处理资料所得的结果系统、明确地表达出来而形成的书面报告。

1. 社会调查研究报告的类型

按内容的广度分：综合性社会调查报告和专题性社会调查报告。综合性社会调查报告指综合性调查报告的内容比较广泛、全面，反映的情况比较丰富，篇幅一般也较长；专题性社会调查报告即专题性调查报告的内容比较狭窄、专一，问题比较集中，有较强的针对性和实效性，篇幅一般也比较短小，两者之间的区分是相对的，没有绝对分明的界限。

按主要目的分：应用性社会调查报告和学术性社会调查报告。应用性社会调查报告是以现实应用为主要目的，大体又可分为五类。

（1）认识社会：了解社会现象或问题、把握社会脉搏，突出事实。

例如，第四次城乡储蓄意向抽样调查问卷。

例如，毛泽东的《寻乌调查》《兴国调查》。

（2）研究政策：为正确制定政策或正确执行政策服务。叙述必要的调查材料，分析利弊得失，并提出具体建议。

例如，关于承德农村实施"二孩"政策效果调查报告。

例如，关于我国货币政策和宏观调控的社会调查报告。

（3）总结经验：具体说明经验产生的历史条件、发展过程，特别是曾遭遇的困难、问题和解决办法，以及取得的成绩和推广意义等。

例如，穷山今日皆文章——广东梅州市山区开发工作考察。

例如，靠名牌赢得市场——关于深圳飞亚达集团的调查。

（4）揭露问题：应如实揭露问题，深入分析原因，客观判明性质，指出严重性、危害性，有的还要提出解决问题的办法和建议。

例如，公私大错位。

例如，政府决策岂能朝令夕改——浙江温岭市一市场建成后开业受阻。

（5）支持新生事物：新生事物产生的条件、发展过程及其中的矛盾和困难、成长规律和重要意义，并指明发展方向以及应该采取的对策等。

学术性社会调查报告：以理论探讨为主要目的，通过对现实问题的调查和研究，对不同的理论观点要做出评论或分析，做出理论性的概括和说明。

（1）理论研究性：通过对现实问题的调查和研究，做出理论性的概括和说明。

例如，中国国家审计体制问题：调查与理论辨析。

例如，中国供应链：理论与实践。

（2）历史考察性：通过对文献资料的调查分析，从历史事实和真相出发来揭示某些社会现象的内在本质及其发展规律。

例如，郝柏村的《缅怀抗战，还原历史真相》。

例如，历史比较：探寻真正世界性的历史普遍规律。

2. 社会调查内容的深度划分

按社会调查内容的深度可划分如下。

描述性：侧重对社会真实情况进行具体描写和叙述。

例如，杨民康《云南布朗族民歌现状调查》。

例如，留守儿童现状调查报告。

解释性：因果性，侧重揭示社会现象之间的因果联系。

例如，封建迷信在佛山泛滥的表现及原因的调查和分析。

例如，马均《对当前农村离婚案件增多原因的调查与分析》。

预测性：侧重于利用已有数据和模式来推测未来可能发生的社会情况或趋势。

例如，2010～2013年中国改性沥青市场调研及投资发展前景战略预测报告。

例如，中国珠江三角洲地区港口产业发展前景预测报告。

规范性：侧重于指导社会行为、规范社会规范和价值观念，旨在提出指导性内容。

例如，对发展中的数控机床行业可能出现问题的建议。

例如，王大贤《为国际板可能出现的问题提出几点建议》。

3. 社会调查研究报告的结构

社会调查研究报告的结构通常包括标题、目录、摘要、导言、正文、结论和建议以及附件七个部分，分别对各部分内容进行详细解释。

1）标题

（1）陈述式，直接明确陈述调查对象及调查问题，如《宁乡县新型农村社会养老保险实施状况调查》《湖南省长沙县税费改革调研报告》。

（2）结论式，即用某种结论式的语言或格言、判断等作标题，如《家庭养老面临挑战》《我校研究生培养方式急需改变》。

（3）提问式，以一个问题作为标题，如《他们为什么选择离婚？》《他们为什么辍学？》。

（4）复式标题法，一般主标题表达调查的主题，以提问式或结论式表达；副标题则具体表明调查的单位和问题，以陈述式表达，如《独生子女都是小皇帝吗？——对武汉市 1000 名小学生的调查》《喝普洱茶你放心吗？——对原产地普洱茶生长环境污染状况调查》。

2）目录

为了方便读者阅读，应当使用目录或索引形式列出报告的主要章节和附录，并注明标题、有关章节号码及页码，一般来说，目录的篇幅不宜超过一页。另外，必要时，需给出插图索引和附表索引。

3）摘要

为使繁忙的决策人员或读者能在短时间内对报告有一个完整清晰的了解，调查人员通常在报告写完后，应另写一个报告摘要，置于完整报告之前，或作为个别报告送交决策人员阅读。

4）导言

导言主要包括下面的内容。

（1）简要说明调查背景、目的和意义。

（2）简要介绍调查对象和调查内容，包括调查时间、地点、对象、范围、调查要点及所要解答的问题。

（3）简要介绍调查研究的方法。介绍调查研究的方法，有助于使人确信调查结果的可靠性，并说明选用方法的原因。

5）正文

按照内容表达的框架，正文的结构具体如下。

（1）“情况—问题—原因—建议”式结构，多用于反映社会现象或问题的调查报告。

（2）“成果—具体做法—经验”式结构，多用于介绍经验的调查报告。

（3）“问题—原因—意见或建议”式结构，多用于揭露问题的调查报告。

（4）“事件过程—事件性质结论—处理意见”式结构，多用于揭示案件是非的调查报告。

（5）应该有条理、有系统地集中阐明各种有关论据和见解，但也要注意有所侧重，突出重点，不能平铺直叙、面面俱到。

（6）使用图表说明。一般说来，与使用任何文字去说明某种变化趋势及各个因素的相互关系比较，使用图表通常可以得到更为明显的效果。

（7）表的标题放在表上，图的标题放在图下。

6）结论和建议

结论和建议是撰写综合分析报告的主要目的，这部分包括对导言和正文部分所提出的主要内容的总结，提出如何利用已被证明有效的措施解决特定问题的建议和方案，结论和建议与正文部分的论述要紧密对应，不可以提出无证据的结论，也不要进行没有结论性意见的论证。

7）附件

附件是指调查报告正文包含不了或没有提及，但与正文有关，必须附加说明的部分。它是对正文报告的补充或更详尽说明，包括数据汇总表及原始资料背景材料和必要的工作技术报告。例如，为调查选定样本的有关细节资料及调查期间所使用的文件副本等，以及调查问卷、调查表格、心理测量表等。

4. 社会调查的步骤

一般而言，社会调查研究可以分为四个阶段，即准备阶段、调查阶段、分析阶段与总结阶段。

1）准备阶段

社会调查准备阶段要做的各项工作包括：选择调查课题；进行探索性研究；制定调查研究方案；抽取调查样本，以及人、财、物方面的准备等。

调查课题的选择是社会调查成功与否的关键。

（1）调查课题必须根据理论和实际的需要以及现实可行性而定。

（2）选题应该考虑从简单、具体入手，做到以小见大。

探索性研究方法，查阅文献、咨询、实地考察，确定社会调查的课题，明确社会调查的目的，明确社会调查的对象，明确社会调查的内容和范围，确定社会调查的观点（提出概念、命题、假设并对其操作化）。

制定总体方案：总体方案是关于调查研究具体程序和操作方式、方法以及必要条件的详细规划，相当于一项建筑工程的设计图和施工方案。

其他准备：抽样、问卷、物质条件等。

2）调查阶段

调查阶段是社会调查研究方案的执行阶段，主要是按照调查研究方案中所确立的调查计划、调查方式和调查方法进行资料的收集，具体贯彻调查设计中所确定的思路。

3）分析阶段

分析阶段也称研究阶段，这一阶段是指在实地调查完成后，调查者对所收集的资料进行审核、整理、统计、分析的过程。

4）总结阶段

总结阶段是社会调查的最后阶段，这一阶段的任务主要是总结调查工作、评估调查结果和撰写调查报告。一般的调查研究常常把总结工作和撰写调查报告合二为一。

2.4　信息分析的工具

2.4.1　EndNote

EndNote 是 Thomson 公司的产品，一款很受欢迎的文献管理软件，EndNote 通过将不同来源的文献信息下载到本地建立本地数据库，从而实现对文献信息的管理和使用。与 Microsoft Word 相嵌合，为论文和报告中参考文献的引用提供方便。

EndNote 可以创建个人参考文献图书馆，用以收集储存个人所需的各种参考文献，包括文本、图像、表格和方程式，可以根据个人需要重新排列并显示文献，可以对储存的文献数据库进行检索，还可以按照科技期刊对投稿论文的引用要求和参考文献目录格式和内容的要求，将引用内容和参考文献目录插入和输出到文字处理文件中。

2.4.2　NoteExpress

NoteExpress 是北京爱琴海软件公司开发的一款专业级别的文献检索与管理系统，其核心功能涵盖“知识采集、管理、应用、挖掘”的知识管理的所有环节，是学术研究、知识管理的必备工具，发表论文的好帮手。

NoteExpress 具备文献信息检索与下载功能，可以用来管理参考文献的题录，以附件方式管理参考文献全文或者任何格式的文件、文档。数据挖掘的功能可以帮助用户快速了解某研究方向的最新进展、各方观点等。除了管理以上显性的知识外，类似日记、科研心得、论文草稿等瞬间产生的隐性知识也可以通过 NoteExpress 的笔记功能记录，并且可以与参考文献的题录联系起来。在编辑器（如 MS Word）中，NoteExpress 可以按照各种期刊的要求自动完成参考文献引用的格式化——完美的格式，精准的引用将显著提高论文被采用的概率。NoteExpress 与笔记以及附件功能结合、全文检索、数据挖掘等，使该软件可以作为强大的个人知识管理系统。

本章综合案例

基于事理图谱的移动短视频 UGC 网络舆情演化路径分析

中商产业研究院于 2021 年 8 月 27 日发布《2021 年上半年中国短视频用户分析：用户规模达 8.88 亿》。2021 年上半年，短视频作为基础的用户表达和内容消费形式，贡献了移动互联网的主要时长和流量增量，成为互联网的基础应用。短视频与直播、电商相互加成，快手、抖音等平台成为重要的电商阵地。

由于社会的大数据化程度日益加深，网络舆情传播的语义载体、传播路径变得越来越交错复杂，从传统媒体演变为以图文为主的微博、微信，再到视频等形式的多媒体，这些变化对网络舆情的相关知识的体系化构建和应对措施的流程化提出了更高的要求和标准。目前，我国政府在微博、微信、博客、论坛等图文媒体上不断改进和更新自己的管控体系。然而随着新媒体形态的涌现和发展，目前在移动短视频领域的网络舆情传播和管控领域，尚未有统一的知识框架将舆情的主题进行体系化的收集整理、信息管理、存储表示，甚至更进一步地展现相关主题实体间的联系。因此，鉴于政策对网络舆情管控的迫切要求，移动短视频平台的网络舆情演化路径的研究刻不容缓。

为了更好地分析基于事理图谱的移动短视频用户生成内容（user-generated content，UGC）网络舆情演化路径，采用逻辑树方法对研究问题和研究过程进行逐步分解分析，能够理清研究步骤和具体研究内容，基于事理图谱的移动短视频 UGC 网络舆情演化路径逻辑树分析如图 2-15 所示。

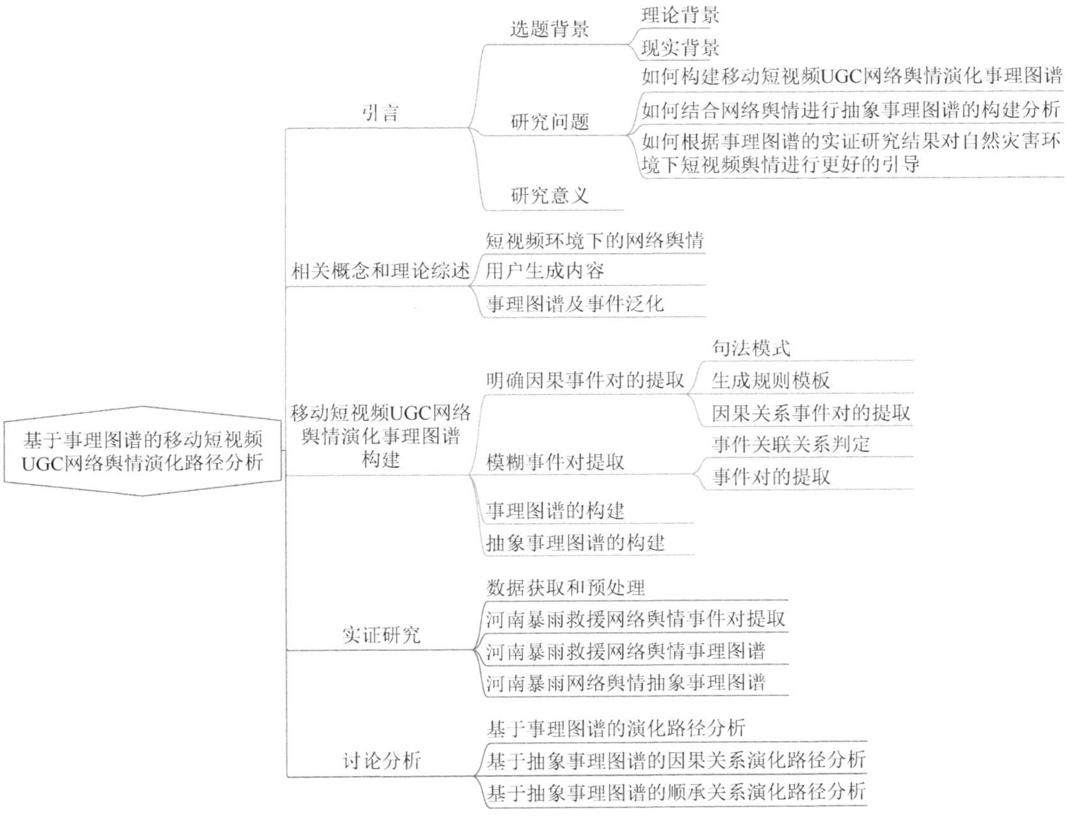

图 2-15　移动短视频 UGC 网络舆情演化路径逻辑树分析

基于事理图谱的移动短视频 UGC 网络舆情演化路径分析有助于为指导管控主体加强移动短视频平台的舆情管理提供指导。移动环境下移动短视频舆情管理存在诸多困境，然而我国移动短视频舆情管理法治建设滞后、制度尚不健全，加之移动短视频网民文化道德意识淡漠，导致管控主体在移动短视频舆情管理过程中步履维艰。因此，利用事理图谱从因果关系和顺承关系角度提出的舆情事件预测为舆情预测提供了新的视角，可辅助政府舆情监管部门更好地了解短视频舆情的传播规律，从而更好地对舆情进行监测和引导。

案例讨论分析问题

1. 基于事理图谱的移动短视频 UGC 网络舆情演化路径分析有什么作用?
2. 逻辑树分析方法对该案例的分析作用是什么?

本章复习题

1. 利用 EndNote 软件导入 2 篇信息分析相关的文献。
2. 利用 NoteExpress 软件写一篇文章，样式选择“图书情报工作”。
3. 结合信息分析相关案例，阐述信息分析对企事业发展的作用。
4. 结合第 1 章的选题，对选题进行逻辑树的绘制。
5. 基于 EndNote 进行选题相关文献的收集，支撑逻辑树的分析。

第二篇　方　法　篇

第 3 章　逻辑思维方法

【学习目标】

■ 掌握比较、分析方法在实践中的应用
■ 掌握推理方法在信息分析中的应用
■ 能运用比较、分析、综合方法对实际问题进行分析

【思政目标】

■ 运用比较、分析、综合的方法对自身发展有客观的分析，树立远大的学习目标
■ 培养学生合作创新和挑战自我的学习目标
■ 培养学生树立正确的学习观，激情地学习和工作

3.1　比　较　法

3.1.1　概念

1. 比较的内涵

比较（comparison）又称为对比，指的是逐个对照每个研究对象，确定研究对象之间的差异点和共同点。通过比较的方法来揭示对象之间的异同，是人类认识客观事物最原始和最基本的方法。有比较才能有鉴别，有鉴别才有选择和发展。实际上，比较就是对研究对象的某些共同特性或属性进行对比，所以在对比研究对象时必须对反映所研究事物本质的特征或属性进行分析，从而确定研究对象的主要特征、属性和次要特征、属性，抓住主要特征和属性并尽可能多地分析次要特征和属性。

2. 比较的类型

根据不同的标准和角度，比较可以分为不同的类型，如全面比较和局部比较、定性比较和定量比较、纵向比较和横向比较、宏观比较和微观比较等，但通常分为时间上的比较和空间上的比较两种类型。时间上的比较是一种纵向比较，即将同一事物在不同时期的某些指标（如产品的质量、产量、性能、成本、价格等）进行对比，以动态地认识和把握该事物发展变化的历史、现状和走势；空间上的比较是一种横向比较，即将某一时期不同国家、不同地区和不同部门的同类事物进行对比，以找出差距、判明优劣。在实际工作中，时间比较和空间比较往往是彼此结合、共同作用的。

3. 比较标准的选择

在比较分析中，选择合适的比较标准十分关键。比较标准存在以下几种选择。

时间标准：选择不同时间的指标数值作为对比标准，最常用的是与上年同期比较，也可以与前一时期比较。此外也有比较常见的同达到历史最高水平的时期或历史上一些关键时期进行比较。

空间标准：选择不同空间指标数据进行比较。①与相似空间比较，如沿海发达城市之间的比较；②与先进空间比较，如西北与沿海东部之间比较；③与扩大空间标准比较，如沿海城市与全国平均水平比较。

经验或者理论标准：经验标准是通过对大量历史资料的归纳总结而得到的标准，如恩格尔系数。理论标准则是通过已知理论经过推理得到的依据。

计划标准：就是和计划数、定额数、目标数进行对比。尽管市场上的完全竞争是要求所有的决定按照经济规律来进行，实际上，现实中的多数决策依赖于是否有科学合理的计划安排，所以计划标准对比较分析仍旧有用。

3.1.2　比较法的注意事项

在进行比较分析时，有一些重要的注意事项，具体分析如下。

1. 注意对象可比性

可比性原则是比较分析的一个基本原则，事物间的差异性和同一性是能够进行比较分析的客观基础，完全相同或完全不同的事物之间是无法进行比较的。比较对象间的可比性通常是指时间、空间和内容等方面的可比性。时间可比性是指所比较的对象必须是同期的，如各国间或国内各地区间的行业报告分析应是同时期的比较；空间可比性是指在比较时要注意地域、领域、行业等差异，如在对新冠疫情现状进行比较时，通常可对各国或各省市的同级间不同地域的疫情情况进行比较分析；内容可比性是指比较对象的内容范畴一致性是重要的考虑因素，如人工智能技术的多种应用中同一指标间的内容才能进行比较，不能将普及率和生产率进行比较。

2. 注意选择比较方式

针对不同的目的选择不同的比较方式会带来更有针对性的比较效果。时间比较反映的是比较对象的动态变化趋势，可以进行预测分析；空间比较反映不同区域、领域间比较对象的水平和差距，可以在科学决策、科研开发和市场开拓等方面帮助吸收优秀经验，扬长避短，更好地发展。

3. 注意比较内容深度

比较内容的深入程度决定了比较分析结果的精确性和价值度。进行比较分析时不能仅局限于表面现象的比较，应注重深入比较其内在本质。例如，在对其他企业产品覆盖范围进行比较时，不能仅限于比较其地域范围和销售数据等表层指标，要同时关注其背后的原因，该企业产品对特定地域的适配性和产品技术水平的深层次因素。

4. 注意运用数据和图表

数据可以直观反映事物的本质状态，揭示事物的客观规律，在检验实践水平、评判效果、进行趋势预测等方面作用显著。图表与数据的结合就更能有效地对相关信息进行综合整理，清晰直观地对梳理后的信息进行展示。因此在进行比较分析时，基于数据分析配合相关数据语言，以图表方式进行展现会达到最佳效果。

3.1.3　比较法在信息分析中的作用

比较法在我们生活和工作中无处不在。同时，比较法在信息分析中的应用也十分广泛，如行政管理领域中各种政策或报告的比较、科技领域中各国发展水平或趋势的比较、社会领域中各项民生指标的比较等。总结来看，只要符合比较法的基本规范与要求，就可以在各类信息分析中得到广泛应用。

1. 时间比较

时间比较可以选择不同时间的指标数值进行比较，最常用的是与上年同期比较，也可以与前一时期比较。科研人员在 Web of Science 数据库中对国际学术成果进行检索分析时，可以通过对检索结果进行各年度成果数据的时间比较，得到相关研究方向与主题的动态发展趋势，并对其进行预测分析，如图 3-1 所示。

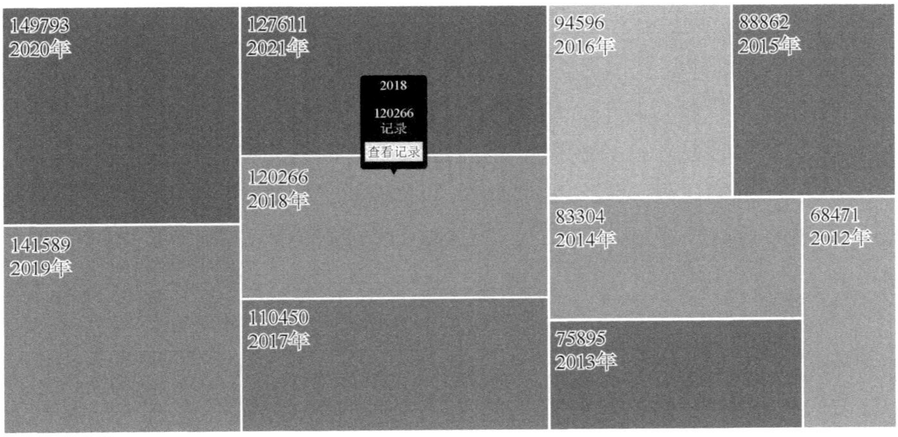

图 3-1　Web of Science 中的时间比较应用

2. 空间比较

空间比较是选择不同空间指标数据进行比较，主要包括相似空间比较、先进空间比较和扩大空间标准比较。在新冠疫情期间，为了直观对国际、国内范围内的新冠疫情态势进行数据展示和对比分析，各大平台和网站都以可视化方式对各国、各省市不同地区的现有确诊、累计确诊、治愈情况等数据进行展示，可以帮助各空间进行相互对比分析和总体把控。

3.2 分析与综合

3.2.1 分析

1. 分析的概念

客观事物是一个复杂的整体，是由各个不同的组成部分或要素通过一定的关系构成的。一方面，某一事物的存在不是孤立的，它总会以各种各样的方式与其他事物发生这样或那样的联系；另一方面，同一事物本身的各组成部分、要素之间也并非彼此孤立，而是相互联系、相互影响的，它们决定了事物的性质、状态和发展方向。分析（analysis）就是把客观事物整体分解为部分或要素，并根据事物之间或事物内部各要素之间的特定关系，通过推理、判断，达到认识事物的一种逻辑思维方法。

事物之间以及构成事物整体的各要素之间的关系是错综复杂、形式多样的，如因果关系、表象和本质关系、一般和特殊关系、主要矛盾和次要矛盾关系、目标和途径关系以及其他相关关系等。分析就是透过由上述各种关系织构而成的错综复杂的表面现象，把握其本质规律或联系的过程。例如，物理学在分析物体的基础上揭示了分子这种物质结构的层次；对分子进行分析，揭示了原子这种物质结构的层次；对原子进行分析，揭示了基本粒子这种物质结构的层次。物质世界的无限可分性，引导着人们进行新的分析。

2. 分析的基本步骤

（1）明确分析的目的；

（2）将事物整体分解为若干个相对独立的要素；

（3）分别考察和研究各个事物以及构成事物整体的各个要素的特点；

（4）探明各个事物以及构成事物整体的各个要素之间的相互关系，进而研究这些关系的性质、表现形式、在事物发展变化中的地位和作用等。

3. 分析的类型

事物间特定关系的多样性，以及人们在揭示关系时的角度不同，促使分析产生了多个类型。

1）因果分析

通过因果分析，可以找出事物发展变化的原因，认识并把握事物发展的规律和方向。在因果分析中，通常要遵循以下原则：第一，居先原则，即原因和结果在时间上先后相随，原因在先；第二，共变原则，即原因的变化对应于结果的变化；第三，接触原则，即作为原因和结果的两种现象在时间上必须相互接触，或者由一系列中介事物的接触衔接起来。因果分析主要有以下几种形式。

求同法：如果在不同的场合观察到相同的现象，并且这些不同的场合各有若干原因，但其中只有一个原因相同，则可初步确定这个相同的原因就是产生该现象的共同原因。例如，摩擦冻僵了的双手，手便暖和起来；汽车车轴由于高速运转会发热。由此我们可以得出“运动能够产生热”这一结论。

求异法：如果所观察的现象在第一种场合出现，在第二种场合不出现，而这两种场合只有一个原因不同，则可初步确定这个不同的原因就是引发该现象的原因。

共变法：如果在所观察的现象发生变化的各种场合里，其他原因都没有变化，只有一个原因发生了变化，则可初步确定该原因导致所观察的现象发生了变化。

2）表象和本质分析

表象和本质是揭示客观事物的外部表现和内部联系之间相互关系的一对范畴。表象是事物的表面特征以及这些特征之间的外部联系；本质是事物的根本性质，是构成一个事物的各种必不可少的要素的内在联系。由于本质是通过表象以某种方式表现出来的，因此，两者之间存在着一定的关系。利用事物的表象和本质之间的这种关系进行分析的方法，就是表象和本质分析。利用表象和现象分析，能够达到由表及里、透过现象看本质的目的。

3）相关分析

除了因果关系、表象与本质关系以外，通过其他的性质和形式也可以表现客观事物之间以及构成事物整体的各个要素之间的关系。人们把利用事物的这些相关关系进行分析研究，以一种或几种已知事物来判断或推知未知事物的方法统称为相关分析。所谓“山雨欲来风满楼”“瑞雪兆丰年”“春江水暖鸭先知”等生活经验，就是利用事物发生和发展的相互关联，采取由此及彼的方法，从风、雪、鸭等已知事物来推知大雨来临、丰收在望、气温回升等未知事物的。

例如，专利申请情况与企业技术开发之间存在着相关关系。20世纪80年代，上海市科技情报研究所使用日本公开特许、公开实用新案年度索引中的分类索引，共检索到日本民用电扇工业的有关专利1000篇（其中公开特许240篇、公开实用新案760篇）。经过有序化处理和专利信息分析，该所了解到了日本民用电扇技术专利的现状，并对今后的工业发展趋势进行了评价和预测。这些为当时我国电扇企业制定符合国际潮流的高起点的发展规划提供了决策依据。

按事物之间的联系方式，相关关系可以分为因果相关、伴随相关等。因果相关是利用已知事物与未知事物之间的因果关系来研究事物的方法；伴随相关是利用已知事物和未知事物相伴出现的特点来研究事物的方法。

3.2.2 综合

1. 综合的概念

综合（synthesis）是同分析相对立的一种方法。它是对人们在思维过程中将与研究对象有关的片面、分散、众多的各个要素（情况、数据、素材等）进行归纳，从错综复杂的现象中探索它们之间的相互关系，从整体的角度把握事物的本质和规律，通观事物发展的全貌和全过程，获得新的知识、新的结论的一种逻辑思维方法。

综合从整体上把握事物的本质和规律，能够把研究对象的各个要素之间的认识统一为整体的认识。综合不是简单地将研究对象的各个要素主观、任意地捏合在一起，而是从总体的角度按照研究对象各个要素的内在有机联系去把握事物。综合的内容范围很广，可以是横向综合或是纵向综合，也可以是两者的综合。

2. 综合的基本步骤

（1）明确综合的目的；

（2）把握被分析出来的研究对象的各个要素；

（3）确定各个要素的有机联系形式；

（4）从事物整体的角度把握事物的本质和规律，从而获得新的知识的结论。

综合是根据研究课题的要求从时间、空间和内容范畴三个角度进行综合。具体的综合，根据研究课题的不同要求，可以从一个角度或两个角度进行，也可以从时间、空间和内容范畴三个角度同时进行综合。

3. 综合的类型

在所有的综合方法中，人们最常用的主要是简单综合、分析综合和系统综合三种。

1）简单综合

简单综合是对与研究课题有关的信息（情况、数据、素材等）进行汇集、归纳和整理。这种综合的一个必要条件就是注意从细微之处点点滴滴地积累材料，并要具有对有关信息的高度敏感性。例如，第二次世界大战前，英国记者雅各布利用德国公开报纸上的讣告、婚礼和庆典等消息，通过归纳、整理，出版了一本反映德国军事部署、机构的小册子。它详尽披露了当时正在重新武装的德国军队的组织情况、德军各个师团指挥官的姓名、德国各个军区的情况等。

2）分析综合

分析综合是对所收集到的与特定事物（课题）有关的信息（情况、数据、素材等），在进行对比、分析和推理的基础上进行综合，以认识事物（课题）的本质、全貌和动向，获得新的知识和结论。在进行具体分析综合时，有三种类型的方法可供选择：存优、浓缩和化合。所谓存优，就是将各种信息进行对比分析，去伪存真，去粗取精，然后将“真”“精”等优质内容综合起来；所谓浓缩或化合，是借用化学上的名字，表示在思维活动中将各种信息进行浓缩或化合形成新的知识或结论。例如，1968 年日本决定发展摩托车工业，但没有简单地走技术引进的老路，而是派出专业人员分赴世界范围内重要的摩托车厂家进行广泛的调研，收集了大量的情报并带回了各种样机。通过对各类典型摩托车各方面指标的分析综合，博采众家之长，最后设计出了一种轻便耐用、性能优良和价格便宜的摩托车新产品。

3）系统综合

系统综合是从系统论的观点出发，对与研究课题有关的大量信息进行时间与空间、纵向与横向等方面的综合研究。系统综合不是简单的信息收集、归纳和整理，而是一个创造性地深入认识研究课题的过程。例如，美国未来学家奈斯比特（Naisbitt）及其助手追踪研究了12年间全美几千份报纸的数百万条报道，并加以有机综合，从中归纳出“十大趋势”，清晰地勾勒出20世纪80年代社会发展总趋势的整体轮廓，指出信息社会的到来是美国社会最根本的变化，写出了轰动全球的《大趋势——改变我们生活的10个新方向》一书。

3.2.3　分析与综合的关系

1. 分析与综合的作用

分析与综合是揭示个别与一般、现象与本质的内在联系的逻辑思维方法，是科学抽象的主要手段，它主要解决部分和整体的问题。人们在认识客观事物时，为了从总体上把握事物的本质和规律，首要是对事物进行各个方面和各个部分的解剖，了解其结构、功能、特点、作用等，找出其内在联系与统一。

分析和综合的作用体现在：它是加工情报信息的基本方法、是揭示事物本质和规律的基本手段、是形成观点和模型的主要工具，也是构成各种逻辑方法的重要基础。由于信息分析活动中研究的客体往往不是独立和纯粹的，具有多样性、复杂性和层次性，而分析与综合的应用正好可以解决这个问题，因此是我们在信息分析和研究中较多应用的一种方法。

2. 分析与综合是对立统一的辩证关系

它们既相互矛盾又相互联系，并在一定条件下相互转化。

1）两者既相互矛盾又相互联系

“分析”是把事物总体分解为它的各个部分，分别抽取其个别部分、方面、属性进行单独研究，即化整为零；“综合”与此相反，是将原先分解的各个部分、方面、属性联合起来，使之成为一个完全的整体。综合必须以分析为基础，没有分析，认识就不能深入，对事物整体的认识只能是抽象的、空洞的；只有分析而没有综合，认识就可能囿于枝节之见，不能通观全局。事实上，任何分析总要从某种整体性出发，离开关于对象整体性认识的指导，分析就会有很大的盲目性；同样，任何综合离开了分析这个基础，就无法进行概括和提炼。只有将分析和综合这两种方法结合起来使用，才能得到较全面的认识。

2）两者在一定的条件下可以相互转化

人们对事物的认识是一个由现象到本质、由局部到全局、由个别到一般的过程。这里，现象与本质、局部与全局、个别与一般本身是相对的。就某一层次来说，对该层次事物的认识，相对其上一层次而言，是现象、局部、个别，但相对其下一层次却又是本质、全局和一般。可见，人们对某一层次的研究，于其上一层次来说是分析，但于其下一层次来说却又是综合。这种转化过程就是对客观事物的认识不断深化和提高的过程。

可见，在信息分析与预测中，分析与综合总是结合在一起使用的。没有分析的综合，或者没有综合的分析，都很难保证信息分析与预测产品的高质量。

3.3　推　　理

3.3.1　概念

客观世界中，某事物具有某种性质，某些对象间具有某种联系，促使我们需要对这些对象的性质和联系进行判断。为了保证判断的价值度，应该从思维的形式和规律去进行判断，而不是简单地主观任意进行，并且判断与判断间的联系就是推理（inference）。推理是从一个或几个已知的判断得出一个新判断的思维过程。具体来说，就是在掌握一定的已知事实、数据或因素相关性的基础上，通过因果关系或其他相关关系顺次、逐步地推论，最终得出新结论的一种逻辑思维方法。

任何推理都包含三个要素：一是前提，即推理所依据的一个或几个判断；二是结论，即由已知判断推出的新判断；三是推理过程，即由前提到结论的逻辑关系形式。

推理是由已知的知识合乎规律地推出未知的知识的思维形式，是通过对某些判断的分析和综合再引出新的判断的过程，它反映了事物之间的内在联系和发展趋势。在推理时，要想获得正确的结论，必须注意两点：第一，推理的前提必须是准确无误的；第二，推理的过程必须是合乎逻辑思维规律的。

3.3.2　推理的分类

正确的推理包含很多种类。根据推理的前提和结论之间联系的性质，一切推理可以分为演绎（deduction）推理、归纳（induction）推理两大类。

凡前提和结论之间的联系是必然的，则属于演绎推理；凡前提和结论之间的联系不是必然的，则属于归纳推理。按照推理的前提是简单判断还是复合判断，演绎推理又分为简单判断的推理——三段论等，复合判断的推理——假言推理、选言推理和二难推理等。归纳推理的类型按照其发展的不同阶段又可以分为古典和现代两种，其中古典类型主要包括枚举归纳推理、消去归纳推理，同时也包括提出和检验假说的方法。

演绎推理与归纳推理的根本区别是：根据演绎推理，从真的前提必然地推出真的结论；而归纳推理从真的前提不能必然地推出真的结论。一般地说，演绎推理适合于将一般性的知识应用到特殊的场合；而归纳推理适合于由特殊的事例概括出一般性的知识。

3.3.3　推理在信息分析中的应用

推理是一种重要的逻辑方法，在信息分析中有着广泛的应用领域。例如，通过推理，可以把与设想或假说有关的事物联系起来，从而达到证实或证伪设想或假说的目的；通过对某些已知事实或数据及其相关性的严密推理，可以获得一些未知的事实或数据，如科技发展的动向、技术优势和缺陷、市场机会和威胁、人口素质、教育水平等；通过对科技、技术、经济、市场等的历史、现状的逐步推理，可以顺势推测出其未来发展趋势。在此，仅对信息分析中常用的几种推理方法进行介绍。

1. 常规推理

常规推理，又称直言推理，是借助于一个共同的概念把两个直言判断联系起来，从而推出一个新结论的演绎推理。

常规推理是由一般到个别的推理方法。它以普遍性的事实或数据为前提，通过一定方式的严密推论，最后得出新的、个别的结论，因而是一种典型的必然性推理。这种推理只要前提准确无误，推理过程严格合乎逻辑，所推出的结论必然是正确、可信的。

常规推理由大前提（一般原理或原则）、小前提（个别对象）和结论组成。直言推理的方式（结构）可以用如下的三段式表示：

大前提：所有 M 是 P。

小前提：所有 S 是 M。

结论：所以，所有 S 是 P。

所以直言推理又习惯地称为三段论。即它恰好由三个直言判断组成，恰好有三个不同的概念做主项和谓项，而且每个概念在两个判断中各出现一次。

2. 简单枚举归纳推理

简单枚举归纳推理是最常见的一种归纳推理的形式。它是一种从枚举一类事物的若干分子具有某种性质得出这类事物的所有分子都具有该性质的逻辑思维方法。其基本的推理方式如下：

S_1 是（或不是）P；

S_2 是（或不是）P；

S_3 是（或不是）P；

⋮

S_n 是（或不是）P，（S_1，S_2，S_3，…，S_n 不是 S 类中的全部分子，在枚举中没有遇到与之矛盾的情况）；

所以，所有 S 都是（或不是）P。

例如：

我国耕地资源目前已处于相当紧张的供求状态；

我国森林资源目前已处于相当紧张的供求状态；

我国草地资源目前已处于相当紧张的供求状态；

我国水资源目前已处于相当紧张的供求状态；

所以，我国主要自然资源目前已处于相当紧张的供求状态。

简单枚举归纳推理是一种或然性推理，推理形式的正确性并不一定能保证由真的前提得出真的结论，它只能肯定由真的前提得出的结论有一定程度的可靠性。在运用这种推理形式时，要注意不能有矛盾的情况。只要发现有一个矛盾的情况，结论“S 是（或不是）P”就不能成立了。由此可见，用简单枚举归纳推理得出的结论，其可靠性基础是薄弱的，必须不断经受实践的检验。

但尽管如此，这种方法在信息分析实践中还是经常被使用，特别是在开始阶段，由于人们往往并不能立即找到全部的根据，因此很难采用其他推理方式。但是，借助于简单枚举归纳推理，人们可以在已有材料的基础上做出初步的概括或推论。这些初步的概括或推论尽管带有或然性，但却可以作为进一步研究的出发点，给人们提供方向和线索。例如，中国科学技术情报研究所在 20 世纪 70 年代初撰写的一篇反映国外公害问题的研究报告中，“工业发展会带来环境污染，必须及早防治”的结论就是运用简单枚举归纳推理从举世闻名的八大公害事件中归纳出来的。

由于简单枚举归纳推理是一种或然性推理，前提和结论之间没有必然性联系，因此正确估计结论的可靠程度并设法增强结论的可靠性具有非常重要的意义。常用的办法有：第一，尽可能多地枚举某类事物的单个对象的数量；第二，注意所枚举的某类事物的各个对象的分布面尽可能广、尽可能普遍和全面；第三，仔细观察和研究对象的各种情况，防止出现矛盾的情况。如果发现有相互矛盾的情况，则要及时修改结论。

3. 假言推理

假言推理是从一个假言判断的结论出发，顺次推出其后件或逆向推出其前件，进而通过肯定它的后件或前件，来论证、检验原先假言判断结论正确性的一种推理方法。假言推理可以分为充分条件假言推理、必要条件假言推理和假言连锁推理。例如，充分条件假言推理的基本方式是：

如果 p，那么 q；

（并非）p；

所以，（并非）q。

例如，如果电信业的高速发展会改变信息服务需求的模式，我国的电信业正在高速发展，所以，我国信息服务的模式将面临变化。

假言推理方法在信息分析中有着非常广泛的应用，特别是一些捉摸不定、含义不清、边界不明的论断，利用此法，皆可十分方便地判断其真伪。但是在具体运用时要明确前提；研究对象之间必须具有一定的相关关系，而且这种关系应该是具有必然性的；同时推理的过程必须是顺次的、逐步的、严密的，即要根据一定的方式，不能跳跃或擅自减少推理的必要步骤。

3.3.4 演绎与归纳的关系

演绎与归纳有效地应用于各自的范围内，通常被看作各自独立的推理形式和方法。但由于演绎和归纳自身的特点，两种方法都不可避免地存在不足之处。若抛开一般性原理的指导，归纳就会在经验事实面前失去明确的目的和方向，失去概括的高效方法；若归纳所得到的结论缺少演绎的补充，则无法揭示事物的内在联系和本质。相对应地，若演绎抛开了归纳，则丧失了其出发的前提；通过演绎得到的结论也需要回到实践中去检验，即通过归纳的经验事实证明演绎结论的真理性。因此，演绎与归纳之间存在着辩证统一的关系。

恩格斯指出："归纳和演绎，正如分析和综合一样，是必然相互联系着的。不应当牺牲一个而把另一个捧到天上去，应当把每一个都用到该用的地方，而要做到这一点，就只有注意它们的相互联系、它们的相互补充。"演绎与归纳的辩证关系可以概括为如下几点。

1. 相互联系

归纳是演绎的基础，演绎为归纳确定研究目的和方向。通过归纳获得的结论总是或然性的，无法通过单一步骤将归纳过程弄清楚，也无法避免结论中可能出现的虚假情况，因此需要通过演绎来弄清楚归纳过程并查明结论的可靠程度。反之，演绎是否符合客观真理，也需要通过归纳求得检验，用新的事实来考验演绎，对其进行丰富和完善。

2. 相互渗透

演绎与归纳的联系不仅表现在它们前后相继的关系中，而且表现在它们的相互渗透中。归纳包含着演绎的成分，演绎也包含着归纳的成分。在人们实际的思维过程中，"纯归纳"或"纯演绎"都是不存在的。

3. 相互转化

演绎与归纳本身存在着相互转化的情形，如从不完全归纳法向完全归纳法的发展过程中，就存在着由归纳向演绎转化的趋势。

本章综合案例

打造智慧化首都图书馆

首都图书馆始建于 1913 年，是首批"全国古籍重点保护单位"。作为北京市公共图书馆中心馆，首都图书馆以创新精神加强文化服务建设，开展了多项在全国图书馆界具有首创性的工作，如推进图书馆文化创意产业新业态、古籍数字创新应用等。随着智能时代的来临，首都图书馆开始探索智慧型图书馆建设之路。目前，首都图书馆已经建成了北京市第一家文旅体验馆——首都图书馆大兴机场分馆。分馆利用移动互联网、物联网、5G、人工智能等信息技术为读者提供移动借阅、智能推送和智能导引等服务。读者可以驻足馆内享受触摸屏读报系统和听书系统，也可以随身带走电子书资源，为旅途中的读者打造轻松阅读的智慧文旅场景。

首都图书馆极力尝试智慧场景的建设是有原因的。一方面首都图书馆需要紧跟国家规划和时代发展的步伐，另一方面读者也对图书馆服务和公共文化需求给予了更高的期待。《中华人民共和国国民经济和社会发展第十四个五年规划和2035年远景目标纲要》指出，全面融入数字技术以提供智慧便捷的公共服务，积极发展智慧图书馆；《关于推动公共文化服务高质量发展的意见》提出，要加强智慧图书馆体系建设，建立覆盖全国的图书馆智慧管理和服务架构。首都图书馆作为一级公共图书馆，更要发挥其在我国图书馆界的示范和引领作用，建设标杆性的智慧化应用场景。

首都图书馆此次推进建设的智慧场景，先从智能采访新场景入手。这个场景由智能采访系统支撑（包括超级书目数据库、采购推荐系统、自动分编系统、验收加工自动化系统）以及书籍评价系统构成，涵盖了从选书、买书、入库和评价等全生命周期的采访流程。在智能采访系统的辅助下，图书馆采购员可以从供应商、出版社获得书目数据，还能够利用网络爬虫技术获取各大电商平台、社交媒体平台中的新书数据，多方书目信息汇集成超级书目数据库。

融媒体资源智慧管理是首都图书馆尝试建设的第二个新场景。以讲坛管理为例，首都图书馆一直致力于深化文化品牌建设，提升服务质量和效能，其中“首都讲坛”系列讲座是精打细磨、备受读者欢迎的文化活动。目前，首都图书馆科学讲堂采用“现场讲座＋网络同步”的方式传播，基于现有场景可以搭建一个更智能、更有影响力和传播力更强的融媒体资源管理新场景。这一新场景将讲坛的内容管理、首都图书馆的大数据与融媒体发布三个板块相融合，在内容上辅助馆员创作、改善读者观看体验，在传播上利用融媒体可以起到活动预热、直播和成果宣传的效果。

智慧机器人协同管理是首都图书馆尝试建设的第三个新场景。智慧机器人协同管理是通过构建智能机器人管理平台，统一协调软件机器人和硬件机器人进行工作。图书馆智慧机器人分为参考咨询服务的虚拟机器人和具有自动盘点、借还书和分拣功能的实体机器人。机器人涉及的应用场景非常广，建立一个图书馆智能机器人管理平台非常必要。一方面，可以利用机器人信息自动采集和预测，将读者行为数据同步到中央库，利用“读者—平台—机器人”三者之间的循环服务机制，实现“人—机—物—环境”的全息智能互通；另一方面，也有利于首都图书馆对设备运行状态的全程可追溯和可监控。

在比较分析了国内其他图书馆的服务模式后，首都图书馆在智慧图书馆中智慧场景的功能建设可以分为三个部分，分别为基础服务场景建设、管理服务场景建设、拓展服务场景建设。首都图书馆及时把握新一轮科技革命浪潮，视角向外学习信息技术的优秀应用案例，视角向内认真审视业务中存在的严峻问题，通过制定场景框架和行动方案，逐步推进，推进智慧场景的落地，走出一条从传统图书馆向智慧图书馆转型的创新之路。

案例讨论分析问题

1. 首都图书馆的智慧化建设对国内其他图书馆建设有什么启示？
2. 逻辑思维方法对该案例的分析作用是什么？

本章复习题

1. 在对研究对象进行比较研究时应注意哪些问题?
2. 在信息分析中进行比较分析应注意些什么?
3. 在信息分析中进行推理分析应注意些什么?

第 4 章　德 尔 菲 法

【学习目标】

■ 掌握德尔菲法的特点
■ 理解德尔菲法的一般过程
■ 了解德尔菲法的实施过程
■ 将德尔菲法投入到实际应用

【思政目标】

■ 培养学生严谨的治学态度和科学精神
■ 培养学生发现社会实际问题的能力

4.1　德尔菲法概述

4.1.1　德尔菲法的概念及特点

德尔菲法也称专家调查法，是指采用通信方式分别将所需解决的问题单独发送到各个专家手中征询意见，然后回收汇总全部专家的意见并整理出综合意见，随后将该综合意见和预测问题再分别反馈给专家，再次征询意见，各专家依据综合意见修改自己原有的意见，然后再汇总，这样多次反复逐步取得比较一致的预测结果。它的最大优点是简便直观，无须建立烦琐的数学模型，而且在缺乏足够统计数据和没有类似历史事件可借鉴的情况下，也能对研究对象的未知或未来的状态做出有效的预测。

德尔菲法有如下三个主要特点。

1. 匿名性

从事预测的专家彼此不知道其他有哪些人参加预测，他们是在完全匿名的情况下交流思想的。德尔菲法采取匿名发函调查的形式，克服了专家会议调查法易受权威影响，易受会议潮流、气氛和其他心理影响的缺点。专家们可以不受任何干扰地对调查表所提问题发表自己的意见，而且有充分的时间思考和进行调查研究、查阅资料。匿名性保证了专家意见的充分性和可靠性。

2. 反馈性

由于德尔菲法采用匿名形式，专家之间互不接触，仅靠一轮调查，专家意见往往比较分散，不易得出结论，为了使受邀的专家们能够了解每一轮咨询的汇总情况和其他专家的意见，组织者要对每一轮咨询的结果进行整理、分析和综合，并在下一轮咨询中反馈给每个受邀专家，以便专家们根据新的调查表进一步地发表意见。

3. 统计性

在应用德尔菲法进行信息分析与预测研究时，对研究课题的评价或预测既不是由信息分析研究人员做出的，也不是由个别专家给出的，而是由一批有关的专家给出的，并必须对诸多专家的回答进行统计学处理。所以，应用德尔菲法所得的结果带有统计学的特征，往往以概率的形式出现，它既反映了专家意见的集中程度，又可以反映专家意见的离散程度。

德尔菲法具备的上述特点，使得它在诸多判断预测或决策手段中脱颖而出。这种方法的优点主要是简便易行，具有一定科学性和实用性，可以避免会议讨论时产生的因害怕权威而随声附和，或固执己见，或因顾虑情面不愿与他人意见冲突等弊病。同时，也可以使大家发表的意见较快收敛，参加者也易接受结论，具有一定程度综合意见的客观性。

4.1.2 德尔菲法的一般过程

（1）组成专家小组。按照课题所需要的知识范围，确定专家。专家人数的多少，可根据预测课题的大小和涉及面的宽窄而定，一般不超过20人。

（2）向所有专家提出所要预测的问题及有关要求。在这一过程中需要附上有关这个问题的所有背景材料，同时请专家提出还需要什么材料。然后，由专家做书面答复。

（3）提出预测意见。各个专家根据他们所收到的材料，提出自己的预测意见，并说明自己是怎样利用这些材料提出预测值的。

（4）意见汇总及反馈。将各位专家第一次判断意见汇总，列成图表进行对比，再分发给各位专家，让专家比较自己同他人的不同意见，修改自己的意见和判断。也可以把各位专家的意见加以整理，或请更资深的其他专家加以评论，然后把这些意见再分发给各位专家，以便他们参考后修改自己的意见。

（5）三到四轮的意见汇总及反馈。将所有专家的修改意见收集起来，汇总，再次分发给各位专家，以便做第二次修改。逐轮收集意见并向专家反馈信息是德尔菲法的主要环节。收集意见和信息反馈一般要经过三四轮。在向专家进行反馈的时候，只给出各种意见，但并不说明发表各种意见的专家的具体姓名。这一过程重复进行，直到每一个专家不再改变自己的意见为止。

（6）对专家的意见进行综合处理。经过几轮综合处理，最后得出最终结论。

4.1.3 德尔菲法的优缺点

1. 德尔菲法的优点

德尔菲法同常见的召集专家开会、通过集体讨论、得出一致预测意见的专家会议法既有联系又有区别。德尔菲法能发挥专家会议法的优点，既能充分发挥各位专家的作用，集思广益，准确性高，又能把各位专家意见的分歧点表达出来，取各家之长，避各家之短。同时，德尔菲法又能避免专家会议法的缺点。例如，权威人士的意见影响他人的意见，有些专家碍于情面不愿意发表与其他人不同的意见，出于自尊心而不愿意修改自己原来不全面的意见。

2. 德尔菲法的缺点

在综合预测值时，仅仅是根据各专家的主观判断，缺乏客观标准，而且显得强求一致。有的专家由于一些主客观原因，对表格的填写未经过很深入的调查和思考，从而影响到评价结果的准确性。

4.2 德尔菲法的实施

4.2.1 实施阶段

1. 准备阶段

准备阶段包括明确预测主题和目标、准备背景材料、选择专家和设计调查表，其中最关键的步骤是专家的选择和调查表的设计。

明确预测目标，制订实施计划：德尔菲法的预测目标通常是在实践中涌现出来的大家普遍关心且意见分歧较大的课题。此阶段的主要任务是选择和规划预测课题、明确预测项目，并且制订相应的实施计划。

选择参加预测的专家：专家是指对所要预测的问题有一定的专门知识，有丰富的经验，能为解决预测问题提供某些较为深刻见解的人员。专家应该有代表性，一方面应根据预测所涉及的领域去选择有关的专家，另一方面还要考虑到专家所属的部门和单位的广泛性。这样可以代表不同的意见，相互启发，使认识向正确的方向统一。专家人数要视预测问题的规模而定，一般以 10～15 人为宜，不超过 20 人。人数太少，学科的代表性受到限制，并缺乏权威，影响预测精度；人数太多则组织较困难，但对一些重大问题也可扩大到 100 人以上。

编制调查表：根据需求选择并编制调查表。

2. 轮番征询阶段

该阶段用以反馈调查以及专家意见的统计分析与预测。经典的德尔菲法一般包括以下四轮的征询调查，且在调查过程中包含着每轮间的反馈。

第一轮：由组织者发给专家不带任何附加条件、只提出预测问题的开放式调查表，请专家围绕预测主题提出预测事件。组织者汇总整理专家调查表，归并同类事件，排除次要事件，用准确术语提出一个预测事件一览表，并作为第二步的调查表发给专家。

第二轮：请专家对第一轮提出的每个事件发生的时间、空间、规模大小作出具体预测，并说明事件或迟或早发生的理由。组织者统计处理调查表中的专家意见，统计出专家总体意见的概率分布。

第三轮：将第二轮的统计结果连同据此修订了的调查表（包括概率分布或事件发生的中位数和上下四分点）再发给专家，请专家充分陈述理由（尤其是在上下四分点外的专家，应重述自己的理由）并再次做出预测。组织者回收专家们的调查表，与第二轮类似的汇总整理、统计分析与预测，形成第四张调查表。

第四轮：将第三轮的统计结果连同据此修订了的第四张调查表再发给专家，专家再次评价和权衡，做出新的预测，并在必要时做出详细、充分的论证。组织者依然要将回收的调查表进行汇总整理、统计分析与预测，并寻找出收敛程度较高的专家意见。

3. 预测结果处理阶段

预测结果处理阶段是要把最后一轮的专家意见加以统计、归纳和处理，得出代表专家意见的预测值和离散程度。然后，对专家意见做出分析和评价，确定预测方案。在该阶段最主要的工作是用一定的统计方法对专家的意见做出统计、归纳和处理。这里主要介绍以下两种处理方法。

（1）四分位法：四分位法是一种分析数据集分布特征的方法，将一个按大小顺序排好的数据样本序列平均划分成四部分，每部分包含的数据量是整个序列数据量的1/4。其中，正好排列在前1/4位置上的数称为第一四分位数，排在后1/4位置上的数称为第三四分位数，排列在中间位置上的数称为第二四分位数，也就是中位数值。四分位差越小，说明中间部分的数据越集中；四分位差越大，则意味着中间部分的数据越分散。

（2）对非量化预测结果的统计处理方法：对于预测产品的品种、花色、规格、质量、包装以及新产品开发等非量化的预测意见可采用比重法或评分法及逆行归纳统计。比重法是指计算出专家对某个意见回答的人数比例，然后以比例最高者作为预测的结果；评分法常常用于产品各特征的重要性比较或不同品牌的同类商品的质量评比等。

4.2.2 注意事项

1. 专家小组组织阶段

专家组成员之间存在身份和地位上的差别以及其他社会原因，有可能使其中一些人因不愿批评或否定其他人的观点而放弃自己的合理主张。要防止这类问题的出现，必须避免专家面对面的集体讨论，而是由专家单独提出意见。对专家的挑选应基于其对企业内外部情况的了解程度。专家可以是第一线的管理人员，也可以是企业高层管理人员和外请专家。例如，在估计未来企业对劳动力需求时，企业可以挑选人事、计划、市场、生产及销售部门的经理作为专家。

2. 德尔菲法实施阶段

德尔菲法的轮番征询不是简单的重复，而是一种螺旋上升的过程，每循环和反馈一次，专家都吸收了新的信息，并对预测对象有了更深刻、更全面的认识，能够精确地预测结果。当四轮征询结束后，专家对各事件的预测可能仍然不统一，不统一时也可以用中位数和上下四分点来做结论。

要支付适当报酬。为了调动和鼓励专家的积极性，在组织德尔菲法预测时，应给专家支付适当报酬。其报酬金额视预测工作量而定。最后将报酬标准随征求专家应答一览表一起发出。

确定合适的轮间间隔。从经验来看，不同的预测轮间间隔差别较大，多数预测完成一轮需要 4～6 周的时间，然而有的预测两轮一共只需要 26 天。因此，轮间间隔除了与问题难易有关外，还与专家对预测问题的兴趣有关。

3. 其他注意事项

为专家提供充分的信息，使其有足够的根据做出判断。例如，为专家提供所收集的有关企业人员安排及经营趋势的历史资料和统计分析结果等。所提问的问题应是专家能够回答的问题。允许专家粗略地估计数字，不要求精确，但可以要求专家说明预计数字的准确程度。尽可能将过程简化，不问与预测无关的问题。保证所有专家能够从同一角度去理解员工分类和其他有关定义。

向专家讲明预测对企业和下属单位的意义，以争取他们对德尔菲法的支持。

4.2.3 调查表的编制及类型

1. 调查表的编制

调查表是德尔菲法预测的主要手段，它设计得好与坏，直接影响预测的质量。在设计调查表时，应注意以下几点。

1）问题明确

在所设计的调查表中，所提问题的含义只能有一种解释，而且用词要确切，不得有不明确或易产生不同理解的情况。

例如，你觉得你的知识水平和实践经验能否满足工作的需要？

①能满足；②不能满足；③不知道。

2）问题结构合理

问题要集中，并有针对性，不要过于分散，以便使各个事件构成一个有机的整体。问题要有逻辑顺序，先整体，后局部。同等问题中，先简单，后复杂。这样由浅入深地排列，或者按问题的分类排列，易于引起专家回答问题的重视与兴趣。

例如，在选择洗衣机时，哪些因素会影响你的选择？

您选择洗衣机时，耗电量处于一个什么样的重要程度？

3）问题数量适宜

问题的数量不仅取决于要求回答的类型，同时取决于专家可能做出回答的上限。如果问题只要求做出简单的回答，数量可多些。如果问题比较复杂，则数量要少些。严格的界定是没有的，一般可以认为问题数量的上限以 25 个为宜，以便每一位专家在 2 小时内回答完问题。如果问题超过 50 个，则评估领导小组要认真研究，问题是否过于分散而影响回答质量。

2. 调查表的类型

1）目标途径调查表

组织者首先应根据课题的内容和要求，提出总目标，并设计一个完全开放的调查表发给应答专家，请他们就实现这一总目标的途径（即子目标）以及达到这些子目标所采取的措施发表自己的看法。目标途径调查表如表 4-1 所示。

表 4-1 目标途径调查表

途径	总目标					
	子目标 A	子目标 B	子目标 C	子目标 D	子目标 E	子目标 F
A						
B						
C						
D						

2）事件实现时间调查表

对某事件将来可能实现时间进行预测，是德尔菲法的重要用途之一。在事件实现时间的预测课题中，往往要求预测结果以不同的概率估计的形式出现，如 10%、50%、90%概率或 20%、50%、80%概率。事件实现时间调查表如表 4-2 所示。

表 4-2 事件实现时间调查表

预测问题	事件实现时间（某一时间实现该事件的概率估计）		
	10%概率	50%概率	90%概率
实现某一时间			
达到某一水平			
解决某个问题			

3）技术（方案、产品）评价调查表

此类调查表首先要确定出技术（方案、产品）的评价指标体系。评价对象的评价指标体系可以是对前两轮调查对象的客观性能、特征和功能的直接确定。在评价指标体系确定以后，即可设计出调查表，发给各专家评价、打分。评分制由组织者给出，而各评价指标的加权系数可由各专家分别给出，也可由组织者在前几轮专家意见的基础上给出。

4.3 德尔菲法的结果数据处理

4.3.1 方案相对重要性预测结果

1. 专家意见的集中程度

1）算术平均值的公式：

$$M_j = \frac{1}{m_j}\sum_{i=1}^{m_j} C_{ij}$$

式中，M_j 为对第 $j\,(j = 1, 2, \cdots, n)$个方案全部评价的算术平均值；m_j 为参加第 j 个方案评价的专家数；C_{ij} 为第 $i\,(i = 1, 2, \cdots, m)$个专家对第 j 个方案的评分值。M_j 的值为 0～100 分，M_j 的值越大，则方案的相对重要性越大。

2）满分频率

方案的满分频率是指对方案给满分（100 分）的专家数与对该方案作出评价的专家总数之比。计算公式为

$$K'_j = \frac{M'_j}{M_j}$$

式中，K'_j 为第 j 个方案的满分频率；M'_j 为对第 j 个方案给满分的专家数；M_j 为参加第 j 个方案评价的专家数。K'_j 的取值范围为 0～1，K'_j 越大，表明对第 j 个方案给满分的专家人数越多，即方案的相对重要性越大。

3）评价等级和

评价等级即名次，一般用自然数 1, 2, 3, …来表示，1 等级最高，2 等级次之，3 等级更次之……以此类推。方案的评价等级和是专家对方案作出评价的评价等级的算术和。其公式为

$$S_j = \sum_{i=1}^{m_j} R_{ij}$$

式中，S_j 为对第 j 个方案的评价等级和；R_{ij} 为第 i 个专家对第 j 个方案的评价等级。S_j 的值越小，方案的相对重要性越大。

2. 专家意见的协调程度

专家意见的协调程度反映专家意见的收敛情况，通常用变异系数来表示。变异系数反映了全部专家对第 j 个方案相对重要性评价的相对离散程度，即协调程度，计算公式为

$$\sigma_j = \sqrt{\frac{1}{m_j} \sum_{i=1}^{m_j} (C_{ij} - M_j)^2}$$

$$V_j = \frac{\sigma_j}{M_j}$$

式中，σ_j 为全部专家对第 j 个方案评价的标准差。变异系数的值越小，表明专家意见的协调程度越高，收敛性越好。

3. 专家积极性系数

专家积极性系数用以表示专家对某方案的关心程度，一般用参与某方案评价的专家人数与专家总数的比值来表示，即

$$C_{aj} = \frac{m_j}{m}$$

式中，C_{aj} 为第 j 个方案的专家积极性系数；m_j 为参加第 j 个方案评价的专家数；m 为专家总数。

4.3.2 事件实现时间预测结果

对这类预测结果进行处理时，一般以中位数代表专家意见的协调程度，以上下四分点代表专家意见的分散程度。预测结果的中位数和上下四分点的确定是这样的：将专家们对事件实现时间的预测结果在数轴上按由小到大的顺序排列，并平分成四等份。其中，处于中间位置的预测值称为中位数，表示有50%的专家认为该时间能实现此事件；先于中位数的四分点称为下四分点，表示有25%的专家认为该事件实现的时间早于下四分点的时间；后于中位数的四分点称为上四分点，表示有25%的专家认为该事件实现时间晚于上四分点时间；上下四分点之间的区域称为四分位区间或50%置信区间。

例如，专家对某一时间事件的应答结果排列如下所示：

1992 1993 1994 1994 1994 1995 1995 1996 1996 1996 1997 2000 2000 2002 2003

此预测结果的中位数为1996年，下四分点为1994年，上四分点为2000年。其他情况，则可以取近似值。

事件实现时间的预测结果还可以用全楔形图来表示。如图4-1所示，全楔形图的顶点表示专家预测时间的中位数，两端点表示专家预测时间的最近点和最远点，虚线的位置表示上下四分点。实际中多采用截角楔形图，即从全楔形图中截去上、下四分点以外的部分后所形成的图形。

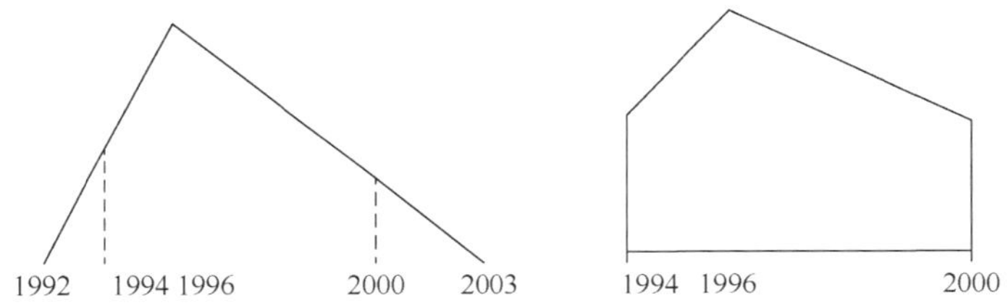

图4-1 全楔形图和截角楔形图

美国著名预测学家杨奇（Jantsch）通过大量的数理统计，给出了事件实现时间预测结果中位数与上下四分点之间的近似数学关系：如果以 K 表示中位数时间与进行预测的时间之间的间距，则下四分点位于 $2/3K$ 处，上四分点位于 $5/3K$ 处。这是一个根据中位数推算上下四分点的经验公式，称为杨奇公式。

在上述例子中，预测是在1990年进行的，所以 $K = 1996 - 1990 = 6$（年）。根据杨奇公式，下四分点为1990年 $+ 2/3K =$ 1994年，上四分点为1990年 $+ 5/3K =$ 2000年。所以，根据杨奇公式所得的预测结果是（1994年，1996年，2000年），为50%的置信区间。

本章综合案例

信息生态视角下微博舆情生态性评价指标及实证研究

微博数据显示，爆发期的“埃航空难”话题引起了广泛的舆论关注，因而我们对话题开展研究。“埃航空难”事件在 2019 年 3 月 14 日之前话题热度迅速到达顶峰，呈现爆发期的特征；3 月 14 日后话题热度迅速骤降，但在 4 月 12 日之前话题讨论度稍有回升，为事件的蔓延期；随后在 4 月 13 日～6 月 20 日虽有舆情用户参与，但话题热度逐渐减退，舆情事件进入衰退期。运用构建的微博舆情生态性评价指标对爆发期阶段的“埃航空难”话题进行实证分析，对了解突发事件期间的舆情监管有着重要的现实意义。研究流程如下：①首先邀请 9 位领域专家，在互不干扰的情况下，根据实际情况、结合研究经验，对生态性评价中的指标进行分层次的重要性对比，采用数值标度法对指标进行权重赋值，最后得到判断矩阵；②运用 Excel 软件求出各指标权重，得到权重向量；③计算得出的结果相关指标 RI，进行一致性检验，保障实践结果的统计有效性；④评价部分的指标数据收集主要通过领域专家感知打分的方式获取数据；⑤最后将收集所得的数据结果按照由低到高的层次与权重进行模糊运算得到最终评价结果。

通过专家感知打分的方式获取数据，采用模糊数学中的隶属度方法进行量化。选取专家 9 人，分别为网络舆情领域专家 5 名和微博平台开发人员 4 名，分别对微博平台的信息环境、信息人、信息以及信息技术 4 个维度进行风险等级评价。本研究所选取的专家均具有相关领域较长时间的科研经验，并且对微博平台也具有一定的使用经验。同时，由于模糊综合评价具有系统性强和结果清晰的优点，尤其适用于难以量化的和模糊的各类非确定性问题，对样本数量要求较低。微博突发事件爆发期阶段的舆情生态性 $V=\{$很差，较差，一般，良好，很好$\}$其对应的分数标准值分别为 $\{s_1, s_2, s_3, s_4, s_5\} = \{60, 70, 80, 90, 100\}$，并使用对应的分值表示评价结果。

整体生态性评价的具体过程如下：第一步，采用专家打分的方法量化指标值数据，将其转化为隶属度矩阵。定性指标的量化方法如下：首先，分别对微博舆情生态性评价指标进行单因素评价，将专家的等级评价等比例量化为数值指标；第二步，计算综合评价；第三步，计算综合评价等级。定义评价元素量化向量 $V=(1, 2, 3, 4, 5)$，代表（很差，较差，一般，良好，很好）5 个对应的评价元素的量化得分。利用评价元素量化向量 V 与评分向量 S 计算最终的加权平均得分 $2.27\in(2, 3]$，所以判定新浪微博突发事件爆发期阶段的生态性评价等级为“较差”。

从生态性评价的结果来看，微博平台的生态性评价等级为“较差”。可见，在微博信息生态系统内，各个构成要素未能充分发挥在信息生态中应当起到的作用。同时应该注意到，在各个隶属度中，专家对信息人维度的评价结果普遍较差。信息人维度中用户的信息素养偏低，大多数用户缺乏通过微博评论信息准确表达情感诉求的能力，部分用户对舆情的理解能力不强。舆情在用户之间呈现出典型的小世界效应，欠缺主动沟通的能力。对于舆情监管部门来说，未能及时准确地掌握用户参与舆情的动机、厘清不同社群之间用户的内在联系。

案例讨论分析问题

1. 试分析案例中选择专家的依据是什么？
2. 案例中的德尔菲法应用于何领域？

本章复习题

1. 德尔菲法的特点是什么？主要应用于何领域？
2. 简述德尔菲法的工作步骤。
3. 德尔菲法对调查结果的数据处理和表达有哪些常见的形式？

第 5 章　回归分析法

【学习目标】

■ 了解回归分析法的基本概念
■ 掌握回归分析法的原理
■ 掌握回归分析法的基本步骤及分析工具

【思政目标】

■ 培养学生解决实际问题的能力和科学思维
■ 培养学生严谨的治学态度和科学精神
■ 培养学生的团队合作精神，互帮互助、参与奉献的精神

5.1　回归分析概述

5.1.1　回归分析的研究对象及起源

1. 回归分析的研究对象

回归分析是研究两种或两种以上变量间定量关系的一种统计方法。它以对客观事物进行大量实验与观察为基础，对直观现象中关系不明确的变量关系进行分析。回归分析通过建立统计模型，对变量间关系的密切程度、结构状态以及模型预测进行有效分析。

2. 回归分析的起源

回归分析中的“回归”是由英国著名生物学家兼统计学家高尔顿（Galton）在研究人类遗传问题时提出的。他研究父代与子代身高关系时发现了回归效应。而若从 1806 年法国科学家勒让德（Legendre）提出最小二乘法算起，回归分析的历史已有 200 多年。

3. 回归分析的研究范围

从经典的回归分析到近代的回归分析，其研究范围越来越广泛。按照研究方法来划分，回归分析研究内容的范围如图 5-1 所示。

- 回归分析
  - 线性回归
    - 一元线性回归
    - 多元线性回归
    - 多个因变量与多个自变量的回归
  - 回归诊断
    - 讨论如何从数据推断回归模型基本假设的合理性
    - 当基本假设不成立时如何对数据进行验证
    - 判定回归方程拟合的效果
    - 选择回归函数的形式
  - 回归变量的选择
    - 自变量选择的准则
    - 逐步回归分析方法
  - 参数估计方法的改进
    - 岭回归
    - 主成分回归
    - 偏最小二乘法
  - 非线性回归
    - 一元非线性回归
    - 分段回归
    - 多元非线性回归
  - 含有定性变量的回归
    - 自变量含定性变量的情况
    - 因变量含定性变量的情况

图 5-1　回归分析研究内容的范围

5.1.2　回归分析的定义

1. 回归分析的概率模型

如果变量 $x_1, x_2, \cdots, x_p$ 与随机变量 y 之间存在着相关关系，通常就意味着每当 $x_1, x_2, \cdots, x_p$ 取定值后，y 便有相应的概率分布与之对应。随机变量 y 与相关变量 $x_1, x_2, \cdots, x_p$ 之间的概率模型为

$$y = f(x_1, x_2, \cdots, x_p) + \varepsilon$$

2. 自变量和因变量

公式中随机变量 y 称为被解释变量（因变量），$x_1, x_2, \cdots, x_p$ 称为解释变量（自变量）。在计量经济学中，也将因变量称为内生变量，自变量称为外生变量。$f(x_1, x_2, \cdots, x_p)$为一般变量 $x_1, x_2, \cdots, x_p$ 的确定性关系；ε 为随机误差。正是因为随机误差项 ε 的引入，变量之间的关系才得以以随机方程的形式描述，使得我们可以借助随机数学方法研究 y 与 $x_1, x_2, \cdots, x_p$ 的关系。由于客观现象的复杂性，有限的变量很难对其全面解释，因而随机误差项的存在可以解释由于种种原因而不能考虑全面的偶然因素。随机误差项主要包括观测误差、模型设定误差、遗漏变量、随机干扰因素和数据质量问题的影响。

【例题 5-1】　大学生年薪与工作年限之间的关系。

如表 5-1 所示的大学生工作年数与年薪数据，X 表示大学毕业后工作的年数，Y 表示对应的年薪。

表 5-1　大学生工作年数与年薪数据

工作年数 X	年薪 Y（单位：1000 元）
3	30
8	57
9	64
13	72

续表

工作年数 X	年薪 Y（单位：1000 元）
5	46
6	43
11	59
21	90
1	20

回归分析类型的划分有很多种方法，按回归方程是否为直线可以分为线性回归和非线性回归；按相关程度可以分为完全相关、不完全相关和完全不相关；按相关关系方向可以分为正相关和负相关；按变量数目可以分为单相关、复相关和偏相关。这里主要介绍按数据类型进行分类。

3. 因变量按数据类型的区分

因变量可能出现的数据类型主要有三种：①定量且 1 个；②定类且 1 个；③定量且多个。因变量定量且 1 个时，此时属于一元线性回归类型；当自变量有多个时，属于多元线性回归类型。因变量为定类且 1 个时，若因变量为两类，如 0 和 1（0 为不愿意、1 为愿意），应用二元 Logistic 回归，有时使用二元 probit 回归；若因变量为多类如不同品牌和不同身份等，使用多分类 Logistic 回归；若因变量多类且有序，如 1，2，3（1 为不愿意、2 为中立、3 为愿意），使用有序 Logistic 回归。若因变量为定量且多个，则可以考虑使用偏最小二乘回归（partial least squares regression，PLS），简称 PLS 回归。

最小二乘法是一种数学优化技术，回归分析也用到了最小二乘法。最小二乘法的基本思路是：通过最小化误差的平方和来寻找数据的最佳函数匹配。假设有 i 个观测点 (x_i, y_i)，若存在 $f(x)$，使得 $f(x_i)-y_i$ 的平方和最小，即

$$E=\sum_{i=1}^{n}(f(x_i)-y_i)^2$$

取得最小值，则 $f(x)$ 为这一系列观测值的回归函数。

4. 回归分析解决的两类问题

一是确定几个变量之间是否存在因果关系和相关关系等，如果存在则找出它们之间适当的数学表达式。二是根据一个或几个变量的值，预测或控制另一个或几个变量的值，并且估计这种预测或控制可以达到什么精度。

5.1.3 回归分析建模步骤

进行回归分析时，在从具体的社会经济问题入手后，要遵循以下五个基本步骤。

1. 设置指标变量

首先要根据研究问题选择合适的变量。对于值会随着一个或几个变量的变动而变动的变量，一般选作因变量 y，因变量又被称为内生变量或被解释变量。而对因变量 y 会产生影响的变量，则一般选作自变量 x，自变量又被称为外生变量或解释变量。在选择变量时，不仅要正确判断自变量与因变量，还要注意选择自变量时，若有多个自变量，自变量之间应是不相关的。另外对自变量的选择要有质量上的优选、数量上的精简。如果漏掉了主要的自变量则会影响模型实际应用的效果，而若是选择了过多自变量，不仅增大计算量，也会积累更大的计算误差，影响估计模型参数的精度。

2. 收集整理数据

回归分析的基础是回归变量的样本统计数据。常用的样本数据分为时间序列数据和横截面数据。其中，时间序列数据为按照时间顺序统计排列的数据；横截面数据为在同一时间截面上统计到的数据。对于样本容量 n 的选择，要与解释变量数目相配套。肯德尔的《多元分析》中提到，样本容量 n 应该是解释变量个数 p 的 10 倍。因此，我们应尽可能地多收集一些数据。在数据收集之后，统计数据时要进行一些基本处理，包括将变量数据进行折算、差分，甚至对数化、标准化等，有时还需要剔除个别特别大或特别小的“野值”等。

3. 确定回归模型的数学形式

在收集到所设置的变量数据之后，要确定适当的数学关系来描述变量之间的关系。一般情况下会先绘制自变量与因变量的样本散点图，观察（x_i, y_i）对应的样本点的分布情况，如果散点图总体呈现直线趋势，则可以考虑选择线性回归模型；如果样本点的分布在一条指数曲线的周围，则考虑选择指数形式的回归模型来描述。

4. 估计模型参数

根据样本数据对模型未知参数进行估计，最常用的方法是最小二乘法。对于不满足模型基本假设的回归问题，有许多新方法可供使用，如岭回归、主成分回归、偏最小二乘法等，这些方法的基础也是最小二乘法。当大样本数据或多个变量出现时，可以依靠 SPSS、SAS 等计算机软件辅助完成。

5. 检验与修改模型

在模型的参数初步被估计出来时直接用作预测分析等是不够慎重的，在对模型进行检验之后才能决定模型的构建是否合适。这一步骤一般需要进行统计检验，通常包括对回归方程的显著性检验、回归系数的显著性检验、拟合优度的检验、随机误差项的序列相关检验、异方差性检验、解释变量的多重共线性检验等。模型若没有通过某种统计检验，则应对回归模型进行修改，最终获得理想的模型。

5.2　一元线性回归

5.2.1　一元线性回归模型

一元线性回归是分析某个因变量 y 时，只有一个自变量 x 的线性相关关系的方法。它是描述两个变量之间统计关系的最简单的回归模型。描述这样的自变量与因变量之间关系的模型为

$$y = \beta_0 + \beta_1 x + \varepsilon$$

上式将实际问题中变量 y 与 x 之间的关系用两个部分来描述。一部分是由 x 的变化引起 y 线性变化的部分，即 $\beta_0 + \beta_1 x$；另一部分是由其他一切随机因素引起的，记为 ε。式中，y 被称为因变量（被解释变量），x 被称为自变量（解释变量），β_0 和 β_1 是未知参数，β_0 为回归常数，β_1 为回归系数，ε 表示其他随机因素的影响。

【例题 5-2】　现要探究全国各项税收与全国 GDP 的关系。表 5-2 显示了 2007～2021 年全国各项税收与全国 GDP 的数据。

表 5-2　2007～2021 年全国各项税收与全国 GDP 的数据

年份	各项税收/亿元	全国 GDP/亿元
2007	45621.97	270092.3
2008	54223.79	319244.6
2009	59521.59	348517.7
2010	73210.79	412119.3
2011	89738.39	487940.2
2012	100614.28	538580.0
2013	110530.70	592963.2
2014	119175.31	643563.1
2015	124922.20	688858.2
2016	130360.73	746395.1
2017	144369.87	832035.9
2018	156402.86	919281.1
2019	158000.46	986515.2
2020	154312.29	1013567.0
2021	172735.67	1149237.0

5.2.2　确定回归系数

对回归常数 β_0 和回归系数 β_1 进行估计时，通常采用普通最小二乘（ordinary least squares，OLS）法。其基本思路为：根据从总体中随机抽出的样本，在平面直角坐标系

中找到一条直线 $\hat{y}=b_0+b_1x$，其中 b_0、b_1 分别是对 β_0、β_1 的估计值，使得观测值 y_i 和拟合值 $\hat{y}_i$ 之间的距离最短，即两者之间的残差 $e_i=y_i-\hat{y}_i$ 的平方和（记为 D）最小。数学上可以将残差平方和表示为

$$D=\sum_{i=1}^{n}e_i^2=\sum_{i=1}^{n}(y_i-\hat{y}_i)^2=\sum_{i=1}^{n}(y_i-b_0-b_1x_i)^2$$

不过最小平方和不是最佳估计的唯一标准。直观地看，如果仅仅表示观测值和预测值之间距离最短，那么计算两者间距离绝对值的最小和似乎会是一种更好的估计。实际上，用距离绝对值的最小和作为标准可以得到具有更好统计性质的估计值。但是，最常用的估计法还是最小二乘法，因为这种方法的公式简单、计算方便，得到的回归系数 b_0 和 b_1 具有更好的统计性质：线性、无偏性和有效性。

5.2.3　显著性检验

当我们得到一个实际问题的回归方程 $\hat{y}=b_0+b_1x$ 时，还不能马上就用它去进行分析和预测。因为它是否真正描述了变量 y 与 x 之间的统计规律，还需运用统计方法对回归方程进行检验。一个要检验的假设通常被记为 H_0，称为原假设，与 H_0 对立的假设记为 H_1，称为备择假设。而显著性检验就是为了消除第一类错误和第二类错误。第一类错误是原假设为真却被错误拒绝的概率；第二类错误是原假设为误却被错误接受的概率或是备择假设为真却被拒绝的概率。

1. t 检验

t 检验是统计推断中常用的一种检验方法，在回归分析中，t 检验用于检验回归系数的显著性。检验的原假设是

$$H_0：\beta_1=0$$

对立假设是

$$H_1：\beta_1\neq 0$$

回归系数的显著性检验就是要检验自变量 x 对因变量 y 的影响程度是否显著。如果原假设 H_0 成立，则自变量 x 与因变量 y 之间并没有真正的线性关系，也就是自变量 x 的变化对因变量 y 并没有影响。由于 b_0、b_1 遵从正态分布，有 $b_1\sim N\left(\beta_1,\dfrac{\sigma^2}{L_{xx}}\right)$，因而原假设 H_0：$\beta_1=0$ 成立时有

$$b_1\sim N\left(0,\frac{\sigma^2}{L_{xx}}\right)$$

此时 b_1 在零附近波动，构造 t 统计量：

$$t=\frac{b_1}{\sqrt{\hat{\sigma}^2/L_{xx}}}=\frac{b_1\sqrt{L_{xx}}}{\hat{\sigma}}$$

式中

$$\hat{\sigma}^2 = \frac{1}{n-2}\sum_{i=1}^{n} e_i^2 = \frac{1}{n-2}\sum_{i=1}^{n}(y_i - \hat{y}_i)^2$$

是 σ^2 的无偏估计，称 $\hat{\sigma}$ 为回归标准差。

当原假设 $H_0:\beta_1=0$ 成立时，t 统计量服从自由度为 n–2 的 t 分布。给定显著性水平 α，双侧检验的临界值为 $t_{\alpha/2}$。当 $|t| \geqslant t_{\alpha/2}$ 时拒绝原假设 $H_0:\beta_1=0$，认为 β_1 显著不为零，自变量 x 对因变量 y 的一元线性回归成立；当 $|t| < t_{\alpha/2}$ 时接受原假设 $H_0:\beta_1=0$，认为 β_1 为零，自变量 x 对因变量 y 的一元线性回归不成立。

2. *F* 检验

与 t 检验不同，F 检验是以平方和分解式，直接从回归效果检验回归方程的显著性。平方和分解式为

$$\sum_{i=1}^{n}(y_i - \overline{y})^2 = \sum_{i=1}^{n}(\hat{y}_i - \overline{y})^2 + \sum_{i=1}^{n}(y_i - \hat{y}_i)^2$$

式中，$\sum_{i=1}^{n}(y_i - \overline{y})^2$ 为总平方和，简记为 SST（sum of squares for total）或 $S_{总}$；$\sum_{i=1}^{n}(\hat{y}_i - \overline{y})^2$ 称为回归平方和，简记为 SSR 或 $S_{回}$，R 表示 regression；$\sum_{i=1}^{n}(y_i - \hat{y}_i)^2$ 称为残差平方和，简记为 SSE 或 $S_{残}$，E 表示 error。因而平方和分解式可以简写为

$$\text{SST} = \text{SSR} + \text{SSE}$$

总平方和反映因变量 y 的波动程度或称不确定性，在建立了 y 对 x 的线性回归后，总平方和 SST 就分解成回归平方和 SSR 与残差平方和 SSE 这两个组成部分，其中 SSR 是由回归方程确定的，也就是由自变量 x 的波动引起的，SSE 是不能用自变量解释的波动，是由之外的未加控制的因素引起的。这样，总平方和 SST 中，能够由自变量解释的部分为 SSR，不能由自变量解释的部分为 SSE。这样，回归平方和 SSR 越大回归的效果就越好。可以据此构造 F 检验统计量如下：

$$F = \frac{\text{SSR}/1}{\text{SSE}/(n-2)}$$

在正态假设下，当原假设 $H_0:\beta_1=0$ 成立时，F 服从自由度为(1, n–2)的 F 分布。当 F 值大于临界值 $F_\alpha(1, n-2)$时，拒绝 H_0，说明回归方程显著，x 与 y 有显著的线性关系。另外，也可以根据 P 值进行检验利用 F 值计算 P 值，当 P 值小于提前设定的显著性水平 α，拒绝 H_0，说明回归方程显著，x 与 y 有显著的线性关系。一元线性回归的方差分析表如表 5-3 所示。

表 5-3　一元线性回归方差分析表

方差来源	自由度	平方和	均方	F 值
回归	1	SSR	SSR/1	$\frac{\text{SSR}/1}{\text{SSE}/(n-2)}$
残差	n–2	SSE	SSE/(n–2)	
总和	n–1	SST		

3. 相关系数的显著性检验

由于一元线性回归方程讨论的是自变量 x 与因变量 y 之间的线性关系，所以可以用变量 x 与 y 之间的相关系数来检验回归方程的显著性。设$(x_i, y_i)(i=1, 2, \cdots, n)$是$(x, y)$的第 n 组样本观测值，称 r 为 x 与 y 的简单相关系数，简称相关系数。

$$r=\frac{\sum_{i=1}^{n}(x_i-\overline{x})(y_i-\overline{y})}{\sqrt{\sum_{i=1}^{n}(x_i-\overline{x})^2\sum_{i=1}^{n}(y_i-\overline{y})^2}}=\frac{L_{xy}}{\sqrt{L_{xx}L_{yy}}}$$

相关系数 r 表示 x 和 y 线性关系的密切程度。相关系数的取值范围为$|r|\leqslant 1$。当$|r|$越接近 1 时，剩余平方和的值越接近于 0，则回归模型描述 y 与 x 的关系的近似程度越好，y 与 x 的关系越接近于线性；当$|r|=1$ 时，为完全线性相关；当$|r|=0$ 时，为无线性相关，如图 5-2 所示。

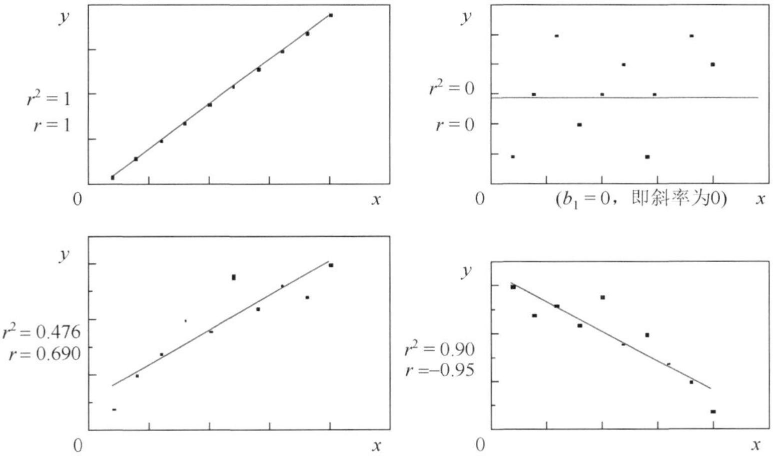

图 5-2　相关系数 r 值示意图

我们知道当 r 比较大时，才可以用回归直线来近似地描述 y 与 x 的关系。那么 r 应该至少大到什么程度，才可以使得用回归直线来描述 y 与 x 的关系达到足够好的近似程度？相关系数的最低值称为相关系数临界值，它是相关性检验的标准（可以通过查表得到）。

4. 三种检验的关系

前面介绍了回归系数显著性的 t 检验、回归系数显著性的 F 检验、相关系数显著性的 t 检验这三种检验。对于一元线性回归来说，这三种检验的作用是相同的。回归系数显著性的 t 检验与相关系数显著性的 t 检验是完全等价的。而 F 检验统计量则是这两个 t 检验统计量的平方。然而在多元线性回归中，这三种检验各不相同。

5. 判定系数

判定系数也称为可决系数或决定系数，其计算方式是回归平方和与总离差平方和之比，记为 r^2，即

$$r^2 = \frac{\text{SSR}}{\text{SST}} = \frac{\sum_{i=1}^{n}(\hat{y}_i - \overline{y})^2}{\sum_{i=1}^{n}(y_i - \overline{y})^2}$$

判定系数 r^2 是一个回归直线与样本观测值拟合优度的相对指标，反映了因变量的波动中能用自变量解释的比例。r^2 的值总是在 0 和 1 之间，也可以用百分数表示。若一个线性回归模型充分利用了 x 的信息，因变量不确定性的绝大部分能由回归方程解释，则 r^2 更接近于 1，拟合优度就越好。反之，若 r^2 不大，说明模型的拟合优度不够好。一般回归方程的显著性检验与 r^2 值的大小是一致的，即检验越显著（P 值越小），r^2 就越大，但对于样本量很大的模型有可能不成立。导致 r^2 小的可能性有两个：第一是线性回归不成立，y 与 x 之间是曲线关系，此时应该用曲线回归；第二是 y 与 x 之间确实符合线性模型，但是误差项方差 σ^2 大，导致 r^2 小。

在修改回归模型时，主要考虑增加新的自变量或者使用曲线回归，需要注意三个方面：①样本量较小时，即使决定系数较大，也可能是虚假现象，因而可以结合样本量和自变量个数对决定系数做调整，计算调整的决定系数；②即使样本量较大，决定系数很大，也不能肯定自变量与因变量之间的关系就是线性的，因为有可能曲线回归的效果更好，此时可以用模型失拟检验来判断因变量与自变量的真实函数关系；③在样本决定系数 r^2 较小时，如 $r^2 = 0.1$ 时，与相关系数的显著性检验相似，样本量 n 不大，就会得到线性回归不显著的检验结论，而在样本量 n 很大时，就会得出线性回归显著的结论。无论检验结果是否显著，都应改进回归的效果，如增加自变量、改用曲线回归等。

5.2.4　残差分析

一个线性回归方程通过了 t 检验或 F 检验，只是表明变量 x 与 y 之间的线性关系是显著的，但不能保证数据拟合得很好，也不能排除由于意外原因而导致的数据不完全可靠，如有异常值出现和周期性因素干扰等。只有当与模型中的残差项有关的假定满足时，我们才能放心地运用回归模型。因此，在利用回归方程做分析和预测之前，应该用残差图帮助我们诊断回归效果与样本数据的质量，检查模型是否满足基本假定，以便对模型做进一步的修改。残差 $e_i = y_i - \hat{y}_i = y_i - b_0 - b_1 x_i$。一般认为，如果一个回归模型满足给出的基本假定，所有残差应该在 $e = 0$ 附近随机变化，并且变化幅度不大，如图 5-3（a）所示的情况。

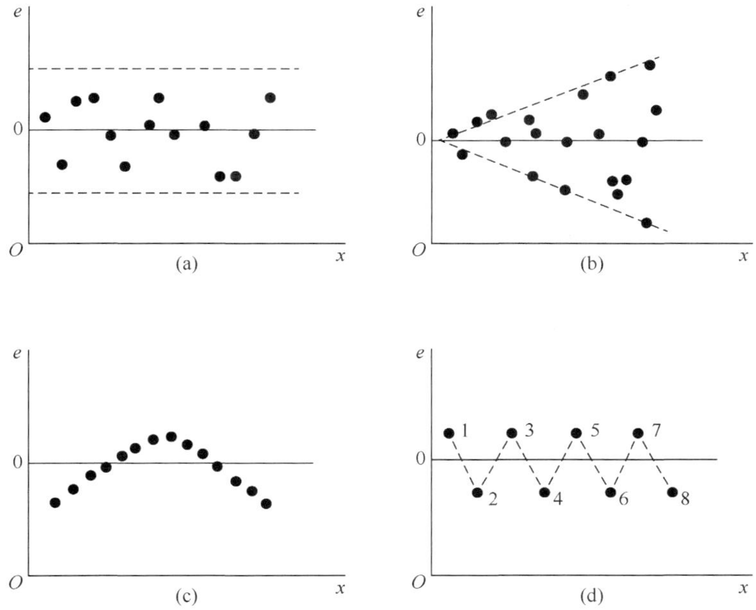

图 5-3　残差图的几种情况

【例题 5-3】　某公司太阳镜销售量与广告费用的关系如表 5-4 所示，试预测广告费用为 20 万元时的月销售量值。

表 5-4　太阳镜销售量与广告费用情况

月份	广告费用/万元	销售量/件
1	2	75
2	5	90
3	6	148
4	7	183
5	22	242
6	25	263
7	28	278
8	30	318
9	22	256
10	18	200
11	10	140
12	2	80

5.3　多元线性回归

5.3.1　多元线性回归模型

多元线性回归的目标是用两个或两个以上的不同变量值来预测一个变量值，在多元线性回归中，被预测的变量称为因变量，用来预测的变量称为自变量或预测变量。

某公司管理人员要预测来年该公司的销售额 y 时，研究认为影响销售额的因素不只是广告宣传费 x_1，还有个人可支配收入 x_2、价格 x_3、研究与开发费用 x_4、各种投资 x_5、销售费用 x_6 等。这样因变量 y 就与多个自变量 $x_1, x_2, x_3, x_4, x_5, x_6$ 有关。在预测中，不同因素对销售额的影响程度会有所不同，因而需要用多元线性回归来进行讨论。设随机变量 y 与一般变量 $x_1, x_2, \cdots, x_p$，多元线性回归模型的一般形式为

$$y = \beta_0 + \beta_1 x_1 + \beta_2 x_2 + \cdots + \beta_p x_p + \varepsilon$$

式中，$\beta_0, \beta_1, \cdots, \beta_p$ 是 $p+1$ 个未知参数，β_0 为回归常数，$\beta_1, \cdots, \beta_p$ 是回归系数；y 为因变量；$x_1, x_2, \cdots, x_p$ 为自变量；ε 是随机误差项。以下公式为多元线性回归方程：

$$E(y) = \beta_0 + \beta_1 x_1 + \beta_2 x_2 + \cdots + \beta_p x_p$$

多元线性回归方程未知参数 $\beta_0, \beta_1, \cdots, \beta_p$ 的估计与一元线性回归方程的参数估计原理一样，仍然可以采用最小二乘估计。最小二乘法估计回归参数，就是寻找参数 $\beta_0, \beta_1, \cdots, \beta_p$ 的估计值 $b_0, b_1, \cdots, b_p$，使离差平方和最小，即满足下式取得最小值：

$$Q(b_0, b_1, \cdots, b_p) = \sum_{i=1}^{n} (y_i - b_0 - b_1 x_1 - \cdots - b_p x_p)^2$$

相关性显示了这项研究中所有变量的二元相关性（即两个变量之间的相互关系），理想的情况是每个自变量都与因变量具有高度相关性（较高的相关性有更好的预测趋势），并且各个自变量之间没有高度相关性（自变量之间的相关性低，则对因变量有相对独立的贡献）。

5.3.2　显著性检验

1. F 检验

对多元线性回归方程的显著性检验就是要看自变量 $x_1, x_2, \cdots, x_p$ 从整体上对随机变量 y 是否有明显的影响，因此提出原假设：

$$H_0: \beta_1 = \beta_2 = \cdots = \beta_p = 0$$

如果 H_0 被接受，则表明随机变量 y 与 $x_1, x_2, \cdots, x_p$ 之间的关系用线性回归模型来表示不合适。类似于一元线性回归检验，为了建立对 H_0 进行检验的 F 统计量，仍然利用总离差平方和的分解式，即

$$\sum_{i=1}^{n} (y_i - \overline{y})^2 = \sum_{i=1}^{n} (\hat{y}_i - \overline{y})^2 + \sum_{i=1}^{n} (y_i - \hat{y}_i)^2$$

简写为

$$SST = SSR + SSE$$

多元线性回归的方差分析表如表 5-5 所示。

表 5-5　多元线性回归方差分析表

方差来源	自由度	平方和	均方	F 值
回归	p	SSR	SSR/p	$\frac{SSR/p}{SSE/(n-p-1)}$
残差	$n-p-1$	SSE	SSE/$(n-p-1)$	
总和	$n-1$	SST		

2. 回归系数的置信区间

在得到参数向量 β 的估计量 b 时，为探究 b 与 β 的接近程度，需要构造 β_i 的一个区间——以 b_i 为中心的区间，该区间以一定的概率包含 β_i。回归系数 β_i 在 $1-\alpha$ 的置信水平下的置信区间为

$$\left(b_i - t_{\frac{\alpha}{2}}\sqrt{C_{jj}}\hat{\sigma}, b_i + t_{\frac{\alpha}{2}}\sqrt{C_{jj}}\hat{\sigma}\right)$$

3. 拟合优度模型检验

拟合优度用于检验回归方程对样本观测值的拟合程度。在一元线性回归中，定义了样本决定系数 $r^2 = SSR/SST$，在多元线性回归中，同样可以定义样本决定系数为

$$R^2 = \frac{SSR}{SST} = 1 - \frac{SSE}{SST}$$

样本决定系数 R^2 的取值在[0, 1]区间内，R^2 越接近于 1，表明回归拟合的效果越好；R^2 越接近于 0，表明回归拟合的效果越差。与 F 检验相比，R^2 可以更清楚直观地反映回归拟合的效果，但是并不能作为严格的显著性检验。

5.4　自变量选择

5.4.1　自变量选择对估计和预测的影响

在实际问题建立回归模型中，首要问题就是要确定回归中的自变量。一般情况下是根据研究目的，结合相关理论中罗列的对因变量可能有影响的一些因素作为自变量。遗漏或者添加了多余的变量都会影响回归方程的效果。因而本小节介绍自变量选择的相关事项。

1. 全模型与选模型

假设某一实际问题涉及的对因变量有影响的因素共有 m 个，由因变量 y 和 m 个自变量 $x_1, x_2, \cdots, x_m$ 构成的回归模型为

$$y = \beta_0 + \beta_1 x_1 + \beta_2 x_2 + \cdots + \beta_m x_m + \varepsilon$$

该模型包含了全部自变量，因此将其称为全模型。如果从所有 m 个变量中挑出 p 个，记为 $x_1, x_2, \cdots, x_p$，则组成的回归模型为

$$y = \beta_0 + \beta_1 x_1 + \beta_2 x_2 + \cdots + \beta_p x_p + \varepsilon$$

相对于全模型而言，该模型称为选模型。

2. 自变量选择对预测的影响

在选择自变量时，如果全模型正确而误用了选模型，则表明我们舍去了 $m-p$ 个自变量，此时的参数估计值是全模型相应参数的有偏估计，用其预测的预测值也是有偏的。这是误用选模型的弊端。

在用选模型预测时，残差的方差比用全模型预测的方差要小，尽管用选模型所作的预测是有偏的，但得到的预测残差的方差下降了。这说明尽管全模型正确，但误用选模型是有弊也有利的。另外，即使全模型正确，但如果其中有一些自变量对因变量影响很小或回归系数方差过大，则我们丢掉这些变量之后，用选模型去预测可以提高预测的精度。由此可见，如果模型中包含一些不必要的自变量，模型的预测精度就会下降。

因此，一个回归模型并不是考虑的自变量越多越好。在建立回归模型时，选择自变量的基本指导思想是少而精。即使我们丢掉了一些对因变量 y 有些影响的自变量，由选模型估计的保留变量的回归系数的方差也比由全模型所估计的相应变量的回归系数的方差小。对于所预测的因变量的方差来说也是如此，丢掉了一些对因变量 y 有影响的自变量后，所付出的代价是估计量产生了有偏性。然而，尽管估计量是有偏的，但预测偏差的方差会下降。因此，自变量的选择有重要的实际意义。在建立实际问题的回归模型时，应尽可能剔除那些可有可无的自变量。

5.4.2　所有子集回归

1. 模型所有子集数目

在一个实际问题的回归建模中，假设有 m 个可供选择的变量 $x_1, x_2, \cdots, x_m$，由于每个自变量都有入选和不入选两种情况，因此 y 关于这些自变量的所有可能的回归方程就有 2^m-1 个，这里减 1 是要求回归模型中至少包含一个自变量，即减去模型中只包含常数项的这种情况。如果把回归模型中只包含常数项的情况也算在内，那么所有可能的回归方程就有 2^m 个。

从另一个角度看，选模型包含的自变量数目 p 有从 0 到 m 共 $m+1$ 种不同情况，而对选模型中恰包含 p 个自变量的情况，从全部 m 个自变量中选出 p 个的方法共有组合数 C_m^p 个，因而所有选模型的数目为

$$\mathrm{C}_m^0 + \mathrm{C}_m^1 + \cdots + \mathrm{C}_m^m = 2^m$$

2. 自变量选择的准则

对于有 m 个自变量的回归建模问题，一切可能的回归子集有 2^m 个，我们需要讨论在这些回归子集中如何选择一个最优的回归子集，以及衡量最优子集的标准是什么。

若从数据与模型拟合优劣的角度出发，认为残差平方和 SSE 最小的回归方程就是最好的，用复相关系数 R 来衡量回归拟合的好坏。然而，这两种方法都有明显的不足。当自变量子集扩大时，残差平方和随之减小，而样本决定系数 R^2 随之增大。因此，如果按残差平方和越小越好的原则来选择自变量子集，或者按 R^2 越大越好的原则，则毫无疑问选的变量越多越好。这样由于变量的多重共线性，给变量的回归系数估计值带来不稳定性，加上变量的测量误差积累和参数数目增加，将使估计值的误差增大。如此构造的回归模型稳定性差，为增大复相关系数 R 而付出了模型参数估计稳定性差的代价。因此残差平方和、复相关系数或样本决定系数都不能作为选择变量的准则。

这里介绍一个常用的变量选择准则：自由度调整复决定系数最大。

为了克服样本决定系数对模型虚假良好判断的缺点，可以对 R^2 进行适当的修正，使得只有加入有意义的变量时，经过修正的样本决定系数才会增加，这就是所谓的自由度调整复决定系数。

设 R_α^2 为调整的复决定系数，n 为样本量，p 为自变量的个数，则

$$R_\alpha^2 = 1 - \frac{n-1}{n-p-1}(1-R^2)$$

可以看出，R_α^2 随着自变量的增大并不一定增大。当所增加的自变量对回归的贡献很小时，R_α^2 反而可能减少。在一个实际问题的回归建模中，自由度调整复决定系数 R_α^2 越大，所对应的回归方程越好。从拟合优度的角度追求最优，则所有回归子集中 R_α^2 最大者对应的回归方程就是最优方程。

5.4.3　逐步回归

由于并不是所有自变量都对因变量 y 有显著的影响，在挑选对因变量有显著影响的自变量时，目前常用的方法有前进法、后退法、逐步回归法，而逐步回归法最受推崇。

1. 前进法

前进法的思想是变量由少到多，每次增加一个，直至没有可引入的变量为止。在 SPSS 软件中使用显著性 P 值（或记为 Sig.）进行检验。

2. 后退法

后退法与前进法相反，首先用全部 m 个变量建立一个回归方程，然后在这 m 个变量中选择一个最不重要的变量，将它从方程中剔除。

3. 逐步回归法

前进法和后退法显然都有明显的不足。前进法可能存在这样的问题，即不能反映引进新自变量后的变化情况。因为某个自变量开始可能是显著的，当引入其他自变量后它就变得不显著了，但是也没有机会将其剔除。后退法的明显不足是一开始把全部自变量引入回归方程，这样计算量很大。如果有些不太重要的自变量一开始就不引入，就可减少一些计算量。再就是一旦某个自变量被剔除，它就再也没有机会进入回归方程。

逐步回归的基本思想是有进有出。具体做法是将变量一个一个地引入，每引入一个自变量后，对已选入的变量要进行逐个检验，当原引入的变量由于后面变量的引入而变得不再显著时，要将其剔除。引入一个变量或从回归方程中剔除一个变量，为逐步回归的一步，每一步都要进行 F 检验，以确保每次引入新的变量之前回归方程中只包含显著的变量。这个过程反复进行，直到既无显著的自变量选入回归方程，也无不显著的自变量从回归方程中剔除为止。

5.5　含定性变量的回归模型

定性变量是统计学的概念，又名分类变量，指观测的个体只能归属于几种互不相容类别中的一种，它们只有性质上的差异，一般是用非数字来表达其类别，这样的观测数据称为定性变量。在建立回归方程时，通常也需要考虑这些定性变量。

5.5.1　自变量含有定性变量的回归模型

在回归分析中，我们对一些自变量是定性变量的情形先进行量化处理，处理方法是引进只取 0 和 1 两个值的虚拟自变量将定性变量数量化。当某一属性出现时，虚拟变量取 1，否则取 0。虚拟变量也称为哑变量。

1. 简单情况

首先讨论定性变量只取两类可能值的情况，例如，研究粮食产量问题，y 为粮食产量，x 为施肥量。另外考虑气候问题，分为正常年份和干旱年份两种情况。对这个问题的数量化方法是引入一个 0-1 型变量 D，令

$$D_i = 1，表示正常年份$$

$$D_i = 0，表示干旱年份$$

则粮食产量的回归模型为

$$y_i = \beta_0 + \beta_1 x_i + \beta_2 D_i + \varepsilon_i$$

【例题 5-4】　探究家庭文化程度对家庭储蓄的影响。表 5-6 显示了随机调查的 13 户

高学历家庭与 14 户低学历家庭的状况。因变量 y 为上一年家庭储蓄增加额，自变量 x_1 为上一年总收入，自变量 x_2 为家庭学历。高学历家庭 $x_2 = 1$，低学历家庭 $x_2 = 0$。

表 5-6　家庭的收入、学历与储蓄状况

序号	y/元	x_1/万元	x_2
1	235	2.3	0
2	346	3.2	1
3	365	2.8	0
4	468	3.5	1
5	658	2.6	0
6	867	3.2	1
7	1085	2.6	0
8	1236	3.4	1
9	1238	2.2	0
10	1345	2.8	1
11	2365	2.3	0
12	2365	3.7	1
13	3256	4	1
14	3256	2.9	0
15	3265	3.8	1
16	3265	4.6	1
17	3567	4.2	1
18	3658	3.7	1
19	4588	3.5	0
20	6436	4.8	1
21	9047	5	1
22	7985	4.2	0
23	8950	3.9	0
24	9865	4.8	0
25	9866	4.6	0
26	10235	4.8	0
27	10140	4.2	0

建立 y 对 x_1、x_2 的线性回归模型。输入数据后，选择“分析”→“回归”→“线性”选项，因变量选择“各项贷款余额”，其他变量放入自变量，“方法”选择“输入”，得到结果如图 5-4 所示。

模型摘要

模型	R	R^2	调整后 R^2	标准估算的错误
1	0.938[a]	0.879	0.869	1288.67891

a. 预测变量：(常量), x_2, x_1

ANOVA[a]

模型		平方和	自由度	均方	F	显著性
1	回归	290372875.9	2	145186438.0	87.425	0.000[b]
	残差	39856639.71	24	1660693.321		
	总计	330229515.6	26			

a. 因变量：y

b. 预测变量：(常量), x_2, x_1

系数[a]

模型		未标准化系数		标准化系数 β	t	显著性
		B	标准错误			
1	(常量)	−7976.809	1093.445		−7.295	0.000
	x_1	3826.129	304.591	0.921	12.562	0.000
	x_2	−3700.330	513.445	−0.529	−7.207	0.000

a. 因变量：y

图 5-4　SPSS 数据输出结果

得到回归方程如下：

$$y = -7977 + 3826x_1 - 3700x_2$$

2. 复杂情况

有些情况下，定性变量可能取多类值，如季节因素包括春、夏、秋、冬等，为避免完全多重共线性，这时一般引入三个 0-1 变量 x_1、x_2、x_3，每个变量中 1 代表某个季节，0 代表其他，即

$$\begin{cases} x_1 = 1, & \text{春季} \\ x_1 = 0, & \text{其他} \end{cases} \quad \begin{cases} x_2 = 1, & \text{夏季} \\ x_2 = 0, & \text{其他} \end{cases} \quad \begin{cases} x_3 = 1, & \text{秋季} \\ x_3 = 0, & \text{其他} \end{cases}$$

一般情况下，当一个定性变量有 k 类可能的取值时，需要引入 k–1 个 0-1 型自变量。$k = 2$ 时，只需要引入 1 个 0-1 型自变量即可。

5.5.2　因变量含有定性变量的回归模型

在现实问题中，有时也会遇到因变量只有两个可能结果的情况，这样的因变量需要用虚拟变量来表示，虚拟变量可取 0 或 1。设因变量 y 是只取 0、1 两个值的定性变量，考虑简单线性回归模型：

$$y_i = \beta_0 + \beta_1 x_i + \varepsilon_i$$

在这种 y 只取 0、1 两个值的情况下，因变量均值 $E(y_i)=\beta_0+\beta_1 x_i$ 具有特殊的意义。由于 y_i 是 0-1 型伯努利随机变量，得如下概率分布：

$$P(y_i=1)=\pi_i$$

$$P(y_i=0)=1-\pi_i$$

根据离散型随机变量期望值的定义，可得

$$E(y_i)=\pi_i=\beta_0+\beta_1 x_i$$

所以，回归函数给定的因变量均值是自变量水平为 x_i 时，$y_i=1$ 的概率。

5.5.3　Logistic 回归模型的参数估计及其算法

1. Logistic 回归模型

针对 0-1 型因变量产生的问题，我们对回归模型应该做两个方面的改进。第一，回归函数应该改用限制在[0, 1]区间内的连续曲线，而不能再沿用直线回归方程；第二，因变量 y_i 本身只取 0、1 两个离散值，不适合直接作为回归模型中的因变量。常用的是 Logistic 函数与正态分布函数。Logistic 函数的形式为

$$f(x)=\frac{\mathrm{e}^x}{1+\mathrm{e}^x}=\frac{1}{1+\mathrm{e}^{-x}}$$

在 SPSS 软件中，Logistic 采用最大似然估计直接拟合未分组数据的 Logistic 回归模型，具体操作如下。

【例题 5-5】　探究家庭收入对签订初步购房意愿书与实际购买房屋的顾客比例的影响。在一次住房展销会上，与房地产商签订初步购房意向书的共有 $n=313$ 名顾客，在随后的 3 个月内，只有一部分顾客确实购买了房屋。购买了房屋的顾客记为 1，没有购买房屋的顾客记为 0。以顾客的家庭年收入为自变量 x，对表 5-7 所示的数据，建立 Logistic 回归模型。

表 5-7　顾客购房情况

序号	家庭年收入 x/万元	签订意向书人数 n_i	实际购房人数 m_i
1	1.5	25	8
2	2.5	32	13
3	3.5	58	26
4	4.5	52	22
5	5.5	43	20
6	6.5	39	22
7	7.5	28	16
8	8.5	21	12
9	9.5	15	10

在 SPSS 软件中输入数据后，执行“分析”→“回归”→“二元 Logistic”命令，因变量选择“是否购房”，协变量选择“家庭年收入”。操作过程如图 5-5、图 5-6 所示。

图 5-5　Logistic 回归 SPSS 操作（1）

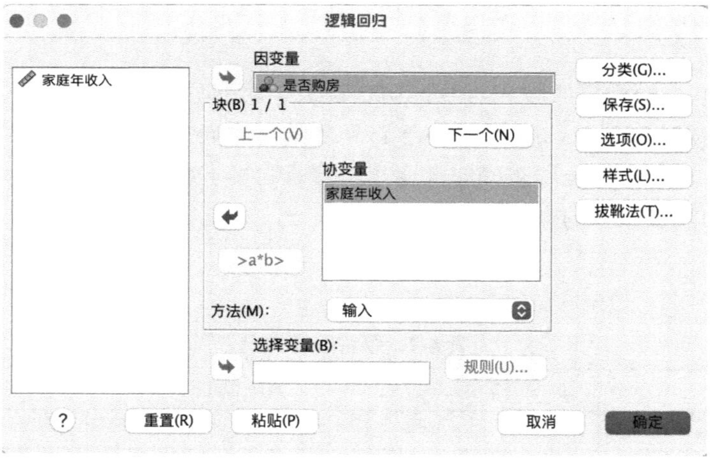

图 5-6　Logistic 回归 SPSS 操作（2）

得到结果如图 5-7～图 5-9 所示。

方程中的变量

		B	标准误差	瓦尔德	自由度	显著性	Exp(B)
步骤0	常量	−0.096	0.113	0.718	1	0.397	0.909

图 5-7　Logistic 回归结果（1）

图 5-7 中，步骤 0 表示未引入任何自变量，其中 B 值即只有常数项的值，可见常数的系数值为–0.096。瓦尔德是对总体回归系数是否为 0 进行统计学检验，瓦尔德值 = $(0.096/0.113)^2 \approx 0.718$。Exp($B$)值是当第 i 个变量增加一个单位时，事件的概率改变的值，Exp(B) = 0.909。

分类表[a]

实测			预测 是否购房 0	1	正确百分比/%
步骤1	是否购房	0	121	43	73.8
		1	89	60	40.3
	总体百分比				57.8

a. 分界值为 0.500

图 5-8　Logistic 回归结果（2）

图 5-8 中，“正确百分比”表示按观察类别进行正确分类的百分比。

方程中的变量

		B	标准误差	瓦尔德	自由度	显著性	Exp(B)
步骤1[a]	家庭年收入	0.150	0.053	7.871	1	0.005	1.162
	常量	–0.852	0.293	8.445	1	0.004	0.427

a. 在步骤1输入的变量：家庭年收入

图 5-9　Logistic 回归结果（3）

由于 B 值为估算的系数，表中显著性值均小于 0.05，可以认为该模型的系数值均显著。

2. Probit 回归模型

Probit 回归称为单位概率回归，与 Logistic 回归类似，也是拟合 0-1 型因变量回归的方法，其回归函数是

$$\phi^{-1}(\pi_i) = \beta_0 + \beta_1 x_{i1} + \cdots + \beta_p x_{ip}$$

用样本比例 p_i 代替概率 π_i，表示为样本回归模型：

$$\phi^{-1}(p_i) = \beta_0 + \beta_1 x_{i1} + \cdots + \beta_p x_{ip} + \varepsilon_i$$

【SPSS 操作】　例题 5-5 探究家庭年收入对签订初步购房意愿书与实际购买房屋的顾客比例的影响 Probit 分析操作。

输入数据后，执行“分析”→“回归”→“概率”命令，“响应频率”选择“实际购房人数”，“实测值总数”选择“签订意向书人数”，“协变量”选择“家庭年收入”。操作过程如图 5-10、图 5-11 所示。

图 5-10　Probit 回归 SPSS 操作（1）

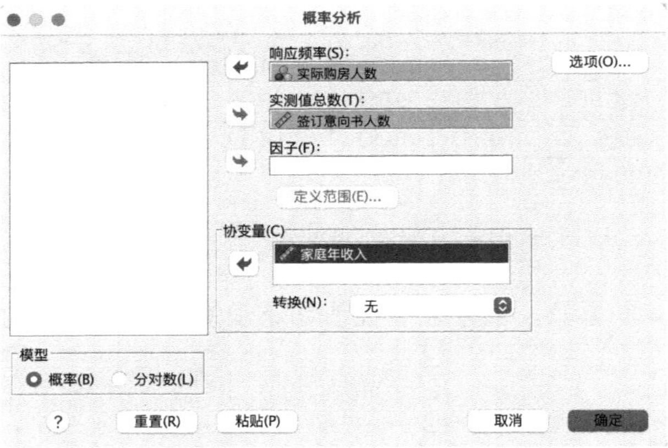

图 5-11　Probit 回归 SPSS 操作（2）

得到结果如图 5-12 所示。

参数估算值

参数		估算	标准错误	Z	显著性	95%置信区间 下限	95%置信区间 上限
Probit[a]	家庭年收入	0.094	0.033	2.827	0.005	0.029	0.158
	截距	−0.532	0.182	−2.930	0.003	−0.713	−0.350

a. Probit模型：Probit(p)=截距+BX，BX是自变量的线性组合

图 5-12　Probit 回归结果

可以得出回归方程：

$$\text{Probit}(p) = -0.532 + 0.094 \times \text{家庭年收入}$$

本章综合案例

探究中国人口自然增长影响因素

我国是人口基数大国，为解决我国人口发展问题，实行了计划生育政策。自计划生育政策实施以来，我国人口出生率持续下降，1985～2005 年出生率从 2.4%下降至 1.2%，在经历了迅速从高生育率到低生育率的转变之后，我国人口的主要矛盾已经不再是增长过快，而是人口红利消失、临近超低生育率水平、人口老龄化、出生性别比失调等问题。为扭转我国人口老龄化趋势，自 2011 年我国各地全面实施双独二孩政策以来，二孩、三孩政策逐渐放开，但我国人口增长率却没有明显上升趋势。因而人口增长率变化的主要原因可能与政策变革的关联不大，而更可能与经济发展等其他方面的因素相联系。

关于中国人口自然增长率，推测可能与居民经济状况与消费水平等因素相关。国民总收入代表国家当年的居民生产总值，反映了国家当年的总体经济状况。人均 GDP 代表人均国内生产总值，能反映当年国家宏观经济水平。居民消费水平指数可以体现与居民生活相关的物价变动情况，这些指标都体现着居民当下的生活水平，在此探究这些指标对人口自然增长率的影响。

以全国 2012～2020 年数据为例，探究各因素对人口自然增长率的影响及多元关系。选择人口自然增长率作为被解释变量，以反映中国人口的增长；选择“国民总收入”及“人均 GDP”作为经济整体增长的代表；选择“居民消费水平指数”作为居民消费水平的代表。暂不考虑文化程度以及人口分布的影响。相关数据如表 5-8 所示。

表 5-8　人口自然增长率相关指标

年份	人口自然增长率/%	国民总收入/亿元	人均 GDP/元	居民消费水平指数（上年＝100）
2020	0.145	1005451.3	71828	97.5
2019	0.332	983751.2	70078	106.1
2018	0.378	915243.5	65534	107.4
2017	0.558	830945.7	59592	106.6
2016	0.653	742694.1	53783	108.2
2015	0.493	685571.2	49922	109.5
2014	0.671	644380.2	46912	108.4
2013	0.59	588141.2	43497	107.9
2012	0.743	537329	39771	109.1

注：数据来自《中国统计年鉴》

本章复习题

1. 什么是回归分析？

2. 回归分析的基本原理是什么？

3. 回归分析的类型有哪些？

4. 使用 SPSS 软件分析本题。试研究货运总量 y（万吨）与工业总产值 x_1（亿元）、农业总产值 x_2（亿元）、居民非商品支出 x_3（亿元）的关系。相关数据如表 5-9 所示。

表 5-9　货运量与其他指标数据

序号	货运总量 y/万吨	工业总产值 x_1/亿元	农业总产值 x_2/亿元	居民非商品支出 x_3/亿元
1	160	70	35	1.0
2	260	75	40	2.4
3	210	65	40	2.0
4	265	74	42	3.0
5	240	72	38	1.2
6	220	68	45	1.5
7	275	78	42	4.0
8	160	66	36	2.0
9	275	70	44	3.2
10	250	65	42	3.0

第 6 章　聚 类 分 析

【学习目标】

- 掌握聚类分析的原理
- 掌握聚类分析的算法及操作步骤
- 掌握聚类分析算法在实践中的应用
- 能够利用 R 语言进行聚类分析并解决实际问题

【思政目标】

- 培养学生运用数据挖掘方法解决国家现实问题的大数据思维与创新思维
- 激发学生正确理解数字化时代国家发展规划与最新政策，培养时代的使命感

6.1　聚类分析概述

6.1.1　聚类分析的概念

聚类分析（cluster analysis）简称聚类（clustering），是把一个物理或抽象对象集合划分成多个由相似对象组成的类或者簇的过程。如果用集合的思想来解释，聚类即把数据集中的样本划分为若干个不相交的子集，每一个子集称为簇。划分簇的基本原则是，处于同一簇的对象之间相似度较高，而分属不同簇的对象之间相似度差别较大。通过聚类分析产生的簇的集合，称为一个聚类。聚类分析作为一种数据挖掘功能，它可以作为洞察对象分布、观察每个簇特征的独立工具。在其实际应用中，数据挖掘对这一富有挑战性的聚类分析提出了诸多典型要求。

1. 可伸缩性

聚类算法在处理海量数据时表现出高效率。许多聚类算法在面对几百个小样本数据时运行良好，但是当遇到含有百万甚至上亿个对象的大型数据库时，聚类算法可能会输出有偏差的结果。因此，一个好的聚类算法需要具有高度的可伸缩性。

2. 处理不同属性类型的能力

聚类算法应具备处理多种不同类型的数据对象能力。聚类算法通常用于处理数值型数据，但是也应具备处理二元的、分类的、序数的和混合等数据类型的能力。

3. 发现任意形状的簇

聚类算法需要能够发现任意形状的簇。基于欧几里得距离或曼哈顿距离度量的算法往往发现的是相近尺寸和密度的球形簇，但现实中簇可能是任意形状的。

4. 对于确定输入参数的领域知识的要求最小化

在确定聚类算法参数时，应尽可能少地要求用户具备相关的领域知识。许多聚类算法要求用户以输入参数的形式提供领域知识，但面对高维或复杂的数据集，这种要求不仅会加重用户的负担，聚类输出的结果质量也难以保证。

5. 处理噪声数据的能力

聚类算法应有能力应对数据集中的空缺值、孤立点、未知数据和错误数据等数据噪声。现实中，绝大部分数据集都是不完美的，因此好的聚类算法应具备对抗噪声干扰、对噪声鲁棒的特质。

6. 增量聚类和对输入次序不敏感

聚类算法应对不同排列次序的同一数据集产生相似的结果。现实场景中，一些聚类算法因为新数据的插入而重新聚类，或者有因数据次序发生改变而输出结果差异较大的问题，因此，需要开发对增量和输入次序不敏感的聚类算法。

7. 聚类高维数据的能力

聚类算法应具备处理包含大量维度或属性的数据集的能力。许多聚类算法擅长处理二维到三维的数据，但面对如文档聚类时，成百上千的关键词分别作为一个维度，此时的数据可能非常稀疏且高度倾斜，对聚类提出了巨大挑战。

8. 基于约束的聚类

聚类算法应当找到既能满足特定的约束条件又具备良好的聚类特性的数据分组。现实工作往往对聚类结果提出约束，例如，城市中自动提款机的安防位置规划，需要同时考虑城市的公路网、住宅区、每个簇中客户的类型与数量等。聚类输出的结果应当可解释、可理解、可使用，可与特定的语义解释和应用相联系。

6.1.2　聚类与分类的区别

聚类分析能够从大量数据中发现潜在的、有价值的知识，赋予了海量数据新的生机与意义。在大数据时代，聚类分析在数据挖掘领域的地位日益凸显，成为非常活跃的研究课题。聚类分析具有较强的实践性，在金融行业的股票投资分析、互联网行业用户群体细分、企业多元产品的价值组合等场景中提供了一种简单直观的分析方法。此外，聚类分析多应用于探索性研究，它可以作为独立的工具获取对数据分布的了解，为研究者提供多种可供解释的结果，也可以作为检测簇上运行的其他数据挖掘算法的预处理步骤。

聚类与分类之间存在千丝万缕的联系。虽然两者都是在数据集中对对象进行分组或标记的数据分析方法，但两者存在诸多方面的不同之处，主要可以归纳为以下几个方面，如表 6-1 所示。

表 6-1　聚类与分类的区别

对比方面	聚类	分类
监督情况	无监督学习（unsupervised learning），通过观察学习	监督学习（supervised learning），通过示例学习
训练集要求	并不高度重视训练集，其每个训练元组的类标号未知	高度重视训练集，训练集中每个数据对象的属性类别已知
类别 划分目标	测量对比数据对象之间的相似性，将数据分类到不同簇，簇内部对象之间相似性高，簇之间的对象相异性高	测试数据对象的类别情况，确认数据对象属于哪一类别
类标号 信息	未提供类标号信息	给定类标号信息，每个训练元组的类隶属关系已知
分析目的	发现数据对象集群	分类与预测
常用算法	*k*-均值聚类 层次聚类 基于密度的带有噪声的空间聚类应用（density-based spatial clustering of applications with noise，DBSCAN） Canopy	决策树 朴素贝叶斯 支持向量机 随机森林
常见 应用场景	用户画像 互联网恶意流量识别 图像分隔	垃圾邮件检测 文本分类 图像识别

从分析思想的角度来看，两者在基本原理和最终目的方面差异较大。分类的原理是根据数据集的特点或研究需要，构建一个能够刻画重要数据类的模型（也常称为分类器），利用模型将未知类别的数据对象映射到给定类别中的某一个，重点在于利用模型来预测分类的类标号，将未知类别的样本赋予类别。而聚类是根据数据对象中的相似度自动有效地划分簇的方法，重点在于分析数据的隐藏结构，发现是否存在可区分的集群。

从机器学习算法的角度来看，分类和聚类都是机器学习的重要分支。分类是一种监督学习，一般由两个阶段构成。第一阶段“学习步”，即归纳、分析训练集，找到合适的分类器，在这一阶段，数据输入对象会预先分配标签，形成带有属性描述的数据库元组，然后通过带有标记的数据训练出模型。第二阶段“分类步”，即测试分类器的准确率得到训练好的模型，再代入未知类标号的待测集进行预测。聚类是无监督学习，并不依赖预先标记过的训练集，其每个训练元组的类标号是未知的，要学习的类的个数和集合可能也是未知的，需要由聚类算法自动确定标记发现隐藏的簇。

6.1.3 聚类分析的流程

聚类分析是一种较为严密的数据挖掘工具。典型的聚类分析可分为数据预处理、数据相似度度量、聚类算法选择或设计、聚类结果评价、聚类结果物理解析五个环节，如图 6-1 所示。

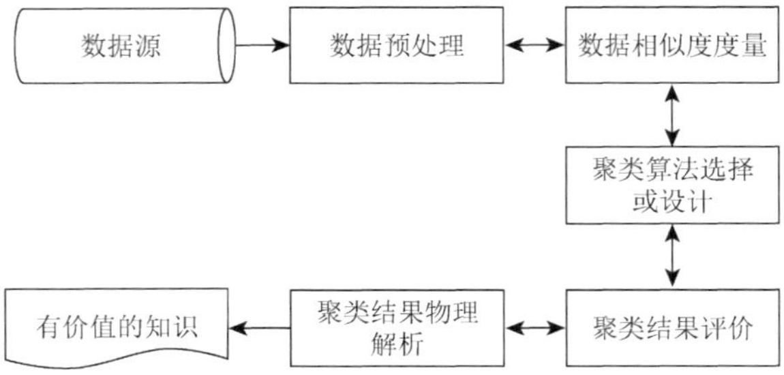

图 6-1　典型的聚类分析流程

1. 数据预处理

数据预处理是聚类分析的前期准备阶段，其结果的优劣直接影响着聚类输出结果质量。在大数据时代，收集到的样本数据大多数是杂乱无章的，需要对数据集进行特征选择和变换。特征选择和特征变换是降维技术的两大分类。特征选择是指在数据集的全部特征中，选择更有利于达成某种目标的特征。这一过程并不改变数据集的原有物理意义，输出的结果是带有原始属性的优化特征子集。特征变换是将原始输入空间属性映射到新的特征空间，是在原数据集中特征抽取的过程，将输入的特征转化为新的显著特征。这一过程将改变原始特征的物理意义，但能够提取其隐含的特征信息。同时，数据预处理阶段还应包括孤立点的处理，将孤立点移出数据集，避免其对结果产生干扰，带来偏差。

2. 数据相似度度量

数据相似度度量是评定数据对象之间相近程度的一种度量，为定义一个簇的基础，这种相似度可以用多种方式来定义。有些方法用对象之间的“距离”确定相似性，将每一个数据对象看作 p 维空间的一点，在空间中定义距离，距离近的划分为一类，距离远的划分为另一类；另一种相似度度量用“相似系数”来描述，相似系数绝对值越接近于 1，相似程度越高，越可能划分为一类，绝对值越接近于 0，相似程度越低，越可能划分为不同类。

1）变量间的相似度度量——距离

设 $d(X_i,X_j)$ 为样本 X_i 到 X_j 的距离，一般要求其满足以下条件：

（1）$d(X_i,X_j)>0$ 对一切 i,j 成立；

（2）$d(X_i,X_j)=0$ 当且仅当 $i=j$ 时成立；

（3）$d(X_i,X_j)=d(X_j,X_i)$ 对一切 i,j 成立；

（4）$d(X_i,X_j)\leqslant d(X_j,X_i)+d(X_k,X_j)$ 对一切 i,j,k 成立。

聚类分析中常用的距离函数如下。

（1）欧几里得（Euclidean）距离函数：

$$d_{ij}=\sqrt{(X_{1i}-X_{1j})^2+(X_{2i}-X_{2j})^2+\cdots+(X_{pi}-X_{pj})^2}=\left[\sum_{k=1}^{p}(X_{ki}-X_{kj})^2\right]^{\frac{1}{2}}$$

（2）马氏（Mahalanobis）距离函数：

$$d(X_i,X_j)=(X_i-X_j)^{\mathrm{T}}\Sigma^{-1}(X_i-X_j)$$

式中，Σ 表示变量之间的协方差矩阵。在实际问题中，总体协方差矩阵 Σ 通常未知，可用样本的协方差矩阵 S 来代替。

2）变量间的相似性度量——相似系数

设 c_{kj} 为变量 X_k 和 X_j 之间的相似系数，要求对一切的 $1\leqslant k$，$j\leqslant p$ 满足：

（1）$|c_{kj}|\leqslant 1$；

（2）$c_{kk}=1$；

（3）$c_{kj}=c_{jk}$。

c_{kj} 越接近于 1，变量 X_k 和 X_j 的关系越密切。

设 $(X_{1j},X_{2j},\cdots,X_{nj})^{\mathrm{T}}(j=1,2,\cdots,p)$ 表示变量 X_j 的 n 个观测值，常用的相似系数如下。

夹角余弦：

$$c_{kj}=\frac{\sum_{i=1}^{n}X_{ik}X_{ij}}{\left(\sum_{i=1}^{n}X_{ik}^2\cdot\sum_{i=1}^{n}X_{ij}^2\right)^{\frac{1}{2}}}$$

相关系数一般指的是变量之间的皮尔逊系数，用来衡量两个变量之间线性关系的强弱，第 k 个变量与第 j 个变量之间的相关系数定义为

$$r_{kj}=\frac{\sum_{i=1}^{n}(X_{ik}-\bar{X}_k)(X_{ij}-\bar{X}_j)}{\left[\sum_{i=1}^{n}(X_{ik}-\bar{X}_k)^2\cdot\sum_{i=1}^{n}(X_{ij}-\bar{X}_j)^2\right]^{\frac{1}{2}}}$$

3. 聚类算法选择或设计

依据数据预处理后的数据集特性，选择或设计聚类算法。相对而言，聚类算法比较容易掌握，但是从大量的算法中选择一个恰当的算法并不容易。目前主要的基本聚类算法可以分为以下几类：划分方法、层次方法、基于密度的方法、基于网格的方法等。还有一些聚类方法可能集成了多种聚类方法的思想。由于各种聚类方法自身的特殊性，其自身的优点和缺点决定了它们所适用的领域。因此，需要根据样本集数据的特征选择恰当的聚类策略。

4. 聚类结果评价

聚类簇只能依靠聚类结束准则函数得到，然而这种函数一般由人为设定的终止条件

实现，没有客观的标准评价聚类结果。可见，聚类分析是一个主观的归类过程，因此在聚类簇生成后需要对其结果进行综合评价。聚类结果评估的方式主要有三种：外部有效性评估、内部有效性评估和相关性测试评估。

5. 聚类结果物理解析

聚类分析的实质是“通过数据探索而生成假说”，因此聚类结果仅仅通过综合评估是不够的，还需要对聚类结果做出物理上的解析。将生成的一种或几种聚类结果假说，总结出现实的物理解析。解析应基于专业知识，或者来自具有实际工作经验的专家的探讨与分析，作为进一步研究的依据。

6.1.4 聚类分析的应用领域

聚类分析是数据挖掘领域发展活跃的分支，在过去十几年中涌现出许多优秀的算法，在经济、管理、生物分类、医学、心理学等领域得到广泛应用，本节将简要介绍聚类分析在代表性领域中的主要应用。

1. 用户画像

用户画像（user profile）是一种刻画用户特征、有效表达用户诉求并实现个性化服务的工具。用户画像原本在电子商务营销、企业客户管理等领域广泛应用，如今在健康领域的精准医疗、教育领域的精准信息服务、公共突发事件中网络舆情研判与治理等方面也表现出了较高的性能与适应性。基于大数据构建用户画像的流程分为三个环节，分别为数据采集、数据挖掘及过滤和标签提取及重组，其中聚类分析主要体现于数据挖掘及过滤环节，承担着用户画像构建的核心部分，主要应用 k-均值聚类算法和 DBSCAN 算法等提取用户属性得到用户群体分类，再融合分类算法进行个性化服务或针对性措施。

2. 网络信息检索

在 Web 搜索中也有许多聚类应用。随着网络上信息的爆炸式增长，信息过载现象越来越严重，搜索返回的网页结果往往数量巨大，用户想要找到真正感兴趣的信息有一定难度。因此，可以利用聚类将搜索引擎返回的结果进行文本聚类，将搜索结果进行分组处理，以简明、容易的访问方式提交结果。聚类结束后还需要类别描述，通过关键词抽取技术自动生成各个类别的关键词，以便对用户的原始查询进行扩充和精确化，从而有效提升信息检索的效率。如今，聚类在 Web 搜索中已广泛应用于多媒体数据库的音频检索、图像检索、视频检索、跨媒体检索等方面，在人脸图像检索和高分辨率遥感图像检索方面也作出了突出贡献，为我国的土地利用、城市规划、环境监测、国家安全等方面提供了有力的工具。

3. 图像分割

图像分割是图像分析领域的关键技术，在一些民用及军用领域出现了图像制导、无人飞机、指纹识别、语音识别、医学图像识别等高新技术。在图像分割中，聚类分析的思想是把图像中具有相似性质的像素聚类于同一区域，并不断迭代修正聚类结果，直至收敛，从而形成图像分割结果。其中，k-均值聚类、模糊 C 均值聚类是最常用算法，Meanshift 算法、Medoidshift 算法也是比较具有代表性的聚类算法。例如，利用图像分割辅助医学影像的检测和诊断，通过聚类算法将图像分割成不同的器官、组织类型或疾病症状，为医生提供有效的决策支持。

4. 生物医学

生物医学大数据中隐含着许多人们知之甚少的重要的信息，利用聚类分析可以挖掘生物医学数据中的疾病信息，对改善治疗和用药有着非常重要的应用前景。其中，层次聚类、k-均值聚类、双向聚类等方法为这一领域常用的聚类方法。例如，可以利用覆盖矩阵双向聚类的双向聚类算法，双向聚类分析进行癌症基因表达数据的挖掘，将癌症基因按照某些特性分成若干类别，并找到同类基因在表达上的相似规律，为癌症的早期诊断及精确的癌症亚型分型提供依据；蛋白质序列数据聚类能够通过层次聚类将结构相似、功能相似的蛋白质划为同一类，为蛋白质的功能识别研究提供工具支持。

在数字化时代，数据成为人类社会存在的另一种方式，反映了诸多行为与现象，为数据挖掘提供了充足的原始资料。聚类分析的应用场景远远不限于上述列举的四个方面。只要掌握了聚类分析的思想、从数据挖掘的角度思考问题，坚持创新思维，很有可能在新兴领域开拓出解决问题的新方案。

6.2　聚类分析的基本方法

6.2.1　传统聚类方法

目前有大量的聚类算法，但对聚类方法提出一个简洁、标准的分类是有难度的，因为这些类别可能重叠，从而使一种方法具有几种类别的特征。一般而言，传统的聚类算法可以分为五类：划分方法、层次方法、基于密度的方法、基于网格的方法和基于模型的方法。

1. 划分方法

划分方法（partitioning method）是将一个包含 n 个对象的数据集合划分成 k 个子集的方法，其中每个子集代表一个簇，并且满足 $k \leqslant n$ 。k 的值通常由用户指定或系统设定，且 k 个子集需要满足下列两个条件：①每一个簇至少包含一个对象；②每一个对象属于且仅属于一个簇。对于某些使用模糊划分技术的算法，可以将条件放宽，一个对象可能会被分到多个簇中。大部分划分方法是基于距离的。对于一个给定的 k ，划分聚类算法一般先从一个初始划分开始，随后采用一种迭代的重定位技术，把对象从一个类别移动到另一个类别来进行划分，使得每一次改进之后的划分方案都比上一次更好。在数次迭代后，通过一个聚类准则来结束移动并判定划分结果的好坏，这一判定准则通常为平方误差准则：

$$S_E = \sum_{i=1}^{k} \sum_{p \in C_i} | p - m_i |^2$$

式中，S_E 表示平方误差；p 表示样本点；m_i 表示每个聚类簇的平均值；C_i 表示聚类簇；k 表示聚类簇的数目。

为了达到全局最优，划分聚类算法可能需要穷举所有可能的划分，计算量极大。例如，划分方法中最具代表性和知名度的 k-均值聚类算法和 k-中心点算法，也是采用这种启发式方法，逐渐提高聚类质量，并逼近局部最优解。基于此，这种启发式聚类方法更适用于发现中小规模数据库中的球状簇。对于数据量巨大、分布形状复杂的簇，需要拓展划分方法或另选其他聚类策略。除了上述算法之外，其他具有代表性的划分聚类算法还包括围绕中心点的划分（partitioning around medoid，PAM）的聚类算法、大型应用中的聚类（clustering large applications，CLARA）算法、基于随机选择的聚类算法（clustering algorithm based on randomized search，CLARANS）等。

2. *层次方法*

层次方法是对给定的数据集合进行层次性地分解，直到满足某种条件为止，其分解结果可以用树状图来表示。该方法可以分为凝聚层次聚类和分裂层次聚类。凝聚层次聚类也称自底向上的方法，将每个对象作为单独的组，然后逐次合并相近的组，直到全部组合并为一个组，或满足某一终止条件为止。大多数层次方法属于凝聚层次聚类，它们之间的区别在于簇间相似度的定义上有所不同。分裂层次聚类也称自顶向下的方法，与凝聚方法相反，分裂方法是最开始将全部对象置于同一簇，在每次迭代中一个簇将被划分成更小的簇，直到每一对象处于单独的一个簇中，或满足某终止条件。两种类型的层次聚类流程如图 6-2 所示。

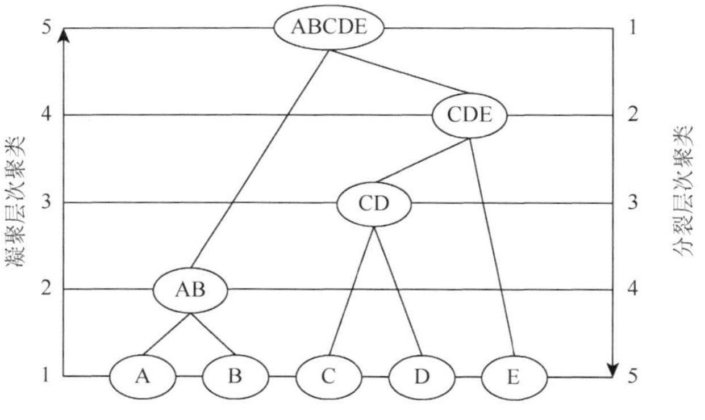

图 6-2　凝聚层次聚类与分裂层次聚类流程示意图

层次方法可以基于距离，或者基于密度和连通性。层次方法计算较为简单，并且有利于数据汇总和可视化。但纯粹的层次算法的可伸缩性较差，因为一旦一个（合并或分裂）步骤完成，将无法撤销操作，需要人们在合并或分裂决定前考察并评估许多对象或簇。为了弥补层次方法自身的局限性、改进聚类效果，已有尝试将层次聚类与其他聚类方法相结合，形成多阶段的聚类方法，如使用代表点的聚类（clustering using representative，CURE）算法、利用层次方法的平衡迭代规约和聚类（balanced iterative reducing and clustering using hierarchies，BIRCH）算法、变色龙（chameleon）算法等。

3. 基于密度的方法

基于密度的方法是通过度量区域内所包含的对象数量形成最终的目标，把密度足够大的区域连接起来。该方法的思想是将数据集合看作由低密度区隔开的若干高密度簇的集合，只要“邻域”中的密度超过某一阈值，就把它加到与之相近的聚类中，继续增长给定的簇。也就是说，对给定簇中的每一个数据点，在给定半径的邻域中必须至少包含最少数目的点。大多数情况下，用户拥有基于密度的聚类算法的决定权，主要以经验为主设定参数值确定最终的聚类结果。该方法的主要特点是可以发现任意形状的簇，能够克服基于距离算法只能发现球状簇的局限性，主要应用于空间数据的聚类。同时，基于密度的聚类方法能够有效对抗噪声、有效处理异常数据，但不善于处理大型数据集。其常见的算法有DBSCAN、基于分布的大空间数据库聚类（distribution based clustering of large spatial database，DBCLASD）、通过排序点来识别聚类结构（ordering points to identify the clustering structure，OPTICS）、基于局部环境的密度聚类（density-based clustering using local environment，DENCLUE）等。

4. 基于网格的方法

基于网格的方法是从数据空间划分的视角出发，利用属性空间的多分辨率网格数据结构，将空间量化为有限个单元，从而完成聚类。其基本过程是，先将数据空间 W 划分为网格单元，将数据对象集 O 映射到网格单元中，并计算每个单元的密度，根据用户输入的阈值判断每个单元格是否为高密度单元，再由邻近的稠密单元组成簇。

基于网格的聚类方法的主要特点是处理速度很快，处理时间与数据对象的数量无关且独立于数据对象的格式，但是依赖于量化空间所划分的每一维单元数量。此外，与一些方法只能处理数值型数据相比，基于网格的聚类方法能够处理任意类型的数据，但输出聚类结果的准确性和质量可能会有所下降。因此，目前开发出了一些多聚类方法集成的算法，除了统计信息网格（statistical information grid，STING）这一经典的网格聚类算法以外，聚类查询（clustering in quest，CLIQUE）算法和小波自适应聚类向量（wavelet adaptive vectors of clustering，WAVE-CLUSTER）算法是基于网格和基于密度方法的结合。

5. 基于模型的方法

基于模型的方法是为每一个簇假定一个数学模型，最终将给定数据与某一数学模型达成最佳拟合状态。该方法的实例是通过反映数据点空间分布的密度函数来定位聚类。基于模型的方法主要有两种尝试方向：一种是基于统计学模型的方案，基于模型的聚类方法多采用概率模型；另一种是基于神经网络模型的方案，其中期望最大化方法、概念聚类和自组织神经网络方法为基于模型的主要聚类方法。表6-2简略地总结了上述五类经典聚类方法的特点。值得注意的是，由于聚类算法的拓展，许多算法集成了多种聚类方法的思想，有时很难将给定算法仅仅划分于单一类别中。

表 6-2　经典聚类方法概览

方法	特征	局限性
划分方法	善于发现球形互斥簇； 基于距离的方法； 可用均值或中心点等代表簇中心； 收敛速度快	倾向于识别图形分布大小相近、 密度相近的聚类，不能发现分布形状复杂的聚类； 对数据量大的数据集聚类效果一般
层次方法	层次分解； 有利于数据汇总与可视化； 可集成其他技术	无法纠正错误的合并或划分
基于密度的方法	发现任意形状簇； 可应用于空间数据聚类； 有效对抗噪声	样本集较大时，收敛时间较长； 样本集密度不均匀时，聚类质量较差
基于网格的方法	使用多分辨率网格数据结构； 处理速度快（独立于数据对象数量）； 处理任意类型数据	在高维情况下，聚类精度难以保证
基于模型的方法	以概率或者参数形式表达簇的划分，具有柔性	执行效率不高； 需要达到一定数据量

6.2.2　智能聚类方法

根据数据对象及其生成聚类簇的形式不同，智能聚类方法可以分为四大类：人工神经网络聚类、核聚类、序列数据聚类、复杂网络聚类。

1. 人工神经网络聚类

人工神经网络是一种竞争学习方法，因模拟人类脑神经系统的网络结构得名。人工神经网络聚类是通过模拟人类神经系统功能，形成由大量处理单元（即神经元）相互连接而成的网络，网络通过自身训练后能够自动对输入模式进行聚类，网络模型结构如图 6-3 所示。与传统的聚类方法相比，人工神经网络聚类算法具有基于生物神经系统的

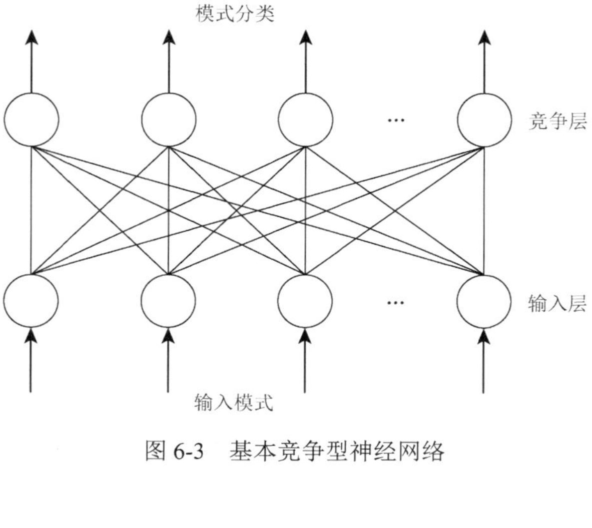

图 6-3　基本竞争型神经网络

分布式储存、并行处理、自适应学习等特点，其对于损坏和异常点的包容性较好，具备较强的容错性，因此，人工神经网络聚类对于处理规模较大的非线性系统具有较好的仿真能力。近年来，深度学习带动了人工神经网络聚类更高层次的发展。自组织映射（self-organizing map，SOM）算法为人工神经网络聚类的代表性算法，此后一种改进的自组织映射算法通过相似度优化的匹配进行数据可视化（visualization of data by the similarity-oplimized matching，VISOM）大幅提升了传统 SOM 算法的可视化特性。

2. 核聚类

核聚类方法是利用核函数，将输入空间的样本映射到高维特征空间，在特征空间中形成聚类。这种非线性映射能够较好地分辨、提取并放大有用的特征。当数据集合内各类之间差别微弱时，核聚类能够对样本在特征空间进行优化，并放大各类之间的差别，极大地提升了非线性聚类的性能和可伸缩性。核聚类算法的收敛速度较快，但当面对海量数据集时需要耗费较多的计算时间，因此可以选择使用云计算等技术与核聚类相结合，以提升面向大数据集的聚类效果。其中，支持向量聚类（support vector clustering，SVC）算法为代表性算法。

3. 序列数据聚类

序列数据是在一定测度范围内，对某些属性多次测量得到的结果。序列数据是一种重要的数据类型，常见的有时间序列数据、语音序列和文本序列、生物信息学的 DNA（deoxyribonucleic acid，脱氧核糖核酸）序列和蛋白质序列等。序列数据聚类是通过数据的距离或者相似度的度量生成聚类簇，在序列数据中发现潜在的结构和知识，如今在股票市场分析、文本挖掘、基因测序等领域得到了广泛的应用。其中，最常用的为时间序列数据聚类算法、轨迹聚类算法等。传统聚类与序列数据聚类的比较如图 6-4 所示。

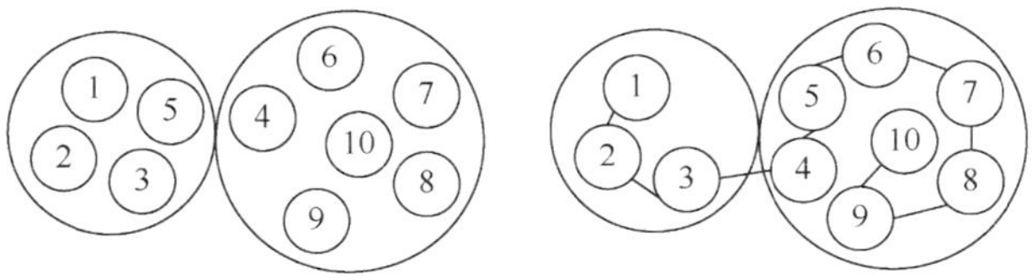

(a) 传统聚类　　(b) 序列数据聚类

图 6-4　传统聚类与序列数据聚类的比较

4. 复杂网络聚类

在现实生活中，许多系统是以复杂网络的形式出现的，例如，社会系统中的人际关系网、流行病传播网等。网络簇结构是复杂网络最普遍和重要的拓扑结构属性之一。复杂网络聚类的目标是在现实的复杂网络中发现真实的网络簇结构，其对于分析复杂网络的拓扑结构、揭示复杂网络功能、挖掘隐藏规律及预测复杂网络行为具有重要意义。目前的复杂网络聚类算法可以归纳为两大类：一类为基于优化的方法（optimization based method），代表性方法有谱方法、基于局部搜索的复杂网络聚类方法等；另一类为启发式方法（heuristic method），代表性算法有最大流最小割聚类（max-flow min-cut clustering，MFC）算法、超链接诱导主题搜索（hyperlink-induced topic search，HITS）算法等。目前复杂网络聚类已广泛应用于互联网社交网络、流行病传播网、生物系统联系网等领域。

6.2.3　大数据聚类方法

大数据是具有 5V 特征的数据的集合，5V 特征分别为容量大（volume）、类型多（variety）、速度快（velocity）、精度准（veracity）、价值高（value）。根据中华人民共和国工业和信息化部发布的《“十四五”大数据产业发展规划》，数据是新时代重要的生产要素，是国家基础性战略资源。大数据为推动经济转型发展与政府治理能力提升提供了新动力，也对数据挖掘技术提出了更高的挑战。大数据聚类可以分为分布式聚类、并行聚类和高维聚类，前两种聚类方法需要在计算机集群中执行，因此也称为多机聚类。

1. 分布式聚类

分布式聚类（distributed clustering）是从大规模、分布储存的数据集中提取分类模式。分布式聚类是将数据挖掘与分布式计算有机结合，大多数算法是基于传统聚类算法在分布式环境下的扩展。其基本思想是：首先在每个站点对本站点的数据集进行局部聚类；然后将各子站点的局部聚类信息传送至主站点，主站点集合全部聚类信息后进行分析，得到全局聚类模型，并将该模型传递至各子站点；最后子站点根据全局聚类模型进行聚类更新。在分布式聚类中，聚类准确性和通信量是一对现实矛盾。如果想获得更加准确的聚类结果，需要子站点向主站点传递更多的数据，然而过多的数据会带来巨大的计算压力，因此平衡聚类准确度与通信量是分布式聚类算法面临的挑战。目前，分布式聚类主要使用 MapReduce 框架来执行，其工作流程如图 6-5 所示。

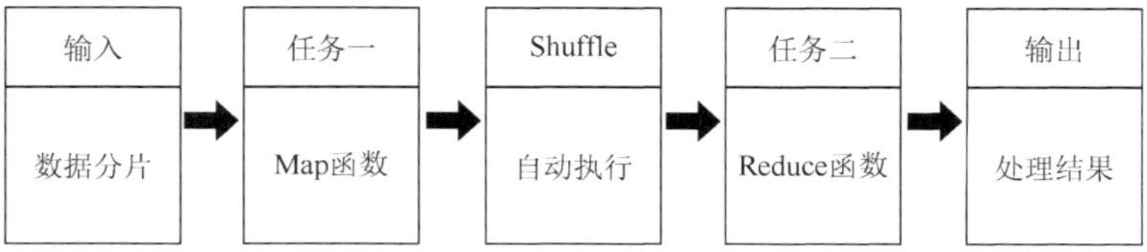

图 6-5　MapReduce 工作流程

2. 并行聚类

处理大数据需要大量的计算时间，因此可以并行计算在合理时间内获取结果。并行聚类对数据进行划分，并将数据分配于不同的机器上，从而提升单台机器聚类速度，增加了聚类算法的可扩展性。并行聚类算法的实现相对困难，但其优势很明显，即在执行过程中能够最大限度地确保编程人员的可操作性。其中，ParMETIS（Parallel METIS）算法是比较具有代表性的层次型并行聚类方法，该算法能够在确保聚类效果不损失的情况下，极大提升操作效率。

3. 高维聚类

处理维度极高的样本数据的聚类算法为高维聚类算法。高维数据主要带来以下两个方面的挑战：一方面是高维属性空间中无关属性会干扰聚类趋势；另一方面是高维会使数据之间的区分界限模糊。面对高维数据时，传统方法是先降维，但降维会不可避免地带来数据信息损失、降低聚类有效性。如果直接采用传统方法，可能难以在高维数据中找到聚类簇。因此，可以将数据集划分为若干个子空间，原高维空间为若干子空间的并集，这种方法称为子空间聚类，其中，CLIQUE 算法、利用结构相似性的优化递归聚类（optimized recursive clustering using structural similarity，ORCLUS）算法为代表性算法。除此之外，诸如能够有效发掘极高维度基因数据的双聚类方法、能够对数据点及其属性同时聚类的联合聚类技术等高维聚类技术，也是当前的研究热点。

6.3 聚类分析经典算法

6.3.1 *k*-均值聚类算法

1. *k*-均值聚类算法基本思想

k-均值聚类算法也称 *k*-means 聚类算法，是一种迭代求解的无监督学习算法，在 1967 年由 MacQueen 提出。*k*-均值聚类算法是聚类算法中最典型、最常见、使用度最广的一种基于划分的方法。该方法的基本思想是将每个数据对象分配给最靠近中心（均值）的类中。因此，*k*-均值聚类算法以距离作为相似性的评价指标，两对象之间距离越近相似度越大，若干距离靠近的对象组成簇，因此算法将得到紧凑且独立的簇作为最终目标。

2. *k*-均值聚类算法具体流程

第一步：导入一组具有 n 个对象的数据集，指定聚类数目 k 。首先应确定需生成的簇的数量。对于输入样本集 $\{x_1,x_2,\cdots,x_n\}$ ，*k*-均值聚类算法在初始阶段随机生成 k 个数据点作为初始质心（即一个簇的平均值或中心） $\{\mu_1,\mu_2,\cdots,\mu_k\}$ 。 k 值的确定既需要考虑最终的聚类效果，也要结合研究问题的现实需要，选值过大或过小都将失去聚类的意义。

第二步：从 n 个对象中随机取出 k 个初始聚类中心，即质心。质心是各簇内数据特征的典型代表，初始质点选定的合理性将直接影响聚类算法收敛的速度。常用的初始质心制定方法主要有三种：①经验选择法，即根据研究者的以往经验和知识背景，选择大致几类以及如何聚类；②随机选择法，即随机指定几个样本点作为初始聚类中心；③最大最小法，即先选择所有样本点中相距最远的两个点作为初始质心，再找到与已确定的质心距离最远点为第三个质心，以此类推，按照此原则选择其他质心。

第三步：根据欧几里得距离来判断相似度度量，确定每个对象应划分于哪一簇。依次计算每个数据对象到 k 个质心的距离，并依据距离最近的原则，将所有数据对象分派到距离最近的质心所在簇 $\{C_1,C_2,\cdots,C_k\}$ 中，形成 k 个簇。

第四步：重新计算并更新每个簇中对象的平均值，并将其作为新的聚类中心。依次计算各类中所有数据对象的均值，以均值点作为 k 个聚类的新质心。

第五步：计算准则函数 E 。准则函数 E 为数据库所有对象的平方误差的总和。k-均值聚类算法迭代的目的是使平方误差准则最小，因此以 E 作为终止聚类的条件。如果准则函数 E 在允许的误差范围内，终止聚类输出最终的聚类结果；如果没有满足终止条件，则需要重复第三步～第五步，直到准则函数 E 收敛为止。

对于 k-均值聚类算法，质心点 μ_i 及 E 计算公式如下，其中 N_i 为每个簇的样本数量：

$$\mu_i = \frac{1}{N_i}\sum_{x \in C_i} x$$

$$E = \sum_{j=1}^{k}\sum_{x \in C_i} | x_i - \mu_j |^2$$

接下来将通过例子演示 k-均值聚类算法的具体操作过程。

【例题 6-1】　已知某服装店 15 位会员顾客的购物次数（单位：次）分别为 15、16、17、19、20、20、21、22、28、35、40、43、44、60、65，请对会员按购物次数（一维空间）进行分组。

（1）令 $k = 2$。

（2）随机选取两个质心：$c_1 = 19$ 和 $c_2 = 22$。

（3）计算欧几里得距离：距离$_1 = \sqrt{(x_i - c_1)^2}$ ，距离$_2 = \sqrt{(x_i - c_2)^2}$ 。

（4）第一次迭代（见表 6-3）：$c_1 = 17.83$，$c_2 = 39.78$。

表 6-3　第一次迭代

序号	x_i	c_1	c_2	距离$_1$	距离$_2$	最近的簇	新的质心
1	15	19	22	4	7	1	17.83
2	16	19	22	3	6	1	
3	17	19	22	2	5	1	
4	19	19	22	0	3	1	
5	20	19	22	1	2	1	
6	20	19	22	1	2	1	
7	21	19	22	2	1	2	39.78
8	22	19	22	3	0	2	
9	28	19	22	9	6	2	
10	35	19	22	16	13	2	
11	40	19	22	21	18	2	
12	43	19	22	24	21	2	
13	44	19	22	25	22	2	
14	60	19	22	41	38	2	
15	65	19	22	46	43	2	

（5）第二次迭代（见表 6-4）：$c_1 = 19.78$，$c_2 = 47.83$。

表 6-4 第二次迭代

序号	x_i	c_1	c_2	距离$_1$	距离$_2$	最近的簇	新的质心
1	15	17.83	39.78	2.83	24.78	1	19.78
2	16	17.83	39.78	1.83	23.78	1	
3	17	17.83	39.78	0.83	22.78	1	
4	19	17.83	39.78	1.17	20.78	1	
5	20	17.83	39.78	2.17	19.78	1	
6	20	17.83	39.78	2.17	19.78	1	
7	21	17.83	39.78	3.17	18.78	1	
8	22	17.83	39.78	4.17	17.78	1	
9	28	17.83	39.78	10.17	11.78	1	
10	35	17.83	39.78	17.17	4.78	2	47.83
11	40	17.83	39.78	22.17	0.22	2	
12	43	17.83	39.78	25.17	3.22	2	
13	44	17.83	39.78	26.17	4.22	2	
14	60	17.83	39.78	42.17	20.22	2	
15	65	17.83	39.78	47.17	25.22	2	

（6）第三次迭代（见表 6-5）：$c_1 = 19.78$，$c_2 = 47.83$。

表 6-5 第三次迭代

序号	x_i	c_1	c_2	距离$_1$	距离$_2$	最近的簇	新的质心
1	15	19.78	47.83	4.78	32.83	1	19.78
2	16	19.78	47.83	3.78	31.83	1	
3	17	19.78	47.83	2.78	30.83	1	
4	19	19.78	47.83	0.78	28.83	1	
5	20	19.78	47.83	0.22	27.83	1	
6	20	19.78	47.83	0.22	27.83	1	
7	21	19.78	47.83	1.22	26.83	1	
8	22	19.78	47.83	2.22	25.83	1	
9	28	19.78	47.83	8.22	19.83	1	
10	35	19.78	47.83	15.22	12.83	2	47.83
11	40	19.78	47.83	20.22	7.83	2	
12	43	19.78	47.83	23.22	4.83	2	
13	44	19.78	47.83	24.22	3.83	2	
14	60	19.78	47.83	40.22	12.17	2	
15	65	19.78	47.83	45.22	17.17	2	

经过第三次迭代后，新的质心计算结果不再发生变化，第二次迭代与第三次迭代结果相同，输出的两个簇结果为，聚类 1 为 15～28 次，聚类 2 为 35～65 次。初始质心的选择会影响输出的簇，因此 *k*-均值聚类经常以不同的起始条件多次运行，以获取更好的聚类结果。

3. *k*-均值聚类算法的优缺点

k-均值聚类算法作为最经典的划分聚类方法，具有明显的优缺点。

1）*k*-均值聚类算法的优点

（1）该算法简单、快速，在众多领域得到了广泛的应用。

（2）对低维数据的聚类效果较好。面对同样的数据量，当维度越高时，数据矩阵越稀疏，*k*-均值聚类算法对稀疏矩阵数据的聚类效果不佳。

（3）该算法试图找出平方误差函数值最小的聚类结果。当簇密集、簇之间差别明显时效果较好。

（4）对大数据集具有较好的可伸缩性和高效率。*k*-均值聚类算法的复杂度是 $O(nkt)$，式中，n 表示所有对象的数量，k 表示簇的数量，t 表示迭代次数。通常来说，$k \ll n$，且 $t \ll n$，该算法常以局部最优结束。

2）*k*-均值聚类算法的缺点

（1）该算法必须事先定义簇的平均值，不适用于涉及有分类属性的数据。

（2）需要给出要生成的簇的数量 k。*k*-均值聚类算法对初始值敏感，不同的初始值可能导致不同的聚类结果，容易陷入局部最优。

（3）对簇的结构有要求。当簇为非凸结构时，输出的聚类结果较差。

4. *k*-均值聚类算法的拓展

如何进一步发挥 *k*-均值聚类算法的优势、弥补算法存在的缺陷，成为人们讨论和研究的重点。目前，基于 *k*-均值聚类算法已提出了许多优秀的改进算法，具体如下。

1）*k*-modes 算法

该算法保留了 *k*-均值聚类算法快速聚类的优势，并且将其应用范围拓展到其不擅长处理的离散数据中。*k*-modes 算法主要针对 *k*-均值聚类算法中分类属性的度量和更新质心的问题而改进。

2）*k*-prototype 算法

该算法结合了 *k*-均值与 *k*-modes 算法，能够对离散数据和数值型两种混合的数据进行聚类，主要通过定义一个离散和数值属性都计算的相异性度量标准解决混合数据的问题。

3）*k*-中心点算法

该算法主要解决的是 *k*-均值聚类算法对于孤立点敏感的问题。*k*-中心点算法放弃了 *k*-均值聚类算法以平均值为参照点的思路，选用位于簇内最中心的对象，即中心点为参照点。但 *k*-中心点算法依然基于最小化所有数据点与参照点的相异度之和为终止迭代的条件。

5. 基于 R 语言的 *k*-均值聚类算法示例

在算法示例部分，将使用 Rstudio 运行一次简单的 *k*-均值聚类分析的例子。使用 R 语言做 *k*-均值比较常用的函数为 kmeans 函数，使用的数据为经典的鸢尾花数据集。鸢尾花数据集一共包含3个品种鸢尾花（setosa、versicolour、virginica）的150条数据，每一品种数据各50条。由于各品种拥有不同的特征，可以通过花萼长度（sepal length）、花萼宽度（sepal width）、花瓣长度（petal length）、花瓣宽度（petal width）预测鸢尾花属于哪一品种。鸢尾花数据集的部分数据如表6-6所示。

表6-6 鸢尾花数据集（部分）

品种	sepal.length	sepal.width	petal.length	petal.width
1_setosa	5.1	3.5	1.4	0.2
2_setosa	4.9	3	1.4	0.2
3_setosa	4.7	3.2	1.3	0.2
4_setosa	4.6	3.1	1.5	0.2
5_setosa	5	3.6	1.4	0.2
6_setosa	5.4	3.9	1.7	0.4
7_setosa	4.6	3.4	1.4	0.3
8_setosa	5	3.4	1.5	0.2
9_setosa	4.4	2.9	1.4	0.2
10_setosa	4.9	3.1	1.5	0.1
51_versicolor	7	3.2	4.7	1.4
52_versicolor	6.4	3.2	4.5	1.5
53_versicolor	6.9	3.1	4.9	1.5
54_versicolor	5.5	2.3	4	1.3
55_versicolor	6.5	2.8	4.6	1.5
56_versicolor	5.7	2.8	4.5	1.3
57_versicolor	6.3	3.3	4.7	1.6
58_versicolor	4.9	2.4	3.3	1
59_versicolor	6.6	2.9	4.6	1.3
60_versicolor	5.2	2.7	3.9	1.4
101_virginica	6.3	3.3	6	2.5
102_virginica	5.8	2.7	5.1	1.9
103_virginica	7.1	3	5.9	2.1
104_virginica	6.3	2.9	5.6	1.8
105_virginica	6.5	3	5.8	2.2
106_virginica	7.6	3	6.6	2.1
107_virginica	4.9	2.5	4.5	1.7
108_virginica	7.3	2.9	6.3	1.8
109_virginica	6.7	2.5	5.8	1.8
110_virginica	7.2	3.6	6.1	2.5

步骤一：对需要聚类的数据集进行预处理。将数据集另存为 csv 格式，例如，在本次示例中，将原本的 Excel 文件转存为 csv 文件，并命名为“Iris_kmeans”，再将该文件放置于 Rstudio 启动目录中的同一文件夹。获取 Rstudio 的启动目录可以使用 getwd 函数。

```
>getwd()
[1]"C:/Users/l"
```

将文件“Iris_kmeans”移动到“C：/Users/l”中并读取文件。

```
>irisforkmeans<-read.csv(file="Iris_kmeans.csv",header=TRUE,
row.names=1)
```

读取文件中的数据使用 read.csv 函数，其中 file 后输入需要读取的 csv 文件名称：header。

如果数据有表头则输入“TRUE”，无表头则输入“FALSE”，row.names 指定行的名称。本示例中读取 Iris_kmeans.csv 文件，数据集有表头，并且以第一列为行名，最后赋值于“irisforkmeans”，这一名称可以根据需要自命名。

```
>head(irisforkmeans)
            sepal.length sepal.width petal.length petal.width
1_setosa        5.1          3.5          1.4          0.2
2_setosa        4.9          3.0          1.4          0.2
3_setosa        4.7          3.2          1.3          0.2
4_setosa        4.6          3.1          1.5          0.2
5_setosa        5.0          3.6          1.4          0.2
6_setosa        5.4          3.9          1.7          0.4
>dim(irisforkmeans)
[1]150   4
```

通过 head 和 dim 函数返回的结果，即数据的前 6 行及其维度，可见数据集已正确导入。

步骤二：确定聚类数 k。使用 Rstudio 自带的 k-means 函数聚类。首先确定需要的聚类数 k。由于在本示例中，已知鸢尾花品种有三类，k 为 3，当 k 值未知时，可以使用肘方法（elbow method）以确定最佳聚类数。

```
>fviz_nbclust(irisforkmeans,kmeans,method="wss")
```

使用 NbClust( )函数来验证肘值以确定最佳聚类数，fviz_nbclust（原数据集赋值名称，聚类方法，method = 采用“wss”方法），输出 wss 曲线如图 6-6 所示。可见曲线中拐点的位置在 3 左右，3 为适当的簇数指标。

步骤三：进行 k-均值聚类。

```
>irisforkmeans2<-kmeans(irisforkmeans,centers=3,nstart=50)
```

使用 kmeans 函数，函数表达式含义为 k-means（初始数据集赋值的名称，centers = 聚类数 k，nstart = 选择随机起始中心点的尝试次数）。其中 nstart 默认值为 1，建议选用较大的数值以获得稳定的结果，如 25 或 50，本示例中选择 50。最后将聚类结果赋值于 irisforkmeans2。

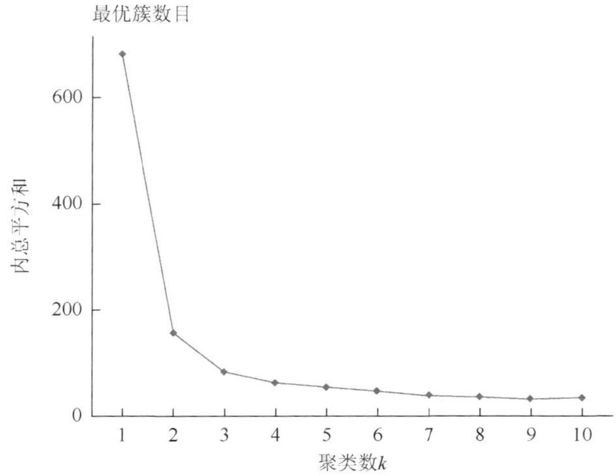

图 6-6 wss 曲线

步骤四：输出 k-均值聚类结果。kmeans 函数会输出“cluster”“centers”“totss”“withinss”“tot.withinss”“betweenss”“size”“iter”“ifault”9 个结果，其中最常用的属性为“cluster”，用于存储各观测所属的类别编号，“size”为各类别包含的样本量。

```
>names(irisforkmeans2)
[1]"cluster"      "centers"        "totss"
[4]"withinss"     "tot.withinss"  "betweenss"
[7]"size"          "iter"            "ifault"
>irisforkmeans2$cluster
1_setosa        2_setosa        3_setosa
        1               1               1
49_setosa       50_setosa  51_versicolor
        1               1               3
52_versicolor  53_versicolor  54_versicolor
        3               2               3
103_virginica 104_virginica 105_virginica
        2               2               2
106_virginica 107_virginica 108_virginica
        2               3               2
148_virginica 149_virginica 150_virginica
        2               2               3
>irisforkmeans2$size
[1]50 38 62
```

可以使用“$”引用符号展示聚类结果。例如，irisforkmeans2$cluster，可展示 150 个样本各自分属为哪一类别，例如，样本“3_setosa”属于簇 1，“53_versicolor”属于簇 2。

由于篇幅限制，本示例只展示了其中 18 个样本，在 Rstudio 中会完整展示全部样本各自的类别。类别数量方面，第一个品种的聚类效果较好，簇 1 样本数为 50，另外两个品种聚类结果有混淆，簇 2 样本数为 38，簇 3 样本数为 62。

步骤五：*k*-均值结果可视化。可视化聚类结果需要调用 factoextra 包，如果未安装可以在 Rstudio 中输入 install.packages(“factoextra”)自动安装。安装成功后，使用 library( ) 函数调用 factoextra 包。然后使用 fviz_cluster 函数进行 *k*-均值聚类结果的可视化。fviz_cluster(object = 聚类结果赋值名称, data = 原数据文件名称)。

```
>library(factoextra)
>fviz_cluster(object=irisforkmeans2,data=irisforkmeans)
```

运行结束后，可输出 *k*-均值聚类图，如图 6-7 所示。

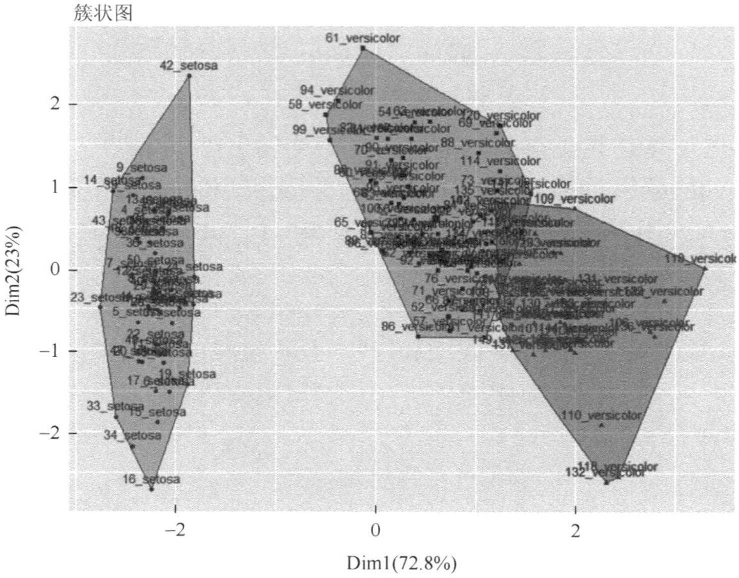

图 6-7　鸢尾花 *k*-均值聚类图

6.3.2　凝聚层次聚类算法

1. *凝聚层次聚类算法基本思想*

k-均值聚类算法能够划分互斥的组群，但是某些情况下，数据需要划分成不同层次的组群，利用层次结构可视化并汇总数据对象是非常有用的。例如，在企业管理中，层次聚类能够揭示某企业中员工收入的分层结构；在进化研究中，可以按照动物的生物学特征进行分组并发现进化路径，揭示物种的分层结构；在战略游戏中，可以利用层次方法进行布局聚类，帮助开发用于训练骑手的游戏战略。凝聚层次聚类是层次聚类算法中常用到的方法，采用自底而上的聚合策略。凝聚方法将每个数据对象以自身为簇，迭代地合并成越来越大的簇，直至所有对象都归属于同一簇中，或者满足某一终止条件。

2. 凝聚层次聚类算法具体流程

步骤一：将每个对象当成一个初始簇。当有 k 个数据对象时，可得初始簇 $\{C_1, C_2, \cdots, C_k\}$。

步骤二：计算两个簇之间的距离，找到距离最小的两个簇。对于凝聚和分裂层次聚类来说，两个簇之间的距离都是核心问题。有四种广泛采用的簇间距离度量方法，其中，$|p-p'|$ 是两个点 p 与 p' 之间的距离，m_i 是簇 C_i 的均值，n_i 是簇 C_i 中对象的数量。

1）最近距离

最近距离也称单链距离（single linkage），计算方法为将两个簇的数据点中距离最近的点间距离作为两个簇之间的距离，但是这种方法容易受到极端值的影响，如图 6-8 所示，距离公式如下。

$$\text{dist}_{\min}(C_i, C_j) = \min_{p \in C_i, p' \in C_j} \{|p-p'|\}$$

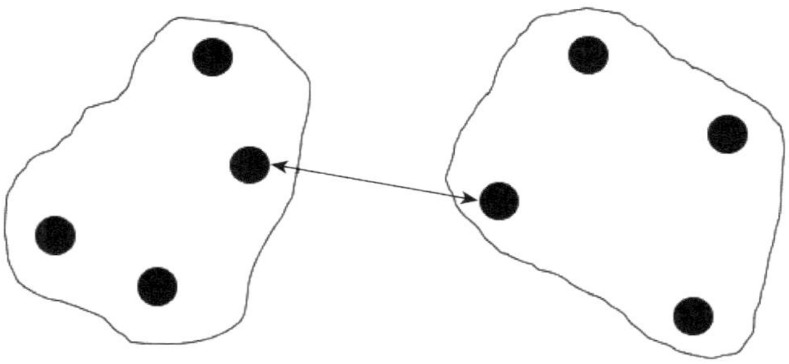

图 6-8　基于最近距离的集合相似性

2）最远距离

最远距离也称全链距离（complete linkage），与最近距离相反，它将两个簇的数据点中距离最远的点间距离作为两个簇之间的距离，如图 6-9 所示，距离公式如下。

$$\text{dist}_{\max}(C_i, C_j) = \max_{p \in C_i, p' \in C_j} \{|p-p'|\}$$

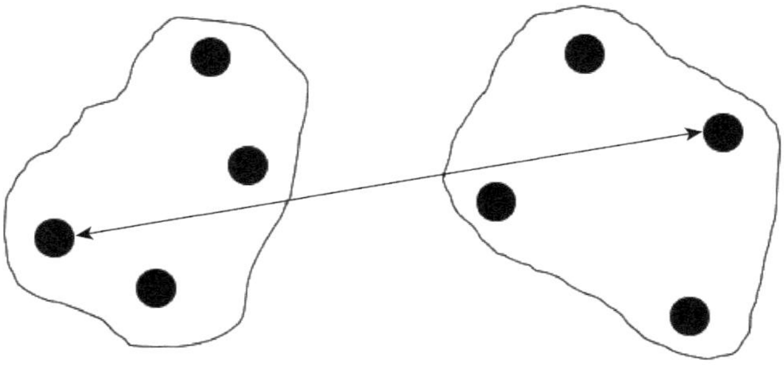

图 6-9　基于最远距离的集合相似性

3）均值距离

均值距离是不同数据集的平均值之间的距离。最近距离和最远距离度量对离群点和噪声数据非常敏感，因此拓展出了均值距离和平均距离度量，解决对极端值过分敏感的问题。虽然这两个度量结果更为合理，但计算量比较大，距离公式如下。

$$\text{dist}_{\text{mean}}(C_i, C_j) = |m_i - m_j|$$

4）平均距离

平均距离是由两个簇中所有样本共同决定的，计算两个簇的数据点中任何一点到另一簇中所有点的距离，再求平均值作为两个簇之间的距离，如图 6-10 所示，距离公式如下。

$$\text{dist}_{\text{avg}}(C_i, C_j) = \frac{1}{n_i n_j} \sum_{p \in C_i, p' \in C_j} |p - p'|$$

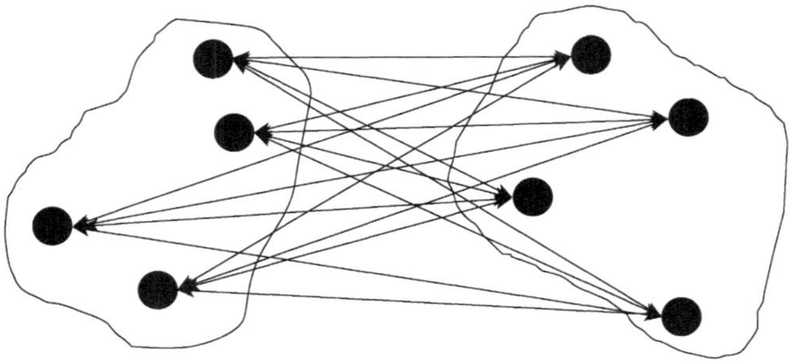

图 6-10　基于平均距离的集合相似性

步骤三：合并两个簇，生成新的簇的集合。例如，如果簇 C_1 中的一个对象与簇 C_2 中的一个对象之间的距离小于所有属于不同簇的对象间的欧几里得距离，那么 C_1 和 C_2 可能被合并。

步骤四：重复步骤一至步骤三，直到达到聚类数量或终止条件。当所有初始簇 $\{C_1, C_2, \cdots, C_k\}$ 全部聚为一类时，聚类终止。

3. 凝聚层次聚类算法的特点

凝聚层次聚类算法具有一些独特的优势，其优缺点汇总如表 6-7 所示。

表 6-7　凝聚层次聚类算法优缺点汇总

优点	缺点
在噪声敏感性方面，凝聚层次聚类算法能够有效解决噪声，对极端值敏感度较低	在数据处理效率方面，簇间距离计算量大，计算速度较慢、聚类效率较低
在聚类数量方面，不需要预先确定聚类数量	在簇的结构方面，无法对非凸聚类进行准确的分析
在相似度定义方面，基于距离的相似度容易定义，限制较少	在应用条件方面，无法适用于较大的数据集
在数据结构方面，能够发现数据的层次关系，有利于可视化	

4. 基于 R 语言的凝聚层次聚类算法示例

在层次聚类的 R 语言实现示例中，将使用 2020 年 31 个省（自治区、直辖市，不包括港、澳、台）的居民主要食品人均消费量进行聚类，全体居民主要食品人均消费情况

（部分）如表 6-8 所示（数据来源为中华人民共和国国家统计局官网 www.stats.gov.cn）。以此为原始数据，使用凝聚层次聚类算法对我国各地区的居民主要食品消费量进行分析，从综合视角分析哪些地区的消费量在同一层次，实现一次简单的凝聚层次聚类分析流程。

表 6-8 2020 年全体居民主要食品人均消费量

省（区、市）	粮食消费量/kg	蔬菜及食用菌消费量/kg	肉类消费量/kg	奶类消费量/kg
北京市	107.2	122.7	27.3	30.1
天津市	111.1	117.2	23.8	16.8
河北省	161.8	108.3	20.6	14.5
山西省	159.3	98.9	14.7	17.9
内蒙古自治区	173.1	100.9	31.9	24.8
辽宁省	145.9	117.1	25.1	17.7
吉林省	157.5	105.6	20.6	11.6
黑龙江省	167.1	108	22.2	10.6
上海市	111.4	105.3	29.1	23.1
江苏省	122.1	104.5	25	15.4
浙江省	137.3	96.9	26.3	14.7
安徽省	148.3	104.8	24.1	11.3
福建省	124.4	89.6	24.6	11.7
江西省	154	105.5	29.7	11.2
山东省	124	95.9	18.6	17.6
河南省	150.9	94.1	15.9	13.5
湖北省	132.9	126.8	25.2	7.7
湖南省	157.2	104.5	27.1	7.4
广东省	128.2	113	33.6	9.6
广西壮族自治区	141.8	89.7	24.4	5.6
海南省	107.7	99.4	21.2	4.9
重庆市	149.5	130.3	35.3	14
四川省	146.9	119.6	33.6	10
贵州省	119.3	79.4	24.7	5.1
云南省	139.1	90	28.8	6.2
西藏自治区	193.6	55.7	30.4	8.5
陕西省	142.3	90	15.2	14.7
甘肃省	159	82.5	17.6	15.7
青海省	112	58.4	23.8	16.7
宁夏回族自治区	115.6	88.8	16.3	13.5
新疆维吾尔自治区	156	106.2	23.7	18.7

步骤一：对需要聚类的数据集进行预处理。将文件储存为 csv 格式，并存于 Rstudio 运行目录下，便于程序直接查找。在本示例中，将原始数据命名为“consumption_data”，在 Rstudio 中读取文件。

```
>data1<-read.csv(file="consumption_data.csv",header=TRUE,row.
names=1)
```

使用 read.csv 函数读取原始数据文件，read.csv(file = “原始数据文件名称”, header = 数据是否有表头(TRUE or FALSE)，row.names = 指定行名称)。将原始数据文件赋值为“data1”。根据 head 和 dim 函数返回的结果，即数据的前 6 行及其维度，可见数据集已正确导入。

```
>head(data1)
             粮食     蔬菜及食用菌  肉类    奶类
北京市       107.2       122.7      27.3    30.1
天津市       111.1       117.2      23.8    16.8
河北省       161.8       108.3      20.6    14.5
山西省       159.3       98.9       14.7    17.9
内蒙古自治区 173.1       100.9      31.9    24.8
辽宁省       145.9       117.1      25.1    17.7
>dim(data1)
[1] 31  4
```

步骤二：层次聚类分析，并输出结果。使用 hclust 函数，hclust(dist，method)，其中 dist 为第一步计算出来的距离；method 为选用的聚类方法，有“single”(最短距离法)、“complete”(最长距离法)、“median”(中间距离法)、“mcquitty”(相似法)、“average”(类平均法)、“centroid”(重心法)和“ward”(离差平方和法)。

```
>data2<-hclust(dist(data1),method="average")
```

hclust 函数中，选择对 data1 样本进行聚类，选择的层次聚类方法类为平均法，并将所得聚类结果赋值于 data2。

步骤三：层次聚类结果可视化。层次聚类树状图呈现需要用到 ggdendro 包，可以在 Rstudio 中输入 install.packages(“ggdendro”）安装，安装结束后利用 library( )调用此包。

```
>install.packages("ggdendro")
>library(ggdendro)
```

可视化需要将层次聚类分析结果数据进行格式转化，使用到的函数为 dendro_data(聚类结果赋值名称, type = “树状图形状”)。在本示例中，层次聚类结果赋值于 data2，绘制的树状图形状为矩形，并将转化结果赋值于 data3。可视化作图需要提出 data3 中的子数据，因此采用引用符号$提取 data3 中的线段与标签。将从 data3 中提取的线段赋值为 data4，提取的标签（即树状图的叶子）赋值为 data5。

```
>data3<-dendro_data(data2,type="rectangle")
>data4<-data3$segments
>data5<-data3$labels
```

使用 ggplot2 作图，分为绘制树状图曲线与赋予各分支标签两个步骤。在绘制曲线步骤，需要用到函数 geom_segment(data = 所用样本数据名称, aes(x = 起点位置横坐标, y = 起点位置纵坐标, xend = 终点位置横坐标, yend = 终点位置纵坐标))；在标记分支标签步骤，需要使用到函数 geom_text，该函数可以调整标签的字体大小、背景、颜色、重叠度、角度等。

```
>ggplot()+
+geom_segment(data=data4,aes(x=x,y=y,xend=xend,yend=yend))+
geom_text(data=data5,aes(x=x,y=y,label=label),angle=30,size=4,
check_overlap=TRUE)
```

设置标签倾斜角度为 30°，字号为 4，设置标签不重叠。最终输入层次聚类树状图如图 6-11 所示。

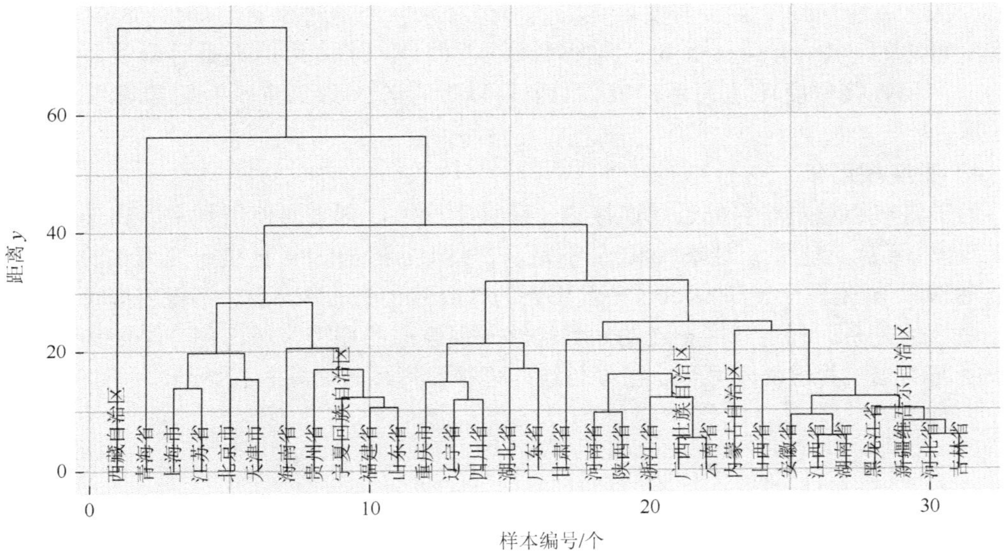

图 6-11 2020 年 31 个省（自治区、直辖市）居民主要食品人均消费量层次聚类树状图

6.3.3 DBSCAN 聚类算法

1. DBSCAN 聚类算法基本思想

通过以上两个经典算法的学习，我们可以看到层次聚类一定程度上弥补了 k-均值聚类算法的缺陷，但两个算法都无法解决非凸簇结构条件下的聚类。因此，基于密度的聚类算法得以推广。此类算法能够通过样本分布的紧密程度确定聚类结构，其中，DBSCAN 算法是最经典的算法之一。DBSCAN 算法是一种基于高密度连通区域的、基于密度的聚类方法，其基本思想是以密度可达关系导出可得的最大密度相连样本集合。也就是说，对于一个簇中的每一个对象，在给定半径的邻域中，其包含的对象不能少于某一给定的

最小数目（即阈值）。该算法将具有足够高密度的区域作为距离中心，并不断生长该区域，将密度足够高的相邻区域连接起来。此外，该算法能够在有噪声的空间数据库中发现任意形状的簇，有效处理异常数据。为了进一步理解 DBSCAN 算法的原理，需要掌握一些相关概念来帮助理解。

1）ε-邻域

给定对象半径 ε 内的区域称为该对象的 ε-邻域，邻域的大小由 ε 决定。

2）核心对象

一个 ε-邻域至少包含最小数目 MinPts 个对象的对象称为核心对象。

3）密度可达

聚类的任务是使用核心对象和它们的邻域形成稠密区域，也就是簇。此时需要引入直接密度可达的概念。给定一个对象集合 D，有对象 p 在核心对象 q 的 ε-邻域内，如果存在一个对象链 p_1，p_2，…，p_n，使得 $p_1=q$，$p_n=p$，并且对于 $p_i \in D(1 \leqslant i \leqslant n)$，$p_{i+1}$ 是从 p_i 关于 ε 和 MinPts 直接密度可达的，那么对象 p 是从对象 q（关于 ε 和 MinPts）直接密度可达的（density-reachable）。但需要注意的是，密度可达不是等价关系，是非对称的。使用直接密度可达关系，核心对象可以把它的 ε-邻域中所有对象都带入一个稠密区域。

4）密度相连

为了将核心对象与它的近邻连接成一个稠密区域，则需要使用到密度相连的概念。如果对象 $q \in D$，能够让对象 p_1 和 p_2 都是从 q 关于 ε 和 MinPts 直接密度可达的，那么对象 p_1 和对象 p_2 是关于 ε 和 MinPts 密度相连的（density-connected）。不像密度可达，密度相连是等价关系。利用密度相连的闭集能够发现连通的稠密区域，每一个闭集都是一个基于密度的簇。关于密度可达、密度相连的可视化解释，如图 6-12 所示。

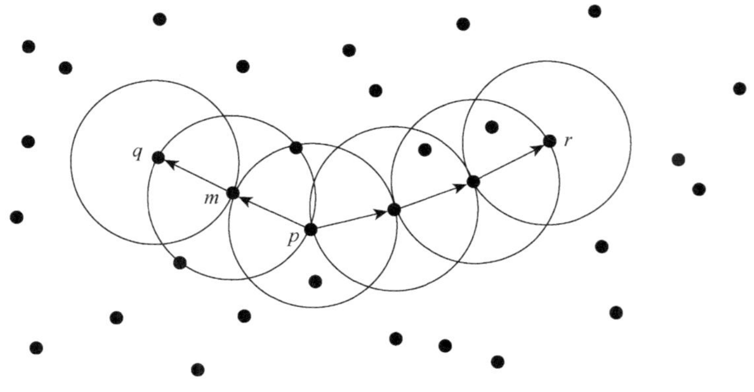

图 6-12　基于密度聚类的密度可达与密度相连的可视化解释

对于给定圆的半径为 ε，当邻域内 $\text{MinPts}=3$ 时，在图 6-12 被标记的点中，m、p、r 都是核心对象，因为在它们各自的邻域内至少包含 3 个对象。其中，对象 q 是从 m 直接密度可达的；对象 m 是从 p 直接密度可达的，反之亦然；对象 q 是从 p（间接）密度可达的，但对象 p 不是从 q 密度可达，因为对象 q 不是核心对象。同样的思路，对象 r 和 q 是从 p 密度可达的，对象 p 是从 r 密度可达的，因此，p 、r 、q 都是密度相连的。

2. DBSCAN 算法具体流程

第一步：确定核心对象，并生成簇。DBSCAN 算法是通过检查每个点的邻域来搜索簇。起初，给定数据集 D 中所有对象都被标记为“unvisited”。算法随机选择一个未访问对象 p，标记为“visited”并检查 p 的 ε-邻域是否包含 MinPts 个对象。如果不是，则标记 p 为噪声点。否则为 p 创建一个新的簇 C，并且把 p 的 ε-邻域中的所有对象都放到候选集合 N 中。

第二步：遍历集合中其他的点，合并簇。算法迭代地将 N 中不属于其他簇的对象添加到 C 中。在此过程中，对于 N 中标记为“unvisited”的对象 p'，DBSCAN 算法把它标记为“visited”，并检查它的 ε-邻域。如果 p' 的 ε-邻域中至少有 MinPts 个对象，则 p' 的 ε-邻域中的对象都被添加到 N 中。

第三步：当没有新的点添加到任何簇时，算法结束。算法继续添加对象到 C 中，直到 C 不能再扩展，即直到 N 为空。此时，簇 C 完全生成，输出最终结果。

值得注意的是，DBSCAN 算法需要三个输入数据，即数据集 D 、邻域半径 Eps 和给定点在邻域内成为核心对象的最小邻域点数 MinPts 。Eps 与 MinPts 需要根据现实情况人为设定。参数的选择直接影响着后续的聚类结果，如果参数设置过小，许多数据无法形成聚类，如果参数设置过大，大部分数据将归并到同一簇中，这一部分将在 R 语言示例部分详细说明。参数的设置通常依赖于经验，但是当数据密度相差较大和类间距离分布不均匀时，很难选取一个合适的值来进行聚类。此时可以选择绘制降序 k-距离图的可视化方法来确定 Eps 值。

3. DBSCAN 算法的特点

除了基于密度的聚类方法的共同优缺点，DBSCAN 算法还有一些独特的方面总结如下。

1）DBSCAN 算法的优点

（1）与 k-均值聚类算法相比，DBSCAN 算法不需要提前设定要形成的簇的数量，可以自适应地输入聚类结果。

（2）能够发现任意形状、大小的簇。

（3）聚类结果对异常数据不敏感，能够有效识别出噪声点。

（4）对数据样本的输入顺序不敏感，得到的结果与数据输入算法的顺序无关。

2）DBSCAN 算法的缺点

（1）对参数 Eps 和 MinPts 非常敏感，确定这两个参数有一定难度。

（2）当数据量非常大时，需要大量的内存支持，I/O 消耗大，算法效率较低、收敛时间较长。

（3）DBSCAN 算法不能很好地反映高维数据，以及数据集变化的密度。

4. 基于 R 语言的 DBSCAN 算法示例

使用 R 语言实现 DBSCAN 算法也比较简单易上手。在本示例中，依然选择经典的鸢尾花数据集对数据进行聚类分析。基于操作过程和输出的可视化聚类图，可以看到 *k*-均值聚类算法与 DBSCAN 算法有各自的特点。

步骤一：对需要聚类的数据进行预处理与导入。Rstudio 识别 csv 格式的文档，因此在本示例中，将原数据文档命名为“Iris_dbscan”。使用 read.csv 函数，将原数据集导入 Rstudio 中，并赋值于 df1。通过 head 函数和 dim 函数有助于用户检查导入数据是否成功、是否正确。read.csv 函数、head 函数和 dim 函数的使用说明详见 6.3.1 节中 *k*-均值聚类算法的 R 语言实现部分。

```
>df1<-read.csv(file="Iris_dbscan.csv",header=TRUE,row.names=1)
>head(irisforkmeans)
           sepal.length sepal.width petal.length petal.width
1_setosa        5.1          3.5          1.4          0.2
2_setosa        4.9          3.0          1.4          0.2
3_setosa        4.7          3.2          1.3          0.2
4_setosa        4.6          3.1          1.5          0.2
5_setosa        5.0          3.6          1.4          0.2
6_setosa        5.4          3.9          1.7          0.4
>dim(irisforkmeans)
[1]150   4
```

步骤二：进行聚类分析并可视化。使用 DBSCAN 算法需要调用 fpc 包中的 dbscan 函数。如果未安装需要先使用 install.packages(“需下载包的名称”)，如果已下载可以直接越过安装步骤，利用 library( )函数调用 fpc 包。

```
>install.packages("fpc")
>library(fpc)
>df2<-dbscan(df1,eps=0.5,MinPts=5)
>fviz_cluster(object=df2,data=df1,geom="point")
```

在聚类分析中，使用 dbscan 函数。dbscan(需聚类的数据集赋值名称, eps = 邻域半径值, MinPts = 邻域内最小对象数(默认值为 5), scale = 数据是否标准(默认值为否), method = 数据计算方法(有三种方式, “dist”将数据视为距离矩阵, 运算速度快但对内存要求高; “raw”以原始数据计算，节省内存但速度较慢; “hybrid” 使用原始数据并使用部分距离矩阵, 在中等内存需求下运算较快), seeds = 是否包含指定向量(默认值为是), showplot = 是否输出聚类图(默认值为否), countmode = 报告进度的点或向量(默认值为 NULL))。

在本示例中，需要聚类的原数据集赋值于 df1，参数设定为 eps = 0.5，MinPts = 5，其余参数保持默认值，并将聚类结果赋值于 df2。随后，利用 factoextra 包中的 fviz_cluster 函数对 DBSCAN 算法的聚类结果进行可视化，fviz_cluster (object = 聚类结果赋值名称, data = 原数据文件名称, geom = “用于可视化的对象格式呈现(有三种格式, “point” 只显示点; "text" 只显示标签; C 为点和标签两种都显示))。运行结束后，可输出鸢尾花数据集的两个聚类，得到基于 DBSCAN 算法的聚类图，如图 6-13 所示。

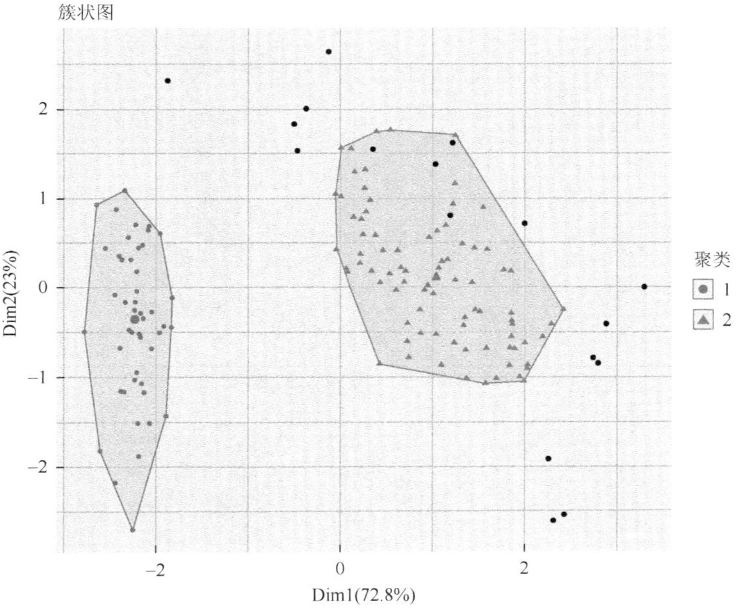

图 6-13 基于 DBSCAN 算法的鸢尾花数据集聚类图

DBSCAN 算法输出的结果受参数 Eps 、MinPts 的影响非常大。不同的参数会带来聚类簇不同的数量和形状，如表 6-9 所示。当参数 Eps 值越大时，邻域半径越大，产生的簇越可能包含更多的数据点，当 Eps 值足够大时，可能导致大多数点都划分于同一簇中；相反，如果 Eps 值过小，会导致分裂的簇过多，簇过小。当参数 MinPts 值过大时，会导致同一个簇中点被标记为离群点；当 MinPts 值过小时，会导致大量的核心点出现。

表 6-9 不同参数值下的 DBSCAN 算法可视化聚类结果输出

聚类	Eps 值	MinPts 值	聚类簇数量	DBSCAN 聚类可视化
聚类结果 1	0.5	5	2	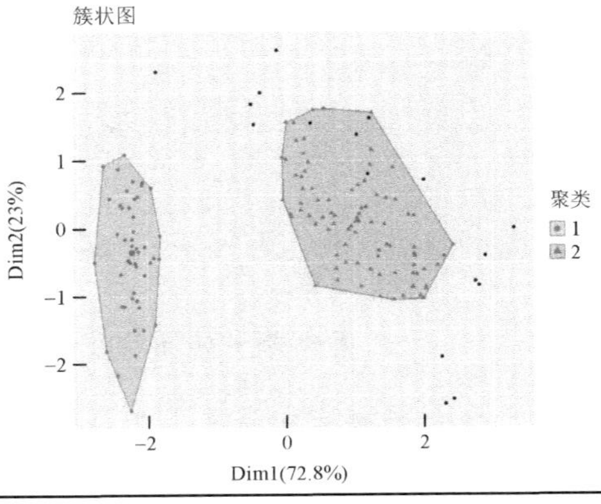

续表

聚类	Eps 值	MinPts 值	聚类簇数量	DBSCAN 聚类可视化
聚类结果 2	0.5	3	4	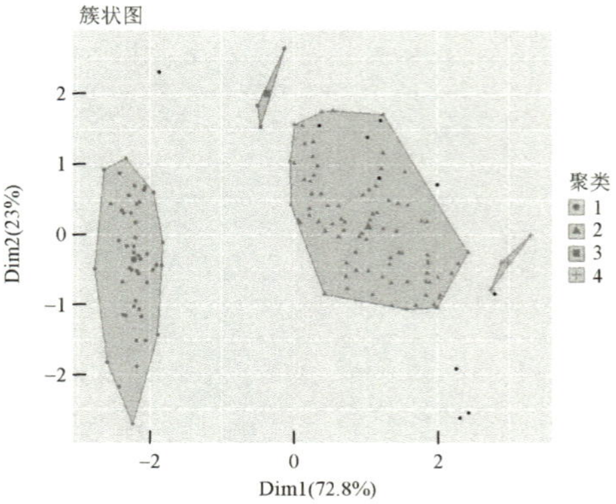
聚类结果 3	0.5	4	3	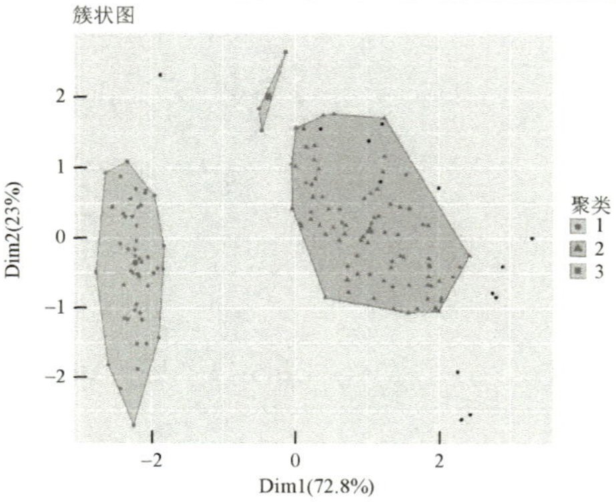
聚类结果 4	0.4	4	4	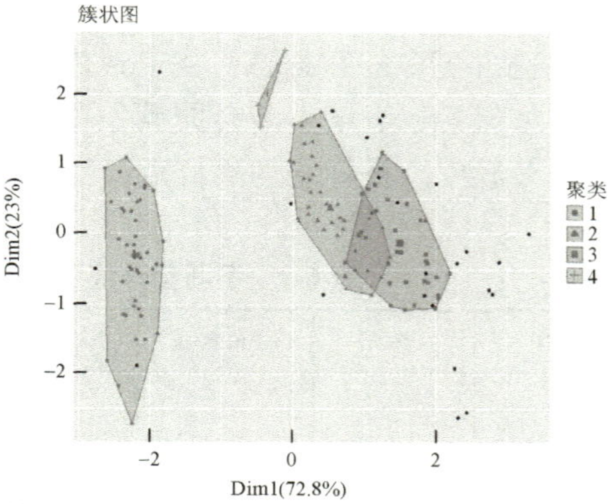

本章综合案例

突发公共卫生事件中多主体参与的社交网络群体聚类模型

近几年大规模突发公共卫生事件对人类的生命健康和社会经济发展造成了重要影响。在突发公共事件发生时，社交网络不仅为公众提供了获取有关疾病信息的平台，还使他们可以分享有关疾病的观点和经验，在突发公共卫生事件中对信息的传播和引导起着重要作用。在社交网络中参与新冠疫情话题的主体能够划分为 4 种类型，分别是政府官微、主流媒体、意见领袖和普通网民。通过 k-均值聚类算法能够对用户群体进行聚类，调查不同类型的参与主体在突发公共卫生事件信息传播中的作用。

首先采集并处理数据。选取新浪微博 2019 年 12 月 31 日到 2020 年 2 月 18 日#新型冠状病毒肺炎#下的热点话题作为数据源。数据字段主要包括用户昵称、ID 号码、点赞、转发及评论的内容、时间和工具端等，共采集到原始数据 213371 条，经处理后最终得到有效数据 200980 条。

然后输出聚类结果。通过 Canopy 算法对数据集进行“粗”聚类，得到 k-均值聚类的初始值 $k=3$。改变 k 值得到 SSE 与 k 值曲线，当曲线出现拐点时该点对应的 k 值即是合适的聚类簇数，如图 6-14 所示。当 $k=4$ 时出现拐点，即最终聚类结果将数据集划分成 4 个簇。

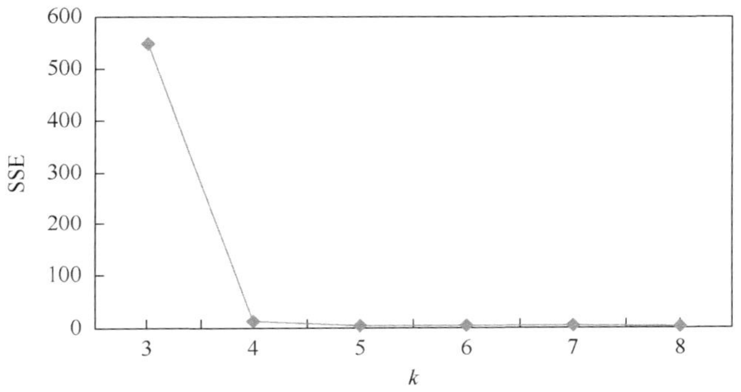

图 6-14　SSE 变化曲线

利用 k-均值聚类算法能够在社交网络群体聚类的传播网络中，发现各类型参与主体在网络中的作用。图 6-15 是聚类前的整体传播网络，节点代表参与主体，节点间的线代表主体间的关系。其中，图中左上带标签的节点代表主流媒体，图中右上带标签的节点代表政府官微，右下带标签的节点代表意见领袖，其余大部分未带标签的节点代表普通网民。聚类后的整体传播网络如图 6-16 所示，右上节点代表聚类 0，右下节点代表聚类 1，右中节点代表聚类 2，左侧节点代表聚类 3；节点标签对应不同类型的参与主体，未标注的节点为普通网民。

从图 6-16 中可以看出，每个群簇中的关键节点既与本群中的普通网民节点存在关系，也与其他群中的普通网民节点有联系。在所有群簇中，只有聚类 3 涵盖了全部类型的参与主体，属于传播网络中的关键群体，并且聚类 3 与其他群簇中的节点均存在联系，最明显的是聚类 0 和聚类 1。比较而言，聚类 0 只有两个关键的节点，其余均为普通网民节点，在传播网络中属于容易受到影响的“弱势群体”。

基于此，为了提升突发事件舆情的应急响应水平，可构建多主体协作的信息传播网络。政府官微、主流媒体和意见领袖在网络中扮演着领导者和桥梁的角色，引导和连接不同用户群之间的信息流。构建以政府为核心的信息传播网络，充分发挥政府官微的权威性和领导力，提升信息可信度；利用主流媒体与意见领袖的社交关系和粉丝基础，扩大信息的传播范围，提高普通网民对应急信息转发的参与度，促进普通网民从信息的被动接收者转化为信息的主动传播者，从而提升信息传播效率。

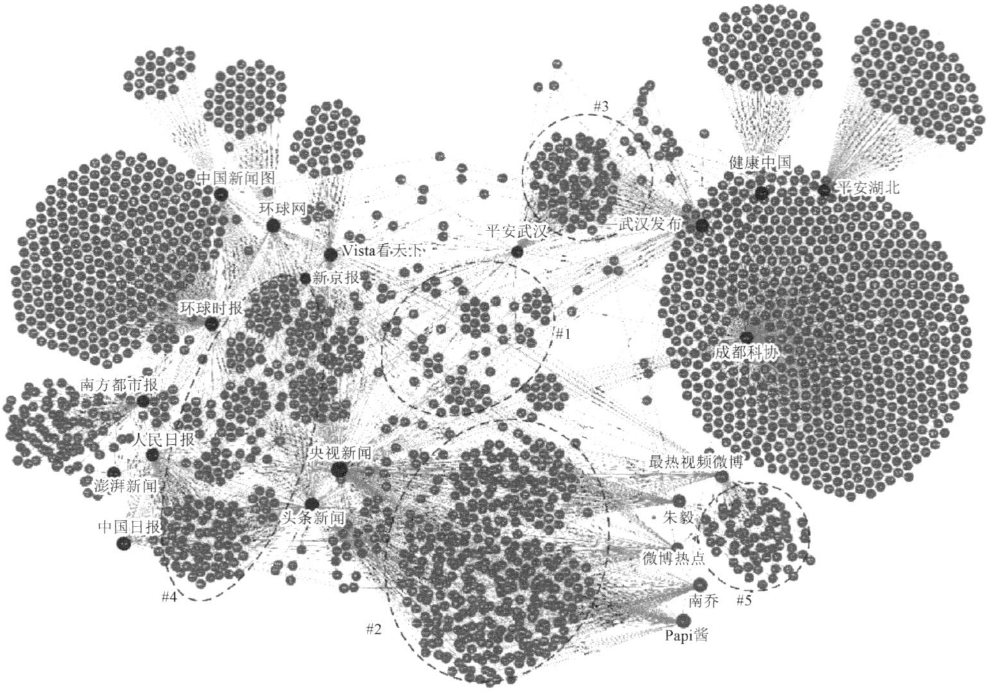

图 6-15　聚类前社交网络群体的整体传播网络

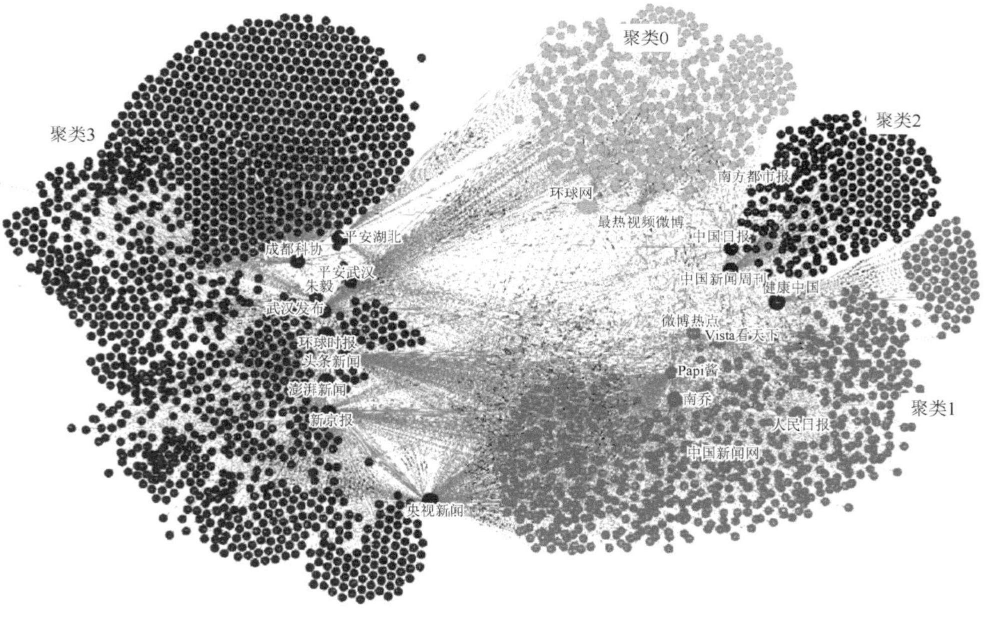

图 6-16　聚类后社交网络群体的整体传播网络

案例来源：贾若男，王晰巍，李嘉兴. 突发公共卫生事件中多主体参与的社交网络群体聚类模型[J]. 情报理论与实践，2022，45（3）：28-34.

案例讨论分析问题

1. 在本案例中社交网络用户群体聚类分析采用了什么方法？其操作步骤是怎样的？
2. 如何对社交网络用户群体的聚类分析结果加以解读？
3. 请利用本案例的聚类算法举一反三，如何利用聚类算法形成中国其他产业的智慧发展方案？

本章复习题

1. 聚类分析的原理是怎样的？它与分类有哪些区别？
2. 聚类分析有哪些具体步骤？
3. 聚类分析有哪些代表性算法，各自有怎样的优缺点？
4. 如何选择恰当的聚类分析算法？
5. 聚类分析有哪些具体算法？如何利用这些算法解决现实问题？
6. 如何运用 R 语言实现聚类分析算法？
7. 除了本章所列举的应用场景，聚类算法还能够应用于哪些领域？还可以解决怎样的现实问题？请尝试举例说明。

第三篇 应 用 篇

第 7 章　竞争情报分析

【学习目标】

■ 掌握竞争情报的概念
■ 了解常用的竞争情报分析方法
■ 掌握 SWOT 分析方法
■ 能够进行竞争对手分析

【思政目标】

■ 培养学生的民族使命感、家国情怀与理想信念
■ 引导学生建立积极学习意识和利用定标比超方法进行职业规划

7.1　竞争情报分析概述

著名生物学家达尔文在其著作《物种起源》中提出“物竞天择，适者生存”的思想，竞争普遍存在于自然界和人类社会，竞争的普遍性促使人类个体不断奋发向上、超越自我，不断促进人类社会向前发展。竞争是竞争情报产生和发展的前提，竞争情报是关于组织内部和外部的一切与提高组织经济竞争力有关的信息。军事竞争情报的价值和作用一直以来都被各国所重视，随着社会经济的发展，生产力突飞猛进，面对大数据、物联网（internet of things）、云存储（cloud storage）、人工智能（artificial intelligence）等高精尖技术推动产生的信息“大爆炸”，企业市场竞争日益激烈，使得企业对竞争对手和竞争环境情报的信息获取、分析、运用更加重视，竞争情报已经成为企业提升核心竞争力的重要工具之一。开展竞争情报分析是组织取得竞争优势并在此基础上持续健康发展的重要保证，目前已被政府、企业、社会团体等各级各类组织广泛采用。

7.1.1　竞争情报概念

第二次世界大战后，竞争情报开始在美国、日本等国家出现，主要进行以商业为目的的情报活动，在此基础上，“竞争情报”这一术语开始在 20 世纪 80 年代初期出现，并被引入我国。虽然在社会发展的广泛领域中，与竞争活动相伴随的情报活动普遍存在，但作为有理论、有实践、有组织并且有职业化特征的竞争情报概念是随着全球商业竞争的加剧而快速发展的。20 世纪到 21 世纪初，竞争情报业作为知识经济的产物和智能服务业的构成在全球迅速崛起，促进人类社会的发展。

1. 竞争情报产生背景

20 世纪 80 年代初期，竞争情报首先在美国兴起，冷战结束后，军事情报人员开始以其雄厚的科研力量和丰富的情报经验转向国家的经济服务领域。美国是竞争情报工作开展最广、研究力度最强、资金投入最多的国家之一。迄今为止，美国已经出版了上百部竞争情报专著，应用和开发了上百种竞争情报技能，编制了上百种软件，形成了相当规模的咨询、培训、教育体系。美国的竞争情报主要来自政府、企业的情报部和专门的情报公司。许多大型公司设立专门的竞争情报部门，建立企业竞争情报系统，进入世界 500 强的美国公司中 90%设有竞争情报部。1986 年，美国竞争情报从业者协会（Society of Competitive Intelligence Professionals，SCIP）的成立，成为国际竞争情报业发展中的重要里程碑。

国际社会也相继在 1990 年 9 月成立了欧洲竞争情报从业者协会、1992 年 2 月成立了日本工商竞争情报专家协会、1993 年 2 月成立了澳大利亚竞争情报从业者协会，一个世界性的竞争情报网络逐步形成。

20 世纪 80 年代中后期，我国以上海科学技术情报研究所为代表的研究群体首先从国外引入竞争情报的概念，开始了对竞争情报的研究和实践活动。1994 年 1 月，随着中国科学技术情报学会情报研究暨竞争情报专业委员会的成立，并以 SCIP CHINA 的名称进行对外宣传和交流，我国的竞争情报研究步入组织化、正规化的发展轨道。我国情报研究和信息咨询业进入了一个更有效、更直接地为市场竞争和企业发展服务的新时期。

2. 竞争情报内涵

关于竞争的概念问题，西方学者认为竞争是各方通过一定的活动来施展自己的能力，为达到各方共同的目的而各自所做的努力，而且竞争行为仅存在于同类商品的供应之间。我国的先贤也有对竞争概念的理解，语出《庄子 • 齐物论》：“有竞有争。”郭象注：“并逐曰竞，对辩曰争。”唐元稹《唐故赠左散骑常侍裴公墓志铭》：“冬曹晋阳，宠备幽穸，而又勤尽让，不为竞争。”康有为《大同书》戊部第一章：“况当世界竞争优胜劣败之时，岂可坐弃人才哉！”《现代汉语词典》的定义是“为了自己方面的利益而跟人争胜”。

本书认为，竞争主要指的是作为经济范畴的竞争，经济竞争是指在国际范围内的经济活动中，通过公司或企业竞争反映出来的利益冲突。经济竞争是一个与市场密切相连的经济范畴。它是随着市场的产生而产生，随着市场的发展而发展的。经济竞争主要包含以下四方面含义：

第一，经济竞争的主体是从事经济活动的企业或公司；

第二，经济竞争的动力是人类的利益与能动性的冲突；

第三，经济竞争的客体是一切经济活动；

第四，经济竞争的范围是全球市场，即全球市场是经济较量和竞争的场域。

目前，竞争情报的定义在国际上有来自不同领域、不同研究方向的专家或学者的 40 多种解释。竞争情报的重要先驱者斯蒂文 • 德迪约认为“竞争情报是一种复杂的研究。

它是一种过程，试图比简单地收集财务和市场统计更深入一步”；美国匹兹堡大学的普赖斯科特认为“竞争情报是关于企业竞争对手的能力、弱点和意图的信息”；卡曲尔认为“竞争情报是合法与合理地收集、分析和利用有关竞争环境和商业竞争对手能力、意图及薄弱环节方面的信息”；美国市场营销专家考特勒认为“竞争情报是关于主要竞争对手的识别，它们是目标、战略、优势、劣势和典型的反映形式的信息的收集”；根据美国情报专业人员战略联盟的定义“竞争情报是一种过程，在此过程中，人们用合乎职业伦理的方式收集、分析和传递有关经营环境、竞争者和组织本身的准确、相关、具体、及时、前瞻性以及可操作性的信息”。

中国竞争情报事业奠基人包昌火认为“竞争情报是关于竞争环境、竞争对手和竞争策略的信息和研究。它既是一种过程，又是一种产品。过程是指对竞争情报的收集和分析，产品是指由此形成的情报或策略”。

在竞争情报定义中，一部分认为其是一种信息产品，另一部分将其理解为一种过程，还有观点认为两者兼而有之。本书中，我们将竞争情报定义为信息产品，而对于过程性的理解，我们用“信息分析”来表述，这样比较符合当前全球经济社会环境中参与主体对信息的习惯性认定，同时更有助于探讨“信息分析”的相关理论。

3. 竞争情报的特征

对于竞争情报的辨析，我们可以通过界定其属性来讨论竞争情报的特征。与传统信息、情报相比，除了具有情报的共同属性，如可共享性、知识性、积累性、非物质形态、商品性、可传递性、可重复使用性等外，在竞争情报的研究目的、内容、收集方法过程上还具有以下突出特性。

1）强对抗性

从竞争的定义我们可以看出，竞争实际上就意味着对抗，在早期发展过程中只是国家间军事斗争、对抗的衍生产物。强对抗性指竞争双方在不合作、不协助甚至互相封锁的情况下，采取针锋相对的措施去收集、分析、利用竞争情报，进而确定自己未来的竞争对策和策略，以期提高自身核心能力，弥补不足，最终取得战事胜利。企业与竞争对手之间的利益冲突决定了竞争情报的获取方式不可能是由竞争对手主动给予的，而往往是在对方不协助、未取得共识，甚至是反对的情况下通过其他合法的渠道获得的。所以，竞争情报在进行的过程中具有强烈的对抗性特点。

2）明确的目的性

竞争主体开展竞争情报活动的基本目的就是要通过对竞争对手各方面情况信息进行收集、分析与研究，为竞争主体提供具有高度指向性的情报服务，协助竞争主体制定战胜竞争对手的应对策略，以提升自身核心能力，最终战胜对手。

3）绝对的合法性

竞争情报活动完全在法律框架内进行和展开，强调职业道德，禁止损害国家和他人利益。不允许使用欺诈、偷窃、胁迫、贿赂等一切不正当的手段获取情报。竞争情报的信息收集基本上都是通过公开渠道，以合法、合乎道德的方式取得。针对非公开的资料，有时也会采取诸如反求工程等特殊方式获取，通过反求工程获取情报在国际上认为是合法的。

4）严格的保密性

竞争情报在一定意义上决定了企业的生存和发展，无论政府、社会团队、经济组织都极为重视。情报拥有方均制定了有关文件、采取先进的保密技术，对情报的存储、使用、处理进行严格的管理和控制。除了对情报予以保密外，情报活动也是严格保密的范畴。对于竞争主体如何防止竞争情报外泄，竞争情报的保密性特点不仅决定了对不正当竞争情报行为的防卫，更要求竞争主体对那些采用合法手段获取本企业情报的行为，同样采取防范措施。

5）价值密度高

竞争情报的核心作用决定了其具有价值密度高的特征。价值密度是在商品流通中用于衡量商品重量与价值比率的概念，指单位重量物品的价值。在此引用到竞争情报中，在情报载体中的单位字数、单位千字节存储单元所蕴含的信息价值相较一般信息而言价值很高。

6）及时性

竞争情报更多的是供决策者进行决策参考，如果要在激烈的市场竞争中获取有利态势，就需要及时、快速并准确地收集竞争对手的信息，为情报决策服务。所以，竞争情报必须具有预测性，落后于决策的情报没有任何实际意义。

7）系统性

有价值的竞争情报活动应贯穿到企业发展、成长、成熟、衰退的生命周期全过程，不是一个短时行为，而是一个长期、周而复始的系统过程。系统性除了体现在企业生命周期中以外，还指情报工作的系统性，情报收集前合理规划、对收集到的情报进行处理、对处理后的情报进行分析、交给决策者作为决策参考、根据环境变化和决策参考价值进行新一轮的情报分析工作，这也是一个系统性的过程。

8）谋略性

竞争情报是一种主动的、具备谋略性的情报活动。情报工作人员不仅会对信息进行收集和简单加工，更注重对收集到的信息进行深入分析和研究，力求透过数据和信息看清其背后隐藏的真实情况。在这一过程中，竞争情报分析人员要融入较多的智力活动，包括分析推理、审时度势、战略分析和创新思维等，在竞争情报研究过程的各个环节、各种方法的运用中都具有较强的谋略性。创新性的思维能发现情报的效用，多方位、多层面而有智谋地运用各种分析、研究方法，才能产生高质量的竞争情报。

9）动态性

竞争情报涉及战略决策、产品研发、营销活动开展、技术创新等多方面，同时和宏观、微观环境密切相连，这些都会随着各因素的变化而变化，随时都会产生新的情报信息，所以需要有时间序列的跟踪性情报。

7.1.2　竞争情报的获取

在全球经济竞争加剧的环境下，任何一个企业要想在激烈的市场竞争中求得生存和发展，其一切经营管理活动都要以完备的信息保障系统作为支撑和引导。企业竞争活动中，不仅要了解和掌握竞争对手情况，还要从与对手的对比中更深刻地认识自己、明晰所处的竞争环境，从而制定符合自身实际的竞争战略。竞争情报分析与预测的程序和内容主要是围绕竞争对手、竞争环境和竞争战略的分析与预测环节而展开的。

1. 竞争情报分析的程序

竞争情报分析的程序与一般的信息分析没有实质上的差异，其可分为以下四个环节：选择目标、情报收集、情报分析与处理、情报传递。

1）选择目标

选择目标是竞争主体针对自身情报需求来确立分析与预测竞争目标的环节。这一环节的实质性工作是根据自身需求（主观判定和客观实际）选择所要达到的目标参照。竞争情报分析与预测目标通常可以分为三种类型，即进攻型、信息型和防御型。进攻型目标的主要任务是对某一个主动采取的战略或战术行动，并可能会给本产业或竞争者带来的影响以及竞争者可能会产生的反应做出恰当的评价；信息型目标的主要任务是深入了解所在产业和部分对手的相关情报，其结果可能会导致进攻性或防御性的行动；防御型目标主要是为了分析竞争对手可能会采取什么行动来威胁本企业的竞争地位，并制定出相应措施，以缓解对本企业的威胁。这三种类型并不互相排斥，有时一次竞争情报分析活动对这三种类型目标均有涉及，也可能是其中某一类型目标的结果恰好是另一类型目标的起点。具体确定哪种类型目标，应依据企业自身的实际情况、发展特点以及竞争对手的具体情况而定。

2）情报收集

情报收集环节的关键任务是确定情报源和选择情报收集的方法。作为竞争情报分析与预测的情报源有很多，如公开情报源中的报刊和专业杂志、产业研究报告、政府各管理机构对外公开的档案（如工商企业注册登记通告、上市公司业绩报告、工业标准）、政府出版物（如统计资料、政府工作报告、各类白皮书等）、数据库、工商企业名录、产品样本和手册、信用调查报告、企业招聘广告以及非公开情报源中的企业内部各职能部门员工、经销商、供货商、行业会议、行业主管部门、展览会、客户、专业调查咨询机构等。竞争情报分析与预测所需情报的收集方法也十分丰富，文献调查和社会调查两大类方法是企业最常用的调查方式。但由于竞争情报存在对抗性的特点，在实际操作时，人们更倾向于将其与灵活多样的特殊手段结合起来，如利用人际关系网、建立全员调查制度、利用高科技手段等。某一竞争情报分析与预测课题所需的情报源和情报收集方法可能是上述情报源和情报收集方法中的一种或几种组合，具体如何选择，则因特定课题的性质、目的、要求而异。

3）情报分析与处理

情报分析与处理的主要任务是对所收集的情报进行初步加工，目的是使之由无序变为有序，成为便于利用的形式，并通过信息分析以及竞争情报产品的制作和评价，形成对竞争战略的制定有决策支持作用的竞争情报产品。例如，将收集来的信息按某个标准进行计算机分类、排序以及建立有关竞争对手的数据库，并根据相关处理分析手段得到所需要的结论。这一环节包含着对某些明显重复或不符合课题要求的情报的淘汰处理。

此外，在这一环节中需要数据处理手段、计算机技术等。在很多场合，人们也将其称为情报解释环节。在进行情报分析与处理时，通常要分析如下几个方面：

（1）企业的自身实力，企业的优势与劣势；

（2）市场状况，包括市场容量、供给状况、产品需求弹性等；

（3）竞争对手的发展战略，竞争对手的优势和劣势；

（4）竞争对手的竞争战略，竞争对手进攻与防卫的手段；

（5）市场各种信号的含义；

（6）对未来发生某事件可能性的估计；

（7）确定影响决策各因素的优先次序和权重。

4）情报传递

情报传递的主要任务是将竞争情报产品及时送达竞争情报用户手中。有效的信息传递是实现竞争情报资源合理开发和有效利用的关键环节。

上述四个环节紧密联结，与一般的信息分析与预测程序一样，在各个环节之间通常会包含着许多反馈和往复的过程。每反馈和往复一次，人们的认识就向事物的本质深入一层。运用现代信息技术来实现这四个环节及其功能组合就构成了企业竞争情报系统（enterprise competitive intelligence system，ECIS），ECIS 是面向企业竞争发展需要的情报系统，其目标旨在为企业提供有助于增强信息优势的决策性竞争情报，因此又称为竞争支持系统（competitive support system，CSS）。ECIS 一般同时致力于企业内外两方面信息的收集、加工整理、分析预测等活动，并注意对企业外部竞争对手予以连续监视，必要时还会自动发出预警信号，是增强企业信息优势极好的工具。

2. 竞争情报分析的内容

1）竞争对手的识别

在竞争情报工作领域，识别市场中现实的竞争者与潜在的竞争者是竞争情报分析工作的首要环节。企业竞争对手主要是指限制和影响本企业竞争优势发挥的企业外部组织或个人，即凡在与本企业有共同或相近目标的市场上，与本企业有利益冲突且构成一定威胁的组织或个人，均为竞争对手。

竞争对手一般分为现实的竞争对手和潜在的竞争对手。现实的竞争对手一般很容易识别，如通过观察其是否在争夺、抢占与本企业相同的目标市场，是否在采取某种方式的排挤或报复的手段等。此外，还会有相当部分的潜在竞争对手，这类竞争群体很难收集其竞争情报部署，其构成的潜在威胁相对于现实竞争来说巨大。所以，在现实竞争中识别企业的潜在竞争对手更为紧迫。下列类型的企业容易成为市场竞争中潜在的竞争对手：

（1）不在本产业但有能力进入该产业的公司；

（2）进入本产业可产生明显协同效应的公司；

（3）其战略的延伸必将导致加入本产业竞争的公司；

（4）可能前向整合或后向整合的客户或供应商；

（5）可能发生兼并或收购行为的公司。

2）竞争对手分析

竞争就是与对手的对抗，没有竞争对手，也就不存在竞争，那么没有对竞争对手的了解、认识，也就不可能战胜对手，取得优势。因此，竞争对手分析是企业竞争情报工作的核心内容。分析竞争对手的目的在于了解竞争对手现状、未来战略和长远目标，预测竞争对手在参与市场竞争中可能采取的战略行动，把握竞争对手成功的经验，吸取竞争对手失败的教训，洞察竞争对手对可能发生的行业变化、竞争环境变化可能做出的各种反应等，以期全面掌握竞争目标的竞争战略。

3）竞争环境分析

任何企业的生存和发展都离不开竞争环境的协调影响。市场中的全部企业都不是孤立的，它必须与外界有不同程度、不同方式的联系才可能生存下来，这是由企业的社会性决定的，企业与它所处的竞争环境之间是相互影响的，企业可在一定程度上促进市场环境的改善，但却并不能改变环境。因此，对企业而言，更重要的是如何更好地适应和利用竞争环境，通过对竞争环境分析，监测这些环境的变化来调整自己的经营方式和战略定位，并根据行业结构的变化趋势预测其未来获利能力的变化，以帮助企业寻找和利用行业结构的机会争取获得更大的生存空间。1980 年，波特教授出版的《竞争战略》一书中，提出了五种决定企业竞争维度，即现存企业的竞争、新进入者的障碍、买方的谈判能力、供方的谈判能力、替代产品或服务的威胁。竞争环境信息的了解和掌握情况原则上可以用这五种竞争力进行逐一分析。

4）竞争战略情报

所谓竞争战略，就是指企业在把握了外部环境和内部条件的基础上，为在竞争中求得生存和发展而做出的长期的、总体的、全局的谋划和对策。竞争战略制定的目的就是在激烈的市场竞争中寻找并建立一个能支持企业长久保持优势竞争地位的战略规划。

20 世纪 80 年代，波特教授将竞争战略分为成本领先战略、产品差异化战略和集中化战略三种基本类型。三种战略之间的区别主要涉及各自对企业基本技能、资源和组织要求的不同，同时涉及的情报工作的重点也不同。成本领先战略要求企业抓紧成本与管理费用的控制，最大限度地减少研究与开发（research and development，R&D）、服务、推销、广告等方面的成本费用，使价格低于外部竞争对手的产品价格；产品差异化战略要求企业努力发展差异性大的产品和营销项目，使企业的产品及其营销服务具有差异竞争优势，成为同行业中的领先者；集中化战略要求企业集中力量于某几个细分市场，而不是将力量均匀地投入整个市场。一般来说，成本领先战略是在全行业范围内通过低成本谋求竞争优势，差异化战略是在全行业范围内通过产品的标新立异谋求竞争优势，集中化战略着眼于在某一特定的细分市场上通过低成本或产品的标新立异谋求竞争优势。

波特教授也提出，这三种战略使每一个公司必须在市场竞争中明确竞争战略选择，徘徊其间的公司会处于极其糟糕的战略地位。例如，这样的公司会缺少市场占有率，缺少资本投资，从而削弱了“打低成本牌”的资本；此外，其认为这类公司注定是低利润的，应向三种通用战略靠拢。一旦公司处于徘徊状况，摆脱这种令人不快的状态往往要花费时间并经过一段持续的努力，且可能面临失败的存续风险。

5）企业自身条件分析

竞争情报分析的另一个主要内容是企业自身条件分析。企业要取得竞争优势，除了解竞争环境、了解竞争对手外，还必须清楚地认识自己，只有清醒地认识、判断自身的竞争能力，才能在激烈的市场竞争中找准自己的定位、制定与实施恰当的战略，并取得驾驭市场的优势。对企业自身条件分析包括影响企业参与市场竞争的关键因素分析、与竞争对手比较的优势分析、企业竞争能力评估的指标体系建立、影响企业竞争策略制定的关键因素和能力分析等。

有关企业自身实力的竞争情报信息很多，如本企业在市场中的地位、产品的市场占有率、产品质量和品种结构、技术性能、经营方式、管理模式、人力资源配置、原材料来源及价格、商品流通渠道、用户构成及其分布、要害部门或工序的设置、网络建设和使用情况等竞争情报。

7.2 SWOT 分析

SWOT 分析，即基于内外部竞争环境和竞争条件下的态势分析，将与研究对象密切相关的各种主要内部优势、劣势和外部的机会和威胁等，通过调查列举出来，并依照矩阵形式排列，然后用系统分析的思想，把各种因素相互匹配起来加以综合分析，从中得出一系列相应的结论，并且结论通常带有一定的决策性，这个决策往往是最优决策。运用这种方法，可以对研究对象所处的情景进行全面、系统、准确研究，从而根据研究结果制定相应的发展战略、计划以及对策等。

SWOT 分析中包括四个要素，S（strengths，优势）、W（weaknesses，劣势）是内部因素，O（opportunities，机会）、T（threats，威胁）是外部因素。那么，按照企业竞争战略的完整概念，战略应是一个企业“能够做的”（即组织的优势和劣势）和“可能做的”（即环境的机会和威胁）之间的有机组合。SWOT 分析从某种意义上来说隶属于企业内部分析方法，即根据企业自身的既定内在条件进行分析。

从理论基础来看，波特提出的竞争理论从产业结构入手对一个企业“可能做的”方面进行了透彻的分析和说明，而能力学派学者则运用价值链解构企业的价值创造过程，注重对公司的资源和能力的分析。SWOT 分析则是在综合了前面两者的基础上，以资源学派学者为代表，将公司的内部分析（即 20 世纪 80 年代中期管理学界权威们所关注的研究取向，以能力学派学者为代表）与产业竞争环境的外部分析（即更早期战略研究所关注的中心主题，以安德鲁斯与波特为代表）结合起来，形成了自己结构化的平衡系统分析体系。

与其他的分析方法相比较，SWOT 分析具有显著的结构化和系统性的特征。就结构化而言，首先在形式上，SWOT 分析表现为构造 SWOT 结构矩阵，并对矩阵的不同区域赋予了不同的分析意义；其次在内容上，SWOT 分析法的主要理论基础强调从结构分析入手对企业的外部环境和内部资源进行分析。此外，早在 SWOT 分析诞生之前的 20 世纪 60 年代，就已经有人提出过 SWOT 分析中涉及的内部优势、劣势，外部机会、威胁这些变化因素，但只是孤立地对它们加以分析。SWOT 分析的重要贡献就在于用系统的思想将这些似乎独立的因素相互匹配起来进行综合分析，使得企业战略计划的制定更加科学、全面。

SWOT 分析自形成以来，广泛应用于战略研究与竞争分析，成为战略管理和竞争情报的重要分析工具。其优势在于，即使没有精确的数据支持和更专业化的分析工具，也可以得出有说服力的结论。但是，正是这种直观和简单，使得 SWOT 分析不可避免地带有精度不够的缺陷。例如，SWOT 分析采用定性方法，通过罗列 S、W、O、T 的各种表现，形成一种模糊的企业竞争地位描述。以此为依据做出的判断不免带有一定程度的主观臆断。所以，在使用 SWOT 分析时要注意方法的局限性，在罗列作为判断依据的事实时，要尽量真实、客观、精确，并提供一定的定量数据弥补 SWOT 分析定性分析的不足，构造高层定性分析的基础。

7.2.1　SWOT 分析模型简介

来自麦肯锡咨询公司的 SWOT 分析，包括分析企业的优势、劣势、机会和威胁。因此，SWOT 分析实际上是对企业内外部条件各方面内容进行综合和概括，进而分析组织的优劣势、面临的机会和威胁的一种方法。

通过 SWOT 分析，可以帮助企业把资源和行动聚集在自己的强项和有最多机会的地方，并让企业的战略变得更加明朗，达到一定程度的竞争优势。

1. SWOT 分析模型含义介绍

优劣势分析主要是着眼于企业自身的实力及其与竞争对手的比较，而机会和威胁分析则主要分析企业外部环境的变化及对企业的可能影响。在分析时，应把所有的内部因素（即优劣势）集中在一起，然后用外部的力量来对这些因素进行整体评估。

1）机会与威胁分析

受新冠疫情影响，企业营商环境不确定性增加。正因为如此，环境分析成为一种日益重要的企业职能。环境发展趋势分为两大类：一类表示环境威胁，另一类表示环境机会。环境威胁指的是环境中一种不利的发展趋势所形成的挑战，如果不采取果断的战略行为，这种不利趋势将导致公司的竞争地位受到削弱。环境机会则是对公司行为富有吸引力的领域，在这一领域中，该公司将拥有竞争优势。

对环境的分析也可以有不同的角度。例如，一种简明扼要的方法就是 PEST 分析，另外一种比较常见的方法就是波特的五力分析。

2）优势与劣势分析

每个企业都要定期检查自己的优势与劣势，这可通过填写“企业经营管理检核表”的方式进行。企业或企业外的咨询机构都可利用这一格式检查企业的营销、财务、制造和组织能力。每一要素都要按照特强、稍强、中等、稍弱或特弱划分等级。

当两个企业处在同一市场或者说它们都有能力为同一顾客群体提供产品和服务时，如果其中一个企业有更高的盈利率或盈利潜力，那么，我们就会认为这个企业比另外一个企业更具有竞争优势。概括来说，所谓竞争优势是指一个企业超越其竞争对手的能力，这种能力有助于实现企业的主要目标——盈利。但需要注意的是，竞争优势并不一定完全体现在较高的盈利率上，因为存在企业出于希望增加市场份额，或者多奖励管理人员或雇员的经营情况。

竞争优势可以指消费者眼中一个企业或它的产品有别于其竞争对手的任何一项优越的板块，它可以是产品线的宽度，产品的大小、质量、可靠性、适用性、风格及形象，或者是热情的服务态度等。虽然竞争优势实际上指的是一个企业比其竞争对手有较强的综合优势，但是明确企业在哪一个方面具有优势更有意义，因为只有这样，才可以扬长避短，快速找到竞争优势。但是，由于企业是一个整体，而且竞争优势来源十分广泛，所以，在做优劣势分析时必须从整个价值链的每个环节上，将企业与竞争对手做详细的对比。例如，产品是否新颖、制造工艺是否复杂、销售渠道是否畅通，以及价格是否具有竞争性等。如果一个企业在某一方面或几个方面的优势正是该行业企业应具备的关键成功要素，那么，该企业的综合竞争优势也许就强一些。需要指出的是，衡量一个企业及其产品是否具有竞争优势，只能站在现有潜在用户角度上，而不是站在企业的角度上。

企业在维持竞争优势过程中，必须深刻认识自身的资源和能力，采取适当的措施。因为一个企业一旦在某一方面具有了竞争优势，势必会吸引到竞争对手的注意。一般来说，企业经过一段时期的努力，会建立起某种竞争优势，然后会处于维持这种竞争优势的态势，竞争对手开始逐渐做出反应；此后，如果竞争对手直接进攻企业的优势所在，或采取其他更为有力的策略，就会使这种优势受到削弱。

那么影响企业竞争优势的因素都有哪些呢？主要是以下三个关键因素：

（1）建立这种优势要多长时间？

（2）能够获得的优势有多大？

（3）竞争对手做出有力反应需要多长时间？

因此，企业分析清楚了这三个因素，就会明确自己在建立和维持竞争优势中的地位及态势。

在这样的战略分析下，我们可以看到，公司不应该去纠正它的所有劣势，也不能对其优势不加利用。这主要的问题在于公司应研究它究竟是应只局限在已拥有优势的机会中，还是去获取和发展一些优势以找到更好的机会。有时，企业发展慢并非因为其各部门缺乏优势，而是因为它们不能很好地协调配合。例如，有一家大的电子公司，工程师轻视销售员，视其为“不会做生意的销售员”；而销售员则瞧不起工程师，视其为“不懂技术的工程师”。因此，评估内部各部门的工作关系作为一项内部审计工作是非常重要的。

波士顿咨询公司提出，能获胜的公司是取得公司内部优势的企业，而不仅仅只是抓住公司核心能力。每一个公司必须管好某些基本程序，如新产品开发、原材料采购、对订单的销售引导、对客户订单的现金实现、顾客问题的解决时间等。每道程序都创造价值并需要内部部门协同工作。虽然公司的每个部门都可以拥有一个核心能力，但如何将其转化为优势能力仍是一个挑战。

2. SWOT分析模型的方法

在适应性分析过程中，企业竞争战略分析或决策者应在确定内外部各种变量的基础上，采用杠杆效应、抑制性模式、脆弱性模式和问题性模式这四个基本概念维度进行分析运用。

1）杠杆效应（优势+机会）

杠杆效应又称SO战略，是一种增长型战略。杠杆效应产生于内部优势与外部机会相互一致和适应的条件下。在这种情形下，企业可以用自身内部优势撬起外部机会，使机会与优势充分结合而发挥作用。但是，市场环境中机会态势争取十分严峻，企业必须敏锐地捕捉机会，把握时机，以寻求更大的发展空间。

2）抑制性模式（劣势+机会）

抑制性模式又称WO战略，是一种扭转型战略。抑制性意味着妨碍、阻止、影响与控制。当环境提供的机会与企业内部资源优势不相适应，或者不能相互重叠时，企业的优势再大也将得不到发挥。那么在这种情形下，企业就需要提供和追加某种资源，以促进内部资源劣势向优势方面转化，从而迎合或适应外部机会。

3）脆弱性模式（优势+威胁）

脆弱性模式又称ST战略，是一种多种经验战略。脆弱性意味着优势的程度或强度的降低、减少。当环境状况对公司优势构成威胁时，优势得不到充分发挥，出现优势不优的脆弱局面时，企业必须克服威胁，以发挥优势。

4）问题性模式（劣势+威胁）

问题性模式又称WT战略，是一种防御型战略。当企业内部劣势与企业外部威胁相遇时，企业会面临着严峻挑战，如果处理不当，可能直接威胁到企业的生死存亡。

7.2.2 SWOT分析步骤

1. SWOT分析的遵循步骤

第一，确认当前的战略是什么。

第二，确认企业外部环境的变化（波特五力或者PEST）。

第三，根据企业资源组合情况，确认企业的关键能力和关键限制。

第四，按照通用矩阵或类似的方式打分评价。

第五，把识别出的所有优势分成两组，分的时候以以下两个原则为基础：与行业中潜在的机会有关，还是与潜在的威胁有关。用同样的办法把所有的劣势分成两组，一组与机会有关，另一组与威胁有关。

第六，将结果在SWOT分析图上定位，或者用SWOT分析表，将刚才的优势和劣势按机会和威胁分别填入表格。图7-1为SWOT分析图，图7-2为SWOT分析方法优劣势表格。

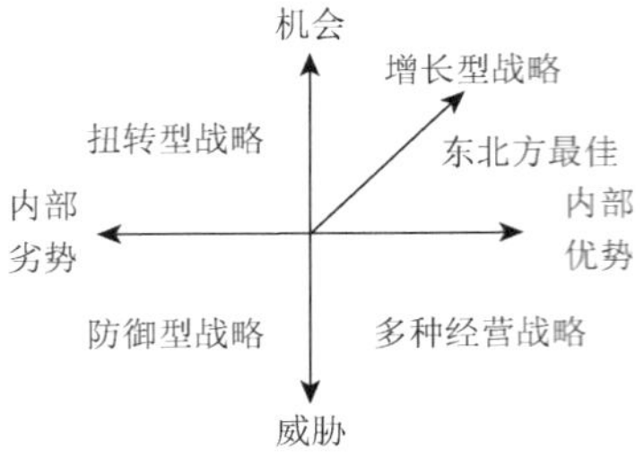

图 7-1　SWOT 分析图

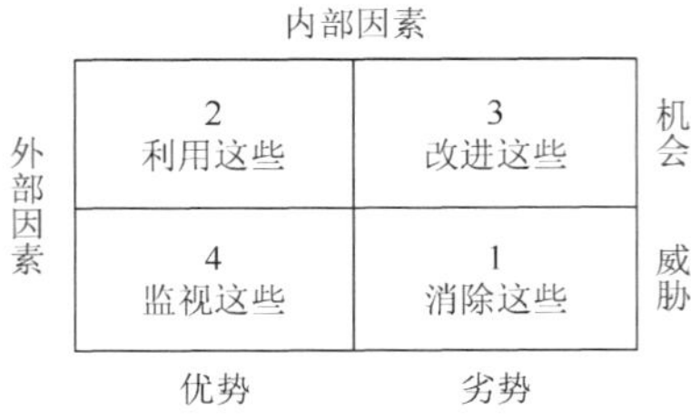

图 7-2　SWOT 分析方法优劣势表格

2. 应用 SWOT 分析法的简单规则

（1）进行 SWOT 分析的时候必须对企业的优势与劣势有客观的认识。

（2）进行 SWOT 分析的时候必须区分企业的现状与前景。

（3）进行 SWOT 分析的时候必须考虑全面。

（4）进行 SWOT 分析的时候必须与竞争对手进行比较，如优于或劣于你的竞争对手。

（5）保持 SWOT 分析法的简洁化，避免复杂化与过度分析。

（6）SWOT 分析法需要按照企业自身情况来实施。

3. SWOT 模型的局限性

由于 SWOT 模型研发的时间较早，其具有一定的时代局限性。21 世纪前的市场环境中，企业可能比较关注成本、质量，而在当前则更关注企业的组织流程与动态发展，那么 SWOT 分析模型的局限性主要表现在以下几个方面。

（1）由于当前市场环境的复杂变化，企业一般很难明确估计外部的机会和威胁以及企业的内部优势和劣势。

（2）机会和威胁、优势与劣势同时存在，并来自不同的方面，每个因素的重要程度难以评估。

（3）SWOT 分析法是静态分析法，而市场竞争环境是不断变化的，静态分析不能完全揭示竞争环境的动态变化。

（4）SWOT 分析法注重于某个产品市场，不利于多元化经营的企业。

7.3　竞争对手分析

7.3.1　竞争对手分析方法

迄今为止，国内外不少学者从不同的视角对竞争对手分析方法进行了归纳和整合，提出了不同的论纲，具体如下。

1. 普赖斯科特模型

普赖斯科特模型又称竞争对手跟踪的金字塔模型。1999 年 8 月，普赖斯科特教授在安徽黄山召开的“全国竞争情报技能和案例分析”学术研讨会上做了题为《竞争对手跟踪分析》的专题报告，提出了竞争对手跟踪的金字塔模型。作为“竞争情报丛书”之一的《竞争对手分析》一书中以此模型构建了竞争对手和竞争环境的预警系统框架，使该模型起到了论纲的作用，故称竞争对手跟踪模型。

在普赖斯科特模型中，模型的底层是竞争对手基础数据库，主要保存了竞争对手关键性的历史数据以及对该对手的以往的分析结果，是企业分析判断竞争对手的基础；中层的更新数据库记录的是企业持续跟踪竞争对手的基于竞争的新动向，以此形成关于对手新的发展趋势和竞争优势培养的新知识；上层的分析和预测是在综合了基础认识和最新动态后，得到的竞争对手状况评估和行动预测。它是企业决策的依据，由此实现了由竞争信息形成竞争决策的提炼和升华。图 7-3 为普赖斯科特模型。

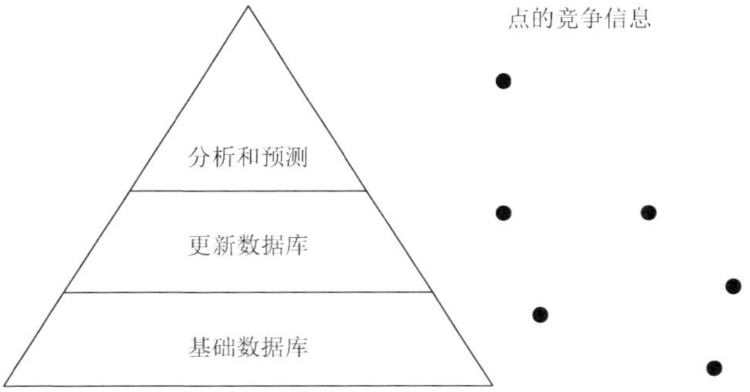

图 7-3　普赖斯科特模型

2. 波特模型

波特在 1980 年出版的《竞争战略》一书中提出了竞争对手分析模型，从企业的现行战略、未来目标、竞争实力和自我假设四个方面分析竞争对手的行为和反应模式，见图 7-4。通过对未来目标的分析，可以看出是什么驱使竞争对手在向前发展。例如，分析竞争对手的财务目标，我们不只是要了解它的财务目标，同时要了解它的其他方面的目标，如对社会的责任、对环境保护、对技术领先等方面的目标设定。同时目标是分层级的，要了解总公司的目标，还要了解各个单位的目标，甚至要了解各职能部门相应的目标。

现行战略的分析，表明竞争对手正在做什么和将来能做什么。列出竞争对手所采取的战略，对其进行分析，以便本企业做出有效、及时的回应。作为“竞争情报丛书”之一的《竞争对手分析》一书从竞争对手跟踪的角度对其进行了方法的细化和组织，提升了该模型的可操作性。图 7-4 为波特竞争对手分析模型。

3. 三角分析法

“竞争情报丛书”之一的《竞争战略与竞争优势》一书提出了三角分析法，认为对大环境、企业自身和关键对象三大要素的研究是竞争分析和战略研究的基本方法。三角

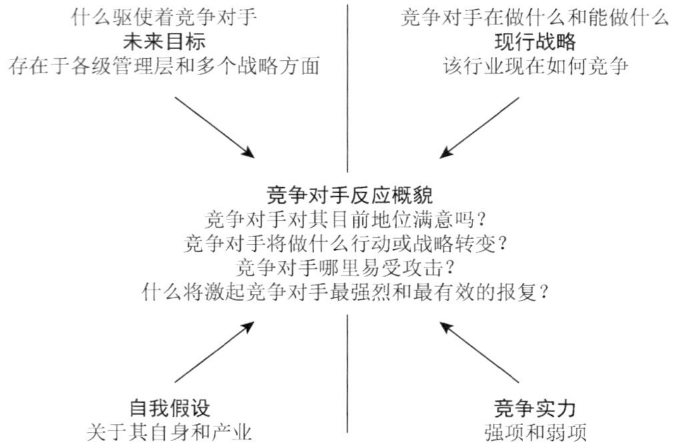

图 7-4　波特竞争对手分析模型

分析法是指在进行企业整体发展战略研究的时候，主要着眼于以下三个方面的研究：对企业所处的大环境的研究；对企业自身整体前景的研究；对环境中各类关键对象的行为研究。在更狭义的层面，企业的营销竞争战略研究也可以使用本工具，但竞争环境要素应调整为顾客，即着眼于顾客、竞争对手和企业自身的营销竞争战略。

“竞争情报丛书”之一的《企业竞争情报系统》一书以竞争环境、竞争对手和企业自身为三角，对现用的竞争情报分析方法进行分类和归纳，形成了关于竞争对手分析方法论纲式的知识体系。图 7-5 为三角分析法示意图。

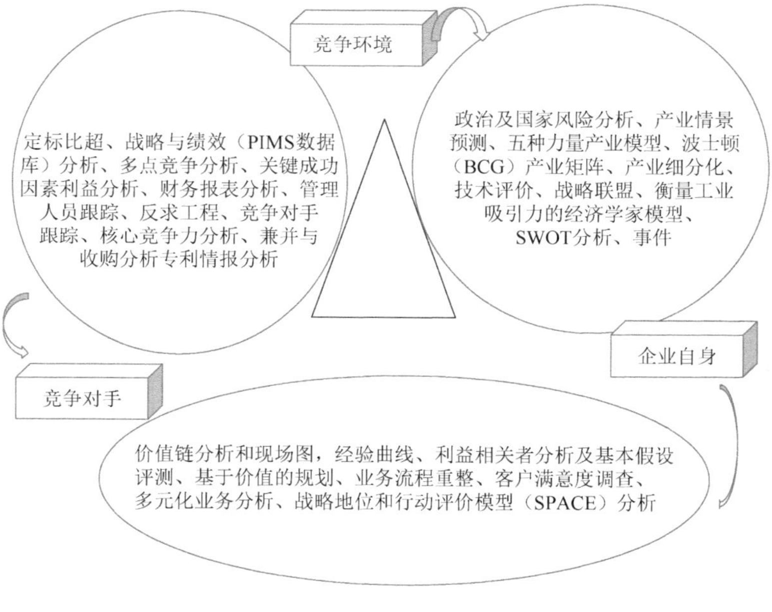

图 7-5　三角分析法示意图

4. 三维分析法

为了促进对竞争对手分析论纲的研究，本节从另一视角，提出由市场、能力和时间三大关键因素构成的三维分析法，以引起同行业者的兴趣和讨论。图 7-6 为三维分析法的构想图示。

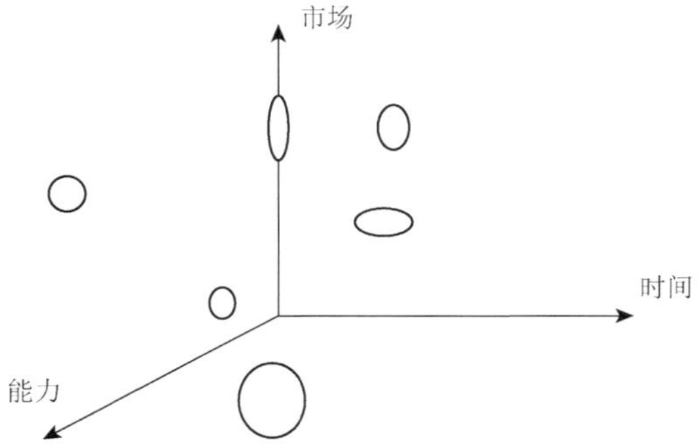

图 7-6　三维分析法的构想

三维分析法的理论基础是市场结构理论和资源理论，因此，首先来认识这两种理论。

1）市场结构理论

波特在 20 世纪 80 年代提出了竞争战略和竞争优势思想。认为企业获取竞争优势的因素有两个：一是企业所处行业的盈利能力，即行业的吸引力；二是在行业内的相对竞争地位。如今他所倡导的产业分析方法，如五种力量模型、产业细分、产业情景分析等都被用于竞争对手分析。波特理论的实质是市场结构理论，即认为企业的盈利能力来自市场，决定企业是否盈利的主要因素是产业的吸引力。但是，后来的事实证明，产业内公司的盈利水平和产业间的盈利水平一样，存在着很大的差异，即一些公司在没有吸引力的产业中也能获得很好的利润水平。这一矛盾导致了 20 世纪 90 年代以资源为基础的竞争优势理论的产生。

2）资源理论

资源理论认为，一个公司的能力和资源决定了它在成本和用户认可价值上的优势，而这又影响了公司在利润和市场份额上的表现。因此比竞争对手更好地利用某些核心资源和能力，更好地将这些能力与在行业中取胜所需的能力密切结合起来，就更有可能实现可持续竞争优势和超过市场平均水平的利润。

由此可见，市场结构理论侧重于首先识别市场需要，然后驱动公司想办法去满足这种需要。而资源理论侧重于在公司内部发展核心的能力和资源。这两种理论综合起来，为我们指出了企业战胜竞争对手、赢得竞争优势的两种途径：一种来自市场；另一种则来自企业内部的核心能力和资源。采用这两种视角分析竞争对手所处的外部市场环境和内部资源、能力，我们便可以得出竞争对手在某一时点的快照。但是，只考察这两个因素的竞争对手分析，还只是某一时点的快照，无法将竞争对手的历史、现实和未来包括进来。因此还需引入时间变量，这样就形成了图 7-6 所示的能力（capability）、市场（market）

和时间（time）三维分析法，简称为 CMT 三维分析法。换言之，如果把企业所处的市场环境看作空间因素，那么 CMT 三维分析就是分析某一特定竞争对手在一定时空条件下的状态。这正是竞争对手分析的真谛所在。

CMT 三维分析法为竞争对手分析提供了分析框架，同时也可用于分类现有的几十种竞争对手分析方法。

在三维分析法中，从市场、能力、时间三个维度可以进行如下分析。

3）市场维的分析方法

竞争对手所处的市场环境可以划分为三个层次：宏观、中观和微观。宏观环境包括政治、经济、社会、技术等大环境；中观环境即指产业环境；微观环境包括客户、战略联盟等小环境。图 7-7 为市场环境的三个层次示意图。

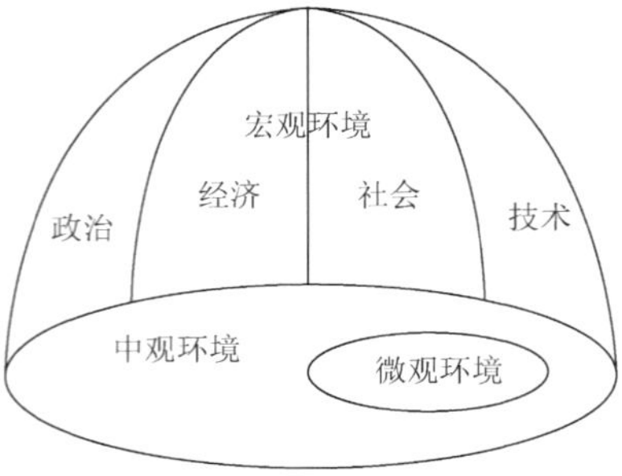

图 7-7　市场环境的三个层次

（1）宏观环境的分析方法。在经济全球化的态势下，国家、地区和全球的社会、政治、经济形势对企业战略的影响至关重要。

第一，政治及国家风险分析（political and country risk analysis）。

该方法用于评估企业在国外运作的风险类型（如资产、营运、盈利能力、人员等）与风险程度。假如你的竞争对手属于跨国经营的公司，并且所属行业受所在国的政治、经济影响很大，如石油开采业，就可以考虑对其进行政治及国家风险分析。

第二，PEST 分析。

该方法用于分析企业外部环境的变化对企业行为的影响。外部环境，系指政治（political）、经济（economic）、社会（social）和技术（technological）环境。

（2）中观环境的分析方法。任何一个企业都处在具体的行业之内，因此中观市场环境对企业战略的影响是非常明显和直接的。

第一，五种力量模型（five forces model）。

描述推动企业竞争的五种基本力量：供方砍价能力、买方砍价能力、替代品威胁、进入威胁以及现有竞争对手的竞争。

第二，产业细分化（industry segmentation）。

用于分析一个产业内部分立的各个竞争层面，其细化的标准通常是产品类别、购买者特征、销售渠道以及地理划分。

产业细分化是实施集聚战略的要求。对于那些目标广泛的竞争对手，进行产业细分化分析，可以了解它们在各个产业细分上的表现，从而攻其薄弱之处，避免触其强势之处。另外，也可以尽量把不具有吸引力的细分产业留给竞争对手。

第三，产业情景分析（industry scenarios analysis）。

该方法可以用来对未来的各种可能的产业结构进行内在连续的详细描述。一个产业情景就是一种对未来情况的内部连贯的看法。通过构造多种情景，企业能够系统地研究进行战略选择时不确定性可能带来的各种后果。

第四，战略组分析（strategic group analysis）。

识别产业内可划分出的不同企业组群，每一战略组内的企业是同类的，表现为采用相似的战略，有相似的管理系统；它们倾向于被相同的竞争行动和外部事件所影响，以及对这些竞争行动和外部事件做出相近的反应，而不同战略组之间则是异类的。因此，竞争主要存在于战略组内的企业之间。

第五，技术评价（technological assessment）。

用于掌握行业中技术上的关联及其变化。技术变革是竞争的主要驱动力之一。技术变革造就了许多当今的大企业，特别是高技术企业。跟踪行业中关键的技术驱动力量，保持与之同步发展，即可以在技术上处于优势地位。

第六，专利情报分析（patent analysis）。

它是指对来自专利说明书、专利公报中大量的、零碎的专利信息进行加工及组合，并利用统计方法和技术使这些信息成为具有总揽全局及预测的功能。

（3）微观环境的分析方法。对企业竞争态势最直接、最具体的影响当是企业所处的微观环境。因此，微观市场的分析是不可或缺的。

第一，利益相关者分析及基本假设评测（stakeholder analysis and assumption surfacing and testing）。

所谓利益相关者，一般是指公司的股票持有者或公司所有者，他们的利益和公司的收益有着直接的联系，同时他们的一举一动也可能影响着公司的利益。

第二，客户满意度调查（customer satisfaction surveys）。

用于评估一个企业满足其客户需求的程度以及怎样才能改进企业的产品及服务。客户对企业产品及服务的满意度决定着用户的品牌忠诚度，以及企业产品和服务的市场占有率，从而决定企业的盈利水平，同时也是指导企业改进产品及服务的重要参考指标。

第三，战略联盟（strategic alliance）。

它是指在产业价值链中两个或两个以上企业间建立的长期合作关系（如合资、供销合同等）。它是联盟双方或多方通过企业间合作，共享、互补资源来增强彼此竞争力的一种方式。战略联盟能够减少分割某一给定市场的竞争对手数量，开发共同的技术标准和产品配置。

第四，市场信号分析（marketing signaling analysis）。

它是指能提供竞争对手的意图、动机、目标或内部状况的任何行动和直接或间接的暗示。市场信号主要包括以下几种形式：行动的提前宣告；在既成事实之后宣告行动或结果；竞争对手对产业的公开讨论；竞争者对自身行动的讨论和解释；竞争者宣告的策略与其可能采取的策略相比较；战略变更的最初执行方式；偏离过去的目标；偏离产业惯例；交叉规避；战斗品牌；秘密反托拉斯诉讼等。

第五，多点竞争分析（multipoint competition analysis）。

用于探究形形色色的公司在几个市场相互竞争的状况。

第六，PIMS 分析。

PIMS 的全称为 profit impact of market strategy，即市场战略对利润的影响，是由美国战略规划研究所收集描述商业运营、产业、竞争者、产品及其客户的数据，包括财富 500 强企业拥有的 2746 个业务部门 500 个变量的数据，目标是辅助所参与的企业制定计划。

4）能力维的分析方法

企业的竞争优势不仅来自对外部环境的把握和应对，更重要的来自自身的资源和能力。各个公司的资源和能力是各不相同的，同一行业中的公司不一定拥有相同的战略资源和能力。这样，资源差异性和公司利用这些资源的独特方式就成为公司竞争优势的来源。

分析竞争对手的资源和能力的方法，可以划分为三种类型：用于单一业务过程的分析方法，如定标比超、价值链分析；单一和多元业务过程都可用的分析方法，如核心竞争力分析；用于多元业务过程的分析方法，如投资组合分析。

（1）用于单一业务过程的分析方法。其中包括定标比超与价值链分析和现场图两种方法。

第一，定标比超（benchmarking）。

将任何本企业业务活动（如售后服务）与从事该项活动最佳者进行比较，从而提出行动方案以弥补自身的不足。

第二，价值链分析和现场图（value-chain analysis and field map）。

用于分析一个企业的基本活动（指企业内外的后勤、运作、销售和服务）以及支持性活动（包括公司基础设施、人力资源管理、技术开发和采购）。

竞争者价值链之间的差异是竞争优势的一个关键来源。分析竞争对手的价值链就是分析竞争对手的整个商业运作活动，从中形成一个对竞争对手的整体性了解，测算出竞争对手的成本，了解其竞争优势，从而制定相应的竞争战略，战胜对手。

（2）单一和多元业务过程都可用的分析方法。其中包括核心竞争力分析、关键成功因素分析、反求工程、财务报表分析以及 SWOT 分析。

第一，核心竞争力分析（core competence analysis）。

其目的是确定竞争对手独具特色的某项价值链活动，它既能够为竞争对手创造价值，又是可持续竞争优势的源泉。

核心竞争力的形成有两种途径，一种是通过掌握核心技术得到实现，另一种是通过优化企业的业务流程得到实现。因此，核心竞争力的分析就是要找到企业的核心技术或优秀的业务流程。

第二，关键成功因素分析（critical/key success factors analysis）。

分析一个企业为了获取成功必须充分关注的几种关键技能。

第三，反求工程（reverse engineering）。

购买和分解竞争者的产品，从而了解其设计及构造原理，并估计出其成本及质量。

第四，财务报表分析（financial statement analysis）。

对公司的短期运营状况和长期资金来源进行评估。

第五，SWOT 分析。

用于识别企业和竞争对手的优势、劣势、机会和威胁，找出影响成功的关键因素，提供可选择的战略。优势和劣势是对企业内部能力的总结和评价，而机会和威胁则是对企业外部竞争环境的综合和概括。

（3）用于多元业务过程的分析方法。这种方法主要适用于当主体内部出现多目标同时发展的情况。

第一，投资组合分析（portfolio analysis）。

将总公司的各项业务按产业吸引力及竞争态势排列，以帮助管理人员做出资源配置决策，并评估未来现金流量和获利前景。

第二，BCG 产业矩阵（BCG industry matrix）。

基于企业取得竞争优势的潜在资源的数量以及一个领先企业能够获得的优势的大小来鉴定一个产业的吸引力。该方法由波士顿咨询公司开发。

第三，协同利益分析（synergy analysis）。

用于评价业务单元之间通过共享活动而实现的有形（原材料、生产、销售）和无形（管理诀窍、口碑）的收益。

有形的收益一般是通过共享业务单元之间的价值链活动实现的。例如，两个业务单元之间相互销售彼此的产品时，它们是在共享双方的销售力量。无形的收益则是通过从一个业务单元向另一个业务单元转让基本技能或管理特定类型活动的专有技术实现的。

5）时间维的分析方法

了解过去，把握现在，从而赢得未来是进行竞争对手分析的根本目标。了解竞争对手的过去，能够发现其行为的演变过程。把握现在，是竞争情报活动关注的焦点。预测未来，赢得未来才是竞争情报最关注的目标。尽管无法收集到对手未来战略的全部内容，但是通过对竞争对手行为的长期跟踪和对其管理人员的性格、阅历和目标的研究，可以推测出对手的未来战略。将以时间作为重要考虑因素的分析方法归纳如下。

第一，竞争对手文档（competitor profile）。

竞争对手文档是对编辑、核实过的竞争对手原始信息按一定的标题组织成一种结构化的列表的方法。它能够表现某一竞争对手在某一时间点上的快照。

第二，管理人员文档（management profile）。

用于评价在整个公司或机构中做出战略决策的个人的目标、背景以及性格。

管理人员的阅历是判定其经营方向、对行业的认识及完成相应目标的关键，例如，他们从事过哪些产业、这些产业所特有的竞赛规则和战略方法，他们个人经历中所采取的或不曾采取的各类战略等都是重要的线索。高级管理人员能极大地受到他们所经历的重大事件的影响从而影响其看法和战略选择。

第三，产品生命周期（product life cycle）。

用于分析产品从引入市场，到成长期、成熟期以至衰退期所经历的四个阶段的变化过程。

第四，经验曲线（experience curve）。

可显示生产某种产品（或服务）的成本随着生产经验的增加而降低，这种成本降低贯穿于整个产品生命周期。

第五，以价值为基础的规划（value-based planning）。

根据竞争者可能在股票市场的财产和融资情况来评价战略及战略转移（这里的价值并非指我们常说的管理价值）。

至此，本章从市场、能力和时间三维对各类竞争对手分析方法进行了分类和归纳。其结果如图 7-8 所示。在实际运用时，这些方法可分别用于企业不同层次的分析过程，如环境分析、战略分析、客户分析、财务分析、产品分析等。

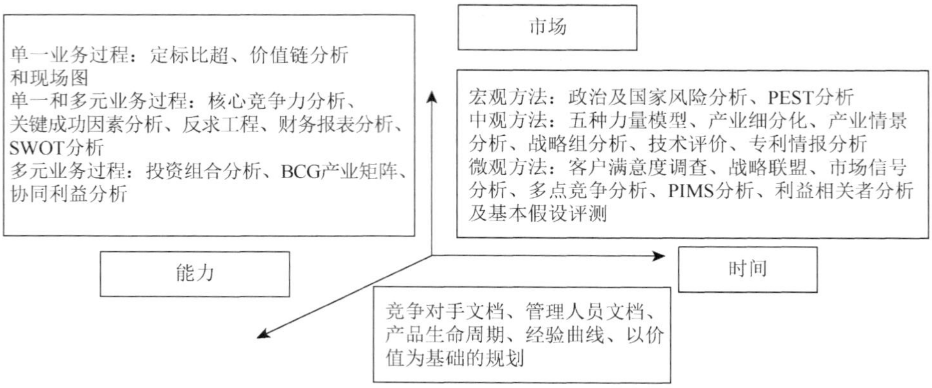

图 7-8　CMT 三维分析分类图

7.3.2　竞争对手分析的流程

1. 情报研究程序

1990 年 9 月，由包昌火研究员主编、科学技术文献出版社出版的《情报研究方法论》一书对我国应用多年的情报研究程序进行了科学的总结，包昌火研究员提出它由课题选择、情报收集、信息整序、科学抽象、成果表达和成果评价六大步骤构成，并进行了详尽的论述。图 7-9 为情报研究程序图示。

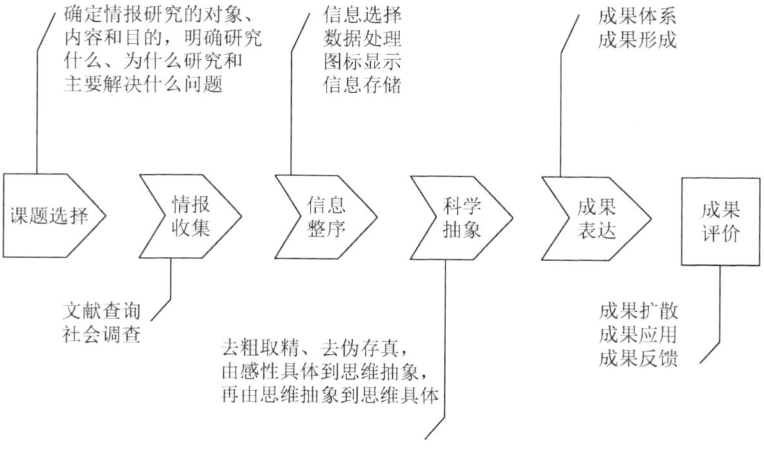

图 7-9　情报研究程序

2. 竞争情报循环

竞争情报循环是由美国竞争情报学家在美国中央情报局（Central Intelligence Agency，CIA）工作经验的基础上开发而成的，是美国中央情报局和美国竞争情报从业者协会的专家们从事竞争情报研究的基本程序。

竞争情报循环最早由美国竞争情报专家梅耶（Meyer）于 1988 年提出，而后，卡哈纳（Kahaner）在其专著《竞争情报：怎样搜集、分析和运用情报使你的事业达到顶峰》一书中，对竞争情报循环做了如下的描述：①从计划开始，进行定位，确定主要竞争对手；②进行竞争情报收集工作；③进行竞争对手分析；④将分析结果加以推广应用。然后再开始新的一轮竞争情报工作，周而复始，循环不断。

1996 年，Gilad 和 Herring 在其主编的《情报分析的艺术和科学》一书中，对竞争情报环节做了完善，从而形成了著名的竞争情报循环。图 7-10 为竞争情报循环示意图。

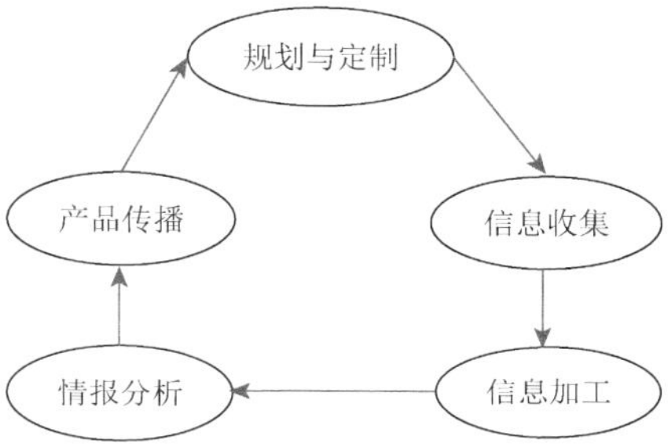

图 7-10　竞争情报循环示意图

3. 科特勒的竞争对手分析链

世界著名营销专家、美国西北大学教授科特勒（Kotler）等于 1996 年提出了竞争对手分析的主要步骤，图 7-11 为竞争对手分析的程序和主要内容，具体如下。

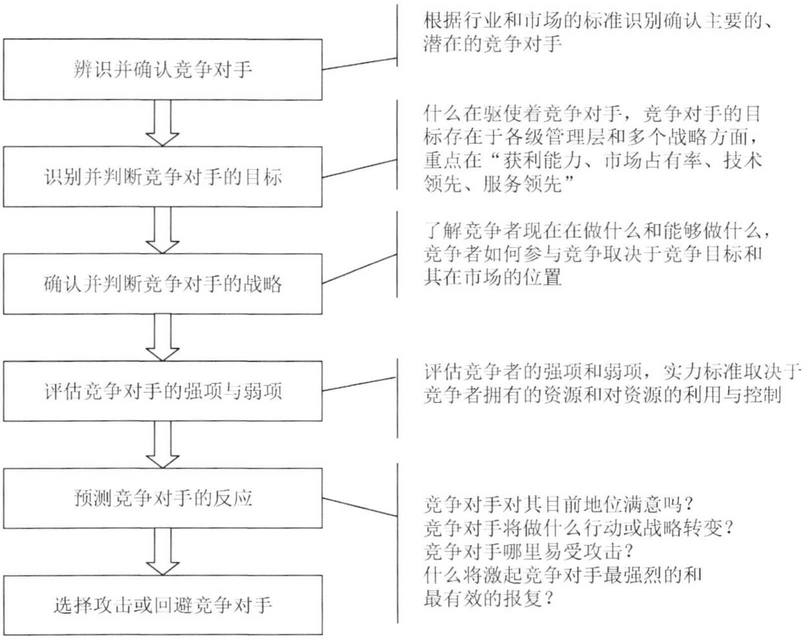

图 7-11　竞争对手分析的程序和主要内容

（1）识别公司的主要竞争对手；
（2）了解和确定竞争对手的目标；
（3）识别竞争对手的战略；
（4）评估竞争对手的强弱；
（5）估计竞争对手所做出的反应；
（6）选择对竞争对手采取攻击或规避的策略。

4. 竞争情报价值链

情报研究程序或竞争情报循环是国内外关于情报工作基本环节的经典总结，是企业竞争对手分析活动的基本流程。价值链的研究表明，企业的竞争优势主要源自竞争者价值链之间的差异。我们认为，竞争对手分析是一项能够为企业创造巨大经济效益的情报活动，它的价值主要来源于对研究程序各个环节的把握和深入程度。因此，可以把情报研究流程或竞争情报循环看作竞争情报价值链，或者竞争对手分析价值链。抓住了这个流程，也就抓住了竞争情报工作的基本方面、主要环节和价值来源。

1996 年，美国的 Powell 在《情报分析的艺术和科学》一书中，就提出了竞争情报价值链的概念；2002 年 5 月，陈峰在其论文《面向企业战略管理的竞争情报研究》中也论述了这一概念。包昌火研究员和王曰芬副教授于 2002 年 7 月在北京世纪经济研究信息中心举办的"现代企业信息与情报策略高层培训班"上联袂做了《竞争情报的获取和分析》的专题报告，对竞争情报价值链做了如图 7-12 所示的形象表达。

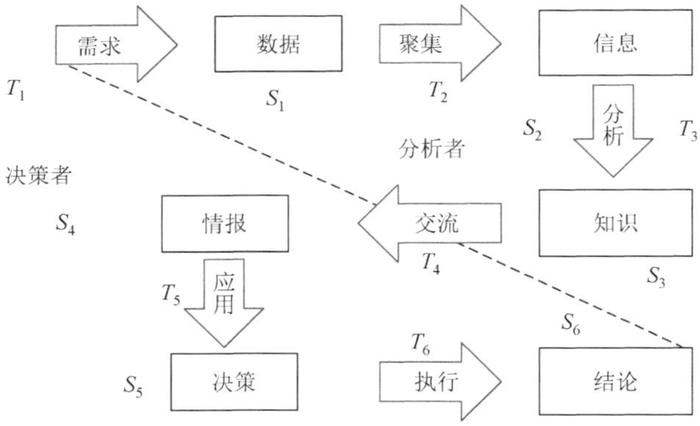

图 7-12　竞争情报价值链分析图

7.3.3　竞争对手分析的智能化

随着信息处理和分析技术的飞速发展，以自动化和智能化为目标的竞争分析软件大量涌现，出现了竞争对手分析技术智能化的势头。这些分析软件通常按照竞争情报循环的五大程序展开，成为竞争对手分析论纲的重要构成，形成了一道分析技术现代化的绚丽风景。

1. 竞争对手分析软件现状

2000 年，美国 Fuld 公司的竞争情报软件分析报告中列出了可能应用于竞争对手分析的 170 种软件包，并对其中 40 种软件包，尤其是对 12 种软件包进行了深度评价，如表 7-1 所示。

表 7-1　12 种竞争情报软件包评分表

软件包名称	规划与定向	信息收集	信息加工	情报分析	产品传播
权重	5	10	10	15	10
C-4-U Sout（C-4-U Ltd.）		5			
Competitive Intelligence（CI）Spider Version l.2.1（knowledge Computing Corp.）		5			
Knowledge Works Version 5.3（Cipher Systems）	2	9	7.5	1	5
Market Signal Analyser（Docere Intelligence）		6		2	9
E-Sense（Vigil Technologies）		7			
Corporate Intelligence Service 1.0（Intelliseek，Inc.）		9.5			6
TexAnalyst 2.0（MegaputerIntelligence，Inc.）		3			3
Plumtree Corporate Portal Version 3.0（Pl）umtreeSoftware，Inc.		9.5			6
Powerise.com Web Site（Powerise.com）		5			
Strategy Version 2.5（Strategy Software）		7		3	7.5
Wincite Version 6.1（Wincite Systems LLC）		7.5		2	9
WisdomBuilder 2.3.0（WisdomBuilder LLC）	1	5	5	4	9
总分	3	78.5	12.5	12	50.5
平均分	1.5	6.5	6.3	2.4	6.3

需要注意的是，情报软件包在各个竞争情报步骤中权重的确定是基于以下几方面的考虑。

（1）规划与定向：没有软件包可以动态地识别一个特定的公司的竞争情报需求，而这些需求的确定主要依靠的是企业专业情报人员与企业的决策者的紧密合作，因而该步骤中情报软件的权重“5”仅占总权重“50”的 1/10。

（2）信息收集、信息加工、产品传播三个步骤中，情报软件的权重均较规划与定向阶段高，分别为“10”。

（3）情报分析步骤相对于（2）中的各个步骤更为重要，因而情报软件在这个阶段的权重取为“15”，是所有五个步骤中最高的。

（4）12 种情报软件包针对各个阶段的评分是依据其自动控制的质量与程度给出的。越通用的软件包由于涉及的步骤较少而总分较低，但这并不损害到软件本身的价值。

2002 年，美国 Fuld 公司在竞争情报软件分析报告中，从功能角度，对认为较好的

13 种竞争情报软件包进行了评价，如果把情报分析这个环节赋予权重 15，这 13 种软件包的平均得分为 8.9，而得分超过平均分的软件包有 5 种，如表 7-2 所示。

表 7-2　竞争情报软件包的分析功能

软件包名称	情报分析环节得分	实现方法
ClearResearch Suite	11	关联分析
WisdomBuilder	11	关联分析
Intelligence	10	关联 + 比较分析
Strategy	10	比较分析
Wincite	9	比较分析

这 5 种软件分析功能的实现方法基本可以划分为两种类型：第一类是试图从文本中抽取出人物、地点、组织和事件之间的关键联系，即关联分析；第二类是致力于比较不同的产品和类别，再运用定标比超以及 SWOT 分析等方法，形成一些分析结果，即比较分析。其中，ClearResearch Suite 和 WisdomBuilder 采用的是第一类方法，Strategy 和 Wincite 采用的是第二类方法，而 Intelligence 则同时采用了这两类方法。

2. 竞争对手分析软件的发展

上述两类实现竞争对手分析功能方法的深化将促进竞争情报软件的开发。

1）采用非结构化数据，深化关联分析方法

相关关系是一种广泛存在，并且有着很大利用价值的关系。从非结构化的文本信息中抽取出人物、地点、日期、事件和其他潜在的相关关系之间的联系，是计算机的独特信息处理能力。在这一点上，人类的处理能力望尘莫及。因此，应充分发挥计算机的这一优势，为情报分析服务。

（1）采用数据挖掘技术。数据挖掘技术是数据库研究中的一个很有应用价值的新领域，能够从大型数据库或数据仓库中提取隐含的、未知的、非平凡的及有潜在应用价值的信息和模式。在 ClearResearch Suite 和 WisdomBuilder 的实现过程中都采用了数据挖掘技术：其一，采用规则归纳方法，通过预定义概念和关系的规则字典，识别出关联关系；其二，以可视化技术将关联关系表示出来。

（2）采用网络可视化分析方法。以可视化的网络图形描绘人物、公司和事件之间的联系，是一种直观表现事物之间复杂联系的有效方法，同时也是网络分析的基础。根据网络分析理论，公司现有的关系网络束缚着或者塑造着公司的行为，同时公司行为也在塑造着公司的关系网络。因此，通过网络分析，能够解读出公司的大量信息，如公司间的战略同盟、互兼董事会以及专利的相互引用等。

ClearResearch Suite 和 WisdomBuilder 所实现的功能为关联分析这类方法的进一步应用奠定了很好的基础。在此基础上，可以进行战略联盟分析、兼并收购分析、管理人员跟踪和专利情报分析，这些都是非常有效的竞争对手分析方法。

（3）采用神经网络技术。随着数据挖掘技术逐步走向成熟，人工神经网络技术将成为未来竞争情报分析的有力工具。ClearResearch Suite 和 WisdomBuilder 都采用了由人预先定义的规则字典，受人的主观影响很大。而采用神经网络技术，可以由计算机在学习和修正的基础上，找到相应的规则，从而避免主观性。此外，分类分析和聚类分析也可以用于预测未来的一些发展趋势。而这些是现有的软件还没有实现的功能。

2）采用结构化数据，强化模型分析方法

对于那些已经显性化的数值和事实型数据，则需要采用一定的分析模型将其组织在一起，用于辅助决策过程。而这类模型早在 20 世纪 80 年代就已经由国外的竞争情报专家提出了 30 多种，基本上都形成了比较固定的分析程序。可以预计，这些分析过程的计算机化将是竞争情报对手分析智能化的重大发展。

这种模型化方法的实用之处在于能直观地展示数据，便于得出明确的结论，而且应用数据挖掘技术得出的定性结论可以作为事实型数据输入模型分析过程，从而实现两种方法之间的数据共享。

3）情报分析功能与其他功能的联结

根据竞争情报循环模型，情报分析是其中的第四个环节，因此在设计分析软件的时候还要考虑与其他几个环节的衔接。图 7-13 为竞争情报项目或系统结构示意图。

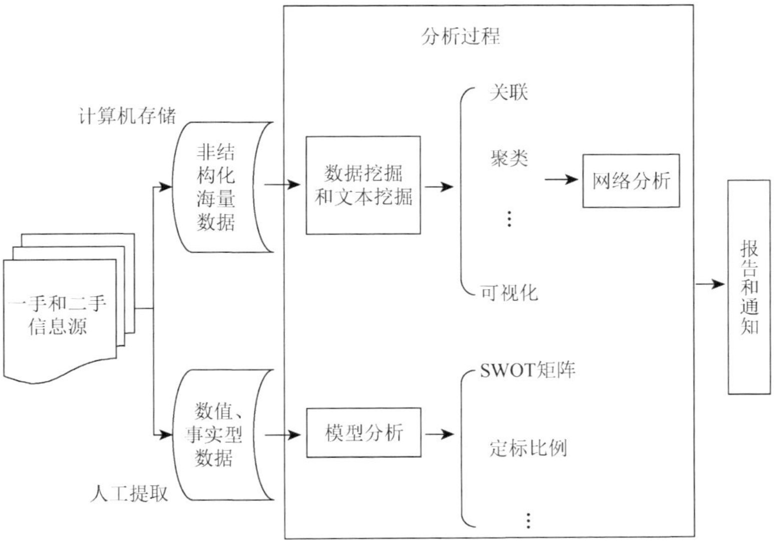

图 7-13　竞争情报项目或系统结构示意图

7.3.4　企业竞争对手分析

1. 做好竞争对手分析的主要步骤

（1）确认本企业的竞争对手。广义而言，企业可将制造相同产品的公司视为竞争对手。

（2）确认竞争对手的目标。竞争对手的市场定位是什么，竞争对手的利润目标是什么，并注意竞争对手用于攻击不同产品市场细分区域的目标。

（3）确定竞争对手的战略。

（4）确认竞争对手的优势和弱势。

（5）确定竞争对手的反应模式。

（6）确定公司的竞争战略。

2. 企业竞争对手分析的主要内容

1）竞争对手的市场占有率分析

分析总体的市场占有率是为了明确本企业和竞争对手相比在市场中所处的位置是市场的领导者、跟随者还是参与者。

分析细分市场的市场占有率是为明确在哪个市场区域或哪种产品是具有竞争力的，在哪个市场区域或哪种产品在市场竞争中处于劣势地位，从而为企业制定具体的竞争战略提供依据。

2）竞争对手的财务状况分析

竞争对手财务状况的分析主要包括盈利能力分析、成长性分析和负债情况分析、成本分析等。

3）竞争对手盈利能力分析

盈利能力通常采用利润率为指标。比较竞争对手与本企业的利润率指标，并与行业的平均利润率比较，判断本企业的盈利水平处在什么样的位置上，同时要对利润率的构成进行分析。

4）竞争对手的成长性分析

成长性分析的主要指标是产销量增长率、利润增长率。同时对产销量的增长率和利润的增长率做出比较分析，得出两者增长间关系；是利润的增长率快于产销量的增长率，还是产销量的增长率快于利润的增长率。一般而言，利润的增长率快于产销量的增长率，说明企业有较好的成长性。

5）竞争对手的产能利用率分析

产能利用率是指企业发挥生产能力的程度，显然，企业的产能利用率越高，单位产品的固定成本就越低。因此，要对竞争对手的产能利用率情况进行分析。

6）竞争对手的创新能力分析

对竞争对手学习和创新的分析可以围绕如下几个指标来进行：①推出新产品的速度，这是检验企业科研能力的一个重要的指标；②科研经费占销售收入的百分比，这体现了机构对技术创新的重视程度；③销售渠道的创新，主要看竞争对手对销售渠道的整合程度，销售渠道是机构盈利的主要通道，加强对销售渠道的管理和创新，更好地管控销售渠道，机构才可能在整个的价值链中（包括供应商和经销商）分得更多的利润；④管理创新，在激烈竞争的市场环境下，机构只有不断地提高自身管理水平，进行管理创新，才能不被激烈的市场竞争所淘汰。

7.4　定标比超方法

7.4.1　定标比超方法简介

定标比超由英文Benchmarking翻译而来，也称为基准调查、基准管理、标高超越、立杆比超等。自从1979年在施乐公司“诞生”以来，定标比超的概念已被许多企业所接受，并逐渐风靡全世界。在日益激烈的市场竞争环境中，越来越多的企业意识到定标比超之于企业生存和发展的重大意义——提高产品质量和生产效率、提高企业管理水平和客户的满意度，从而赢得和保持企业竞争优势。事实上，定标比超分析已经成为竞争情报领域的重要工具，是目前使用最多的竞争情报分析方法之一。

定标比超是不断发现企业内外、行业内外的最佳理念或实践，将本企业的产品、服务或其他业务活动过程与本企业的最佳部门、竞争对手或者行业内外的一流企业进行对照分析的过程，是一种评价自身企业和研究其他组织的手段，是将企业内部或者企业外部的最佳做法作为自身企业的内部发展目标，并应用于自身企业竞争发展的一种做法。

作为一种重要的竞争情报分析方法，我们又可以从这个角度对定标比超做进一步的理解：定标比超是运用情报手段，将本企业的产品、服务或其他业务活动过程与本企业的杰出部门、确定的竞争对手或者行业内外的一流企业进行对照分析，提炼出有用的情报或具体的方法，从而改进本企业的产品、服务或者管理等环节，达到可与之抗衡甚至战胜的竞争状态，并最终赢得且保持竞争优势的一种竞争情报分析方法。

7.4.2　定标比超的发展

定标比超自20世纪70年代末提出以来，已经取得了巨大的发展。越来越多的企业都纷纷开展各种各样的定标比超活动。一方面，企业的定标比超活动为企业战胜竞争对手、赢得竞争优势提供了战略和战术上的指导，从而促进了企业的发展；另一方面，由于定标比超的良好作用，越来越多的企业更加重视定标比超工作。同时，正是由于这种良性循环，使得定标比超这种竞争情报分析方法得到了很大的发展。

施乐公司在定标比超方面开先河后，美国许多大公司纷纷开展此项研究，如AT&T公司、杜邦公司、通用汽车公司、福特汽车公司、IBM公司、柯达公司、美利肯公司、摩托罗拉公司等。这些在产品质量和竞争力方面居领先地位、声名显赫的企业，都把定标比超作为一种标准手段，作为提高产品质量和管理水平的重要途径。一时间，定标比超显得如此重要，于是美国不少大企业的主管人员在批准一项新的投资或产品开发计划时，都把定标比超方法放在十分重要的地位上。

1995年的一项调查显示，定标比超是最受欢迎的5大商业工具之一。财富500强企业中70%以上都将定标比超作为一项常规的管理工具，包括AT&T公司、柯达公司、福特汽车公司、IBM公司、施乐公司等。福特汽车公司早在20世纪80年代初期，在进行一种新产品研制时便开展了定标比超。它列出了400多条用户认为最重要的汽车性能，然后找出各项指标均属一流的车型，千方百计赶上和超过强劲的竞争对手。结果，造出了畅销的“金牛座”（Taurus）车型。1992 年，该公司为了推出更新型的汽车，又进行了新的一轮定标比超。

1990 年，柯达公司分管质量改进的主管组建了一个三人的定标比超办公室。除了作为接受外部公司定标比超要求的窗口之外，该办公室有一个详细的内部数据库，该数据库描述和量化了世界各地的柯达公司内部的最好实践。办公室成员是整个公司从事定标比超活动的咨询师，为公司的定标比超活动提供各种方式的咨询。IBM 公司对定标比超同样十分重视。它专门设立了定标比超办公室。据悉，它所获得的 500 多项新成果中，许多是经过定标比超取得的。

有些颇有声望的大公司，为了提高生产效率，不惜放下架子，向比它小的国外同行学习。例如，福特汽车公司在处理可支付账目方面，就以日本的马自达公司为定标比超对象。福特公司在马自达公司的帮助下，采用了一种“无发票系统”。在向供应商付账时，不再凭“发票”，而是凭“收据”，从而使这项工作取得突破性进展。原来该项工作需要 500 人，后来减少到 200 人，工作效率显著提高。著名纺织公司 Milliken 的主席高兴地承认，“我们毫不犹豫地向别人借鉴经验”。他们成功了，1989 年，Milliken 曾因在定标比超方面取得显著成就，荣获令人羡慕的“Malcolm Baldrige 国家质量奖”。

在亚洲，定标比超也得到相当的发展。中国香港早在 1993 年就成立了香港定标比超数据交流中心。1998 年 10 月，亚洲定标比超交流中心成立，它提供定标比超方面的咨询和服务。在其他亚洲国家，定标比超也得到了一定的发展。1997 年，泰国生产力学会开始和国际定标比超交流中心合作开发了一个泰国的定标比超平台，并努力向泰国公司介绍定标比超。1998 年 10 月，在印度召开了第一届定标比超全国会议，同时开始着手建立印度定标比超数据交流中心。在马来西亚，政府通过指导市民服务部门的领导实施定标比超活动来极力推进国内的定标比超活动。事实上，我国的“比学赶帮”运动以及“工业学大庆、农业学大寨”运动就可以看作定标比超活动的雏形。

一些有关定标比超的团体应运而生。美国生产力和质量中心（American Productivity and Quality Center）是一个总部设在休斯敦的非营利团体，它于 1992 年 2 月成立了国际定标比超交流中心（International Benchmarking Clearinghouse）。该中心是集合定标比超伙伴的网络组织、定标比超过程的推进者、定标比超信息的仓库，也是一个定标比超专家中心。目前，它已经拥有来自商业、政府、医疗行业、教育机构等各个行业的 500 多个成员，这些成员除了来自美国之外，还有很多是来自加拿大以及澳大利亚、亚洲、南美洲和欧洲，而且其中许多是赫赫有名的大企业。总部设在马萨诸塞州坎布里奇的战略规划研究所（Strategic Planning Institute）也是一个非营利团体。1990 年，它成立了自己的定标比超协会，有 50 家公司参加。每家公司交出 800 美元，每年参加 4 次会议，就可使用该协会的案例研究数据库。另外，还有不少提供定标比超相关服务的专业顾问公司，如马萨诸塞列克星敦的最佳经营定标比超和咨询公司、安德森顾问公司等。

此外，行业定标比超协会也相继成立，例如，会计和财务定标比超协会（Accounting and Finance Benchmarking Consortium），为会计和金融方面的专业人士提高实际操作能力服务；电子应用定标比超协会（Electric Utility Benchmarking Association），其目的是通过交换定标比超数据和定标比超实践以及共享信息，使得电子应用行业提升行业效率；电信行业定标比超协会（Telecommunication Industry Benchmarking Association），根据雅虎搜索引擎的检索发现，目前有关定标比超的网站已经超过了 100 个。这些网站有的是免费的，有的是收费的，它们都为开展定标比超的公司提供了一定的指导和相关信息。

7.4.3　定标比超的类型

本节主要从定标比超的重点以及定标比超的对象两个方面对定标比超进行类型划分，定标比超的类型可以用图形来表示。图 7-14 为定标比超类型图。

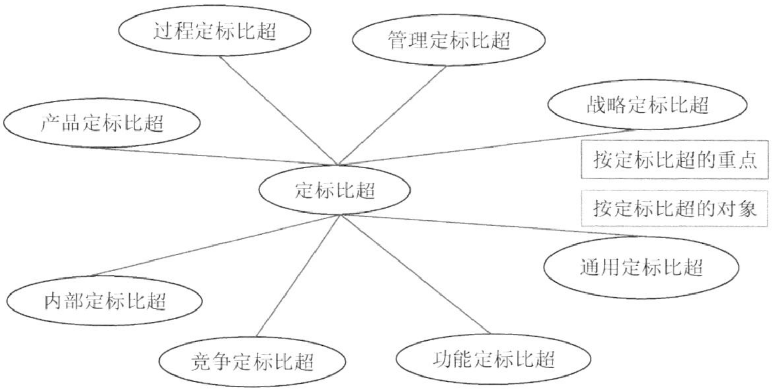

图 7-14　定标比超类型图

1. 按定标比超的重点分

根据定标比超的重点，定标比超可以从开展的不同层次进行划分，包括产品定标比超、过程定标比超、管理定标比超、战略定标比超四种类型。

1）产品定标比超

这种定标比超的重点是产品，它首先确定以竞争对手或相关企业的某种产品作为基准，然后进行分解、测绘、研究，找出自己所不具备的优点。通过这种对产品的反求工程，不仅可以对原产品进行仿制或在原有的基础上加以改进，还可以估算出竞争对手的成本。与自己的产品进行比较，可以估计出不同设计方案在现在和将来的优点和不足。

产品定标比超是一种采用最早、应用最广泛的定标比超。如前所述，1979 年，施乐公司就在世界上率先成功地进行了产品定标比超分析。柯达公司的格里安吉利先生认为好多人都把对产品的定标比超视为初等生物学，即仅仅是解剖青蛙看看内脏，这是不正确的。他认为产品定标比超更像考古学，因为要通过文物的挖掘来确定它的文化价值。也就是说，工程师在对竞争产品观察、拆装和研究之后，不仅应该指出产品的设计特点和装配工艺，还要能以此了解顾客对产品的新需求，以及竞争对手满足顾客要求的新方法。

2）过程定标比超

过程定标比超即通过对某一过程的比较，发现领先企业赖以取得优秀绩效的关键因素，诸如在某个领域内独特的运行过程、管理方法和诀窍等，通过学习模仿、改进融合使企业在该领域赶上或超过竞争对手的定标比超，例如，我国华为商用 AI 芯片受到全球科技企业的竞相挑战。

3）管理定标比超

管理定标比超即通过对领先企业的管理系统、管理绩效进行对比衡量，发现它们成功的关键因素，进而学习赶超它们的定标比超。这种定标比超超越了过程或职能，扩展到了整个的管理工作，例如，对全公司的奖酬制度进行定标比超，它涉及如何成功地对不同层次、各个部门的员工进行奖酬的问题。在我国的餐饮行业竞争中，较多中小型企业在经营过程中对行业的龙头企业进行模仿，如以喜家德水饺为引领的“皮薄馅大、优质原料、精品服务”的快餐行业竞争。

4）战略定标比超

这种定标比超比较的是本企业与基准企业的战略意图，分析确定成功的关键战略要素以及战略管理的成功经验，为企业高层管理者正确制定和实施战略提供服务。这种定标比超的优点在于开始就注意到要达到的“目的”，而过程定标比超和管理定标比超是先比较各种“手段”，然后确定哪个能更好地达到某种目的。

以上四种定标比超各自具有不同的侧重点，能依据企业战略定位而提供不同类型的情报。

2. 按照定标比超的对象分

按照定标比超的对象不同，定标比超又可以分为以下四种。

1）内部定标比超（internal benchmarking）

它基于组织内部的绩效评估活动，其目的是找出组织内部的最佳作业典范。换句话说，定标比超的流程是从组织内部开始的。内部定标比超被广泛应用于大型多部门的企业集团或跨国公司之中。在这类企业中，下属各经营单位的运作具有较强的可比性。内部定标比超的焦点是操作性的事务，通常是低层次的可重复的操作，缺少战略高度。

与其他几种定标比超类型相比，内部定标比超比较简单。由于各内部经营单位属于同一个组织，所以在数据采集等过程中困难比较小。由于定标比超对象的配合，整个内部定标比超的实施比较顺利，所需要投入的人力、物力和财力以及时间都相对较少。内部定标比超是所有定标比超类型中最快、成本最低的一类，它通常可以在 6 个月之内完成。

2）竞争定标比超（competitive benchmarking）

它是指直接竞争组织之间的绩效评估和比较活动。竞争定标比超包括认定直接竞争对手的产品、服务、工作流程、管理模式、战略计划等。其目的是找出竞争对手的优势和特长，发现自己与竞争对手之间的差距并努力缩短这种差距。

由于同行业中竞争者之间的产品结构相似，面临的市场机会相当，因此，竞争定标比超的可比性比较强。在最佳绩效转移这一过程中比较简单，有的环节甚至不需要经过大的调整就可以直接应用于本企业。此外，由于这类定标比超直接针对竞争对手，所以较容易得到本企业高层领导的关注，这为定标比超的实施提供了重要的有利条件。例如，日本的佳能和英国的卢卡斯鼓励使用定标比超的公司之间相互进行访问；摩托罗拉公司和通用电气公司则和定标比超的对象共享项目的结果。

但是，竞争定标比超的困难也正是这类定标比超的对象是竞争对手，这种竞争关系很难得到有用或准确的情报。有些情报可以通过公开资料获得，如上市公司的财务报表。但是，这种资料往往不够详尽以致用处不大。直接对立的竞争对手之间的比较之所以难以开展，是因为很多信息在商业上的敏感性。此外，在定标比超过程中，要争取竞争对手的配合与合作并非易事，除非目标的竞争对手也有意进行同类型的定标比超研究。

3）功能定标比超（functional benchmarking）

它又称为跨行业定标比超，指不同行业，但具有相同或类似运作环节的企业间的定标比超。功能定标比超通常涉及某个功能领域的特定企业活动。虽然来自不同行业的企业在某些方面会有很大的不同，但是作为企业往往具有一些共性，如原材料的采购、库存、发放、订单处理、客户服务等。某生产企业为了提高物流管理水平，可将一家物流管理超群的邮购公司作为定标比超的对象。20 世纪 80 年代初，施乐公司就关于物流管理和客户订单处理方面与 L. L. BEAN 公司进行了定标比超研究，这可算作功能定标比超的经典。功能定标比超是一种典型的非竞争性定标比超，本企业与定标比超对象之间没有直接的利害冲突，容易争取到对方的配合。

4）通用定标比超（generic benchmarking）

它是指对来自不同行业、执行不同功能的业务流程进行评估和比较的过程。通用定标比超的最大好处是有望发现创新实践的潜力，并将这种在本行业迄今尚未发挥的创新潜力移植到本企业内，从而使企业绩效实现跳跃性的增长，显著提高企业的竞争力。通用定标比超的重点在于认定最佳工作流程典范，而不是某个特定组织或特定行业的最佳运作典范。例如，美国西南航空公司为了进一步加快飞机的周转，提高飞机的利用率，千方百计地缩短飞机到港后停留时间，主要是旅客放行、客舱清扫、燃料补给等方面。为了实现这一目标，该公司派员工仔细观察了一级方程式赛车的车队工作人员如何在短短几秒钟内完成加油、换轮胎等一系列工作。该公司从中得到启发，采取相应措施，显著缩短了飞机在港停留时间。又如，多米诺比萨饼公司通过考察研究某医院的急救室来寻求提高送货人员的流动性和工作效率的途径，提高员工的应急能力。

7.4.4　定标比超的方法

选择正确的方法是定标比超成功的关键因素。关于定标比超的方法，很多组织都有自己成功的经验，如施乐公司、国际定标比超交流中心、柯达公司、AT&T 公司、美国快递公司、IBM 公司等。施乐公司的定标比超分为 12 步，而 AT&T 公司的定标比超也有 12 个步骤，IBM 公司则是 16 个步骤。实践中，尽管不同的公司在实施定标比超时所采用的步骤不同，但是它们的关键步骤是一样的，基本思路也是一样的，只是对步骤的划分以及所用的描述语言有所不同而已。大多数的方法都是建立在施乐公司方法之上的，而施乐公司方法则被认为是进行定标比超工作有效而通用的方法。

1. 施乐公司方法

施乐公司一直把定标比超作为产品改进、企业发展、赢得竞争对手、保持竞争优势的重要工具。施乐公司的最高层领导都把定标比超看作全公司的一项经常性活动，并指导其所属所有机构和成本中心具体实施定标比超。具体来说，它在实施定标的过程中，它的“5 阶段、12 步骤”定标比超方法被其他公司认可和使用。图 7-15 为施乐公司的定标比超方法示意图。

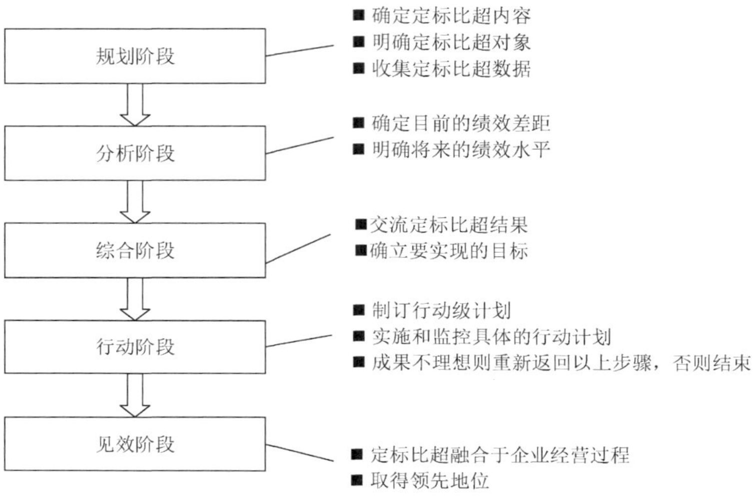

图 7-15　施乐公司的定标比超方法示意图

1）规划阶段

（1）确定定标比超内容。施乐公司实施的第一个定标比超的内容是关于复印机制造的。施乐公司震惊地发现其日本的竞争对手竟然以其成本的价格出售高质量的复印机，因此，其针对制造环节开展了定标比超研究，将产品特性和可操作性与其他企业进行比较，并取得了很好的成果。

（2）明确定标比超对象。施乐公司首先研究它的一个日本子公司——富士-施乐，然后是佳能等公司，以确定它的日本对手的相关成本是否和它的价格一样低。

（3）收集定标比超数据。研究证实，美国的价格确实比日本的价格要高。日本的成本成了施乐公司的目标。来自公司主要领域的管理人员纷纷前往施乐公司的日本子公司，并考察它的活动。然后，施乐公司开始收集各种信息。

2）分析阶段

（1）明确目前的绩效差距。之所以日本对手的复印机能够以施乐公司的成本价销售，它们之间在执行上必然存在着差距。将收集到的信息用来发现差距。

（2）明确将来的绩效水平。根据差距分析，计划未来的执行水平，并确定这些目标应该如何获得及保持。

3）综合阶段

（1）交流定标比超成果。所有的施乐公司员工都在质量培训中至少获得过 28 小时的培训，而且有很多员工进行了高级质量技术的培训。在近 4 年中，施乐公司在其培训项目中投资了 400000000 人·小时，投入了 12500 万美元。一旦一个新的定标比超项目确定，它都将被公司的员工进行讨论，这样使得其他人可以在其日常操作中使用。

（2）确立要实现的目标。施乐公司发现，购得的原料占其制造成本的 70%，细微的成本下降都可以带来大量的利益。公司将其供应商基数从 20 世纪 80 年代初的 5000 多个削减到实施定标比超后的 420 个。不合格零件的比例从 1980 年的 1%下降到实施定标比超后的 0.0225%，6/7 的质量检查人员重新安排了工作，95%的供应零件根本不需要检查。购买零件的成本下降了 45%。这些目标并非同时确立，但随着定标比超过程的进行，它们都顺利实现了。

4）行动阶段

（1）制订行动级计划。必须制订具体的行动计划。施乐公司制订了一系列的计划，使得复印机的质量提高了。

（2）实施和监控具体的行动计划。定标比超必须是一个调整的过程，必须制订特定的行动计划以及进行结果监控以保证达到预定目标。

（3）如果定标比超没有取得理想的效果，就应该重新检查以上步骤，找出具体的原因，再重新进行定标比超工作。

5）见效阶段

在对日本行业进行了定标比超之后，施乐公司并没有停滞不前。它开始了对其他竞争对手、一流企业的定标比超。1996 年，施乐公司是世界上唯一获得所有的三个重要奖励的公司：日本戴明（Deming）奖、美国马尔科姆·波多里奇（Malcolm Baldrige）国家质量奖以及欧洲质量奖。显然，采用了定标比超使施乐公司受益匪浅。

2. 国际定标比超交流中心方法

国际定标比超交流中心作为一个定标比超伙伴的网络组织，在推进定标比超在国际上的应用方面作出了重要的贡献。国际定标比超交流中心在举办了众多的定标比超会议和培训，做了大量的定标比超实践的基础上，也积累了丰富的定标比超经验，形成了自己的定标比超方法和步骤。

具体来说，国际定标比超交流中心使用一种四阶段定标比超法，如图 7-16 所示。

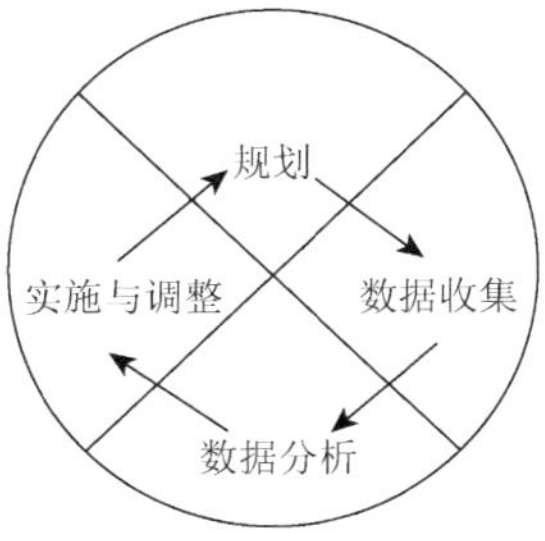

图 7-16　国际定标比超交流中心四阶段定标比超法

1）规划

在这个阶段，定标比超活动的焦点集中在定标比超的领域、关键手段，并对它们以及一些相关的概念进行充分而又仔细的论证。此外，在规划阶段还需要确定数据收集的工具和手段，论证并确定将要进行定标比超的最佳绩效组织。

2）数据收集

数据收集阶段有两个明确的目标：收集定性的数据、向最好的组织学习。

在这一阶段中，调查问卷被提交给所有的参与者，有选择地对最佳绩效的组织进行实地访问。

3）数据分析

数据分析阶段的关键活动包括分析趋势以及识别推动或阻碍绩效执行的因素。

定标比超小组提出一个最终报告，该报告揭示定标比超过程的关键收获，以及对知识转换的见解和建议。定标比超小组的成员深层次地讨论这些收获，相互之间进行必要的交流和沟通，并提出便于实施这些收获的方案。

4）实施与调整

将定标比超小组的发现和收获，在自身组织中实施，并根据自身的文化特征以及现状等因素进行调整。

7.4.5　定标比超的一般步骤

图 7-17　定标比超的一般步骤

从 20 世纪 70 年代末以来，定标比超已经被国内外众多企业所采纳，并作为一种重要的常规工具。因此，很多企业都在长期的定标比超活动中摸索和积累了丰富的经验。虽然不同企业的具体做法和步骤会有所不同，但是这种不同通常只是在文字表述上的差异。通过对以上各种方法的分析和归纳揭示，它们本质上都包含以下步骤，我们可以用图来简单概括和总结。图 7-17 为定标比超的一般步骤。

1. 确定定标比超内容

定标比超是一个将自身的情况和本组织内部的最佳部门、竞争对手或者行业内外的最佳组织进行比较，并向它们学习，吸收它们的成功经验和做法的过程。因此，定标比超的前提是了解企业自身的情况，确定需要改进、能够改进的产品、服务、过程或者战略。显然，如果没有透彻地了解组织自身的情况，就无法明确定标比超的方面。事实上，几乎所有的环节都可以进行定标比超，而有的时候，尤其是中小企业，需要改进的地方太多，企业本身又没有足够的人员、资金和时间对所有的薄弱环节进行定标比超。所以，要想取得理想的定标比超效果，确定定标比超的内容非常重要。

一般来说，要选择那些对利益至关重要的环节进行定标比超。不同的企业由于其性质不同，因此盈利的关键环节也有所不同，如影响制造行业企业的首要环节是产品质量，而影响服务行业企业的首要环节则是客户满意度等。因此，一个组织需要根据自己的实际情况选择定标比超的内容。

选择定标比超内容时，我们可以从以下几个方面进行考虑：

（1）在成本中占最高份额的部分，无论它是固定的还是可变的；
（2）明显影响质量、成本等重要因素的部分；
（3）对商业有重要战略意义的部分；
（4）在市场中进行差别化竞争起重要作用的方面；
（5）代表或支持你的重要成功因素的方面；
（6）对改进有最重要地位的方面；
（7）在实现商业资源和管理方式的情况下，可以被改进的方面。

从不同的层面来看，定标比超的主要内容如表 7-3 所示。

表 7-3　不同层面定标比超的主要内容

操作层	管理层	战略层
■ 竞争性价格 原材料 劳动力管理 生产率 ⋮ ■ 竞争性差异 产品特性 产品设计 质量 售后服务 ⋮ ■ 订单处理过程 ■ ⋮	■ 日常运营 ■ 项目管理 ■ 订货发货 ■ 新产品开发 ■ 信息系统 ■ 财务 ■ 仓储和配销 ■ ⋮	■ 发展方向 ■ 市场细分化 ■ 市场占有率 ■ 原材料供应 ■ 生产能力 ■ 利润率 ■ 工艺技术 ■ ⋮

2. 选择定标比超对象

任何定标比超项目都有一个定标比超的对象。由于定标比超最终是要向这个对象学习，争取赶上并超过这个对象，所以对象的选择就不可掉以轻心。选择合适的定标比超对象，有时候不但可以简化定标比超过程的困难程度，还可以强化定标比超的效果。

定标比超的对象通常来说可以分为以下几大类。

1）企业内部

一般来看，对本企业内部的某个部门进行定标比超比较简单，收集各种数据的阻力比较小。而且，这种内部定标比超比较节省时间和成本。但是，内部定标比超的缺点是，企业不能跳出本企业的视野，定标比超的内容也多局限在操作层和管理层，而很少涉及战略层。因此它在很多时候不能够满足企业发展的需要。

2）竞争对手

竞争对手一般又可以分为以下几类。

直接竞争对手（direct competitor）。例如，对于福特汽车公司来说，其直接竞争对手就是美国通用汽车公司、德国宝马汽车公司、日本本田汽车公司等。

平行竞争对手（parallel competitor）。这些公司的业务和本公司的业务基本相同，但它们并不构成和本公司的直接竞争。例如，长春本地的欧亚商超与大润发超市就是平行竞争对手。

潜在竞争对手（latent competitor）。即目前还没有构成竞争威胁，但是将来将成为竞争对手的公司。

针对竞争对手运用的定标比超方法，可以获取大量的竞争对手数据，了解竞争对手的产品、服务、管理模式和战略，从而可以详细地了解竞争对手的情况。企业可以在此基础上，学习竞争对手的长处，吸取竞争对手的经验，从而尽可能地少走弯路。由于竞争对手与自身企业在某种程度上有一定的相似性，定标比超所得的结果在实施上比较容易，有的方法甚至可以几乎不加改变地予以采纳。可以说，竞争对手的定标比超对于企业战胜对手、赢得领先地位是非常有效的。

在确定竞争对手的时候，我们通常可以从以下几个方面入手：平均产品价格、产品线宽度、产品特征、消费者倾向、市场渗透力、客户满意、产品质量。

3）行业内部

如果定标比超的对象是行业内的非竞争对手，那么很多问题都可以解决。例如，可以跳出内部定标比超视野狭窄的局限，避免竞争对手定标比超的数据不易收集的困难。由于所处同一个行业，所以通过行业协会等可以较方便地获取一些信息。但是，也许会因为本企业和定标比超对象之间存在差异，在定标比超结果转化和实施上会存在一些困难。

4）行业外部

行业外一流组织的定标比超完全跳出了行业的限制，而把目标瞄准了某一个一流的管理方法或处理过程，这有助于企业开阔思路，容易实现创新。这种创新也许能够给企业带来飞跃性发展的机会。但是，对一流组织的定标比超是一种跨行业的定标比超，由于行业差异，所以要通过定标比超发现对本企业有用的情报比较困难。

确定一流组织可以有以下途径。

（1）文献，如一些公开出版的杂志、报纸等。

（2）各种专门介绍最佳组织的信息源，如美国生产力和质量中心、英国商业贸易部和欧洲质量组织等。

（3）Internet 资源，如 Worldclass Benchmarking，网址为 www.worldclassbenchmarking.com；美国生产力和质量中心官方网站，网址为 www.apqc.org。

（4）会议、培训课程等过程中获取信息。

（5）有组织地参加定标比超站点。

（6）与专业教育、科研机构合作。

以美国为例，目前，美国企业在某些领域的定标比超的对象如表 7-4 所示。

表 7-4　美国企业在某些领域的定标比超的对象

种类	美国在该领域最好的公司
定标比超方法	AT&T、数据设备、福特、IBM、摩托罗拉、得克萨斯器械、施乐
账单处理	美国快递、MCI、Fidelity 投资

续表

种类	美国在该领域最好的公司
客户满意	L. L. BEAN、联邦快递、施乐、GE 塑料
配送和库存	L. L. BEAN、沃尔-马特
设备维修	迪士尼
柔性制造	摩托罗拉、Allen-Bradley 等
营销	宝洁
产品开发	DEC、惠普、3M、摩托罗拉、NCR 等
质量手段	AT&T、IBM、摩托罗拉、Westinghouse、施乐
供应商管理	福特、Levi Strauss、3M、摩托罗拉、施乐
员工培训	迪士尼、通用电气、福特、Square D

无论选择哪一类的定标比超对象，都存在一定的局限性，因此，一个组织在进行定标比超时，应该根据组织自身的情况选择恰当的对象。

3. 收集数据并进行分析

收集数据是定标比超的重要环节，根据国际定标比超交流中心的经验，一个定标比超项目在收集数据上就需要花费 50%左右的时间。事实上，收集数据是进行数据分析的基础，没有收集数据的分析，就成了“无米之炊”。

收集数据之前，必须明确以下几个问题。

1）收集哪方面的数据

在定标比超的实施中，如何在众多的数据中识别有用的信息，就必须在收集数据前确定要收集的是哪些方面的信息，这些信息具体到什么程度，是定性的还是定量等环节。

2）确定信息源

有了明确而又有效的信息源，数据的收集才可能既快速，又有效。通常情况下，我们可以从本企业内部信息源、企业外公开信息源、企业外非公开信息源几个渠道收集信息。

关于竞争对手数据的收集，我们也可以使用一些巧妙的方法。首先列出一份关于竞争对手重要人员的清单（如人力资源经理、高级工程师等），然后密切关注这些人员的活动。举例来说，竞争对手的一位高级工程师将要在一个行业协会的会议上发言，则我们可以在此之前准备好相关问题，在他演讲之后的提问时间里向他询问。这样可以得到别的方式无法获得的信息。另一个有效收集信息的方法是参观竞争对手的公司，通过观察、提问以及向竞争对手公司的人员了解相关信息。

收集完数据之后，应该以合理的格式、易于处理的方式进行保存，这是对数据进行分析的前提。而在分析之前还需要做的一项工作则是对数据的有效性、准确性进行鉴别，这样才能够保证分析结果的正确性。

数据分析需要根据定标比超目标有的放矢地进行。在整个分析的过程中，需要定标比超结果的应用者的参与，也需要专业人士的指导和协助。数据分析的结果在大家的参与下进行充分交流和不断改进，最终要找出本企业与定标比超对象之间的差距及其原因。

4. 确定行动目标

找出差距之后，接下来就应该根据本企业现阶段的具体情况，包括企业文化因素、资金因素、技术因素、人员因素等，形成可以操作的方案，有针对性地确定行动。而这也许会引起企业在很大程度上的改变。因此，在这个阶段中，需要将定标比超的结果以及行动计划清楚地告知组织内的各个管理层，并让员工们有充分的时间来对它进行评价，从而得到有关的批评指正，最终得到大家的认可，以减少定标比超结果实施的阻力。

5. 实施计划及评价

定标比超的最终目的是发现不足、努力改进，赶上并超过竞争对手或借鉴其他行业的成功经验，获得最大限度的进步。在实施定标比超方法的过程中，需要不停地对这种实施进行监控和评价。监控是为了保证实施按计划进行，并随时按照环境的变化，对定标比超的实施过程进行必要的调整。而评价则是为了衡量定标比超实施的效果。如果定标比超没有取得满意的效果，就需要返回以上环节进行检查，找到原因并重新进行新的定标比超项目。如果定标比超的效果是理想的，则应该通过评价这个环节，从中总结经验、吸取教训，以帮助以后的定标比超工作的顺利进行。

6. 定标比超在大学生职业生涯中的应用

定标比超在大学生就业环节的指导作用主要表现在可帮助大学生结合目前所处环境，快速找寻发展目标并定位比照目标，以促进学生在日常学业、技能规划、职业选择等领域的主动性，提升综合素质。一般情况下，大学生在实施定标比超方法时，会经历以下几个过程。

（1）选择定标比超对象。一类是针对定标对象的赶超，可以是校内与自己职业目标相同且表现优异的同学、长者等，或者是校外环境中的行业标杆人士；另一类可以是对目标职业特征的赶超，如行业特征、工作环境、能力要求、素质要求、个性要求等。

（2）收集数据并进行分析。这一步骤主要是指根据确定的定标比超内容，通过获得的数据和信息，进行对比分析，特别是进行人岗匹配分析、人职匹配分析，明确自己已经具备的优势，特别是当前存在的差距和不足，找到适合自己缩小差距、弥补不足的方法和途径，确立明确的行动计划和实施方案。

（3）确定行动目标。主要是指根据定标对象来有效使用现有资源，实施比超的过程。例如，可通过专业课学习、社团活动、见习实践等进行个人素质与能力的锻炼与提升。

（4）适时调整定标比超目标。定标比超的最终目的是发现不足、努力改进，获得最大限度的进步。因此在标杆管理的过程中，需要不断地对这种管理及实施过程进行监督和评价。

本章复习题

1. 请分析竞争情报分析过程。
2. 请分析竞争情报分析程序和内容。
3. 竞争对手分析方法有哪些?
4. 定标比超方法对我们的职业生涯规划有哪些帮助?

第 8 章　社会调查法

【学习目标】

■ 了解社会调查法的基本框架
■ 理解社会调查法的具体应用
■ 掌握社会调查法的基本方法

【思政目标】

■ 培养学生关注社会现象和思考社会问题的能力
■ 培养学生独立思考能力和社会责任感

8.1　社会调查法的基本框架

8.1.1　社会调查法的概念及要素

1. 社会调查法的概念

社会调查法是指为了解和认知某一社会现状或历史状况而采取的方法。社会调查法会综合运用多种研究方法进行数据收集和测量，对所收集的材料进行分析比较，以加深对社会现象的认知，探索有关规律。常见的研究方法包括问卷调查法、访谈法、个案调查法和实验等研究方法。

2. 社会调查法的要素

社会调查法的要素包括研究对象、研究问题、研究方法和研究工具。研究对象是指社会现象中所涉及的社会主体和客体。例如，农民数字化贫困现象中，困于数字化贫困的农民是社会调查法的研究对象。研究方法是指围绕研究问题和研究对象的特点所选择的合适的收集数据的方式以及处理数据的方式。同样以案例为例，由于数字化贫困的农民文化水平有限，访谈法更为合适。研究工具是指在收集数据过程中所利用的工具，例如，采用访谈法的社会调查中需要准备访谈提纲，而问卷调查法需要提供专门的调查问卷。

8.1.2　社会调查法的内容及作用

1. 社会调查法的内容

社会调查法是为了加深对社会现状的认识以解决社会问题所采取的方法。社会调查法所解决的关键问题是明确社会问题，探究社会原因和探索解决方法。以本章案例为例，探究突发公共卫生事件网络谣言辟谣效果影响因素。

2. 社会调查法的作用

首先，社会调查法可以为研究人员提供真实客观的数据资料，成为研究人员了解社会现状、分析社会问题的重要依据。其次，社会调查法可以帮助研究人员得到新的研究发现，提出新的理论见解，推动该领域的科学进步。最后，社会调查法的研究发现可以为有关部门制定政策办法提供支持和依据，推动社会建设和发展。

8.1.3　社会调查法的框架

社会调查法需要围绕明确的研究问题和研究对象，确定研究方法进行数据的收集和分析。本节以最基本的社会调查法框架来展示社会调查法的基本环节，如图 8-1 所示。

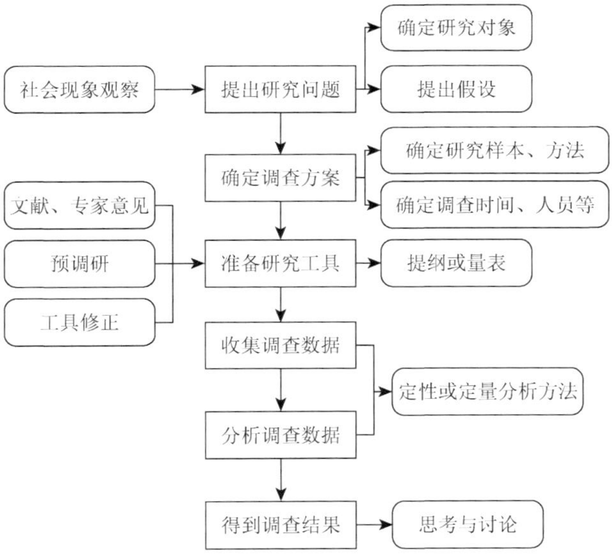

图 8-1　社会调查法框架

社会调查法的基本环节包括：提出研究问题、确定调查方案、准备研究工具、收集调查数据、分析调查数据和得到调查结果。在提出研究问题阶段，研究者需要通过社会现象的观察，确定研究对象和明确研究问题，并提出假设。在确定调查方案环节，需要围绕研究问题和对象，进行抽样确定样本范围，选择研究方法，同时要提出切实可行的调查方案，包括时间和人员安排。在准备研究工具阶段，需要结合文献、专家意见准备针对性的访谈提纲或量表，并进行预调研来进一步修正。随后利用定性或定量的研究方法收集和分析调查数据得到研究结果。

8.2　社会调查法的特点及应用

8.2.1　社会调查法的特点

社会调查法具有显著的综合性。这是由社会现象本身的复杂性决定的。对此，社会调查法需要广泛的研究理论依据和跨学科交叉融合。并且根据研究对象的复杂性，可能需要不同研究方法的相互渗透。

社会调查法具有严格的科学性。社会调查法区别于一般的社会认知活动和调研活动的特点，就是社会调查法要求遵循科学性的研究设计和流程。例如，需要谨慎选择抽样方法，确保样本量和样本范围具有效力。并且需要针对研究问题，选定合适的研究方法进行严谨的数据分析和论证。

社会调查法具有客观性。社会调查法要求研究者实事求是，从客观事实出发，排除研究者主观臆断对调查分析的影响。只有社会调查法遵循客观性要求，才能确保调查结果能够真实反映社会现象，分析结果真实可信。

8.2.2　社会调查法的基本方法

社会调查法的基本方法可以划分为定性研究方法和定量研究方法两大类。其中，定性研究方法是为了给研究问题一个定性理解，通常采用访谈法采集的访谈文本进行质性分析；定量研究方法需要将收集的信息数据用定量表示，利用统计方法得到定量分析结果的验证。由于社会调查法具有综合性特点，常需要定性和定量相结合的方式进行分析和验证。

1. 田野调查法

田野调查法或称现场调查法，是指用于了解用户在某一特定场景中的行为模式的方法。例如，研究者试图了解某种产品的消费者购买行为过程和心理机制，可以深入消费者社区对消费者的发言和行为进行观察。田野调查法的缺点是需要调研人员深入目标场景，对于调研条件具有一定要求。田野调查法的优点是第一手真实客观信息可以观察到用户不自觉的行为特征，得到难以通过文献或问卷等方式获得的深入洞察。其中，如何实践田野调查法将在 8.3 节展开。

2. 访谈法

访谈法是通过向受访者提问获取一手数据资料的调查方法。实施调查法之前需要确定好访谈主题和访谈设备。访谈法的结果会受限于受访者的个人情况。例如，涉及敏感、隐私的话题就无法将访谈进行下去。访谈法包括结构式访谈和非结构式访谈。结构式访谈又称标准化访谈，是按照具有一定结构的调查问卷进行高度控制的访谈方式；非结构式访谈则相对自由，只需拟定一个大概的访谈纲要。

访谈法需要制订访谈计划、编制访谈提纲、确定访谈对象、培训访谈人员、修改访谈提纲和落实访谈时间。在访谈过程中需注意与受访者之间的互动，避免机械式的一问一答。访谈法需要经验丰富且具备高超人际交往能力的访谈人员。例如，能够建立融洽的访谈气氛，能够按照访谈计划进行实践并记录好访谈内容。同时访谈者需要掌握访谈时间和话题走向，具备提问、倾听、回应和记录的技巧。

3. 问卷调查法

问卷调查法是社会调查法的基本办法之一，是指通过向受访者发放针对性问卷获得定量数据的调查方法。问卷调查法中如何设计问卷和实践问卷调查法的具体内容见 9.3 节。

4. 社交媒体网络爬虫

随着社交媒体应用的普及，公众在网络上的参与行为和信息接收成为研究者关注的重点。其中社交媒体所反映出的新形式的社会现象更成为社会调查的重点。因此基于现代信息技术的社交媒体网络爬虫可以使研究者获得一手的用户在社交媒体上的参与行为数据，可以让研究者针对社交媒体情境下的用户在线信息行为、情感、关注主题和社交网络进行分析。社交媒体网络爬虫的工具包括 Python、八爪鱼和火车头采集器等。

8.2.3　社会调查法的应用

社会调查法的研究对象涉及广泛的社会问题，包括消费者的购买行为、网民的社交媒体参与行为、用户的健康信息等。本节将以访谈法和社交媒体网络爬虫基本方法的视角，分享社会调查法的实际应用。

应用案例 8-1　突发公共卫生事件网络谣言辟谣效果影响因素研究

互联网和社交媒体的发展扩大了信息的传播速度和范围，但广泛传播的信息并非都是真实的。在突发公共卫生事件发生期间，缺乏相关健康信息的网民产生了健康信息的需求，刺激了健康信息内容的传播。同时也为造谣者发布和传播网络谣言提供了机会。在突发公共卫生事件爆发期间，虚假新闻和健康网络谣言产生严重负面影响并扰乱社会秩序。

为了解突发公共卫生事件中网络谣言辟谣效果的影响，研究者利用半结构化访谈的方式对研究对象进行深度访谈，获取丰富的访谈记录，不断比较和进行概念提取来形成概念范畴和理论。

研究样本直接影响访谈结果的质量，为确保所收集的访谈资料能够真实有效，研究者在样本选择过程中遵循两个原则：一是受访人员需要了解新冠疫情期间相关谣言及辟谣现象，并对谣言和辟谣事件持续关注；二是受访人员的性别、学历、职业、籍贯和所在地区在分布上相对比较随机，排除受访人群对象单一化所可能导致的相关问题，进而确保访谈对象对于研究问题的理解，以提高访谈质量。通过填写相关的访谈调查问卷和访谈，最终选择了其中 13 名受访人员。这些受访人员有过在突发公共卫生事件期间相信谣言的经历，在辟谣方面也有着一定的了解，因此可以认为所选择的样本具有代表性。

访谈主题是新冠疫情期间网络谣言的辟谣及其效果，访谈内容涉及的网络谣言包括钟南山院士感染新冠、口罩中带有 5G 天线、医院疫情患者逃跑、板蓝根和双黄连等药物可以治疗新冠等。访谈提纲形成于阅读和整理其他文献的基础之上，并在实际采访过程中根据受访者的回答及访谈效果及时进行调整与改进，以保证采访内容的全面性。访谈提纲包括：①年龄、性别、学历、地区，相信谣言历史经历；②对于新冠疫情期间谣言的了解；③最初接触到谣言时的看法与反应；④为什么相信或不相信这个谣言；⑤会相信什么样的辟谣信息；⑥接收到辟谣信息后，会有什么样的意愿；⑦对于新冠疫情期间的谣言及辟谣相关问题的补充。访谈形式包括线上语音访谈和面对面访谈两种。每次访谈由研究者对一名受访者进行深度访谈，访谈时间为 15～30min。在采访过程中，对受访者的全部采访过程进行录音并保存，后续进行语音识别，转换为文本后进行分析研究。调查人员在正式采访前，针对每位受访者对研究问题进行讲解，以保证受访者了解所研究的问题。在访谈过程中，调查人员根据受访者具体情况适当调节叙述和表达问题的方式，以便保证受访者对问题的理解，获取准确有效的访谈结果。

本案例将利用扎根方法得出的数据结果归纳为 3 个维度，以融合主体维度、信息维度和渠道维度为组成元素构建突发公共卫生事件网络辟谣效果影响因素模型，如图 8-2 所示。本案例总结出突发公共卫生事件网络辟谣效果影响因素模型，包括主体（subject）、信息（information）和渠道（channel），简称 SIC 模型，这 3 个因素相互作用并影响着辟

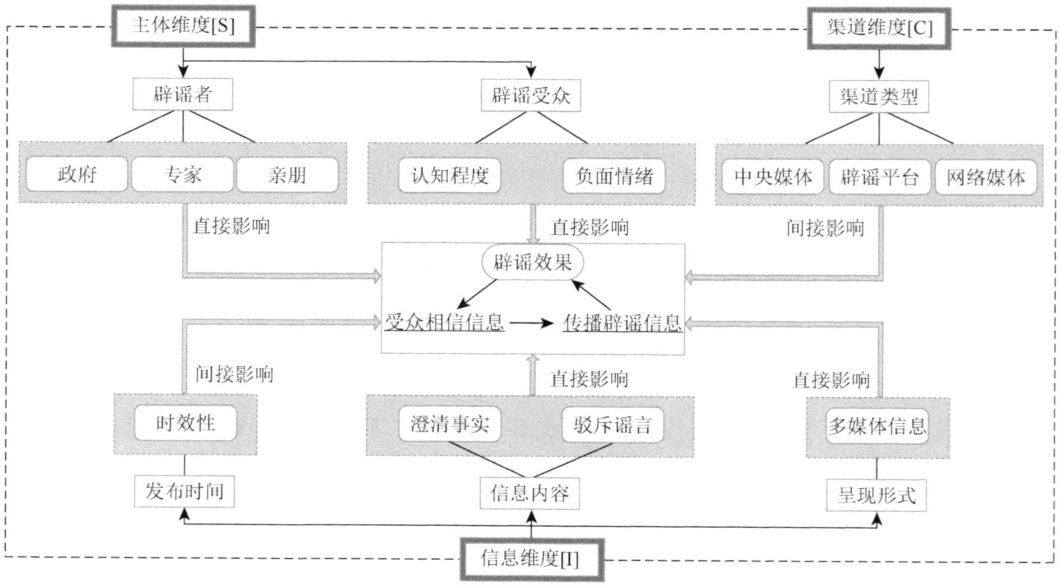

图 8-2　突发公共卫生事件网络辟谣效果影响因素 SIC 模型分析框架

谣效果。辟谣效果越好，受众接收辟谣信息后越愿意相信辟谣内容，并有意愿去扩散辟谣信息，成为辟谣信息新的传播者，从而形成一个辟谣效果的正向循环。

案例来源：王晰巍，邱程程，贾若男. 突发公共卫生事件网络谣言辟谣效果影响因素研究——以新冠疫情期间网络谣言为例[J]. 图书情报工作，2021，65（19）：26-35.

8.3　田野调查法

8.3.1　田野调查法概述

1. 田野调查法的概念

田野调查又称现场调查，是指研究者亲自进入某一社区，在一个相对较长的时段内通过参与观察、居住体验等方式获取第一手资料，并通过对这些资料的定性分析来理解和解释研究对象的研究方法。它涉及研究者和被研究者双方的角度和互动，展现出最接近活态的文化本身的模样，提供了他者对文化不同的理解方式，并为提出合理的文化解释打下基础。

2. 田野调查法的基本原则

田野调查法需要遵循客观性原则。真实性要求调查资料必须与事实的实际状况相一致；可靠性要求做到不偏不倚，以客观的事实为依据，不为主观意志所左右。田野调查者必须客观地观察事物，杜绝增加主观成分。客观性原则需要调查者在事实面前敢于否定自己和他人或权威的错误理论和看法。客观性原则还要求在田野调查中做到内容真实、数字准确和资料可靠，杜绝为了达到某种目的而捏造、伪造和弄虚作假。

田野调查法需要遵循科学性原则。科学性原则是指研究结论的逻辑性和普遍性。科学结论所依据的事实必须是可靠的、真实的，具有内在的逻辑联系，重视因果关系、相关关系的调查和分析。此外，调查资料和结论必须具有普遍性，不具有普遍性和逻辑性的事实，不能作为科学的根据。要把握信息的全面性、关联性，尊重客观事实的差异性。

田野调查法需要遵循系统性原则。任何一种社会和文化现象，都是具有特定功能的、相互之间具有有机联系的许多元素所构成的系统。每一个相对独立的事物都是作为一个系统而存在。在系统中，各种元素的性质和行为影响系统的性质和行为，相反，系统的性质和行为也影响各种元素的性质和行为。系统性原则在田野调查中的运用必须注重四点：一是调查构成系统的结构要素；二是调查系统的内部结构，即各种构成要素的排列组合方式；三是调查研究系统的整体特性和功能；四是调查系统的外部环境。

田野调查法需要遵循尊重性原则。尊重被调查者，尊重当地人的文化和习俗，也是田野调查法的重要原则之一。必须尊重当地人的礼仪、习俗、禁忌和宗教信仰等，尤其是禁忌，调查者必须首先了解清楚，绝不能伤害当地人的感情；不做不利于调查对象的任何事情，尊重他们的人格，前往观察或访谈必须征得当地人的同意，不能随意进入外人不能进的地方；尊重当地人的个人隐私权，被调查者不愿意公开的事，有义务为之保密，如果需要该材料说明问题，需要隐其真实姓名，以其他名称代替；对当地古老的习俗，不能当面说其落后或原始。

3. 田野调查法的类型

根据研究范围，可将田野调查法划分为综合调查、专题调查、典型调查和个案调查四种类型。四类调查各有特色，但并不是各自孤立的，而是彼此关联的。综合调查也往往包含专题调查和个案调查。

综合调查：通常是对当地社会、文化和生活各个方面进行全面、系统的调查，既调查其物质文化，也调查其制度文化和精神文化；既调查其自然环境，也了解其与其他社会的联系和交往；既调查其文化的功能和结构，也探讨其变迁和发展。总之，凡政治、经济、宗教、婚姻、家庭、语言、文学、艺术等均在调查之列。

专题调查：对一个或几个群体或地区做专题调查，以了解某一问题的现状和发展趋势，或用以验证、检验某一理论的真伪。例如，宗教信仰、婚姻家庭等调查，都是专题调查。

典型调查：是从调查总体中有意识地挑选出少数具有代表性、较有特色的地点进行全面、深入的调查，以达到了解整体的特征和本质的调查形式。典型调查要求全面性和深入性，搞清所调查地区的各方面情况，并进行系统、细致的解剖。典型调查具有鲜明的目的性和应用性。

个案调查：是以某一个特定的社会单位作为对象而进行的详细深入的调查研究。个案可以是个人，也可以是家庭或家族。个案调查是一种定性的分析研究方式，在方法上强调细致、深入、全面，强调研究人员与调查对象之间的协调与合作。在个案调查中，一般采用参与观察、访谈和文献研究等方法来收集资料。

4. 田野调查法的注意事项

综合调查不适合当前中国社会的发展。专题调查和个案调查比较适合中国的国情，这两种调查方式有利于较深入地研究某一问题。在中国社会进行田野调查需要避免空泛的村志、乡志、县志式的调查报告。

带着问题调查有利于撰写高质量的调查报告。围绕该问题进行调研，能够帮助全面收集与之相关的有价值的资料。另外可以集中精力思考该问题，从而深入分析现象的原因和特点。

带着理论假设调查有利于检验理论、修正理论和创新理论。田野调查法可以检验该理论是否科学，并判断理论是否适合中国社会情景。当发现某一理论不符合中国社会现实时，可以针对中国社会情景进行修正或创新理论假设。

多点调查有利于归纳理论或法则。一点调查中针对某一个村落或乡镇的文化现象进行调研，得到的结论往往不具有普遍性，难以归纳出具有普遍性的规律或法则。多点调查可以进行比较，比较差异、归纳规律或法则。利用多点调查将视野从个案转向了对更大范围的区域社会的关注，从而为人类学提供比较研究的可能，也为理论建构和问题探讨提供了更为丰富的资料。

8.3.2 田野调查前期准备

1. 确定调查主题

田野调查一般分为全面调查和定向调查两种，但最终的目的都是通过对某一地区或群体的详细调查，得到一个详细的认识，希望能够解决现实社会中的一些矛盾和问题，因此课题的选择本着具有一定研究价值和推广意义的原则。

2. 确定调查对象

确定调查对象包括确定调查人群及地点。一般田野调查所选择的调查对象需要具有一定代表性或特色，例如，当地的社会或文化较为特殊，研究者需要考虑调查对象的年龄、文化水平、生活状况等方面信息。并结合调查主题进一步细化调查对象的判定标准。

3. 确定调查方法

田野调查法可利用多种社会调查方法，如观察法、访谈法和调查问卷法。此外，田野调查法还可以采用自传调查法和焦点小组访谈法。自传调查法是指以口语或书写的方式，回顾式叙述被调查人个人全部或部分的生活。通过全面记录个人的生平经历，来反映家族史、行业史以及民族史的某一侧面。研究者能够透过个人互动关系来认识社会机制和本质。焦点小组访谈法是采用小型座谈会的形式，挑选一组具有同质性的人员，由一个经过训练的主持人以一种无结构、自然的形式与一个小组的人员交谈来获得访谈数据。此外，还有收集当地人民的谱系、文物文献等数据收集方法。在前期准备阶段，研究者需要结合研究主题和研究对象选择合适的调查方法。

4. 制订调查计划

调查计划需要包含调查地点、对象以及研究工具的选择、调查日期和预计的时间长度、调查课题及其理论意义或现实意义，还包含费用、设备等调查条件情况等。调查计划需要具有可操作性，并尽可能地全面细致。

5. 落实调查准备

调查人员要深入了解调查地区的地理和历史材料，对该地区的历史沿革、重大历史事件等也应该尽量了解清楚；并通过对前人的调查研究成果的文献分析，使调查人员能够更好地知道新的调查出发点在什么地方，便于调查人员更深入地开展田野调查。

6. 调查人员准备

调查人员需要进行心理准备和信息准备。调查人员需要认识到田野调查可能会面临的各种突发情况，以及会低于自己的心理预期。调查人员需要做好心理建设以面对田野调查的潜在挑战。调查人员还需要对调查内容和调查对象做到胸有成竹，避免在调查期间陷入被动，影响调查结果。

8.3.3 田野调查的数据处理

1. 调查数据的类型

田野调查法所获得的数据类型较为复杂，例如，通过深度访谈得到的定性访谈文本数据以及调查问卷定量数据资料等。有关定量数据的统计分析方法可见本书的其他章节。

2. 调查数据的整理

需要在访谈结束后，对访谈材料进行认真整理。具体过程包括将调查数据“打散”和“组织”。定性数据的整理过程是一个循环往复、螺旋前进的过程。研究者通过不断将数据归类和组织，发现不同数据之间的关系，再将数据进行聚集得到分析结果。

例如，在应用案例 8-1 中随着访谈文本的不断整理编码，“官方”初始概念可以归类为“政府”范畴，而“专业人士”初始概念可以归类为“专家”范畴。而这两个范畴都可以归类为“辟谣者”主范畴，属于“主体”这一维度。通过研究者对访谈文本的不断整理和编码，一方面研究者可以发现新的概念或范畴，另一方面研究者可以发现访谈文本隐含的因素关系。

3. 数据处理工具

定性数据的分析更加考验研究者对研究主题和访谈文本的理解。研究者在处理定性数据时，可以借助 NVivo 质性分析软件。NVivo 是支持质性研究和混合方式研究的工具软件，是为帮助用户整理、分析和提炼对非结构化或质性数据（如采访、开放式调查回答、文章、社交媒体和网页内容）的观点而设计的。

本章综合案例

中国综合社会调查 2017 年的家户调查数据

中国综合社会调查（Chinese general social survey，CGSS）是由中国人民大学联合全国多个学术机构组织执行的第一个全国性、综合性、连续性的大型社会调查项目。通过定期、系统地收集中国人与中国社会各个方面的数据，总结我国社会变迁的长期趋势，为政府决策与国际比较研究提供数据资料。

2020 年 10 月 1 日发布 CGSS2017 年的调查数据，总计有效样本 12582 份。该次社会调查的问卷由 3 大模块构成，分别是 A 核心模块、C 社会网络和网络社会（含 ISSP2017）模块以及 D 家庭问卷（含 EASS2016）模块，总计 783 个变量。本案例截取部分问卷内容作为展示：

A 核心模块

社会人口属性

A2 性别【访问员记录】：男（1）　女（2）

A3 您的出生日期是什么？记录：[_|_|_|_]年[_|_]月[_|_]日

【访员注意】

1. 记录公历年；

2. 如果被访者以阴历、生肖或其他方式报告自己的出生年，请换算成公历后再记录；

3. 如果被访者无法说清自己的出生日期，则以身份证或户口本日期为准；

4. 年份必答，月和日不知道可填写 98。

迁移

A18 您目前的户口登记状况是：

农业户口→跳问 A21

非农业户口

居民户口（以前是农业户口）→跳问 A19a

居民户口（以前是非农业户口）

军籍

没有户口→跳问 A25

其他（请注明：____）→跳问 A21

案例来源：中国学术调查数据资料库. 中国综合社会调查（2017）[EB/OL]. http://www.cnsda.org/index.php?r=projects/view&id=94525591[2022-06-09].

本章复习题

1. 社会调查法的作用包括哪些？

2. 社会调查法的常见方法有哪些？

3. 社会调查法的过程包括哪些内容？

第 9 章　市场信息分析与预测

【学习目标】

■ 了解市场信息分析的概念和作用
■ 掌握基本的市场信息分析方法
■ 掌握市场预测的基本概念和方法

【思政目标】

■ 培养学生树立分析问题意识，培养学生专业分析能力
■ 培养学生理论联系实际的求实精神

9.1　市场信息分析与市场细分

9.1.1　市场信息分析的概念与意义

企业为了在越发激烈的市场竞争中取得成果，把握市场动态是企业经营决策的关键。现代市场营销理论将市场信息营销、市场信息分析和市场预测作为企业掌握市场经营环境、分析市场动态及其发展趋势的三大支柱。企业需要科学的市场预测作为经营决策的重要依据，而科学的市场预测则依赖准确的市场信息分析。

1. 市场信息分析的概念

市场信息分析是指在市场调查的基础上，系统地收集、记录、整理与分析市场相关数据资料，从而了解市场现状和发展变化趋势，以及预测市场结果的过程。市场信息分析建立在有目的、有计划、有组织的市场调查所得到的数据资料的基础上，为了获得准确的市场信息，企业需要围绕分析主题确定信息收集的目的，并制订完善的数据收集计划。另外，市场信息分析需要采用科学的信息分析方法，围绕分析目标、分析对象、数据类型等多方面要素进行考虑，避免影响市场信息分析的结果。通过市场信息分析来判断目标市场的情况，例如特定时期的市场浮动、市场范围和市场空间。

2. 市场信息分析的意义

市场信息分析是企业实现生产目的的重要环节。市场信息分析中围绕市场需要与消费者的分析能够让企业从消费者需求出发，让企业紧紧把握住市场机遇，不仅关乎企业生产经营的目的，也是国家制定经济发展规划的重要环节。

市场信息分析有利于掌握市场情况。市场信息分析中对市场需求的调查分析能够很好地了解市场的供需关系，帮助企业制订合理的生产计划来按照市场需要进行生产，避免盲目经营。

市场信息分析是企业经营决策的客观依据。市场信息分析可以为商品计划、销售计划和流通政策提供决策依据，是企业经营和市场运营的重要基础。只有进行充分且合理的市场信息分析，企业经营者才能有理有据地做出产品、定价等重要问题的决策。

市场信息分析能够促进企业技术和管理进步。市场信息分析中的竞争情报分析可以有效地帮助企业决策者快速了解行业发展和前端技术，企业可以依据竞争情报进行改进来实现技术和管理水平上的进步。

市场信息分析有利于有针对性地开展营销活动。当前市场营销活动在增强企业竞争力中占据重要位置。为了有效地开展营销活动，市场信息分析必不可少。例如，通过市场信息分析可以得知经营产品所处的产品生命周期，针对不同的产品生命周期阶段需要采取不同的营销对策。

市场信息分析就如同企业在市场中的双耳和双目，能够帮助企业了解环境和形势，做出有利于生产经营的决策。

9.1.2　市场细分与市场定位

1. 市场细分的概念

市场细分概念最早由美国市场学家温德尔·史密斯提出。市场细分是指基于不同消费者需要、购买力、行为特点，将巨大、非均匀的市场划分为较小的细分市场。市场细分所关注的重要问题是企业要为哪些消费者提供服务。例如，可口可乐这种大型跨国企业需要将分布在不同国家的消费市场按照地理位置进行划分，如中东地区、非洲地区、太平洋地区等。由此可见细分市场的标准并不唯一，但并不是所有市场细分都是有效细分。企业如果想更好地定位和了解市场，需要结合自身情况进行更加有效的市场细分。具体而言，有效的市场细分需要能够提供该细分市场的规模、购买力等可衡量指标，该细分市场应当是企业力所能及的目标市场，以及该细分市场的市场空间应当足够大来满足企业的盈利需要等。

2. 市场细分的重要性

首先，市场细分可以告知企业市场的细分机会。企业通过评估不同的细分市场，结合自身能力和情况来选择为哪些细分市场提供服务来进行目标选择，并相应地调整企业的经营和营销策略。其次，市场细分有助于企业更好地落实营销策略。例如，当企业采取差异化营销策略时，企业往往为每个细分市场提供不同产品或服务。当企业采取集中性营销策略时，企业往往会追求一个较小细分市场的大份额。最后，市场细分有助于企业确定自身的价值定位，帮助企业决定自己以怎样的方式来为目标客户创造价值。

3. 市场细分的标准

地理标准。地理区域是公司开展业务的最基本的标准之一。企业可以决定在哪些地区开展业务，并结合地理因素分析当地环境信息。地理标准既可以按照行政区域划分，又可以按照地理位置，如山区、沿海、内陆等性质划分。地理标准还可以按照人口密度和气候特点划分。

人口统计标准。人口统计标准包括年龄、性别、收入、职业、受教育程度、宗教、国籍、种族等。以职业划分标准为例，从事不同职业的消费者需求存在区别。而受教育程度不同的消费者会在生活方式、文化素养、价值观点等方面有所区别，进而影响消费者的购买行为。

消费者心理标准。消费者心理标准包括消费者的生活方式、消费阶级、性格、态度等。美国曾将消费者划分为六个阶级，针对不同阶级提供不同产品和服务。消费者购买产品的利益追求也可以作为市场细分的标准。

消费者行为标准。消费者行为标准是指消费者对产品的认知、态度和行为反应，具体划分标准包括消费者购买时机、消费者使用状况、消费者使用频率、消费者忠诚度和消费者待购阶段。例如，节假日通常作为消费者购买特定产品的时机。此外，消费者行为标准还可以按照消费者从未使用、曾经使用、潜在使用、首次使用和经常使用的使用频率进行划分。

4. 市场定位的概念

在确定好公司的目标细分市场后，公司需要围绕细分市场确定一个价值主张，即如何为细分市场提供差异化的产品服务以及公司想在细分市场中占有多大的市场份额和品牌形象。在进行市场定位时，企业通常会利用感知定位图来可视化企业与竞争产品在消费者感知上的差异。市场定位的工作包括确定企业潜在的竞争优势，并准确地选择竞争优势。当有两家或多家企业选择同样的定位时，企业往往需要将彼此区分开来。企业需要建立一组独特且能够吸引消费者的利益组合来区分自己的产品。企业的产品或服务会存在诸多差异点，并非所有差异点都对企业的品牌具有价值，需要经营者谨慎评估选择。

5. 市场定位的原则

根据具体的产品特点定位。市场定位需要根据企业实际销售的产品本身，从产品自身特点出发分析产品与其他竞争产品的差异点，从而准确定位。

根据特定的使用场景定位。针对人们熟知的产品也可以挖掘产品新的应用场景来创新市场定位。例如，食品既可以作为休闲食品，又可以作为礼品进行定位。

根据消费者利益追求定位。企业需要以消费者为本，争取在消费旅程中的每个接触点上实现差异化，兼顾产品差异化和优化消费者体验。

根据消费者类型划分定位。企业往往会专注于某一特定类型的消费者进行营销。而在实际销售过程中可能会发现新的消费群体，需要企业及时随着市场反应而改变营销策略。

9.2　市场分析的目的与方式

9.2.1　市场分析的目的与内容

1. 市场分析的目的

市场分析是为了帮助企业达到经营目标而针对市场展开的分析调研活动。市场分析是伴随着商品生产和交换而产生并发展起来的，是伴随市场经济一同发展起来的产物。在传统小商品经济社会多采用定性方法进行市场分析，而现代市场调查多采用数学模型和计算机技术等进行分析。现在全世界都高度重视市场分析的重要性。“知己知彼，百战不殆”。而为了做到知己知彼，需要企业展开充分的市场分析。

2. 市场分析的内容

市场需求分析。包括对全国或地区市场的需求总量进行数据收集和分析，即从宏观层面上调查居民个人购买力或组织购买力。例如，人口数量及构成、家庭及构成、消费者收入等信息。

市场环境分析。包括对企业所在的政治法律环境、经济技术环境和社会文化环境进行调查。这些因素会极大地影响企业的生产经营。例如，企业需要了解国家针对自身行业的方针政策、工资政策、物价政策、对外贸易政策等信息，为此应对不同领域展开数据收集和分析。

消费者分析，是市场分析的关键内容。消费者分析包括了解现有和潜在消费者的数量、地域分布、背景材料、满意度、购买心理和行为机制等。其中消费者心理是促成消费者购买行为的关键因素。市场分析应当深入消费者旅程的多个环节，分析出消费者出于何种心理产生了购买意愿，并出于哪些负面体验停止了购买行为。

竞争情报分析，是针对企业竞争对手情况展开的信息分析。而市场竞争又分为直接竞争和间接竞争。竞争情报分析包括对竞争对手产品质量、市场战略、组织结构等多方面信息的调查和分析。具体有关竞争情报分析的内容可参考第 7 章。

此外，在实践过程当中，市场分析还包括针对产品的调查与分析和销售渠道与促销渠道的调查分析，在此不再赘述。

3. 市场分析的程序

市场调查准备阶段。企业需要提出较为明确的调查问题。这一问题需要包含大致的调查范围或意愿，随后确定调查的主题。提出调查问题是市场分析的重要基础。若企业对于存在的问题理解不清，则会出现难以指导调查并白费功夫。在确定调查主题环节，需要确认市场分析的目的、市场分析的预期结果、市场分析结果的用途和服务对象。因此需要在准备阶段进行初步调研来确定分析的主题。

市场调查设计阶段。由于市场分析和市场调查涉及大量工作内容，为保证工作的顺利开展，需要在工作开展之前进行设计。为此企业需要准备市场调查项目提案书和正式方案。在正式方案中需包含具体项目、调查工具、调查范围、调查时间、调查对象、调查人员及经费等内容。

市场信息收集阶段。这一阶段可以视为市场分析主体阶段的开始。一般包括查询文档资料、实地调查和资料整理阶段。最后通过对市场信息的汇总整理形成最终报告。其中对于资料进行统计分析包括定量和定性的分析方法将在 9.2.2 节进行叙述。

市场分析反馈阶段。在呈交市场分析报告后，企业需判断报告中的数据是否准确可靠，以及分析结果对企业的适用性来整体考验市场分析工作的成效。如果分析报告并没有被采纳，工作人员需反思未被采纳的原因并加以改正。

9.2.2　市场分析的基本方式

许多企业都设立自己的市场部门承担市场分析工作。随着市场分析需求的增加，专业市场分析机构大量涌现，企业也可以委托外部专业人员代为调查和分析。

1. 文案调查法

文案调查法一般是市场分析工作的首选。几乎所有的市场分析工作都起始于文案调查。文案调查法是通过收集历史和当前的动态数据以及第二手资料进行分析。文案调查法要求调查人员具备较为丰富的专业知识。文案调查法以收集文献信息为主，它是已经加工过的数据资料，而非原始资料。例如，企业内部的生产活动经营资料、市场环境资料、政府发布的数据资料、专业数据库数据资料等。文案调查法需要遵循广泛性、针对性、时效性和连续性原则。文案调查法有助于明确研究主题，切实提供问题解决办法，发现潜在问题和提供必要的背景信息。但是文案调查法也具有信息筛选工作量大、缺乏专业技术人员、缺乏相关性和准确性、时效性和可得性较差等局限性。

2. 访谈法

访谈法是通过向受访者提问获取一手数据资料的调查方法。在实施调查之前需要确定好访谈主题和访谈设备。访谈法具有能帮助市场调查人员认识到营销情况的广泛性、帮助深入调查问题、保证数据的可靠性和具备高度灵活性等优点。访谈法的具体介绍可参考第 8 章。

3. 观察法

观察法是指不通过提问或交流，系统地记录人、物体或事物的行为模式的过程。观察法的适用范围包括数据资料可观察、观察行为具有重复性、观察行为时间周期短等。观察法包括完全参与观察、半参与观察和非参与观察。完全参与观察是指调查人员需要掩饰身份，完全融入消费群体中；半参与观察是指调查人员需要告知自己的调查目的与身份；非参与观察是指调查者不参与被观察者的活动，处于局外人视角进行观察。不同类型的观察法各有利弊。按照调查人员是否有观察程序和结构，观察法也可以分类为结构式观察和非结构式观察。观察法能够观察实际行为并保障数据的真实可靠，可以避免调查人员的主观臆断和受访者的认知误差。

4. 实验调查法

实验调查法指调查人员在调查过程中，通过主动设计一些实验变量来观察影响因素对调查对象消费行为的影响，从而获得消费行为和影响因素之间的内在因果关系的调查方法。在企业需要推出新产品、调整产品外形和包装、调整产品价格、改变营销策略等情况下，都可以采用实验调查法。实验调查法不同于观察和访谈，而是以目标为导向，预见性地调查变量之间的关系。如果无法提供这种因果性的证明，则实验调查法对于市场分析并无实际意义。实验调查法包括控制实验法、事后分组法、固定样本实验法和模式实验法。

5. 问卷调查法

问卷调查法是市场分析方法中地位突出且应用较为广泛的方法。问卷调查法是指市场调查人员通过设计问卷并向受访者大范围发放，进而了解市场情况的调查方法。具体有关问卷调查法的内容见 9.3 节。

9.3　问卷调查法

9.3.1　调查问卷的结构

1. 问卷调查法的概念

问卷调查法是指市场调查人员设计问卷，广泛分发给受访者以了解市场情况的调查方法。不同类型的调查项目对问卷的要求也不同。问卷调查是市场调查和分析的常用方法。问卷调查法的优点是可以突破空间的限制，节省人力和财力。而且问卷通常是匿名填写的，这在一定程度上减轻了受访者的负担。问卷调查法也存在一些局限性，如收集的数据太有限、对受访者的文化知识水平有一定的要求等。

2. 问卷调查法的分类

问卷调查法既可按照发放方式划分，如划分为邮寄填答法、个别发送法、集中填答法、当面访问法、电话访问法等；又可按照问卷的题型划分，如是否式、选择式、排列式、填空式、量表式等。目前按照问卷的资料收集方法将问卷调查法分为自填问卷法与结构访问法较为常见。

3. 调查问卷的基本结构

调查问卷的基本结构包括问卷封面、封面信、指导语、问题和答案。

1）问卷封面

问卷封面适用于更为正式、问题较多、范围较大的调查问卷，并非所有的调查问卷都具备此项内容。封面上要写明调查问卷的标题，通常要注明调查日期、调查机构等。除此之外，可注明问卷编号、调查员、督导员等信息以便调查问卷的整理。

2）封面信

封面信用于向受访者介绍调查主题，促进受访者填写问卷的意愿。封面信需要介绍调查的主题内容、调查单位或调查者的身份、调查对象的选取标准以及对个人信息保密的措施等，通常在结尾向被调查者致以感谢。封面信的篇幅较短，语言要求流畅简明。封面信的质量会影响被调查者接受调查的意愿。

3）指导语

指导语是用来指导受访者填答问卷而提供的解释和说明。有的调查问卷填答方式简单统一，指导语就可以在封面信中简单说明。有的调查问卷设计较为复杂，需将填答方式、填答要求和注意事项逐一注明。

4）问题和答案

问题和答案是问卷的主体。问题和答案的具体形式可见应用案例 9-1。

4. 调查问卷的常见工具

1）利克特量表

利克特量表（Likert scale）是由利克特于 1932 年在总加量表的基础上改进而来的态度量表。研究者利用利克特量表就某社会现象或事物，以肯定或否定方式的陈述句来设置题目，之后提供反映被调查者态度程度的选项，如完全同意、同意、难以决定、不同意、完全不同意。研究者通过赋予不同选项以不同等级分值，从而运用定量研究方法计算被调查者对于调查主题的态度。利克特量表属于等距量表的一种，包括五级量表、七级量表、九级量表等。

利克特量表是最常用的态度量表，制作过程简单，适用范围广。但是问卷设计者和研究者所赋予的不同分值可能与被调查者所理解的存在一定的语义差异，可能导致调查结果不能完全准确地反映被调查者的态度而存在误差。

2）鲍格达斯社会距离量表

鲍格达斯社会距离量表（Bogardus social distance scale）是用定量的方法来测定人们交往、联系的程度或对某一群体所持的态度或距离。这种量表在内容结构上由一组具有强逻辑性的陈述句构成。不同的陈述代表了人们不同的态度程度。不同的问题所表述的人们之间的距离也不同。该量表的适用范围不如利克特量表广。

3）语义差异量表

语义差异量表也称为语义分化量表，用于研究不同概念对于不同人所代表的不同含义，主要应用于文化的比较研究、个人和群体间差异的比较，以及人们对某一概念、语义、事物的看法等。该量表同样可以应用到社会调查中的态度问题。

9.3.2 问卷设计的原则及阻碍问卷调查的要素

1. 问卷设计的原则

目的性原则。问卷必须与调查主题紧密相关。问卷体现调查主题，本质是在问卷设计环节需要找出与“调查主题相关的要素”。例如，调查某产品的用户满意度，则需涉及用户的人口学特征，产品的价格、包装、外观等，用户的使用效果、心理满足感等。

功能性原则。问卷设计首要遵循的原则就是要能够满足问卷设计的功能需求，即满足调查的目的。而从这一原则出发，问卷设计需要注重内容的一致性、完整性，注重问卷调查和发放工作的可行性等方面的内容。要在问卷设计时充分考虑到信息分析工作的需要，保证数据的可用性。

可靠性原则。可靠性原则是指问卷需要具有较好的稳健性以保证问卷数据的质量。问卷的设计要有整体感，问题与问题之间要具有逻辑性。

效率性原则。问卷设计应尽可能以简便的方式减轻受试者的压力，降低调查的成本，提高问卷调查的效率。问题需要清晰明确、便于回答。同时问卷应当易于整理分析。

可接受原则。问卷比较容易让被调查者接受。在问卷的说明词中，应该将调查的目的和重要性明确告诉被调查者，措辞要亲切、温和。提问要自然、礼貌，尽量通俗化、口语化，并且要避免一些令被调查者难堪或反感的问题。有些时候，可以采用一些物质鼓励，如赠送纪念品等。

2. 阻碍问卷调查的要素

主观障碍。被调查者因在心理上和思想上对问卷产生的各种不良反应所形成的障碍。例如，因为问卷内容太多、问卷表太厚，或者问卷中需要花时间思考、回忆、计算的问题太多等。

客观障碍。被调查者自身的能力、条件等方面的限制所形成的障碍。例如，阅读能力带来的限制，盲人无法阅读等，以及原始问卷为外语，被调查者无法填答等问题都会阻碍问卷调查工作的进展。

9.3.3　问卷设计的步骤

1. 资料收集

问卷设计的出发点是关注研究主题。研究者需要根据研究目的来确定研究主题，并根据研究主题的分析框架来设计问卷。研究者应首先围绕自己的研究目的和研究主题收集相关信息，确定研究变量以及变量之间的关系，并确定变量的具体指标。这一环节需要研究者阅读大量相关文献来收集信息，为自己的研究假设提供理论依据。对于文献不足的研究问题，研究者可以选择进行探索性调查，利用访谈等定性研究方法了解调查对象的特点，确定测量指标。

2. 问卷设计

在问卷设计阶段，研究者要对问卷的题型设置、提问方式、题量设置、文字表述、问卷格式和发放方式等内容进行决策。研究者应充分考虑受访者情况，以确保问卷的质量和回收率。研究者可以提前与被调查者沟通，解决部分理解模糊的问题，以减轻问卷设计的负担，研究者在以上内容确定好后，将问题和答案用恰当的文字进行表述，并进行顺序上的微调，得到调查问卷的初稿。若研究者选择沿用其他人已有的量表，则面对外语翻译和情景迁移的问题，也需谨慎处理问卷翻译后的语言是否易于理解。

3. 预测试

预测试是指先面向部分具有代表性的被调查者，进行问卷的发放或结构式访问，人数一般控制在20～50人。调查者通过询问受访者对问题的疑虑，并征询受访者对于问卷整体设置和指导语等内容的意见。在预测试问卷回收后要关注问卷的回收率、有效回收率并注意问卷中错填、没填等普遍出现的问题。若预测试的问卷回收率和有效回收率过低，则应该思考问卷设计是否出现了阻碍被调查者填答意愿的因素。同时对于问卷中的错填和没填现象，要重新考虑问题和答案的设置，是否有语义表达不通、答案覆盖不全等问题。

4. 信效度检验

信效度检验是考察问卷和量表的可靠性和有效性的。只有信效度检验合格的问卷和量表发放后所得到的资料数据才是有参考价值的。这也是提高问卷质量不可或缺的一个步骤。目前量表类文章对量表的信效度检验的比重要高于问卷类文章。而无论问卷还是量表都应运用信效度检验来保证研究方法的科学性和可靠性。

5. 抽样

抽样是指从研究对象总体中抽取样本的过程。抽样方式主要有简单随机抽样、分层抽样、系统抽样和多段抽样等随机抽样方法，以及立意抽样、偶遇抽样、雪球抽样和定额抽样等非随机抽样方法。科学的抽样环节是保证研究客观性和科学性的重要步骤。随机抽样方法得到的数据可用作统计分析，非随机抽样得到的数据仅可进行描述性统计。

6. 发放问卷

调查问卷定稿和确定好样本群体后，即可发放问卷。传统方式包括报刊问卷、邮政问卷、送发问卷、访问问卷和电话问卷。信息技术的发展使得通过网络发送问卷成为更经济实惠、方便快捷的方式。例如，使用问卷星等网络调查问卷工具，通过社交网络进行广泛发放。

7. 回收问卷

一旦被调查者完成调查问卷的填答，就可以由调查员进行调查问卷的回收。在这一环节调查员要妥善保管问卷，如果有对被调查者进行匿名保护的要求，则需在这一阶段尤为注意被调查者的隐私安全问题。

8. 数据分析

当调查问卷回收完毕时，应先统计出问卷的有效回收率，之后进行数据分析。在这一环节，主要有两种统计方式：描述性统计和推理性统计。描述性统计是研究者利用频数、百分比等对数据进行组织，用众数、中位数、平均数等对数据的集中程度进行描述，用离差和标准差等反映数据的变异性；推理性统计是指研究者利用统计分布、回归分析、统计检验等方式对数据进行进一步挖掘。

9. 结论

问卷调查法在数据分析后，要为研究者的研究结论提供数据结果的支撑。研究结论的科学性和可靠性需要研究方法的科学性和严谨性。问卷调查法的每一步骤都需要严格遵照标准化步骤，这样才能使问卷调查后所统计分析的结果具有科学性。

应用案例 9-1　用户社交媒体转移行为影响因素调查问卷

社交媒体是人们用来创作、分享，以及交流意见、观点及经验的虚拟社区和网络平台。现阶段社交媒体主要包括社交网络、微博、QQ、微信、博客、论坛等。随着移动互联网的发展和普及，社交媒体的应用越来越广泛，不仅带来了积极的正面影响，也带来了消极的负面效应。这些负面效应会使用户减少甚至放弃对当前社交媒体的使用，转向使用另一个社交媒体，从而产生了社交媒体转移行为。例如，随着微信的逐渐普及，有很多用户开始减少 QQ 的使用频率，转而使用微信；有些微博用户在使用微博一段时间后由于某种原因转向使用知乎或豆瓣等社交应用。

本问卷仅供研究收集数据所用，不会泄露您的信息，请放心作答。对您的合作表示衷心的感谢！

以下（1）～（5）题是基本信息调查问项，请您按实际情况如实作答。

（1）请问您的性别

A 男　B 女

（2）请问您的年龄

A 20 岁以下　　B 20～25 岁　　C 25 岁以上

（3）请问您的受教育程度是

A 高中及以下　　B 大专　　C 本科　　D 研究生及以上

（4）请问您每天使用社交媒体的时间是

A 小于 1 小时　　B 1～3 小时　　C 3～5 小时　　D 5 小时以上

（5）请问您的社交媒体使用历史是

A 1 年以下　　B 1～2 年　　C 2 年以上

以下（6）～（29）题是社交媒体转移行为影响因素调查问项。对比您之前和现在使用频率较高的社交媒体，您认为题项提到的情况是否符合您的体验或者想法，请如实作答。

（6）与之前相比，现在使用的社交媒体有更加简洁的操作页面（例如，界面干扰因素较少，操作方式更符合用户习惯等）

A 完全同意　B 同意　C 基本同意　D 一般　E 基本不同意　F 不同意　G 完全不同意

（7）与之前相比，现在使用的社交媒体有更好的内容呈现方式（例如，导航、图文排列、信息密度等设置更加合理）

A 完全同意　B 同意　C 基本同意　D 一般　E 基本不同意　F 不同意　G 完全不同意

（8）与之前相比，现在使用的社交媒体更加稳定和安全（例如，闪退、系统崩溃、非法链接等问题出现得更少）

A 完全同意　B 同意　C 基本同意　D 一般　E 基本不同意　F 不同意　G 完全不同意

（9）与之前相比，现在使用的社交媒体对个人隐私信息的保护更好

A 完全同意　B 同意　C 基本同意　D 一般　E 基本不同意　F 不同意　G 完全不同意

（10）与之前相比，现在使用的社交媒体对操作的响应速度更快

A 完全同意　B 同意　C 基本同意　D 一般　E 基本不同意　F 不同意　G 完全不同意

（11）与之前相比，现在使用的社交媒体能更及时地更新信息

A 完全同意　B 同意　C 基本同意　D 一般　E 基本不同意　F 不同意　G 完全不同意

（12）与之前相比，现在使用的社交媒体能更及时地推送信息

A 完全同意　B 同意　C 基本同意　D 一般　E 基本不同意　F 不同意　G 完全不同意

（13）与之前相比，现在使用的社交媒体提供的信息更符合需求

A 完全同意　B 同意　C 基本同意　D 一般　E 基本不同意　F 不同意　G 完全不同意

（14）与之前相比，现在使用的社交媒体提供的信息更加完整和真实

A 完全同意　B 同意　C 基本同意　D 一般　E 基本不同意　F 不同意　G 完全不同意

（15）与之前相比，现在使用的社交媒体更少地推送与需求无关的信息

A 完全同意　B 同意　C 基本同意　D 一般　E 基本不同意　F 不同意　G 完全不同意

（16）与之前相比，现在使用的社交媒体可以随时随地提供服务

A 完全同意　B 同意　C 基本同意　D 一般　E 基本不同意　F 不同意　G 完全不同意

（17）与之前相比，现在使用的社交媒体更能满足用户的个性需求

A 完全同意　B 同意　C 基本同意　D 一般　E 基本不同意　F 不同意　G 完全不同意

（18）与之前相比，现在使用的社交媒体的反馈机制更加完善（用户可以更加便利地提出意见和建议，反馈也更快）

A 完全同意　B 同意　C 基本同意　D 一般　E 基本不同意　F 不同意　G 完全不同意

（19）与之前相比，现在使用的社交媒体能为用户间的双向交流提供更好的平台或渠道

A 完全同意　B 同意　C 基本同意　D 一般　E 基本不同意　F 不同意　G 完全不同意

（20）与之前相比，现在使用的社交媒体在发生问题时能更及时地为用户提供指导和帮助

A 完全同意　B 同意　C 基本同意　D 一般　E 基本不同意　F 不同意　G 完全不同意

（21）与之前相比，现在使用的社交媒体更加易用

A 完全同意　B 同意　C 基本同意　D 一般　E 基本不同意　F 不同意　G 完全不同意

（22）与之前相比，现在使用的社交媒体拥有更高的用户评分

A 完全同意　B 同意　C 基本同意　D 一般　E 基本不同意　F 不同意　G 完全不同意

（23）与之前相比，现在使用的社交媒体对我有更大的帮助

A 完全同意　B 同意　C 基本同意　D 一般　E 基本不同意　F 不同意　G 完全不同意

（24）与之前相比，现在使用的社交媒体可以提供更好的服务
A 完全同意　B 同意　C 基本同意　D 一般　E 基本不同意　F 不同意　G 完全不同意
（25）与之前相比，现在使用的社交媒体可以为我节省更多的精力和时间
A 完全同意　B 同意　C 基本同意　D 一般　E 基本不同意　F 不同意　G 完全不同意
（26）与之前相比，现在使用的社交媒体让我更满意
A 完全同意　B 同意　C 基本同意　D 一般　E 基本不同意　F 不同意　G 完全不同意
（27）与之前相比，现在使用的社交媒体让我觉得更愉快
A 完全同意　B 同意　C 基本同意　D 一般　E 基本不同意　F 不同意　G 完全不同意
（28）与之前相比，现在使用的社交媒体让我更满足
A 完全同意　B 同意　C 基本同意　D 一般　E 基本不同意　F 不同意　G 完全不同意
（29）与之前相比，现在使用的社交媒体对我来说是一个更好的选择
A 完全同意　B 同意　C 基本同意　D 一般　E 基本不同意　F 不同意　G 完全不同意

9.4　市 场 预 测

9.4.1　市场预测的内容

1. 市场预测的定义

市场预测是在市场调查的基础上，运用各种信息和预测技术，对影响市场供求的各种因素及其变化进行分析与推断，以确定商品供求的变化和发展趋势。市场预测可以对市场的未来发展预期进行判断和估计，为营销决策提供依据。市场预测一般集中在以下几个方面。

（1）市场需求预测。市场需求预测是指消费者在一定时期内有意愿并有能力购买某产品服务的总量。具体还包括对居民购买力、居民购买意向和某产品需求预测。当企业的目标市场是海外市场时，所进行的市场需求预测就是产品出口需求。

（2）市场供给预测。市场供给预测是指对市场的供给能力，即进入市场的商品资源总量的预测。市场供给预测主要是对生产部门所能提供的商品进行预测，具体包括生产同类产品的企业的生产能力、原材料供应、生产技术等内容。进口替代分析是指将产品与国外同类产品进行对比来分析进口替代的可能，对比内容包括价格、成本、生产效率、质量等。

（3）市场价格预测。市场价格预测需要对影响价格的因素进行综合分析，以确定产品的销售价格和成本。市场价格预测是帮助企业确定产品定价、测算企业收益的重要基础。

2. 市场预测的基本作用

市场预测是企业选择目标市场、制定经营决策的基本前提。企业的长远经营决策是否正确及正确程度，是一个企业成败与兴衰的关键，而正确的决策则要以科学的市场预测为前提。首先，市场预测为经营决策提供未来的有关经济信息；其次，市场预测为经

营决策提供决策目标和必要的备选方案；最后，市场预测为经营决策方案实施提供参照系，以利于调整经营措施，确保决策目标的实现。

市场预测是企业合理配置资源、提高竞争力的重要措施。在市场条件下，经济发展中生产、流通、交换、分配的关系，产、供、销的关系，资源配置的关系，都只能以市场为导向，才能求得合理的组合与良性的循环。然而，市场竞争的激烈与变化的无常，若没有科学的资源预测，也就不可能实现资源的有效配置，达不到市场机制的正常运作。科学的市场预测可以帮助企业通过市场调节信号，掌握商品的供求变动与价格趋势，从而正确确定与调整自己的经营方向，制定相应的营销策略，合理安排人、财、物的比例和流向，使资源得到最充分的利用。

市场预测是企业适应市场环境、提高管理科学水平的基本条件。一个企业经营管理的科学水平，不仅表现在决策水平上，还表现在经营计划的水平上。企业经营计划不但离不开企业历史的和现实的状况与轨迹，而且需要把握企业环境的变化趋势、产品发展的趋势以及市场供需的变化趋势。只有通过科学的市场预测，才能使各项计划指标得以量化并避免主观性和盲目性。

市场预测是企业掌握市场变化趋势、提高经济效益的基本依据。处于市场条件下的企业，其产品开发、生产、销售直到售后服务，都必须从市场需要出发，才能实现效益的最大化。只有充分掌握市场变化趋势，企业所生产的产品才能适销对路，企业的销售收入才能增加，资金周转才能加快，企业的经济效率才能不断得到提高。

9.4.2　市场预测的基本要素及原则

1. 市场预测的基本要素

信息要素。信息是客观事物特性和变化的表征和反映，存在于各类载体，是预测的主要工作对象、工作基础和成果反映。

方法要素。方法是指在预测的过程中进行质和量的分析时所采用的各种手段。预测的方法按照不同的标准可以分成不同的类别。按照预测结果属性可以分为定性预测和定量预测；按照预测时间长短可以分为长期预测、中期预测和短期预测；按照方法本身更可以分成众多的类别，最基本的是模型预测和非模型预测。

分析要素。需要判断是否采用预测结果，以及判断根据相关经济市场动态对预测结果所做的修正，还必须进行两个方面的分析：一是在理论上要分析预测结果是否符合经济理论和统计分析的条件；二是在实践上对预测误差进行精确性分析，并对预测结果的可靠性进行评价。

判断要素。需要判断是否采用预测结果，以及判断根据相关经济市场动态对预测结果所做的修正，同时对信息资料、预测方法的选择也需要判断。判断是预测技术中重要的因素。

2. 市场预测的原则

相似性原则。很多事物在发展趋势方面具有相似性，预测人员可以通过找到事物之间的相似性，根据已知规律进行推测。当人们对预测对象的过去和现在的情况并不了解时，无法掌握其发展的规律性。但许多不同产品的需求存在着相似的演变规律，可以利用相似事物的发展变化规律来类推预测对象的情况，也可以利用预测对象在某种场合下的已知规律性推测它在不同条件下发展的规律性。

相关性原则。任何事物的发展变化都是相互联系的。例如，消费者的收入变化就会影响到产品的销售量。相关性有多种表现，其中最重要、应用最广泛的是因果关系分析。因为任何一个事物的发展变化都是有原因的，因果关系是事物之间普遍联系和相互作用的形式之一，预测对象有关的各种因素之间存在着相互依存、相互制约、相互促进的因果关系，如果掌握影响预测对象的主要因素的发展规律，就可以推测预测对象的发展趋势。

延续性原则。当事物发展变化具有规律性，且对事物发展规律起作用的客观条件不变时，可以认为事物的发展具有延续性特征，即在一段时间内和条件下保持原来的趋势。预测对象的市场状况经常按一定的规律发展变化，并且在一定时期内以这种规律持续发展。具体表现在两个方面：一是事物发展趋势的特征，如发展方向、发展速度、变化周期等在一段时间呈现延续性；二是在一定时期内，预测目标和某些环境因素的结构和相互关系按照一定的格局延续下去。利用事物发展的延续性这一特征进行预测的前提是系统的稳定性。只有在系统处于相对稳定的状态下，事物之间的内在联系及基本特征才可能延续下去。因此，预测要研究可能出现的偏离及偏离程度，并做出适当的预测修正，以符合发展的实际结果。

概率推定原则。预测是关于预测对象的概率描述，由于未来的多元化和不确定性，预测不可能对未来事件有完全的把握。预测的目的在于减少未来事件的不确定性，为决策提供依据。因此，在推断预测结果具有较大的概率发生时，就认为预测结果是成立的、可用的，这称为概率推定原则。由于预测对象本身的不确定性以及预测对象所处环境的不确定性和复杂性，在预测时不可能将所有的环境因素及其变化都考虑充分，只有对预测环境做出一定的假设，抽象出关键因素进行分析预测。预测的期限越长，这些假设就越难成立，面对这种局面，唯一可行的方法就是运用概率估计对预测结果加以说明。因此，在实际预测中，除了给出预测结果外，还应给出明确的概率说明，以全面反映预测情况。

9.4.3　市场预测的程序

1. 确定预测目标

确定预测目标就是确定预测所需要解决的问题，即确定预测课题或项目。确定预测目标使得预测工作获得明确的方向与内容，可据此筹划该项预测的其他工作。例如，预测某种商品的需求量，就是一个具体的预测目标。确定了这个目标之后，才能为收集市场资料、选择预测方案、配备技术力量和预算所需费用指明方向。

2. 收集整理资料

收集整理资料是市场预测的基础性工作。与市场预测有关的资料内容十分广泛，若不分主次一概收集整理，不仅加大成本，而且也没有必要。因此，依据预测目标确定资料收集的范围与资料处理的方案就显得十分重要了。其中包括历史资料、现实资料、间接资料的收集和整理等。

3. 选择预测方法

市场预测的方法可划分为定性预测方法和定量预测方法两大类。在选择预测方法时，要根据市场预测目标、收集的预测资料及其可靠程度加以确定，一般应同时采用两种以上的预测方法进行预测，从而来比较与鉴别预测结果的可信度。在选用定量预测方法预测时，要有经济理论做指导，根据所采用的预测方法建立数学模型，以反映预测目标各影响因素之间的关系，进而用数学方法确定预测值。

4. 建立和修正经济模型

无论定量预测还是定性预测，常常由于数据不足或主观判断不准确，预测结果可能与真实情况之间存在误差，因而需要对预测结果进行修正。可以用定量的方法修正定性的结果，也可以用定性的方法对定量的结果进行修正。对通过数学模型计算出的预测值要进一步分析评价，估计预测误差。由于市场因素是不断变化的，而模型又不可避免地将问题简化，所以预测值与未来的实际情况之间可能存有误差。因此，必须在计算预测值的基础上，分析时间和空间上各种因素变化的情况及其影响的程度，找到可能产生的误差，利用统计检验的准则和方法，进行模型参数估计和模型检验，从而进一步确定最终选定的模型。预测人员应认真分析客观环境和影响预测对象的因素，全面评价预测值的可信度。当预测误差较大时，应具体分析原因，及时修正预测值或舍弃。

5. 编写市场预测报告

市场预测报告是对整个预测工作的概括和总结，也是对预测报告的使用者做出的汇报。在市场预测报告中，要对预测目的、预测目标、预测内容、预测方法、预测时间、预测人员、预测结果以及资料来源、评价建议等做出清晰、精练的阐述与论证，特别是对预测结果应作定性和定量相结合的分析，避免把预测报告做成数据的堆砌。

9.4.4 市场预测的类型

1. 按照预测范围划分

宏观市场预测是从国民经济全局出发，对商品的生产和流通总体的发展方向做出的综合性经济预测和市场预测。例如，人口变化、购买力变化、工业结构、基本建设规模、投资规模、经济发展速度等。

微观市场预测是对企业产品的市场需求量、销售量、市场占有率、价格变化趋势、成本等方面进行的预测。

2. 按照预测对象划分

单项商品预测是指对某一具体商品的市场状态与趋势的预测，例如，粮食、棉花、钢材、汽车等的市场预测。即使是单项商品预测也需要将对象进行分解和具体化，例如，对不同品牌、规格、质量、价格的商品需求量与销售量等进行具体的预测。

同类商品预测是指对同类商品的市场需求量或销售量的预测，大的类别包括生产资料类预测与生活资料类预测。生活资料类预测又可以进一步分为食品类、衣着类、日用品类、家电类等。上述各类生活资料可以按不同的用途与等级得到更具体的类别层次，如家电类继续细分为电视类、音响类、冰箱类、微波炉类等。

目标市场预测按不同的消费者与消费者群体的需要进行细分，或者根据对象群体分为中老年、青年、儿童、男性、女性市场预测等。

市场供需总量预测，供需总量可以是商品的总量，也可以用货币单位表示商品总额。市场供需总量预测的目的是为实现社会有支付能力的货币需求与商品供应做到总量上的平衡，为调节供求关系决策提供依据。

3. 按照预测时间划分

短期预测一般指 1～2 年的市场预测，中期预测是指 2～5 年的市场预测，长期预测是指 5 年以上的市场预测。

4. 按照预测方法划分

定性市场预测是指根据一定的经济理论与实践经验，对市场未来的状态与趋势做出的综合判断。例如，根据产品生命周期理论，可以对产品所处的生命周期阶段进行判断，如萌芽期、成长期或衰退期。定性市场预测是研究者基于事实与经验的分析判断。

定量市场预测基于一定的经济理论与系统的历史数据，建立相应的数学模型，对市场的未来状态与趋势做出定量的描述，从而提供量化的预测值。定量市场预测不同于定性的综合分析，是研究者基于数据和数学模型得到的预测结果。

9.4.5　市场预测的基本方法

1. 时间序列分析法

时间序列分析法是指将同一变数的一组观察值，按照时间顺序排序来构成时间序列，利用数学方法使时间趋势向外延伸，来达到预测市场的目的。时间序列包含两个要素：时间和统计指标数值。时间序列分析法的步骤包括：收集与整理信息资料；将信息资料转换为时间序列数列；分析时间序列，发现随时间变化而变化的规律和模式；依据模式进行预测。

时间序列分析法是根据过去的变化趋势预测未来。这需要具备两个前提：一是不会发生突然的跳跃变化；二是过去和当前的现象可能表明现在和将来活动的发展变化趋向。

时间序列分析法适用于短期、中期预测，针对长期预测就会有较大的局限性。

时间序列数据变动存在着规律性与不规律性。时间序列数据变动类型包括趋势型、周期型、随机型和综合型四种类型。时间序列分析法是仅针对“时间”这一变量进行分析，对其他各因素之间的因果关系并不深究。

第一步：收集信息数据，编制成时间序列，并根据时间序列绘成统计图。时间序列分析通常包括四种类别：①长期趋势；②季节变动；③循环变动；④不规则变动。

第二步：分析时间序列。时间序列中的数值变动是由多个不同因素同时作用而产生的综合结果，因此需要进行综合分析来做出判断。

第三步：求时间序列的长期趋势（T）、季节变动（S）和不规则变动（I）的值，并选定近似的数学模式来代表它们。对于数学模式中的诸多未知参数，使用合适的技术方法求出其值。

第四步：利用时间序列求出长期趋势、季节变动和不规则变动的数学模型后，就可以利用它来预测未来的预测值 T 和季节变动值 S，以及不规则变动的值 I。可用以下模式计算出未来的时间序列的预测值 Y：

加法模式：

$$T+S+I=Y$$

乘法模式：

$$T\times S\times I=Y$$

如果经济现象本身没有季节变动或不需要预测季节变动，长期趋势的预测值就是最终的预测值，即 $T=Y$。这种情况下的时间序列分析法本质上是一个平均数的作用，实际值将围绕着它上下波动。

2. 回归分析预测法

回归分析预测法是一种重要的市场预测方法。当我们在对市场的某种现象的未来发展状况进行预测之前，如果能找到影响这种市场现象的主要因素，取得可靠和充分的数据资料，就可以采用回归分析预测法对这种市场现象进行预测。在回归分析预测法中，因变量代表预测目标的变量，自变量是指影响预测目标的因素。研究者通过市场调查和分析，确定可能的影响因素，并从中选出关键因素作为自变量。例如，预测某种产品下半年的销售利润总额，那么这种产品下半年的销售利润总额就是因变量，成本费用、销售单价、销售量等因素就可以作为自变量。具体回归分析的内容可以参考本书第 5 章。

3. 集合意见法

集合意见法是指由预测组织者召集企业内外各方面人员，根据信息资料和个人经验，对未来市场情况做出的判断和推测意见，最后由组织者进行归纳、整理这些意见用于分析和预测现象发展趋势的预测方法。由于经营管理人员、业务人员等比较熟悉市场需求及其变化动向，他们往往对市场的真实趋向反应敏感，因此它是进行短、中期市场预测常用的方法。

集合意见法克服了个人或少数人主观判断的片面性和局限性，对提高市场预测准确水平起到积极作用。集合意见法简便易操作，预测成本较低，在实际工作中应用频率较高。同时有利于调动经营管理人员、业务人员及其他人员的工作积极性。

集合意见法需要组织者向有关人员提出预测的项目和期限等要求，并尽可能提供有关资料。有关人员根据预测要求及掌握的相关背景资料，凭个人经验和分析判断能力提出各自的预测，包含定性和定量的预测值。

随后组织者通过计算各个预测人员预测方案的方案期望值，得到各类综合期望值的方法一般是采用简单算术平均数统计法、加权算术平均数统计法或中位数统计法。

最后组织者确定最终的预测值，并参照当时市场状况，考虑对综合预测值是否需要调整，或进一步向有关人员反馈信息，优化预测结果。

4. 专家预测法

专家预测法是指根据市场预测的目的和要求，通过为专家提供必要的背景资料并邀请专家针对市场发展变化做出判断的预测方法。专家预测法的特点是依靠专家的知识、经验和分析判断能力来进行综合分析，从而对预测项目做出判断、提出预测方案。

具体方法包括专家会议法、头脑风暴法和德尔菲法。

专家会议法是指根据市场预测的目的和要求，由市场预测组织者邀请或召集有关专家，以座谈会、研讨会等形式汇集与会专家对预测对象发表的信息资料，经整理、分析和推算，得出最终预测结论的预测方法。由于与会专家是群体参与，他们的知识面广，各有所长，能从多角度、多层次提出宝贵意见。采用座谈会、研讨会等方式，也能使专家之间相互交流信息，相互启发思路，因此，预测组织者通过此种形式，能够获得高质量的预测结论，实际误差较小。目前，专家会议法在国内外企业中备受欢迎，特别是在为企业制定战略决策等方面，发挥着重大作用。

头脑风暴法是特殊形式的专家会议法，就是在宽松的环境中，以专题讨论会的形式，通过专家的自由交流，在头脑中进行智力碰撞，产生新的智力火花，使专家的论点不断集中和深化，以形成最优化预测方案的一种特殊的专家会议法。头脑风暴法本质上仍属于专家会议法的一种具体运用。

德尔菲法同专家会议法既有联系又有区别。德尔菲法能发挥专家会议法的优点，即能充分发挥各位专家的作用，充分表达各位专家意见的分歧点，提高预测的准确性。德尔菲法能够避免专家会议法的缺点。因为匿名性调查方式使得权威人士的意见不会左右其他一些专家，避免了有些专家碍于情面，不愿意发表与其他人不同的意见或出于自尊心而不愿意修改自己原先提出的不全面的意见。尽管有诸多优点，但德尔菲法也不是完美的，也存在一些缺点，最主要的是预测过程比较复杂，花费时间较长。

本章综合案例

关于婴幼儿配方奶粉消费特点的调查问卷

（1）请问您家宝宝的年龄段：

A 0～1 个月　B 1～3 个月　C 3～6 个月　D 6～12 个月　E 1 岁以上　F 尚未出生

（2）您是宝宝的：

A 爸爸　B 妈妈　C 爷爷　D 奶奶　E 姥姥　F 姥爷　G 育婴师或月嫂　H 其他

（3）您家里几个宝宝，是否是头胎：

（4）您的年龄段是：

A 25 岁以下　B 25～35 岁　C 36～40 岁　D 41～50 岁　E 50 岁以上

（5）您家宝宝喂养方式：

A 只吃奶粉　B 只吃母乳　C 母乳和奶粉都吃　D 母乳和饭　E 奶粉和饭

F 母乳、奶粉和饭

（6）您是否阅读过选购奶粉的配方说明书：

A 是　B 否　C 记不清了

（7）您认为配方奶粉和母乳哪个更适合宝宝：

A 配方奶粉　B 母乳　C 看情况　D 不清楚

（8）选出以下您认为是宝宝成长所必需的成分，并按重要程度由高到低进行排序：（多选）

A 碳水化合物　B 核苷酸　C 亚油酸　D DHA 和 ARA　E 牛磺酸　F 各种维生素

G 钙、铁、锌、镁等微量元素　H 胆碱　I 叶酸　J 蛋白质　K 胆固醇　L 膳食纤维

（9）您如何确定每次奶粉的用量：（多选）

A 按说明书　B 根据个人经验　C 听导购员讲解　D 多冲一点，吃饱为止

E 听从月嫂指导　F 其他

（10）您认为国产奶粉、进口奶粉、合资奶粉总体看哪个品质更好：

A 进口的　B 国产的　C 合资的　D 说不清楚　E 都有好的，也有不好的

（11）您通过哪些渠道接触和了解婴儿奶粉：（多选、按主次排序）

A 专家推荐　B 广播、电视、报纸等传统媒体　C 传单　D 亲朋好友介绍

E 到孕婴用品店、超市、商场等实地了解　F 医生、护士介绍　G 其他

（12）以下奶粉任选一款赠送您的话，您会选择：

A 惠氏　B 贝因美　C 伊利　D 牛栏　E 飞鹤　F 美素力　G 合生元

（13）您选购奶粉时主要考虑哪些因素：（多选、按先后顺序排序）

A 营养丰富　B 质量有保证　C 口碑好　D 价格合理　E 口感好，宝宝喜欢

F 有益于提高免疫力　G 销量大　H 宝宝喝完发育快

（14）您主要通过什么方式判断奶粉优劣：

A 配方　B 销售人员介绍　C 口碑　D 价格　E 奶源地　F 宝宝排便排尿

G 亲朋好友介绍　H 品牌

（15）您希望通过哪种渠道购买奶粉：

A 网购　B 超市、商场　C 孕婴专卖店　D 其他

（16）您家宝宝选用过哪些品牌的奶粉：

目前用哪款？理由是：

（17）您选购什么包装的奶粉：

A 桶装　B 盒装　C 袋装　D 无所谓

（18）您未来计划选择哪个品牌的奶粉：
理由是：
（19）请您对目前选用的奶粉进行满意度评分，满分是 100 分：
（20）您选购奶粉是否看生产日期：
A 看　B 不看　C 有时看有时不看
（21）每月用于宝宝奶粉的支出大约是多少钱：
（22）您习惯一次买多少奶粉：
（23）假设您目前选用的奶粉品牌有两种促销，您会选择：
A 8 折优惠　B 买 4 赠 1　C 不会因此购买
（24）您认为在哪里买奶粉更有品质保证：
A 网购　B 大型超市、商场　C 孕婴专卖店
（25）假设您得知目前选用的奶粉个别批次可能存在安全隐患，您会：
A 喝完家里的奶粉后换品牌　B 不换，注意奶粉批次　C 马上换奶粉品牌
（26）您更信任以下哪种导购员：
A 十分主动地向您介绍推荐产品　B 很少说，但能回答您的大部分问题
（27）如果奶粉涨价，幅度达到多少您会考虑更换品牌：
A 50 元左右　B 100 元左右　C 150 元左右　D 200 元左右　E 250 元左右
F 300 元以上

本章复习题

1. 市场信息分析的意义有哪些？
2. 市场分析的基本方式有哪些？
3. 问卷调查法的步骤包括什么？
4. 市场预测的基本方法是什么？

第 10 章　文献计量法

【学习目标】

■ 了解文献计量内涵及基本概念
■ 掌握文献计量基本原理及定律
■ 学习文献计量学常用方法

【思政目标】

■ 通过了解规范的科学研究过程，培养学生严谨的治学态度和科学精神
■ 通过对科学前沿的思考，构建学生科学解决问题的方法与思路

10.1　文献计量法的原理

10.1.1　文献计量基础概述

1. 文献计量的由来及概念

1969 年，英国情报学家 Pritchard 首次提出“Bibliometrics”这一科学术语，并将其定义为“以数理统计为分析方法，以科学文献为分析对象，其目的是探究文献本身以及文献之间、科学研究主体（国家、机构或作者）之间关系的一种科学计量方法”。该定义的提出标志着文献计量学的正式诞生。1985 年，国内学者邱均平在其著作《文献计量学》一书中，将文献计量学定义为“以文献体系和文献相关媒介为研究对象，采用数学、统计学等计量方法，以探究科学文献的分布、结构、数量关系、规律和管理为目的，进而探索科学与技术的结构、特性和规律的一门学科”。文献的变化特征及文献流呈现的客观规律是文献计量中的基本研究议题。文档中的信息流动现象通常被称为文献信息流，是一系列主题特征的科学文献的集合，有时简称为信息流。文献的信息流特征分为静态特征和动态特征两个方面。

2. 文献计量的研究对象

从文献计量的广义来理解，其研究对象应为文献体系，包括文献和文献相关媒介。具体来说，包括一次文献、二次文献和三次文献。同时，既包括原始文献，又包括引用文献以及其他类型的各种信息载体。文献计量学研究的基本内容可以概括为理论研究、方法研究和应用研究三部分。

3. 文献计量的研究内容

理论研究主要包括文献情报体系的研究、文献规律的研究、文献情报数量关系的研究、

文献工作系统的理论研究等。文献计量学的方法研究，若按照其研究所依据的文献数据来源和性质划分，则有书目分析法、引文分析法等，若按照研究的手段来分，则有文献统计分析法、数学模型分析法、系统分析法、矩阵分析法、网络分析法等。文献计量学的应用研究，有从计量指标应用于科学评价的研究；有从计量指标用于揭示科学结构视角的相关研究，这也是当前研究中的热点前沿问题，包括学科热点分析、学科前沿识别、学科发展演变等；还有针对指标本身的研究，替代计量学的各种指标，各种指标之间的相关、因果关系等。

4. 文献计量的发展历程

文献计量学（bibliometrics）、科学计量学（scientometrics）、信息计量学（informetrics）、网络计量学（webmetrics）和知识计量学（knowledgometrics）在研究对象、研究内容、研究方法、数据来源、计量指标等方面也呈现出交叉关联，围绕上述“五计学”的相关研究已得到广泛认可。这些研究从萌芽期转至快速发展期，并发展至今逐步迈向发展瓶颈期。萌芽期，主题演化还较不明显，更多研究主题立足于学科理论构建与研究，主要用于评价科学生产能力，构建综合评价指标。快速发展期，对信息的认识深入到知识阶段，使本阶段出现了知识计量、知识管理等研究主题，着重在于“知识单元”层次上考察知识的投入和产出、流量与存量、生产与应用。随着网络信息资源的极大丰富，网络计量学逐渐成为一个独立分支，但影响力并不如网络计量广泛。发展瓶颈期，网络计量和知识计量研究在本阶段影响力逐渐减弱，取而代之的是可视化分析和替代计量等新主题。大数据、云计算、人工智能等新生技术为研究方法的进化提供了方向，开始有研究探索智能化的评价模型。随着社交媒体的流行，替代计量也成为新兴的研究指标，研究主题也更加细化，用于揭示科学结构视角的相关研究，这类研究需要在聚类/主题分析的结果上，再定义热点值、前沿值、学科主题之间关联强度等指标的计算方式。这些研究需要运用一些数据挖掘方法，例如，文本聚类、主题模型、网络分析、可视化展示等相关技能。

10.1.2　科学文献增长定律

1. 基本原理

文献增长定律（growth law of literature）用以描述文献数量随着时间延续而累计变化的规律。科技文献数量随时间的增长规律，在一定程度上反映了人类科研的活跃程度，可以大致地揭示科学发展的特点和规律。通过统计特定学科的文献数量和变化情况，绘制相应的增长曲线，对判断该学科发展现状，预测其未来发展趋势，并为做好相应的科学研究计划、文献馆藏科技情报工作提供决策依据。根据学科发展特点不同，文献增长规律各异。文献增长模型有若干种模型，常见的模型也是经典模型有 3 种：指数增长模型、逻辑曲线增长模型和线性增长模型。

2. 理论发展

文献计量学奠基人之一、美国著名情报学家普赖斯在对大量文献资料进行统计分析的基础上，提出科技文献随时间指数增长的规律，其数学表达式为

$$f(t) = a\mathrm{e}^{bt}$$

式中，$f(t)$ 表示 t 年间文献的积累数量；a 表示统计初始时刻的起始文献量；b 表示文献持续增长率。科技文献的指数增长规律作为一个理想模型，在一定程度上正确反映了文献的实际增长情况，但由于没有考虑许多复杂因素对科学文献增长的限制，真正对于实际的应用，该规律还有许多局限性。

在指数增长的基础上，苏联科学家纳里莫夫和弗莱杜茨认为，文献数不可能无限增长，其根据实际文献的研究，提出了文献逻辑曲线增长规律，其数学公式为

$$f(t) = \frac{K}{1 + a\mathrm{e}^{-bt}}$$

式中，$f(t)$ 表示 t 年间文献的积累数量；K 表示文献增长的最大值。其逻辑曲线表明，在科学文献增长的初始阶段，是符合指数增长规律的。但这种增长趋势到一定时期将会减弱。当文献增至最大值的一半时，其增长率开始变小，最后缓慢增长，并以 K 为极限。逻辑曲线在描述科学文献增长规律时，取得了一定成功，但仍存在一些缺陷。

而线性规律可以看作任何曲线的特例，也可以看作上述规律的特殊形式，或是特定时期文献增长的规律。科学文献线性增长模型不仅适用于描述某种知识或某种类型的文献增长，未来科学和文学的发展将更倾向于线性增长模式。

$$f(t) = bt + a$$

式中，$f(t)$ 表示 t 年间文献的积累数量；a 表示统计初始时刻的起始文献量；b 表示文献持续增长率。

3. 分析与应用

科学文献增长规律的研究具有重要的理论和实践意义。确定科学文献变化总量与时间的关系，可以大致呈现科学发展的某些特征和规律。科学文献数量的增加可以表明一个国家的技术发展进程和成就水平。在所有的文献类型中，专利文献是科技发展最敏感的指标。因此，相关学者经常利用专利文献数量的变化进行情报分析。对增长规律的研究始于对图书馆管理的研究。图书馆或情报机构在新技术应用中确定合理的资金分配、数据收集原则、馆藏增加策略、存储空间扩展措施、信息处理和传输交流，这些过程包含在大量的科学文献中，是未来增长趋势的重要决策依据。

10.1.3　科学文献老化规律

1. 基本原理

文献老化（obsolescence of literature）规律指科学文献随着其“年龄”的增长而内容日益变得陈旧过时的过程，导致其作为科技情报源的价值不断减少，直至完全丧失其利用价值。首先，文献中所含的情报已失效、不可靠或错误因此不再被使用；其次，文献中所含的情报虽然是正确的，但被内容更全面、更新颖的文献所代替，原有的文献内容进入更广泛的交流领域；最后，正确的文献情报，被后人普遍理解，原始文献内容已成为更普及的常识，使得人们很难还会去查询这些原始信息。

2. 理论发展

美国学者贝尔纳在一次国际科技情报会议上提出文献半衰期的概念，指在统计研究的当年，某专业或学科领域尚在利用的全部文献集合中，较新的一半文献中的最长“发表年龄”。半衰期越短，文献老化速度越快。物理学中的半衰期指在放射性衰变过程中，原子核的数目减少到原数的一半所需的时间。文献半衰期指某一学科文献从出版到 50% 的文献因内容老化而失去参考价值所经历的时间，即该学科正在使用的全部文献中较新的一半是在多长一段时间内产生的。

随后普赖斯提出了普赖斯指数，指针对某一学科领域的文献集合，把年限不超过 5 年的文献的引文数量与引文总量之比作为指数，用来度量文献老化的速度和程度。一般来说，如果某一学科领域的文献的普赖斯指数较大，那么它的半衰期较短。文献的半衰期只能笼统地衡量某一学科领域全部文献的老化情况，而普赖斯指数既可用于某一学科领域的全部文献，也可用于评价某种期刊、某一机构，甚至某一作者或某篇文章的老化特点。半衰期概念可以适用于一般的情报老化，而普赖斯指数只适用于文献情报。

剩余有益性指标。某一年份某种期刊的文章被读者所利用的数量称为该种期刊的“有益性”。经过若干年之后，该期刊仍保留的“有益性”，就是“剩余有益性”，是对期刊老化程度的一种量度。

3. 分析与应用

一般而言，“老化”问题包括文献老化和情报（信息）老化。情报的老化是相对于情报对象而言的，而文献的老化则是相对于情报用户而言的。基础学科文献，尤其是重要理论、实验方法和数据的经典文献，老化的速度比应用学科文献的老化速度慢。以客观事实和经验数据为主的学科（如地质学、植物学）由于学科内容相对比较稳定，因此文献的老化速度也较慢。在学科初始和快速发展阶段，吸收新知识比较多、比较快，所以文献老化的速度也随之加快。当学科发展处于稳定成熟阶段时，文献老化的速度又较慢。因为文献的老化信息是针对用户而言的，所以用户的选择习惯和利用文献的行为是真正影响文献老化的决定因素。

10.1.4　其他文献计量规律

1. 布拉德福定律（期刊分布）

布拉德福定律（law of Bradford）也称文献分散规律，是英国化学家和文献学家布拉德福于 1948 年提出的定量描述文献序性结构的经验定律。具体内容表述为：如将科学杂志按其刊载某学科主题的论文数量，以递减顺序排列，就可在所有这些期刊中区分出载文率最高的核心部分和包含着与核心部分等数量论文的随后几区，这时核心区和后继各区中所含的杂志数呈 $1:\alpha:\alpha^2:\cdots$ 的关系（$\alpha>1$）。

布拉德福定律主要反映的是同一学科分类的专业论文在相关的期刊信息源中的不平衡分布规律。布拉德福定律的应用研究也获得了许多切实有效的成果，应用于指导文献情报工作和科学评价，选择和评价核心期刊，改善文献资源建设的策略，确立入藏重点，了解读者阅读倾向，评价论文的学术价值以节约经费、节约时间，切实提高文献信息服务与信息利用的效率和科学评价的科学性。

2. 齐普夫定律（词频分布）

齐普夫定律（Zipf's law）是美国学者齐普夫于 20 世纪 40 年代提出的词频分布定律。它可以表述为：如果把一篇较长文章中每个词出现的频次统计起来，按照高频词在前、低频词在后的递减顺序排列，并用自然数为这些词标注上等级序号，即频次最高的词等级为 1，频次次之的等级为 2，…，频次最小的词等级为 D。若用 f 表示频次，r 表示序号，则有 $f_r = C$（C 为常数），人们称该公式为齐普夫定律。

词频分布规律是有较为丰富内涵的，讨论词频分布何以呈现那种特殊的形状、对其成因提出假说、建立适当的理论模型描绘其分布过程是当前研究工作的热点，目前较重要的假说包括如下。①“省力法则”假说。提出这一假说的是齐普夫。他认为，在语言交流过程中，“省力法则”同时体现在说话人和听话人身上。说话人希望组成语言的词少，而且一词多义，以节省其精力。听话人认为最好是一词一义，使听到的词与其确切含义容易匹配，缩短他理解的时间。这两种节省精力的倾向最后平衡的结果，便是词频的那种双曲线型分布。②“成功产生成功”假说。这方面以西蒙的研究最为著名，西蒙构造了一个概率模型，他提出，在文献中，一词使用的次数越多，则再次使用的可能性越大。该模型最后导出的分布与齐普夫分布相当接近，普赖斯后来建立了一个相类似的模型，又明确地提出了“成功产生成功”的假说。

3. 洛特卡定律（作者分布）

洛特卡定律（Lotka's law）是一种描述科学作品生产率规律的定律。根据这一定律，科学家构成的科学共同体中，大多数科学家的科研产出率比较低，只有少数科学家产量较高。若 $f(x)$为作者频率（即写 x 篇论文的作者占作者总数的比例），则

$$f(x) = c / x^n$$

式中，c 为常数，约为 60.79%，即写一篇论文的作者，约占作者总数的 60.79%。

从人类学的角度理解该定律，那么它将指在人类发展过程中，不同个体对人类进步所作出的贡献的差异，即存在学术视角的马太效应。根据洛特卡定律，我们可以得出的结论是：任何一个学科领域中的核心高水平学者其实是极其有限的，绝大多数作者其实并不重要，真正重要的只有极少数人。因此可以利用洛特卡定律对科技成果劳动状况进行分析，估计劳动规模，分析学科或子领域科学论文的作者队伍等。

10.2　文献计量法的应用过程

10.2.1　文献计量研究基础

1. 基本原理

在进行各类文献信息统计时，必须遵守几个基本原则，这些原则对数据有特定的共

同要求。在文献计量中对文献信息的统计是重点内容，要达到一定的数据标准和统计目的，必须要有明确的主题范围、时间区间、文献类型、统计工具等。具体可以概括为以下几点。

（1）针对性。不同的具体统计任务中需求各不相同，应该有的放矢，而不是千篇一律。

（2）准确性。数据和结果的准确性是文献信息统计的核心要求。只有文献数据准确，才能得出可靠的分析结论。

（3）代表性。在文献信息统计中，有些统计是综合性的全样本统计。抽样中要考虑样本是否能代表全部数据。

（4）可比性。在设置文献索引和统计数据时，必须注意数据的可比性。在促进比较分析时，会得出令人信服的结论。

（5）积累性。累积数据可以是绝对数，也可以是相对数。例如，在确定核心期刊时，使用了累积百分比法。当文献数据的累积时间较长时，累积量相当可观，有助于提高文献统计的准确性。

2. 常见指标

科学的文献计量指标可依据科学计量实体的数量和是否运用参照标准加以分类。文献计量指标可以分为总量指标、复杂指标和复合指标三类。

1）总量指标

总量指标是一种科学指标，用于在特定计量系统中对单一等级的计量实体进行单一维度的评估。总量指标的计量单位与其所评估的计量实体的单位相同。对总量指标进行详细的分析，以便了解如何使用总量指标，见表 10-1。

表 10-1　总量指标的详细分析

指标公式	指标列举	应用细节	反映的问题
$G=\sum_{i=1}^{N} w_e \times e_i$ 式中，e_i 代表第 i 个计量对象；N 代表计量对象总数；w_e 代表可能的权重因子	文献计量规模（给定时间窗口内计量实体发表论文数量）：论文总量、n 年论文数量、高被引论文数量 研究体量（给定时间窗口内计量实体拥有研究人员数量）	对总量指标的动态分析（连续年段）可以反映可能的发展、停滞和衰减等。但使用总量数据不宜用于不同研究规模组织单元的对比评价	对当前研究对象研究规模的评价（重点在于选取什么样的规模，从文献发表途径等特征的角度考虑其表示的含义）

2）复杂指标

如果评价涉及两种及以上的评价实体或仅涉及一种实体但包含不同等级水平的指标时，可以使用复杂指标刻画评价系统内特定的计量维度，与总量指标相比，复杂指标具有更清晰的实际含义。与此同时，复杂指标通过引入参照标准，改进了总量指标在不同研究规模的组织单元进行对比评价时的不足，这使得复杂指标更适用于多样化的评估场景。本节研究对复杂指标进行详细的分析，以便了解如何使用复杂指标，见表 10-2。

表 10-2　复杂指标的详细分析

指标公式	指标类型	指标功能	计量单位	指标含义	指标列举	应用细节	反映的问题
$C = A \times f \times B$ 式中，f代表某种数学运算符；A和B代表两个计量实体集合的数量	特定指标	比较不同系统相似性特征关系	不相似	特定指标是带参照标准的复杂计量指标，它将总量指标与另一个指标联系，揭示了集合 A 所代表的实体相对于集合 B 所代表的单个实体的数量	■ 给定集合论文引文频次除以相应论文的数量（篇均） ■ 给定时间窗口内科研人员人均发文量（人均） ■ 调整的总引文指标（引文频次除以引用者数量，人均） ■ 发表策略（论文期刊影响因子加权除以论文数量，篇均）	■ 用于不同规模的主体单元与组织单元的比较评价 ■ 若用于不同规模的评价单元的资源配备情况，这个指标并不适用，因为仅凭单维度指标相对于参照物的得分不能确定该实体的全貌	若总量指标是对科研评价实体的规模和实力的综合体现，但低水平扩大规模还是会导致总量指标的增加，然而实际上评价实体的科研质量并没有增长，因此需要对质量类型的指标进行进一步的计量。通过对比相似或不相似的计量实体来表示不同的质量类指标的某种侧面
	平衡度指标	描述系统投入产出的关系	相似	它揭示了在给定的一个计量系统内，总量的投入性指标与另一个总量的产出性指标的比值	■ 影响力负荷指标（某科研团队被其他科研团队引用的次数与该团队自引次数之比） ■ 普及因子（某科研团队被其他团队引用的论文数与该团队引用的论文数之比）	■ 平衡度指标不受被测度系统规模的影响，可用于不同规模系统的对比分析	
	分布指标	展示子系统对整体的贡献	相似	它与两个评价集合的总数指标相关，这两个评价集合有着相似的数据项，其中一个是另一个的子集	■ 科研潜能凸显指数（某期刊被引论文占该期刊全部论文数的比例、高被引论文占比、前沿论文占比等） ■ 活跃指数（某团队发表的子领域论文占全领域论文总量的比例）	■ 可以用于描述子系统相对于系统整体的分布 ■ 但不适用于个案研究，会增加收集整体系统数据的额外工作量	
	相对指标	利用绝对标准分数比较不同系统相似特征的关系	相似	相对指标是指某计量系统中，评价对象 A 对评价对象 B 的得分，其中评价对象 B 是参照组	■ 平均引用率（mean observed citation rate，MOCR）、期望引用率（expected citation rate，ECR）、相对引用率（relative citation rate，RCR） ■ 引文分值标准化（某作者发表的论文的篇均引文与 SCI 收录期刊篇均引文的比值） ■ 相对发表策略（论文集合期刊影响因子之和除以相应子领域期刊影响因子的均值）	■ 相对指标可以解决分析各种类型组织单元由于领域不同导致的不可比性	

3）复合指标

复合指标包含两个以上局部的计量指标复合构成，通常结合了特定测量系统中不同方面的总量指标或复杂指标，每个部分通常涉及不同权重。对复合指标进行详细的分析，以便了解如何使用复合指标，见表 10-3。

表 10-3 复合指标的详细分析

指标公式	指标列举	应用细节	反映的问题
$\mathrm{CI}=\sum_{i=1}^{N}\frac{x_i}{\sum_{i=1}^{T}x_i}\times w_i$ 式中，CI 代表某计量单元符合指标的得分；T 代表被评估单元的总量；x_i 代表某个单元在第 i 个局部指标的得分；N 代表局部指标的总数；w_i 代表第 i 个局部指标的权重	■ 皇冠指标 ■ 规范化引文影响力（category normalized citation impact，CNCI） ■ H 指数及其演变 ■ 期刊编委指数得分（journal editorial impact score） ■ G 指数	■ 可以揭示组织单元在相应的包含多个组织单元系统中的整体表现情况 ■ 在实际应用中，对某一复杂系统的评价也多将多维度局部指标进行整合来进行评价	复合指标通常包含多个维度的内容，使用时要更加谨慎

3. 通用分析步骤

在文献计量中，虽然统计的类型有所不同，但一些基本步骤是相同的，包含如下几步。

第一步，统计调查，是指收集研究对象的统计资料、原始数据和第一手资料。获取原始数据时，应考虑以下几点。①确定具体方法。当文献统计的范围较小时，应该收集所有对象的统计数据。数据的代表性好，可靠性高。当范围较大、涵盖期较长时，一般采用部分统计方法，如典型调查统计、随机抽样统计。②选择统计工具。当统计某个特定的文献主题时，我们一般使用检索工具（如摘要、索引、目录）作为统计对象。选择一个合适的、全面的、有代表性的数据源工具是文献统计工作中最重要的步骤之一。③明确指标内容。我们应该根据统计研究的要求确定数据指标。文学的内容、范围和单位真正的统计指标应该清晰且相对简单，以便于获取数据。④统计原始数据。数据应该准确可靠，以避免错误。

第二步，统计整理，也称为统计汇总，涉及对原始数据的处理和分类。工作内容包括以下几点。①计算。可以根据原始数据计算平均值、累积量、百分比和对数值，以扩展数据项和为统计分析提供足够的数据。②排序。我们可以根据一定的要求和规则对数据进行排序。③表达。文献统计数据可以用统计表或统计图的形式来表示，以说明统计指标之间的关系。统计数据结果以统计表的形式表现出来，醒目清晰，而统计图像更直观。

第三步，统计分析，是整个文献统计分析方法中的关键步骤，包括统计数据的结论分析和误差分析。结论分析从统计数据中确定相应的规律性结论。误差分析决定了结果的准确性和精确度，具体包括如下。①理论分析。在行为理论和行为规律的指导下，我们可以对统计数据进行分析并得出一些结论。②数值分析。每一个对象都有某几个方面的绝对值和它在总体中所占份额的相对值。这些价值很重要，是直接分析对象特征及其与其他对象关系的基础，如不同时期（如月、日）对象的比较、同期多个对象的比较、多期多个对象的比较。③图像分析。在文献计量学中，图像经常被用来描述统计数据，然后对图像进行分析，并得出相应的结论。

10.2.2　文献计量分析方法

1. 基于词

1）词频分析法

词频分析法对文献正文中重要词汇出现的次数进行统计与分析，是文本挖掘的重要手段。它是文献计量学中传统的和具有代表性的一种内容分析方法，基本原理是通过词出现频次的变化，来确定热点及其变化趋势。借助词频分析法跟踪研究热点是齐普夫定律应用较广实例之一。引申应用有词频-逆文档频率（term frequency-inverse document frequency，TF-IDF），是一种广泛应用于信息检索和文本挖掘的加权技术，用以评估一个词，对于一个文件集或一个语料库中的一份文件的重要程度。

2）共词分析法

共词分析法利用文献中集中词汇对或名词短语共同出现的情况，来确定该文献集所表达的学科中各个主体间的关系。一般认为词语共同出现的次数越多，则表示两个主体之间越紧密。由于组合的主题词能反映文献的研究内容，通过对共现主题词进行聚类、关联、词频及突发词监测等的数学统计，可以揭示文献群间存在的内容联系。对共词共现频率的统计分析除了上述方法外，还有许多数学统计方法应用到文献计量中，如子分析法、贝叶斯分类法等。各种统计法与数据挖掘的运用是文献计量分析的重要发展趋势之一。

2. 基于引文

1）共被引分析

两篇（或多篇）论文同时被后来一篇或多篇论文所引证，则称这两篇论文构成共被引关系。文献的共被引关系会随时间的变化而变化，通过文献共被引网络研究可以探究某一学科的发展和演进动态。作者共被引和期刊共被引类似于文献共被引，分析时将作者或期刊替换成参考文献即可。

2）文献耦合分析

两篇同时引用一篇论文的论文（即共同的参考文献）称为耦合论文（coupled papers），并把它们之间的这种关系称为文献耦合。即若文献A和文献B引证了相同的参考文献，则它们之间构成耦合关系，它们所包含相同参考文献的个数称为耦合强度。与文献共被引相反，文献耦合是一种静态关系，因为已发表论文的耦合强度不会随时间变化而改变。

3）二者区别与联系

共被引反映的是两篇被引证文献之间的关系，文献耦合反映的是两篇施引文献之间的关系。文献耦合强度是固定不变的，共被引强度则随时有可能发生变化。文献耦合反映的文献间的关系是一种固定的长久的关系，而共被引反映的则是变化的或暂时的关系（图 10-1）。因此，文献耦合形成的模型是静态结构模型，而共被引形成的模型则是动态结构模型。对于研究和揭示科学文献的内在联系与规律、描绘科学发展的动态结构来说，“共被引”比“文献耦合”更具有优越性，更适应当前情报科学所研究的对象不断变化和发展的特点。

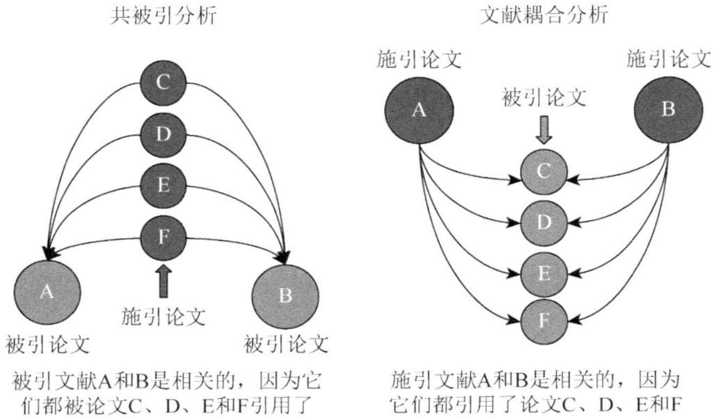

图 10-1　共被引与文献耦合分析对比

3. 基于关系

社会网络分析（social network analysis，SNA）基于图论、矩阵等对社会关系结构及其属性加以分析，是一套对个体关系、社会现象、组织结构、社区关系等进行分析的规范和方法。近年来，社会网络分析在文献计量与情报分析等领域受到广泛关注。研究人员借助科研合作网络研究某一领域科研合作发展状况与趋势，反映合作者间的学术网络关系，揭示学术信息交流传播规律等。也可以通过其他网络结构对某领域的研究主题、学者、期刊、学科等进行研究。当我们期望从数理角度识别关键对象，如核心学者或热点话题时，可以采用多种指标进行排序、比较和分析。这些指标包括发文量、被引频次、期刊影响因子、H 指数以及 CNCI 等。此外，网络分析指标如电镀中心性、中介中心性和聚类系数也是重要分析指标。

4. 基于回归数学模型

回归数学模型是寻找文献计量各元素中各影响因素关系的常用方法。以科研合作为例，可以从合作国的国家创新指数、合作规模、引证数量及学科交叉等方面分析其对文献质量的影响，并基于基础指标和综合性指标对数据进行拟合分析，以预测国际合作的发展态势。在研究中还可引入经济学模型，定量分析国际合作基本要素（项目、人才、基地）对建立国际科技合作模式的影响；同时探索经济、文化、政策、法律、环境等对国际合作发挥的作用。其他方法如主成分分析、分类、关联规则等，也常用于揭示国际合作数据中隐藏的信息和规律。

10.2.3　文献计量常用平台及工具

1. 常用数据库平台

在进行基于文献计量的文献检索及分析时，需要依托数据库平台完成相关工作，而 CNKI（中国知网）、WOS（Web of Science）和 EI（the engineering index）是最常使用的三大平台。

CNKI（图 10-2）是由清华大学和清华同方共同发起的信息化建设项目，旨在实现全社会知识资源的传播共享和增值利用，主要针对中文文献内容，是集期刊、博士论文、硕士论文、会议论文、报纸、工具书、年鉴、专利、标准、国学、海外文献资源为一体的、具有国际领先水平的网络出版平台。

图 10-2　CNKI

WOS（图 10-3）是由科睿唯安（Clarivate Analytics）公司开发的信息服务平台，数据来源于期刊、图书、专利、会议录、网络资源（包括免费开放资源）等。WOS 平台集成了科学引文索引扩展版（science citation index expanded，SCI-E）、社会科学引文索引（social sciences citation index，SSCI）、艺术与人文引文索引（arts & humanities citation index，A&HCI）和其他一些诸如新兴来源引文索引（emerging sources citation index，ESCI）、图书引文索引（book citation index，BKCI）、会议论文引文索引（conference proceeding citation index，CPCI）及会议索引。

EI（图 10-4）是由爱思唯尔（Elsevier）公司提供的工程索引数据库，是目前全球最全面的工程领域二次文献数据库，主要收录工程技术领域的重要文献。EI 收录包括三种类型：被 EI 核心收录、非核心收录（Pageone 收录）、会议论文。而 Scopus 数据库是由爱思唯尔公司于 2004 年推出的一个跨学科的信息导航工具，是全球最大的文摘与引文数据库。

图 10-3　WOS

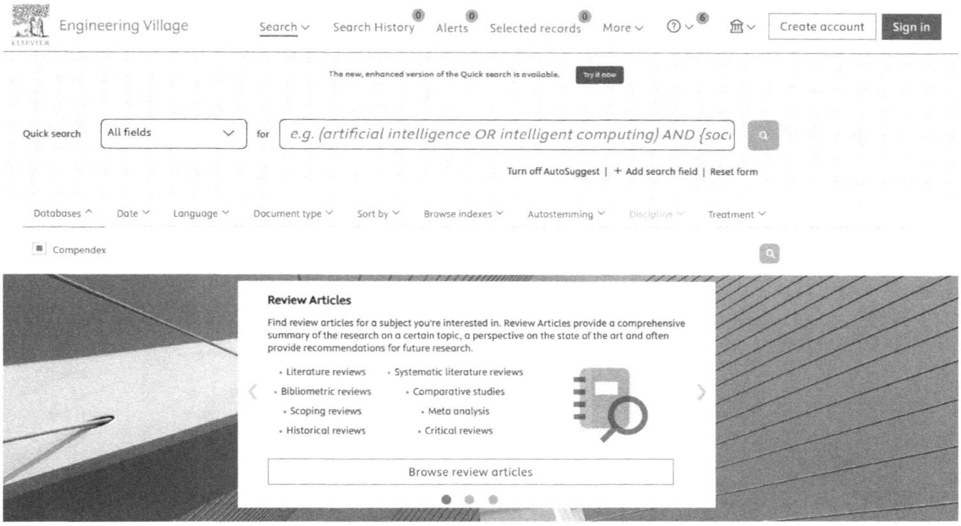

图 10-4　EI

2. 分析及可视化工具

文献计量常用软件可分为两大类：①基于社会关系矩阵构建的分析软件，如 BibExcel、Bibcomb、SAITI；②基于社会网络聚类的分析软件，以可视化功能为主，如 CiteSpace、VOSviewer、SCI2、SCImat、Ucinet、Netdraw 和 Histcite 等。

1）BibExcel

该文献计量软件功能极其强大，可直接对 Web of Science、Scopus、Derwent、Medline 等中外文数据库中数据进行分析。此外，还可直接提取以上数据库中的知识单元及关系矩阵，将这些关系矩阵导入 Excel 表中进行分析或借助其他文献计量软件进行相应的分析。其主要功能包括提取作者、作者共被引、高频作者、关键词共现以及文献共被引等频次和关系矩阵（图 10-5）。

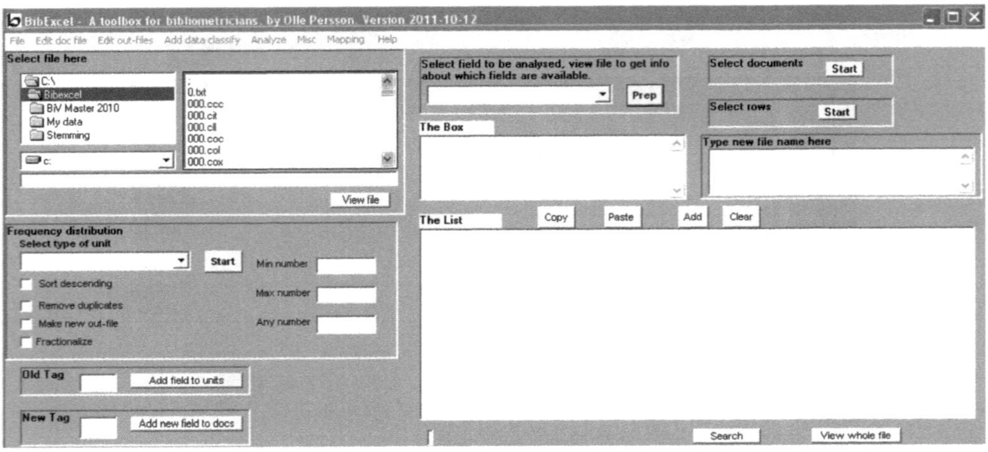

图 10-5　BibExcel 操作界面

2）Bibcomb

Bibcomb（Bibliographic Item Co-Occurrence Matrix Builder）系统，即书目共现分析系统，该系统是面向生物医学数据库和文献数据库的文本挖掘系统，但被广泛应用于文献计量领域，主要包括 5 个功能模块：信息抽取模块、矩阵预处理模块、文本挖掘模块、数据可视化模块、规则接口模块（图 10-6）。

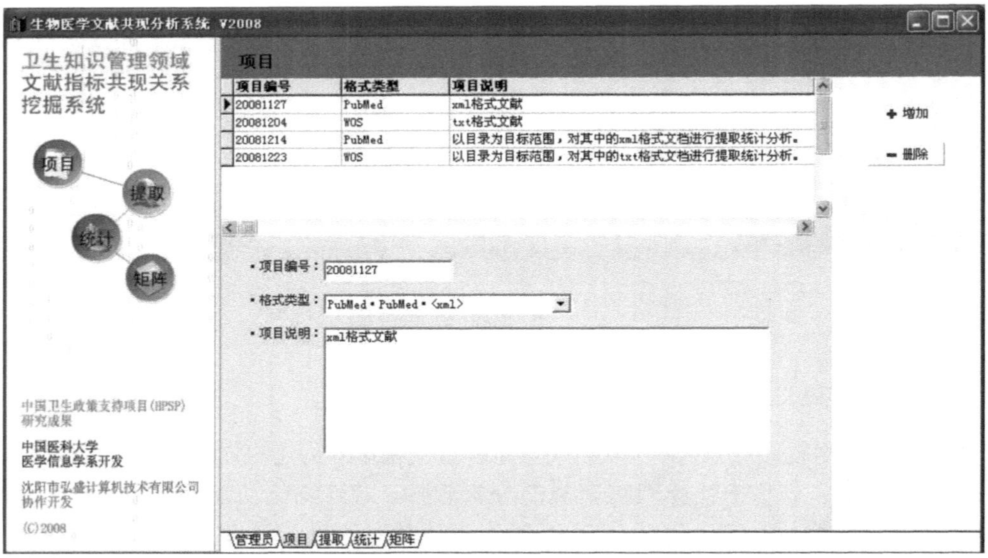

图 10-6　Bibcomb 操作界面

3）CiteSpace

CiteSpace 是基于挖掘文献间潜在知识的分析软件，注重以图形及连接表示关系强弱。主要应用目的为研究知识前沿，可直接使用 WOS 等数据库的下载数据，能提供包括网络中介中心度在内的更多分析参数和更完整图示，还具有时序分析功能（图 10-7）。

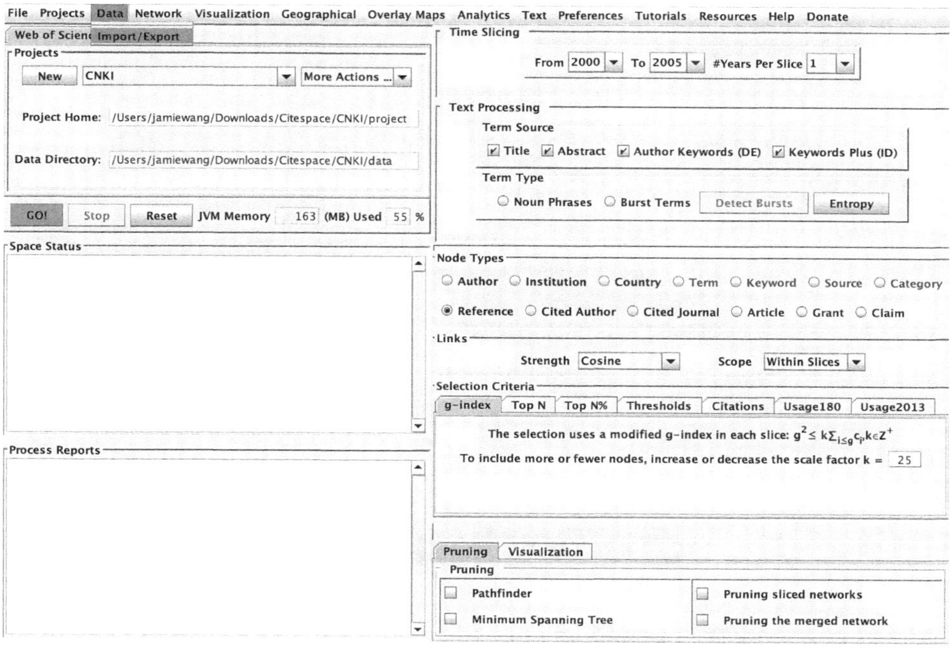

图 10-7　CiteSpace 操作界面

4）VOSviewer

VOSviewer 是一款分析软件，通过基于距离的可视化方法来解构文献之间的关系，并绘制研究文献的计量图谱。在可视化显示方面特点之一是避免了重要节点和标签的相互覆盖，并注重数据集的主要信息显示（图 10-8）。

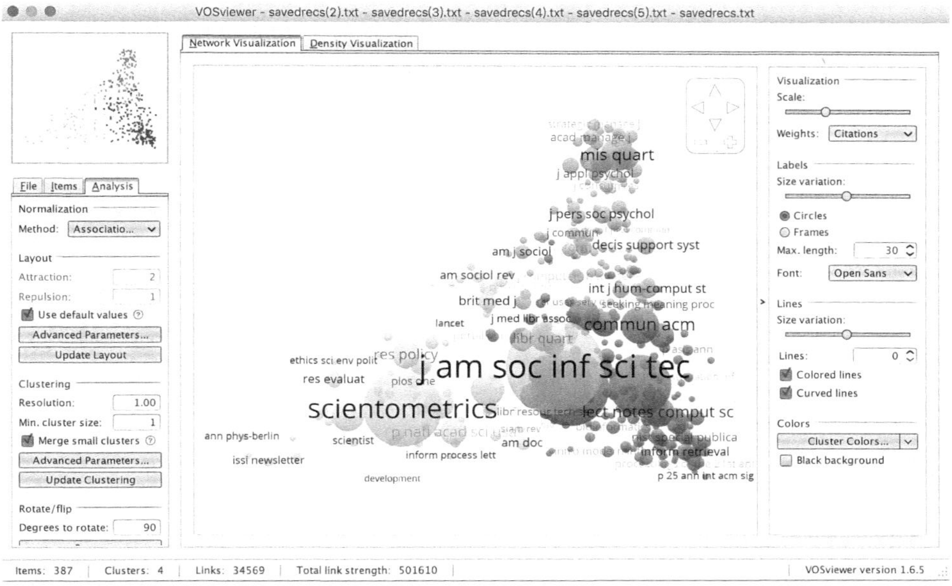

图 10-8　VOSviewer 操作界面

3. 评价及分析类工具

1）InCites

InCites 是科睿唯安旗下产品，是用于分析数据集中包含的人员、组织、地区、研究领域、期刊、会议论文集和资助机构的工具。每个分析的操作界面有三个核心组件：过滤器面板、数据表和数据可视化。通过对数据集应用过滤器选项，可以识别表现最好的研究人员和组织，并创建同行集以根据选定的绩效指标进行基准测试或评估（图 10-9）。

图 10-9　InCites 操作界面

2）SciVal

SciVal 是爱思唯尔旗下产品，是研究表现的分析工具，不仅能够用于评估和对比，还可以定制化组合分析，了解分析主体从事的研究主题是什么，哪些主题最具研究潜力等。包括概览、对标、合作和趋势四大功能模块。可以寻找合作者以激发对复杂问题的创新解决方案，发现相关的跨学科研究领域（图 10-10）。

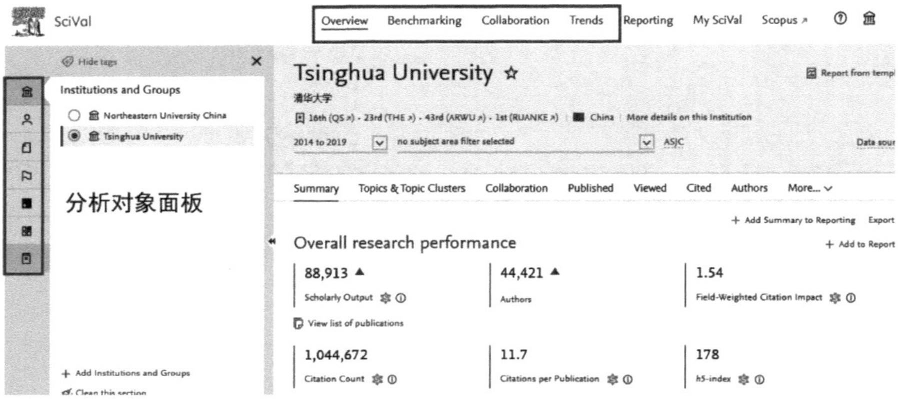

图 10-10　SciVal 操作界面

10.3　文献计量法的应用

10.3.1　用于科学研究

1. 利用文献计量进行科学研究的内涵

科研工作是站在巨人肩膀上进行知识汲取的，已经发表的文献是获得知识重要的途径。互联网和新型出版方式的出现让文献检索、收集变得更容易，但同时海量资源的问题也随之出现，如何从海量文献中找到自己想要的文献成为一个新问题。从信息分析的角度，可以利用两种思路：一种思路为利用核心文献法，即找到领域里一篇或几篇高被引或高影响力的文献，以这些文献为基础通过其参考文献不断扩展；另一种思路是通过数据库（如 WOS 等）进行关键词或主题检索，从而得到自己的数据文献集，通过各类文献计量指标不断迭代文献筛选过程，得到最终要分析的文献集合。

对于一个新的研究子领域或者对新的研究学者来说，将文献集从检索到数据清洗的过程是一个不断鉴别文献的过程，而文献计量在该过程中起到方便快速筛选定位信息的作用。文献计量的检索过程和数据分析过程，就是其本身对子领域基本概念、核心学者和研究热点主题等的学习过程。通过前面所述各类文献计量工具提供的文献计量指标的分析（如聚类、共现等），可以对一个全新领域有一个基本的分类，对每一个分类的文献有一个基本的认识，有利于后期进一步整理、阅读和分析，特别是研究基础和研究热点等的识别。

2. 利用文献计量进行科学研究的发展

文献计量领域如今也逐渐纳入了知识图谱的相关研究内容，利用图论的知识和可视化手段，将学科热点分析、学科前沿识别、学科发展演变等科学研究内容以图谱形式展现。同时，通过挖掘作者/机构的合作网络、论文/专利的引文网络等科学研究网络，为需要利用文献计量进行科学研究的人士提供助力。

10.3.2　用于科技评价

1. 利用文献计量进行科技评价的内涵

科技评价是学术界自身的需要，也是科研管理的需要。有学者指出，“学术评价问题，说到底是个分配正义问题”，其目的就是期望学术劳动能够与其学术贡献回报成正比。好的科技评价可以：首先，促进学术发展，保证科学共同体的良好运行，这是学术评价的最终目的；其次，授予学术荣誉和科学奖励，通过学术评价，对有学术贡献者给予表彰、奖励，只有科学荣誉与奖励的正确授予才能激发科学共同体成员从事知识生产活动的积极性，最终达到促进学术发展的目的；最后，进行科学资源的合理分配，对包括科研经费、职称晋升等资源进行合理分配是当代科研管理中的重要任务。为了更好地建立学术秩序、分配学术资源、了解经费投入的效果，管理部门和学术界本身都对学术评价提出了更高的要求。这就使得学术评价逐步变得正规化、制度化，需要进行系统化的评估和比较。这种需求是全球性的，无论自然科学还是人文社会科学，进行学术评价的需求都在不断增强。

2. 利用文献计量进行科技评价的发展

综观现有的科技评价体系，它在评价指标和评价方法的选取上难以满足时代需要以及评价主体的期望。过度追求量化指标、依赖外部评价指标等问题也日益成为学术界关注的焦点。目前的科学评价体系主要有两大发展趋势：广度上的综合评价和深度上的智能评价。综合评价需要结合 Altmetrics（替代计量）分析以及不同类型的影响力分析，突出全面性；而智能评价主要是围绕精准性进行分析，突破目前的频次统计、论文发表数量、被引用次数，结合全文本分析，深入文本内部，例如，通过引用的位置、引用的强度、引用的语境等进行相关语义分析，改变“唯”的状态。与人工智能结合起来的智能评价的发展将来还有望取代同行评议制度，减轻项目评价、课题评价的大量工作。但是无论科学评价体系如何进行创新，都必须牢记学术评价的“初心”依然是促进知识创新。

应用案例 10-1　人才评价 *H* 指数

H 指数（也称为 *h*-index）是一个复合指标，可用于评估研究人员的学术产出数量与学术产出水平，最初是由物理学家乔治·赫希（Jorge Hirsch）在 2005 年提出来的，其目的是量化科研人员作为独立个体的研究成果。一名科学家的 *H* 指数是指其发表的 N_p 篇论文中有 h 篇每篇至少被引 h 次，而其余 N_p-h 篇论文每篇被引均小于或等于 h 次。在提出 *H* 指数时，赫希指出：“在资源有限的世界里，量化是评价和比较的必需品，尽管大家通常都反感量化。”

虽然有学者质疑科学家的学术表现与 *H* 指数之间的关系，*H* 指数被认为是一个简洁明了的指标。然而，赫希告诫说，在比较科学家时不能过度依赖这一标准。他说：“很显然，一个简单的数字除了给出一个大概的评价外，是无法评估个人多方面的形象的，所以在评价个人时，应利用多种指数一起评估。”现实应用中，对该指标的运用需要注意一些要点：不同学科之间的引用行为存在差异，因此不能将 *H* 指数用来比较来自不同领域的科学家；*H* 指数不应该直接用来比较同一科学家不同时期的科研水平。如果该科学家持续活跃在科研产出领域，该指数会逐年增加；该指数易受自我引用的操控。

应用案例 10-2　JCR 期刊分区与中国科学院分区

核心期刊是学术界近年的一个热门话题，其概念诞生于布拉德福定律。一方面，“核心期刊”这个概念受到热烈追捧，几乎每一种期刊都想成为核心期刊，很多作者都希望在核心期刊上发表论文；另一方面，核心期刊又遭到学术界的猛烈抨击，似乎它成了学术腐败和学术不端的罪魁祸首。因此弄清核心期刊的来龙去脉和评选标准，看清它的作用与局限，就成了十分重要的问题。

为确定核心期刊，我们通常使用期刊分区进行分类，常用的期刊分区有 JCR（journal citation reports）分区和中国科学院分区。其中，JCR 分区是科睿唯安公司依据加菲尔德文献集中定律（Garfeld's law of concentration），基于各学科期刊当年影响因子（impact factor，IF）排名，将同一学科的期刊平均分为 Q1、Q2、Q3、Q4 共四个等级（Q 表示 Quartile in Category）。而中国科学院分区是中国科学院文献情报中心制定的分区，基于各类期刊 3 年平均 IF 排名，同一类的期刊按梯度分为一区、二区、三区、四区共四个等级。其中 JCR 分区将收录期刊分为 176 个不同学科类别，每个学科分类按期刊的 IF 高低，平均分为四个区；而在中国科学院分区中，一区和二区杂志很少，杂志质量相对也高，基本都是本领域的顶级期刊。中国科学院分区中四个区的期刊数量是从一区到四区呈金字塔状分布（图 10-11）。

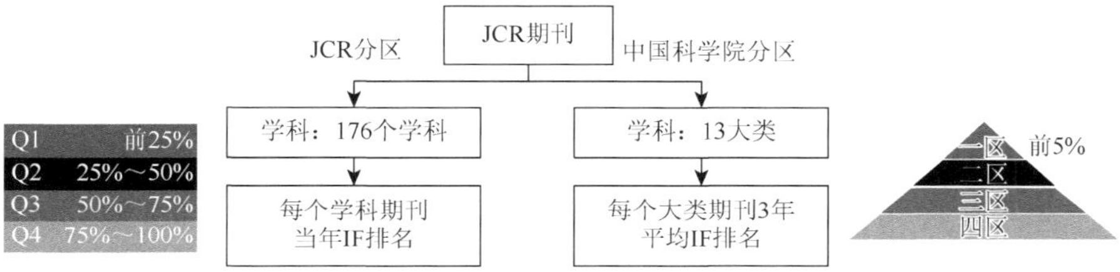

图 10-11　JCR 分区和中国科学院分区的对比

利用核心期刊进行学术评价是近年来在中国发展最快、应用最广泛，同时也最受人诟病的应用。目前，很多机构将核心期刊用于成果、人才、机构的评价，一些高校采用了“以刊论文”的评价方式，以刊物是否“核心”来评价学术论文的质量，期刊管理机构也以是否入选核心期刊作为资助与否的依据。因此，是否入选核心期刊成为决定期刊生死存亡的头等大事；能否在核心期刊上发表文章，成为学生能否毕业、研究人员能否评上职称的重要指标。自此，核心期刊的功能被异化了。

10.3.3　用于科技预测

1. 利用文献计量进行科技预测的内涵

科学研究的世界呈现出蔓延生长、不断演化的景象。科研管理者和政策制定者需要掌握科研的进展和动态，以有限的资源来支持和推进科学进步。对于他们而言，洞察科研动向，尤其是跟踪新兴专业领域对其工作具有重大的意义。当前，科学研究活动与技术变革周期大幅缩短，学术成果数量的增长速度显著提升，创新主体在进行创新活动过程中面临的机会和选择也更加复杂。在此过程中，基于知识的创新驱动发展过程越来越依赖于对已有学术成果的挖掘与拓展，通过文献计量，可以有效地识别出新的科学研究机会或技术演变趋势，能够为创新主体快速制定战略规划和布局、抢占科学技术高地、实现跨越式发展等提供契机。

2. 利用文献计量进行科技预测的发展

未来，随着语义识别、大数据等技术的发展，将会对文献计量的分析能力，尤其是对主题内容的揭示程度产生更为重要、革命性的影响。在学科交叉、学科内部的深入研究方面，技术和数据源将为学者提供前所未有的发展空间。以往的文献计量学研究是从学术研究的成果及其引用的角度，分析科学交流的历史和现状。进入数字时代，人们使用的大部分信息都利用网络传播，并通过关联数据对这些内容进行互联，因此，学术研究的所有行为过程几乎全部在网络环境下进行，我们有可能对学术研究全流程开展分析研究，描绘科学研究的全景。多角度、全方位展示科学信息的产生、传播、交流和利用的机制，这将是与以往完全不同的大视角。

本章综合案例

社交媒体环境下网络谣言国内外研究动态及趋势

为了解社交媒体环境下网络谣言国内外的研究进展及未来的研究趋势，研究人员收集并分析了国内外社交媒体网络谣言的相关文献。利用本章所介绍相关方法及工具，对国内外研究现状、热点主题及研究脉络等三点内容进行分析。

针对文献检索任务，基于对社交媒体环境下网络谣言的相关界定，本案例在研究样本的选择上选择 WOS 中 SSCI 和 SCI 两个数据库，以 TS(主题) = (“online rumor”) or (“internet rumor”) or (“network rumor”) or (“fake news”) and (“social media”) or (“Twitter”) or (“Facebook”) or (“Instagram”) or (“Pinterest”) 为检索词，共检索到 434 篇文献，本案例将研究聚焦到图书情报领域的 26 篇文献。在国内样本的选择上，选择中国知网作为社交媒体网络谣言相关研究样本文献的选择平台，以主题 = (“网络谣言”并含“社交媒体” or “网络谣言”并含“新媒体” or “网络谣言”并含“微博” or “网络谣言” 并含 “微信” or “假新闻”并含“社交媒体” or “假新闻”并含“新媒体”)作为检索词，共检索到 1066 篇文献，图书情报领域 82 篇文献。所有检索时间截止到 2018 年 12 月 31 日。

针对研究现状的分析，可以通过梳理发文量来研究脉络，并结合 InCites 对核心学者以数据分析的方式进行数据处理。通过分析发现，从国内外不同点来看，国外社交媒体网络谣言起步较早，国内起步较晚。此外，国外主要围绕传播的影响因素及传播影响力进行研究，国内学者针对不同群体传播行为和举报谣言行为进行深入研究。从相同点来看，社交媒体网络谣言的传播特征和管理监测是国内外社交媒体网络谣言共同研究的热点问题。

针对热点主题的分析，利用高频主题词，分别对国内外文献进行热点知识图谱的绘制，如表 10-4 所示。通过分析发现，国内外学者都将社交媒体网络谣言的传播作为近些年主要研究方向。根据图表和文献阅读发现，国外学者在研究社交媒体网络谣言传播时，重点分析了社交媒体网络谣言的传播原因及监测情况。国内学者重点分析了社交媒体网络谣言的传播模型、社交媒体突发事件网络谣言的传播，在引入案例分析时事件选择上呈多样化的形式。

表 10-4　社交媒体网络谣言国内外高频词

类别	国外高频主题词			国内高频主题词		
	被引频率	中心度	关键词	被引频率	中心度	关键词
1	100	0.18	social network	565	1.32	网络谣言
2	81	0.12	complex network	46	0.19	谣言
3	56	0.14	dynamics	45	0.12	治理
4	53	0.15	rumor	34	0.04	谣言传播
5	48	0.08	network	31	0.11	传播
6	43	0.05	model	24	0.17	言论自由
7	35	0.13	rumor spreading model	21	0.04	突发事件
8	32	0.07	rumor spreading	20	0.03	法律规制
9	32	0.06	social media	19	0.00	应对策略
10	31	0.15	mechanism	19	0.03	新媒体

针对研究脉络的分析，利用文献计量软件 CiteSpace 中时序分析功能，绘制了五年内（2014～2018 年）国内外此领域的知识图谱，如图 10-12 所示。通过分析结合图中的趋势发现，社交媒体网络谣言的治理、给出应对策略、保证网络信息的真实性是未来主要的研究趋势。根据相关文献阅读发现，技术层面上的区块链、机器学习是治理社交媒体网络谣言的新方法，提升老年群体信息真实性识别也是治理社交媒体网络谣言传播的重要方式。

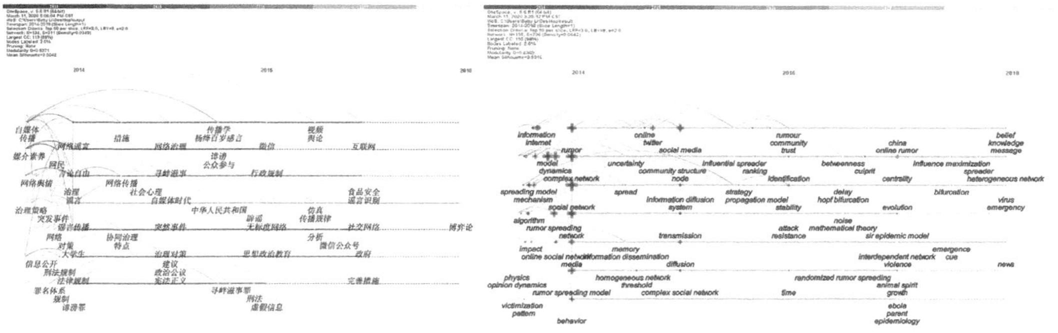

图 10-12　社交媒体网络谣言国内外热点主题时序分析

通过上述对国内外社交媒体环境下网络谣言研究热点问题和研究趋势的分析，可对相关部门和学者针对网络谣言的理论和实践层面研究起到一定的参考及指导作用。社交媒体网络谣言治理问题是社会风险管控与数字空间治理的共同组成部分。从受众视角出发，辟谣效果的衡量在一定程度上取决于用户行为是否受到影响而做出改变，未来研究应采用多元主体协同治理模式，充分调动政府、社会组织、网络媒体和网民群体的力量，运用法律、制度、技术、道德等多元手段构建协同共治的网络谣言治理体系，持续推进清朗网络空间的建设。

案例来源：王晰巍，李文乔，韦雅楠，等.社交媒体环境下网络谣言国内外研究动态及趋势[J].情报资料工作，2020，41（2）：39-46.

案例讨论分析问题

1. 在本案例中是如何制定检索策略的？

2. 关于研究热点及研究脉络的分析给了你怎样的启示？

3. 请你根据本案例，针对自己感兴趣的研究问题，利用文献计量分析对相关研究进行简单综述分析。

本章复习题

1. 文献计量通用流程是什么？

2. 不同文献计量方法所分析出的结果有何不同？

3. 如何提升文献检索的查准率与查全率？

第 11 章　专利信息分析

【学习目标】

■ 了解专利分析的价值
■ 学习专利信息分析常用方法
■ 可以对专利分析报告进行阅读与理解

【思政目标】

■ 使学生热爱科技、拥抱科技，强化承担国家发展的历史责任感
■ 通过了解规范的科学研究过程，培养学生严谨的治学态度和科学精神

11.1　专利文献概述

11.1.1　专利制度的起源及发展

1. 起源及历程

专利（patent）是世界上最大的技术信息源，专利制度是主权国家保护与鼓励发明创造、推动技术进步的管理制度。专利，从字面上是指专有的权利和利益。“专利”一词来源于拉丁语 Litterae patentes，意为公开的信件或公共文献。它最初是中世纪的君主用来颁布某种特权的证明，后来特指英国国王亲自签署的独占权利证书。威尼斯移居国外的吹玻璃的匠人为了防止当地工人模仿他们的技术，把这一制度介绍到了欧洲其他地方。在 20 世纪 80 年代，跨国的专利授权机构诞生了，欧洲专利局和我国国家知识产权局就是这样的机构。

2. 专利保护制度

在专利制度确立的同时，著作权制度也产生了。随着人类造纸和印刷技术的发明传播，书籍成为科技知识和文学艺术的载体。在没有专利法以前，随便什么人，随便什么时间，都可以使用别人的发明，这样发明人从自己的发明中就得不到什么特别的利益。专利制度改变了这种状况，保证发明人在一定时期内对自己的发明独占使用，因此给发明和制造实用新物品的“天才之火”添加了“利益之油”。

11.1.2　专利的含义及种类

1. 专利含义

在现代，专利一般是由政府机关或者代表若干国家的区域性组织根据申请而颁发

的一种文件，这种文件记载了发明创造的内容，并且在一定时期内产生一种法律状态，即获得专利的发明创造在一般情况下他人只有经专利权人许可才能予以实施。在我国，专利分为发明专利、实用新型专利和外观设计专利三种类型，对比如表 11-1 所示。

表 11-1　发明专利、实用新型专利和外观设计专利的对比

种类	保护期限	保护对象	保护内容	审查方式	授权要求	审查标准
发明专利	20 年	产品、方法、用途	产品、方法的任何技术改进，现有产品的新用途	形式审查 + 实质审查	新颖性、创造性、实用性	高
实用新型专利	10 年	产品	产品内外部形状、构造的改进，电路改进	形式审查	新颖性、创造性、实用性	低
外观设计专利	10 年	产品	产品外部形状、图案、色彩的新设计，富有美感，适于工业应用	形式审查	现有设计（及与现有设计近似的）、非他人在先合法权利（如商标、版权）	低

2. 发明专利

发明专利是一种知识产权，用于保护新的或改进的产品、工艺或方法，包含产品发明、方法发明和用途发明。对于方法性的发明创造（如关于食品、药品及其他化工产品的配方及加工工艺，包含计算机软件的专利申请、生物方面的专利申请等）只能申请发明专利，但对于结构性的发明创造，则既可以申请发明专利也可以申请实用新型专利，发明专利的优点是保护期限较长，权利稳定性较好（需要经过实质审查才授予专利权）；发明专利的保护期限是 20 年，授予专利权通常需要的时间为 3 年左右。

3. 实用新型专利

实用新型专利是指对产品的形状、构造或者其结合所提出的适于实用的新的技术方案。通常对于具有结构特征的产品均可以申请实用新型专利，实用新型专利的特点是申请所需要的费用较低，授权所需要的时间较短，但保护期限较短且权利稳定性要差一些（不经过实质审查便授予专利权）；实用新型专利的保护期限是 10 年，授予专利权通常需要的时间为 12～15 个月。

4. 外观设计专利

外观设计专利是指产品的形状、图案或者其结合以及色彩与形状、图案的结合所做出的富有美感并适于工业上应用的新设计。通常产品的包装（包装袋、盒、箱、瓶等），以及富有美感的造型均可以申请外观设计专利。外观设计专利的保护期限是 10 年，授予专利权通常需要的时间为 10～12 个月。

11.1.3 专利文献的起源及内涵

1. 专利文献的起源

专利文献是专利制度的产物。专利制度是一种利用法律和经济手段鼓励人们进行发明创造，以推动科技进步、促进经济发展的一种保障制度。专利制度产生了专利文献，专利文献的出现又标志着具有现代特点的专利制度的最终形成。就广义而论，专利文献是指实行专利制度的国家及国际性专利组织，在审批专利过程中产生的官方事件及其出版物的总称，主要包括申请说明书、专利说明书等各类有关文件，以及专利公报、检索工具和专利分类表等出版物；就狭义而言，专利文献通常单指专利说明书。

专利文献可以理解为“各国专利局及国际性专利组织在审批专利过程中产生的官方文件及其出版物的总称”。作为公开出版物的专利文献主要包含各种类型的发明、实用新型和外观设计说明书。专利文献是记录有关发明创造信息的文献。广义的专利文献包括专利申请书、专利说明书、专利公报、专利检索工具以及与专利有关的一切资料；狭义的专利文献仅指各国（地区）专利局出版的专利说明书或发明说明书。

2. 内涵特点

1）集技术、法律、经济信息于一体

专利文献集技术、法律和经济信息于一体，从专利文献中可了解发明技术的实质、专利权的范围和时限，还能根据专利申请活动的情况，发掘正在开拓的新技术市场以及它对经济发展的影响。鉴于专利文献与制定国家经济、科技发展政策和企业实施技术创新计划等方面关系密切，以及专利信息的可开发性，应将专利信息提高到战略性信息资源的高度来认识。

2）数量巨大并涉及学科范围广泛

由于专利的保护对象为整个实用技术领域，绝大多数发明创造会申请专利，专利信息全面反映了人类实用技术领域的智力活动。世界知识产权组织的统计表明，每年全世界发明创造成果的 90%～95%出现在专利文献中，因此，专利文献的数量巨大，是世界上规模最大的信息源之一。专利文献涵盖了从小到大、从简到繁的人类生活的各个领域，它记载了人类取得的每一个技术进步，是一部活的技术百科全书。

3）公布快捷和内容新颖

为了促使发明人尽快申请专利，大多数实行专利制度的国家均采用先申请制，当两个以上的申请人分别就同样的发明创造申请专利时，专利权授予最先申请的人。这就要求发明人尽早完成自己的发明创造，并在第一时间申请专利。申请人为了防止竞争对手抢占先机，在发明创造完成之后总是以最快的速度提交专利申请。由于大多数国家实行了专利申请早日公开、延迟审查制度，所以专利申请的公开时间大为提前，进一步加快了技术信息向社会的传播速度。

4）格式规范化和高度标准化

作为专利信息的载体，专利文献是依据专利法规和有关标准撰写、审批和出版的文件资料。各种专利说明书均按照国际统一格式出版，采用统一的著录项目识别代码、统一的国家名称代码，这使得专利文献系统性强，著录项目齐全，便于管理和检索。专利说明书一般都有说明书正文、摘要、附图和权利要求书，其扉页的著录项目有统一的编排体例，并采用国际统一的专利文献著录项目识别代码。

5）内容完整、准确、详尽

由于各国相关的专利法要求充分公开专利说明书，因此专利文献必须对发明创造进行完整而详细的揭示。发明说明书等有关文件的撰写大多是由受过专门训练的代理人会同发明人共同完成的，而且还经过专利局的严格审查。申请人为了满足相关专利法规的要求，以及对专利申请的新颖性、创造性和实用性的审查要求，必须在专利申请说明书中对发明创造做出清楚、完整的说明，而且参照现有技术说明其发明点所在，说明具体实施方式，并给出有益效果，从而使所属技术领域的技术人员能够按照说明书中的描述实现该项发明创造。

6）公开性与实用性

各国设立专利保护制度的目的之一，就是在保护专利申请者合法权益的同时，鼓励和保证发明创造成果信息的社会公开化和大众可获得性。因为公开发明创造的成果是专利申请人获取专利的法定条件之一。专利法规定申请专利的发明创造必须包含为解决具体问题而提出的技术方案，要具有实用性，所以专利申请人提交的说明书必须能够清楚、完整地说明发明创造的技术方案，并以同技术领域的普通技术人员能够实施为准。权利要求书需明确发明创造的保护范围。因此，可以说专利文献是非常详尽、清晰可用的技术资料，它相对于一般科技论文更为实用、更有价值。

11.2　专利信息分析

11.2.1　专利信息分析内涵

1. 专利分析的目的与意义

专利信息分析的本质是通过对专利信息的内容、专利数量以及数量的变化或不同范围内各种量的比值（如占比、增长率等）的研究，对专利文献中包含的各种信息进行定向选择和科学抽象的研究活动，是情报信息工作和科技工作结合的产物，是一种科学劳动的集合。通过对专利信息中的技术信息中著录信息的分类和整理或技术内容的分析和加工，结合经济和法律信息，以及利用数据分析和可视化手段，可以对专利技术的当前状态和发展趋势进行深入研究，其内涵如图 11-1 所示。

专利分析水平直接影响甚至决定着经济增长的效率和速度，成为推动科技、经济、文化教育发展的重要杠杆，并由此成为各国政府关心的热点问题。对于企业而言，专利信息的有效收集、管理和专利竞争情报的运用决定了企业专利战略的成败，乃至企业的盛衰。因此，作为制定、运用专利战略的基础和前提，专利信息分析无疑是国家和企业在市场竞争中知己知彼、克敌制胜的关键。

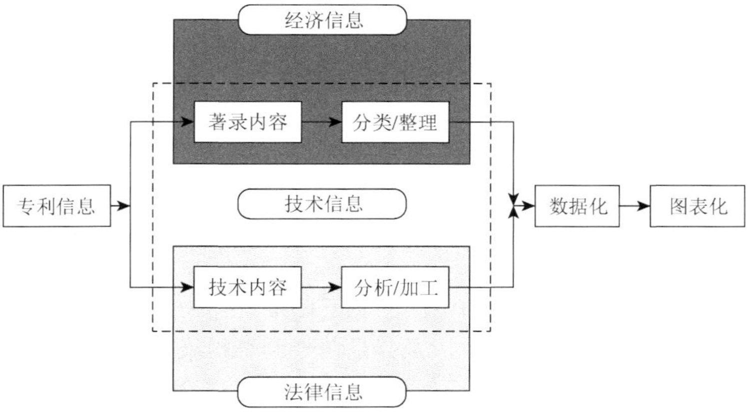

图 11-1　专利信息分析内涵

在专利信息分析过程中，无论采用哪种分析方法和技术手段，其目的在于希望对特定的问题做出合乎逻辑的解答。通过分析和聚合孤立的专利信息可以将其转化为有价值的专利竞争情报。这些情报能够揭示企业或国家在相关产业和技术领域的关键技术和发展方向，以及主要竞争对手的技术组合和投资趋势。基于这些情报，企业乃至国家可以制定与总体发展战略相匹配的专利战略，从而优化其技术与市场定位。

2. 专利分析的作用

政府部门是进行国家行政管理的职能部门，承担着制定政策法规、行业发展规划等任务。在世界经济一体化的今天，科学地制定科技发展规划，离不开信息和情报，特别是专利信息和情报。利用各国专利局与世界知识产权组织公布的有关专利的统计信息，对其中的专利技术信息和专利法律信息进行分析，可以系统地了解与掌握各个技术领域的专利活动情况、工业发展趋势以及各个国家的技术实力和水平，从而可以为政府机构制定宏观经济、科技发展计划，进行重大战略决策等提供依据。

科研选题立项时，检索有关技术领域的专利信息，可全面了解特定技术领域的现有技术水平，从而确定正确的研究方向，避免重复劳动和投入，节省时间和经费。科研活动进行过程中，利用专利信息了解已取得的成果及各种解决方案，有助于科研人员开拓思路，启发创造性的思维。专利文献记载着发明创造的丰富信息，反映了现代技术的最新水平。利用专利文献中某技术领域专利申请的变化情况，可分析出该技术领域的发展历史、技术现状、发展动向、研究重点或空白点及未来发展趋势。专利申请数量的变化情况，能够反映出技术发展的不同阶段，从而反映出某项技术的兴衰。因此，利用专利文献可以预测各项技术的发展速度及前景。

在商业经营方面，专利文献是商业情报的重要来源之一，有助于企业更好地认识和把握市场环境及竞争对手的情况，制定更为科学合理的发展战略，从而在激烈的市场竞争中获得优势。专利文献在经济和贸易领域的应用主要反映在以下几个方面：利用专利权人信息确定竞争对手，并分析竞争对手，把竞争对手申请的全部专利按照类别进行排序并考察其分布情况，可准确判断出竞争对手的研究与开发重点所在，以及竞争对手的技术政策和发展方向；制定竞争战略，分析所处的竞争环境、竞争态势、竞争对手等情况，及时掌握企业产品在国内市场的覆盖率和国外市场的占有率，确定企业的生存空间及发展方向，找准在国际市场中的位置及竞争优势；提高技术引进的有效性，指导进出口贸易。

11.2.2　专利信息检索

1. 专利检索基本知识

专利信息检索会根据检索目的的不同而有所侧重，通常通过构建专门的检索式来收集所需信息。在各种专利检索策略中，尤其是在专利分析报告、专利预警等要求检索结果尽可能全面覆盖某一技术领域的专利检索中，通过构建检索式检索专利是最灵活也最为常用的检索策略。其中，设计和构建检索式是专利检索中最关键的步骤，它涉及创建表达用户查询需求的逻辑表达式。这些表达式由检索词、布尔逻辑算符、位置符以及检索系统规定的其他链接和组合符号构成，以确保检索结果的精确性和相关性。对于不同目标的检索，检索式的字段是不同的。例如，专利侵权预警的专利检索并不需要关心申请人，应当将凡是与产品相关的专利技术全面检索出来；对于某企业某一技术的专利分析，则仅需要将其公司相关专利检索出来。

1）专利性检索

专利性检索是为了判断一项发明创造是否具备新颖性和创造性而进行的检索。通过从现有技术文献中查找出与发明创造最相关的对比文献，并按照新颖性和创造性的判断标准对发明创造进行评价，进而得出是否具备专利性的结论。

2）专利侵权检索

严格意义上的专利侵权检索特指为了规避侵权风险所做的对潜在侵权专利的检索，属于专利风险预警意义上的检索。广义的专利侵权检索则还包括如对律师警告函中明确提到的专利进行确认的检索。

3）专题技术检索

专题技术检索是对某一技术专题下的全部或部分指定范围的专利文献进行的检索，其目的是全面了解该技术专题的技术创新现状和专利保护状况，或者是为了跟踪竞争对手的研发动向，也可能是提高研发起点或在起始研发阶段防止侵权性事件的发生。

4）专利无效检索

专利无效检索是为了向专利复审委员会提出专利无效宣告请求而提前做的专利检索。无效检索的目标很明确，即找出已经被授予专利权的专利被宣告无效的主要理由——能够破坏专利权利要求的新颖性和创造性的现有技术。因此，该类检索在策略上与专利性检索十分接近。其区别在于无效检索直接面向的是已经被授予专利权的专利，而专利性检索面向的是一项专利性不明确的新的技术方案。

2. 专利检索分析平台

1）DII

德温特专利情报数据库（Derwent innovations index，DII）是科睿唯安 WOS 平台收录的专利数据库，由德温特世界专利索引（Derwent world patents index，DWPI）和专利引文索引（patents citation index，PCI）两个部分组成。DII 整合在 WOS 平台的灵活检索界面，提供符合研究人员习惯的灵活简洁的检索字段和界面；德温特独有的数据深加工标引字段，为研究人员提供了准确迅速的检索途径，例如，专利权人代码、德温特分类、德温特手工代码、化合物名称、被引专利检索等。同时，DII 提供了高附加值的标引信息：德温特的技术专家会根据专利的全文内容，尤其是权利的要求项，用易于理解的技术语言重写标题和摘要。这些内容将用英语表达，并详细展示专利的内容、应用和新颖性等关键信息。此外，对于在不同国家申请的同一项发明的专利，DII 会将其合并为单一记录，并进行专利家族归并，从而避免研究人员在检索后重复阅读相同技术发明的资料，节省了研究人员的时间（DII 检索界面如图 11-2 所示）。

图 11-2　DII 检索界面

2）Innography

Innography 高端专利分析工具（以下简称 Innography）是一款专利在线检索分析工具，由美国 INNOGRAPHY 公司于 2007 年推出，是世界顶级的知识产权商业情报分析工具。它是国际高端专利检索分析平台，可以查询和获取 100 多个国家的 1 亿多条专利数据、超过 900 万条非专利科技文献、700 多万条的商标信息，还可检索和获取各种专利诉讼数据以及专利权人财务数据。Innography 具有独创的专利评价指标和强大的分析功能，可以进行专利竞争力、转化、引证、热点趋势等各种有价值的分析（Innography 检索界面如图 11-3 所示）。

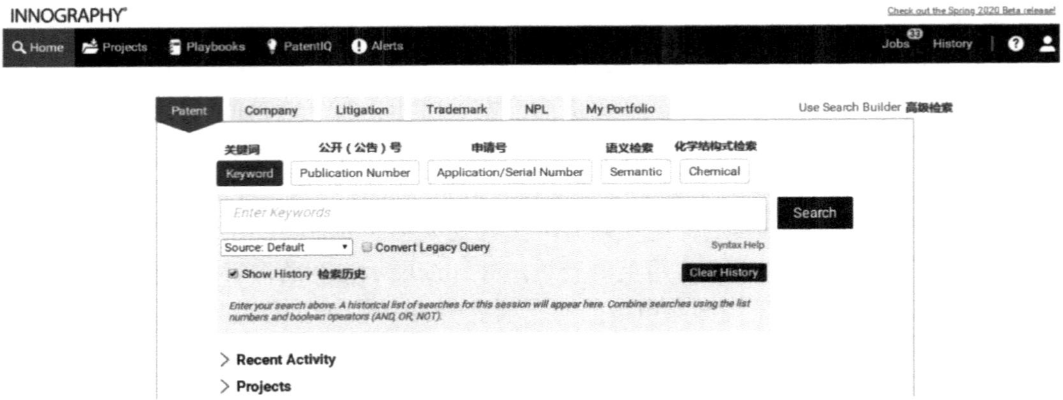

图 11-3　Innography 检索界面

3）incoPat

incoPat 检索平台（以下简称 incoPat）是北京合享智慧科技有限公司自主开发的、将全球发明深度整合并翻译为中文的专利信息平台，也是拥有自主知识产权的专利数据库，其收录了包括中国以及美国、日本、欧洲、韩国等国家和地区的专利申请及授权专利。此外，incoPat 还提供了多样化的检索字段和布尔算符，incoPat 中全球专利的标题摘要都有中文翻译。其特点为：①AI 检索，专利 DNA 图谱比对，与专利技术轻松对话；②中文检索，轻松洞悉国外顶尖技术；③数据全面覆盖，快速更新；④深入加工的多维度特色数据；⑤平台支持同族库检索和统计，更全面更科学；⑥多维度多形式自动分析，轻松挖掘大数据价值（incoPat 检索界面如图 11-4 所示）。

图 11-4　incoPat 检索界面

3. 专利检索流程与特点

1）分析专利检索目的

当要开展专利检索时，先对检索目的进行分析，判断是属于专利技术主题检索（或专利技术方案检索）、专利法律状态检索、同族专利检索还是专利引文检索。不同的检索目的对应不同的检索策略，常规检索的目的包括专利性检索、专利侵权检索、专题技术检索和专利无效检索等。

2）确定检索策略及检索式

通过遴选检索词和 IPC 分类号，进行预检索后，调整检索策略及检索方式，运用不断迭代的机制逐步确定检索技术主题范围。在进行专利技术主题检索时，需要选取该技术主题中的常用名称、专业名称、通俗名称作为检索词，包括同义词、近义词也需要考虑。但某些无检索意义的“方法”“技术”“设备”等检索词，不应列入。由于技术主题中，同义词、近义词较多，可采用布尔逻辑检索中的“与”“或”“非”进行组配检索，以提高检全率和检准率。

3）确定专利检索系统

根据专利检索目的和专利技术主题要求，选择专利检索系统（专利数据库），是专利检索步骤的重要环节，不同语种、不同国家和地区、不同专利检索目的，都将影响专利检索系统的选择，常见的检索系统有国家知识产权局专利检索及分析平台、DII、Innography 和 incoPat 等。

4）专利检索及检索结果

通过以上各类免费、付费的专利检索系统，配以检索策略，进行二次、三次、四次等检索操作，可获取用户所需的检索结果。对结果的展示，可以运用可视化的手段以及其他引申分析对相关内容进行解读。专利检索需要做大量的对比和分析才能做出一份高质量的检索结果报告。

11.2.3 专利信息分析的程序

1. 常用分析维度

1）点分析

点分析是利用个体专利技术情报中相关的专利项，如专利号、发明人、申请地、专利权人、专利申请日期、专利批准日期、专利有效期、技术的主要功能和原理、质量检测证明等相关内容的综合分析来获取竞争情报，更多的情形下，是通过专利的技术内容或专利的“质”来识别专利的分析。

2）线分析

线分析是将获得的点情报按照一定方式排序，可得到有序化的“线情报”的分析。例如，将某一技术类别的专利申请按照专利权人进行统计，可以得到某项技术在不同公司或企业间的分布，可以了解到哪些公司或企业在该领域投入较多、专利活动较活跃、技术水平较领先这些问题；而对不同技术类别的公司专利数进行统计，就可以了解各公司最活跃的领域，即开发的重点领域。

3）面分析

面分析将线情报加以组合，可得到各种相互联系的有关技术发展状况的“面情报”。面分析使得监测范围既包含竞争对手单个专利属性的跟踪，又包括整体专利数量、规模特征等的跟踪，还包括对环境以及竞争对手其他情况的跟踪。跟踪的媒体范围包括专利公报、行业网站、广播、报刊等公信度较强的公开性站点，也可以是用户自定义的，具有专业性、针对性的强个性化信息源，还可以通过其他合法的非正式手段（如人际网络）对竞争对手专利情报进行跟踪。

4）立体分析

将面情报加以组合可得到发明活动与其他各因素间联系的全面情报，可以通过专利技术情报与企业市场信息、产业政策、用户信息等进行二维组合的方式把隐藏的所有要素详细地表露出来，最终得出技术开发及专利竞争情况的分析结果。这种立体分析具有知识管理功能，用户可以建立自己的知识库，对每一记录进行评注、编辑、保存以及再利用，也可以通过统计分析功能完成对信息的加工与分析。

2. 常用分析场景

1）专利全景分析

专利全景分析的目的在于从宏观层面了解特定行业的专利布局情况，基于数据可以了解目标行业的 4 个 W 问题，也就是谁（who）、何时开始创新（when）、在哪里创新及在哪里布局（where）、有什么技术积累及创新重点方向（what）等，更进一步，可以探寻数据背后的原因（why）。如果要解决具体的技术问题，建议针对特定的具体的技术方向或者技术问题，通过人工阅读去了解专利中揭示的具体技术方案（how）。

2）专利无效/稳定性检索

当企业面对侵权诉讼或发现某专利可能阻碍自身产品时，一个重要的风险应对措施是评估该专利被宣告无效的可能性，即了解该专利的稳定性。由于被宣告无效的专利权被视为自始不存在，因此，专利无效宣告被作为风险应对策略的重要一环，几乎在所有侵权诉讼的背后，都有专利无效策略的影子。专利无效策略是否可以取得效果，在很大程度上取决于找到的对比文件是否足够强大。

3）查新/专利性检索

无论发明人还是专利代理人都对发明人技术方案相对于现有技术的贡献没有客观的认识，要构建高质量的专利组合，查新检索是必不可少的环节，没有查新检索的专利申请不可能称为专利战略，只能称为盲申。

3. 通用分析步骤

1）准备期

准备期的主要工作包括建立专利分析队伍、确定分析目标、研究背景资料、选定分析工具和选择专利信息数据库的工作。准备期的主要目的在于识别出进行分析的技术领域的范围。就整个分析过程而言，准备期是保证专利信息分析达到目标的基础。

2）专利收集和分析期

专利数据收集包括确定专业领域，拟定专利检索策略，进行检索和修正。样本数据库专利分析的前提是进行专利检索，而熟悉各专利检索系统的结构和检索模式，是进行专利检索和专利分析的关键。常用的专利收集方法有两种：①以特定企业为检索对象和范围；②以特定技术为检索对象和范围。

3）应用期

应用期的主要工作包括对分析报告进行评估、制定相应的专利战略和实施专利战略的工作。应用期的工作是分析工作的延伸，专利信息分析的最终目的在于将专利情报应用于实际工作中。因此，积极地将获得的专利情报应用到专利战略和企业技术发展中，是专利分析工作取得成功的重要保障。

11.3　专利信息分析方法

11.3.1　专利信息定性分析方法

专利定性分析是指通过对专利文献的内在特征，即对专利技术内容进行归纳、演绎、分析、综合，以及抽象与概括等，以达到把握某一技术发展状况的目的。具体地说，根据专利文献提供的技术主题、专利国别、专利发明人、专利受让人、专利分类号、专利申请日、专利授权日和专利引证文献等技术内容，广泛进行信息收集，对收集的内容进行阅读和摘记等，在此基础上，进一步对这些信息进行分类、比较和分析等研究活动，形成有机的信息集合。进而有重点地研究那些有代表性、关键性和典型性的专利文献，最终找出专利信息之间内在的甚至是潜在的相互关系，从而形成一个比较完整的认识。专利信息的定性分析，着重于对技术内容的分析，是一种基础的分析方法，在专利信息分析中有重要作用和不可替代的地位。

常见的定性分析方法包括专利技术定性描述分析和专利文献的对比研究分析，具体包括技术功效矩阵分析法和 TRIZ（teoriya resheniya izobreatatelskikh zadatch）理论等。

1. 技术功效矩阵分析法

技术功效矩阵分析法主要是分析专利技术（包括方法、设备和操作原理）及其功效之间的对应关系的方法。通过专利数量来衡量为提升技术功效而投入的技术力量，从而明确为提升某一技术功效所必需的技术投入，再结合自身技术潜力，对发展计划实施的难易程度进行估计。运用技术功效矩阵分析法有利于找出技术领域内的瓶颈问题，帮助人们对类似技术主题和优先解决的技术障碍等问题做出正确判断并做出正确决策。

专利技术功效矩阵分析一般表现为二维图，达成功效作为横（纵）轴，技术手段作为纵（横）轴，表或图中一般是专利数量。技术空白点是指由技术手段和功能效果指标形成的二维矩阵图，通过该分析可知当前主题的技术聚集点（热点技术）和技术空白点，这对企业规避专利壁垒、进行自主专利布局有着巨大的指导意义，以多点触控技术专利技术功效进行举例，其示意图如图 11-5 所示。

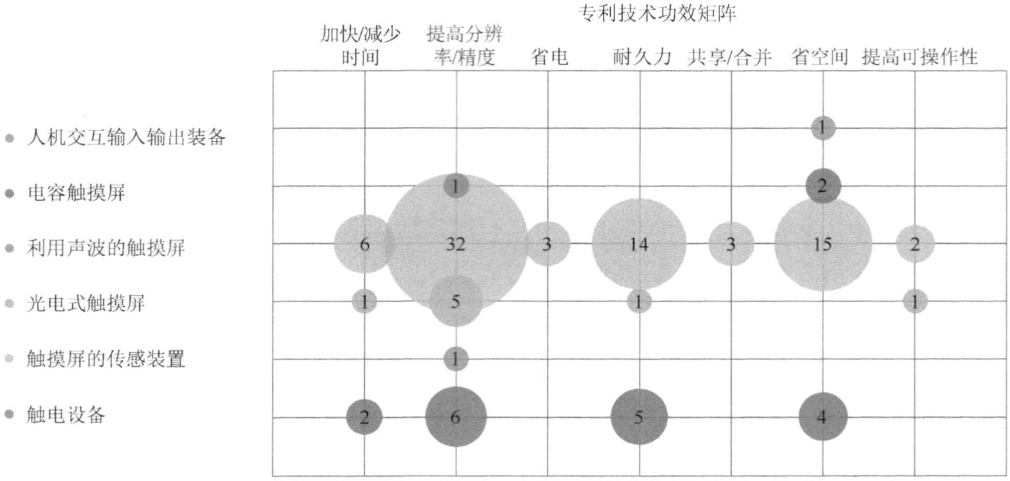

图 11-5　多点触控技术专利技术功效示意

2. TRIZ 理论

TRIZ 理论是由 Altshuller 在 20 世纪 40 年代提出的。TRIZ 理论之所以可用，是因为工程人员所面对的 90%的问题已于其他地方被解决过，只是存在一些信息传递的差异，让人们不容易关注到。若我们能利用此信息，则研发将更加有效。

TRIZ 理论的核心思想主要体现在以下三个方面：①无论一个简单产品还是复杂的技术系统，其核心技术的发展都是遵循着客观规律发展演变的，即具有客观的进化规律和模式；②各种技术难题、冲突和矛盾的不断解决，是推动这种进化过程的动力；③技术系统发展的理想状态，是用最少的资源实现最大数目的功能。

这一理论主要焦点是浮现、了解、强化与删除冲突。TRIZ 理论自诞生以来，一直备受关注，并被大力推广应用，这得益于它自身的优势。TRIZ 理论的优势很明显，可以概括为以下几点：①帮助实践者快速、准确地分析和发现核心问题，提高发明效率；②扩展思维角度，提供知识库；③通过形式化手段，使发明过程科学化，具有较强的逻辑性和形式化特点；④预测技术的未来发展趋势，使发明者具有战略眼界。

11.3.2　专利信息定量分析方法

专利信息定量分析方法是在对大量专利信息加工整理的基础上，对专利信息中的专利分类、申请人、发明人、专利引文等某些特征进行科学计量，从中提取有用的、有意义的信息，并将个别零碎的信息转化成系统的、完整的、有价情报的方法。专利信息定量分析主要通过量和量的变化，反映事物之间的相互关系。具体主要包括技术生命周期分析方法、技术发展阶段测量方法、三角图分析法、专利地图法和矢量动态模型法等。

1. 技术生命周期分析方法

通过对专利数量与专利申请人数量进行二者的时序变化分析，可以分析出专利技术的生命周期。专利技术生命周期在理论上被划分为 4 个阶段：技术起步期，专利申请数量和申请人数都较少，领域内研究者不多，研究成果较少，处于实验开发阶段；技术发展期，申请数量和申请人数均大幅增长，较多力量进入该技术市场，多为产品导向型专利；技术成熟期，专利数量继续增加，申请人数量维持不变，前期取得优势的有限几家公司掌握了主要技术并主导着该技术发展，技术已趋于成熟，以商品改良设计型专利为主；技术衰退期，申请数量下滑，申请人数降低，经市场淘汰仅少数优势厂商生存，商品形态固定，技术无进展，以小幅改良型专利为主。此后，技术是否能进入复活期，主要取决于是否有突破性创新为技术市场注入活力（专利技术生命周期分析示例如图 11-6 所示）。

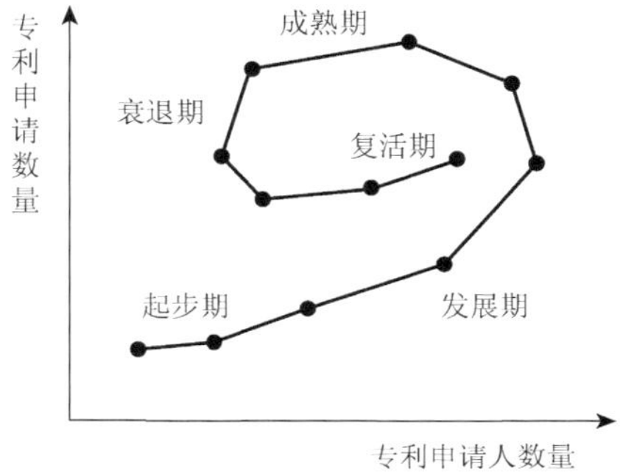

图 11-6　专利技术生命周期分析示例

2. 技术发展阶段测量方法

技术发展阶段测量方法的参数主要包括计算技术生长率（V）、技术成熟系数（α）、技术衰老系数（β）和新技术特征系数（N）。根据 V、α、β、N 的值随时间变化情况测算某技术领域的技术发展阶段，具体测量见图 11-7。表 11-2 中，a 代表当年某技术领域的发明专利申请（公布）数量，b 代表当年某技术领域的实用新型专利申请（公布）数量，c 代表当年某技术领域的外观设计专利或商标申请（公布）数量，A 代表追溯 5 年某技术领域的发明专利申请（公布）累积数量。

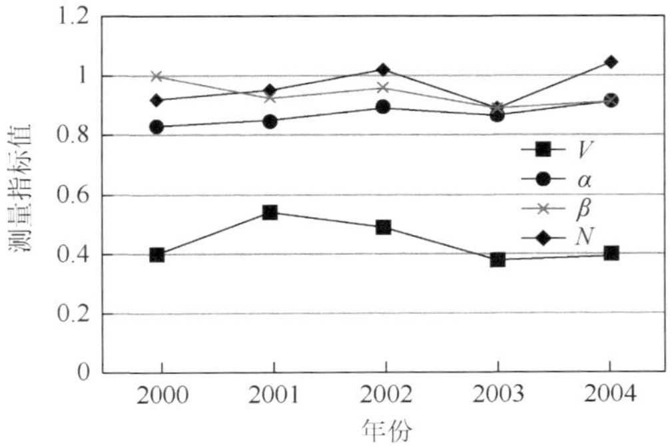

图 11-7　技术发展阶段测量示例

表 11-2　技术发展阶段测量计算

计算参数	计算公式	计算意义
技术生长率（V）	$V = a/A$	连续计算数年，若 V 值递增，说明该领域技术正在萌芽或生长阶段
技术成熟系数（α）	$\alpha = a/(a+b)$	连续计算数年，若 α 值递增，则反映技术日趋成熟
技术衰老系数（β）	$\beta = (a+b)/(a+b+c)$	连续计算数年，若 β 值变小，预示该技术日渐陈旧
新技术特征系数（N）	$N = \sqrt{V^2 + \alpha^2}$	反映某项技术新兴或衰老的综合指标。N 值越大，新技术特征越强，预示它越具有发展潜力

3. 三角图分析法

伴随技术发展，发明专利、实用新型专利、外观设计专利的比率会发生动态变化，一般来说，在某项技术的初始阶段，发明专利的申请数量较多，然后是实用新型专利申请数量的增加，最后才是外观设计专利数量的增加。如果能准确把握这种比率变化，就可以大致了解该技术所处的位置及发展动态。因此可以将各年度某一技术发明专利、实用新型专利、外观设计专利的申请数量占全部申请数量的比率作图，再按年代顺序连接起来即可完成（图 11-8）。三角图分析法不仅可以直观地看出 3 种专利类型的数值，并且通过多时间点的选取，可以揭示发明专利、实用新型专利、外观设计专利的比率所发生的连续动态变化，进而判断相关机构或技术领域的专利活跃度。

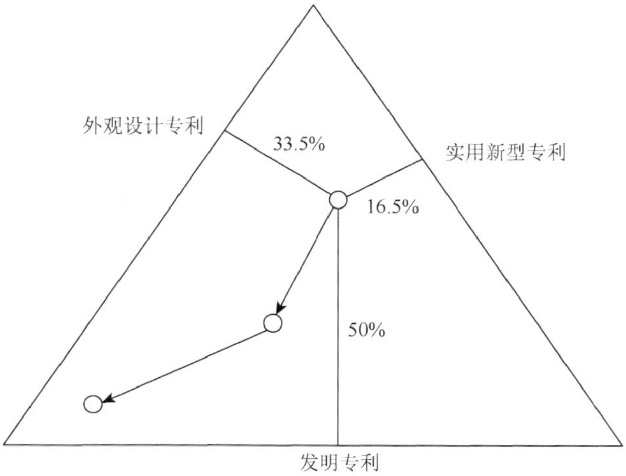

图 11-8　三角图分析法示例

4. 专利地图法

19 世纪 60 年代，日本专利办公室提出了专利地图（patent map）的概念。专利地图对专利文献中包含的技术信息、经济信息和法律信息进行深度挖掘与缜密剖析，将蕴含在专利数据内的大量信息以各种直观的图表形式反映出来，具有类似地图的指向功能，它既是一种专利分析研究方法又是一种分析结果的表现形式。

专利地图制作步骤如下：①明确制作专利地图的目的，以及要解决的问题，它是正确选择专利文献的基石；②确定专利检索的主题、地区及数据库，以便确定专利地图制作及分析所涉及的范围和对象；③根据检索主题和地区，进入专利数据库输入关键字和国际分类号等检索主题进行检索；④筛选、剔除与制作专利地图需求无关的部分，得到与研究内容相关的专利文献，利用筛选后的专利文献进行专利管理图的制作。

专利地图的作用：①激发创造新专利的新概念和发现，以及识别可以对现有技术进行改进的领域；②对公司制定的重大研发项目的合理性进行验证；③对公司的技术策略进行技术方面的审慎调查，为技术投资决策提供依据；密切关注竞争者的研究动态并发现新的竞争者；④通过研究也可以发现在技术相对密集的领域的技术发展机会点；⑤帮助制定避免专利侵权的策略或可以专利诉讼的策略和打击对象。

5. 矢量动态模型法

矢量动态模型法是一种适用于跨学科专利文献研究的方法，能够对特定学科进行定量评价和预测。该方法的特点在于将“矢量”概念应用于情报研究中，将统计数据转化为矢量模型，并利用计算机技术进行模型化处理。通过研究文献的频率分布模型，这种方法能有效进行技术趋势分析和预测。这种方法使人一目了然。除此之外，时间序列法、回归分析法等也是专利分析中的常用方法，通过基础数据形成的散点图，并通过使用趋势线或回归函数等方法进行最小二乘法的拟合，不仅能进行专利数据的分析，同时也可以进行数量的预测（矢量动态模拟模型示例如图 11-9 所示）。

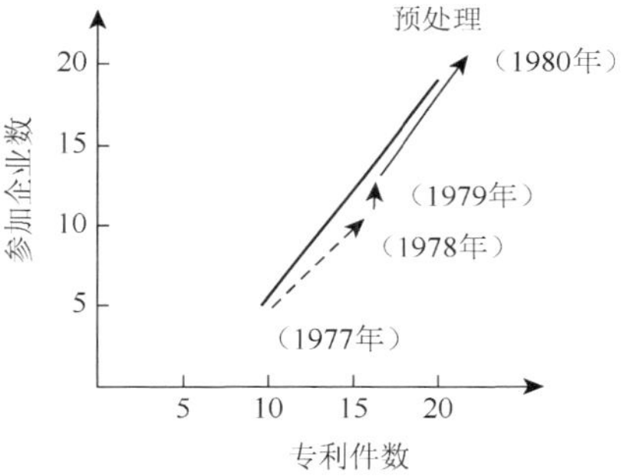

图 11-9　矢量动态模拟模型示例

11.4　专利信息分析的应用

11.4.1　对技术态势的分析

1. 利用专利信息分析对技术态势分析的内涵

不同用户对技术态势分析的信息需求不尽相同。申请人和发明者的需求在于检索先进技术，查证发明的新颖性，从而提出新的专利申请。管理人员的需求在于开发专利信息资源，发现竞争者、合作者和技术提供者，确证技术发展趋势，挖掘新的商机。第三方中介通过获取专利信息选择技术卖家。对技术态势的分析可以整合专利信息资源，对专利技术态势的分析包括技术分析、竞争力分析、权利分析、引文分析、组合分析、聚类分析、重点技术领域的产业发展现状及前景分析等。

2. 利用专利信息分析对技术态势分析的发展

专利信息在全球的经济发展中起着关键作用，各种数据库和软件工具在很长一段时间内支撑着专利技术态势分析的应用和传播。专利信息分析在此大背景下应运而生，吸引了越来越多的注意力，同时也面临着许多需要解决的课题，如日益增加的多语种的专利申请量；具有从自然科学到社会科学不同专业背景和知识结构的专利信息用户的多样性，包括技术人员、管理者、投资者等；从防御性的知识产权研究到利用专利信息挖掘新的技术空白点及商机。利用专利信息进行技术态势分析的未来关注点是挖掘隐藏的知识及其关联，通过语义网提供完备的专利信息检索，以及细粒度专利分析及评估。

11.4.2 对技术竞争的分析

1. 利用专利信息分析对技术竞争分析的内涵

技术是市场竞争中占主导地位的竞争要素，我们在追踪前沿技术最新成果时可以通过多种方法来研究，专利分析所针对的正是竞争性技术情报源。随着世界技术竞争的日益激烈，各国企业纷纷开展专利战略研究，而其核心正是专利分析，即对专利说明书、专利公报中大量零碎的专利信息进行分析、加工、组合，并利用统计学方法和技巧使这些信息转化为具有总揽全局及预测功能的竞争情报。技术跟踪是指以技术信息统计为基础，以数据分析技术为手段，在内部技术资源和能力审计的基础上，对给组织竞争地位带来重大影响的外部技术领域的形态、运行轨迹及趋势进行系统、动态的监视、度量、分析和预警。

2. 利用专利信息分析对技术竞争分析的发展

技术竞争态势分析对于理解竞争主体的竞争地位并确定自身研发战略具有重大意义。而专利数据是评估技术竞争态势的主要和有效的信息来源。目前从专利角度分析技术竞争态势的研究重点集中在：①技术发展趋势分析；②技术竞争主体识别及分析；③技术竞争区域分析；④技术竞争重点领域研究。然而，从专利分析深度来看，大部分研究仍主要借助专利的数量特征，如专利数量、专利被引次数等进行分析，对技术竞争态势的分析停留在宏观角度的整体评估。但通过具体的定量指标量化竞争主体与竞争对手的技术差距，准确衡量竞争主体与竞争对手在特定技术领域差距大小的研究还比较缺乏。

11.4.3 专利预警及应对分析

1. 利用专利信息分析进行预警及应用的内涵

专利信息预警的主要目的是将专利信息多维处理的过程，它是专利信息、技术项目信息、市场信息、政策信息、人员信息等综合信息的解读，如果仅仅关注专利技术的维度，那给出的分析结果将是滞后且脱离市场实际的。而掌握知识产权竞争态势，可以提前准备应对即将来临的竞争威胁，正确应对已经发生的专利争端。建立一套包括专利信息的采集与分析、预警信息的发布与反馈的系统是十分必要和紧迫的，通过针对性地制定预案，这将有助于企事业单位随时掌握知识产权竞争态势，提前准备应对即将来临的竞争威胁，正确应对已经发生的专利争端，从而促进企业公平健康地参与国际竞争，维护国家产业经济安全。

2. 利用专利信息分析进行预警及应用的发展

未来应当要尝试将多源数据融合的理论、方法与技术进行拓展，使之应用于专利预警过程中，将其与专利预警主体相关的专利文献数据、科学文献数据、基金项目数据、产品销售数据、产业动态数据、宏观科技政策数据以及其他网络数据进行集成融合，构建专利预警数据集，在此基础上进一步利用贝叶斯法、卡尔曼滤波法、D-S 证据推理法、模糊逻辑推理法和专家系统等方法，按照数据级融合、特征级融合和决策级融合的逻辑关系展开研究，获得综合的推理结果，进而提高分析结论的准确性和全面性，为各类专利主体提供一种更为有效的专利预警方法及实现机制。

本章复习题

1. 专利信息分析常用的方法有哪些?
2. 专利信息分析的价值如何体现?
3. 试论专利信息分析与技术创新的关联。

第四篇　前　沿　篇

第 12 章 大 数 据

【学习目标】

- ■ 掌握大数据的特点及作用
- ■ 了解工业大数据时代的特点和应用
- ■ 能够从国内外大数据应用案例中了解大数据的应用现状

【思政目标】

- ■ 引导学生深入理解大数据技术在社会各领域应用中的重要作用
- ■ 培养学生运用大数据技术助力数字中国建设的社会责任感

12.1 大数据定义及特征

12.1.1 大数据的定义

21 世纪是数据信息大发展的时代，移动互联、社交网络、电子商务等极大地拓展了互联网的边界和应用范围，各种数据正在迅速膨胀并变大。互联网（社交、搜索、电商）、移动互联网（微博、微信）、物联网（传感器、智慧地球）、车联网、全球定位系统（global positioning system，GPS）、医学影像、安全监控、金融（银行、股市、保险）、电信（通话、短信）都在疯狂产生着数据。大数据被定义为无法在一定时间内用传统数据库软件工具对其内容进行抓取、管理和处理的数据集合。

12.1.2 大数据的特征

国际数据公司（International Data Corporation，IDC）从大数据的四个特征对大数据进行定义，即拥有海量的数据规模（volume）、快速的数据流转和动态的数据体系（velocity）、多样的数据类型（variety）以及数据价值密度低（value）的数据为大数据。

1. volume

大数据具有海量的数据规模。数据量巨大，国际数据公司的《数据宇宙》报告显示，2008 年全球数据量为 0.5ZB，2010 年为 1.2ZB，人类正式进入 ZB 时代。更为惊人的是，2020 年以前全球数据量仍保持每年超过 40%的高速增长率，大约每两年就翻一倍，这与 IT 界人尽皆知的摩尔定律极为相似，姑且可以将其称为大数据爆炸定律。

2. velocity

大数据拥有快速的数据流转和动态的数据体系。实时获取需要的信息，是大数据区别于传统数据最显著的特征。如今已是 ZB 时代，在如此海量的数据面前，处理数据的效率就是企业的生命。

3. variety

大数据的数据类型多样。结构化数据、半结构化数据和非结构化数据，如今的数据类型早已不是单一的文本形式，订单、日志、音频，对处理能力提出了更高的要求。

4. value

大数据数据价值密度低。在大数据中进行价值挖掘如同沙里淘金，如果将大数据比作一部一小时的视频，那么在连续不间断监控过程中，可能有用的数据仅仅只是视频中的一两秒。因此如何通过强大的机器算法实现数据价值的短时高效“提纯”是目前大数据背景下亟待解决的难题。

大数据是一个宽泛的概念，见仁见智。诚然“大”是大数据的一个重要特征，但远远不是全部，我们更关心大数据的功用，它能帮助大家干什么？我们认为，大数据的核心能力是发现规律和预测未来。互联网的“请求”加“响应”机制在服务器上保留了人们大量的前兆性的行为数据，把这些数据收集起来，进一步分析挖掘，就可以发现隐藏在大量细节背后的规律，依据规律，预测未来。收集分析海量的各种类型的数据，并快速获取影响未来的信息的能力，就是大数据技术的魅力所在。

12.2　工业大数据的定义及特征

12.2.1　工业大数据的定义

工业大数据是以新兴技术的发展为背景，通过工业传感器、无线射频识别、条形码、工业自动控制系统、企业资源计划、计算机辅助设计等技术来扩充工业数据量。工业大数据在工业企业中的生产线上高速运转，是机器所产生的一种非结构化数据。

工业大数据作为工业互联网的核心要素和生产资源，让人与机器的对话成为可能，是企业从“制造”到“智造”转型的加速器。工业大数据主要来源于企业信息化数据、工业物联网数据和外部跨界数据。企业信息化数据是指存储在进行日常生产与管理活动的企业资源计划（enterprise resource planning，ERP）、生产执行系统（manufacturing execution system，MES）、软件配置管理（software configuration management，SCM）、客户关系管理（customer relationship management，CRM）等信息系统中的高价值业务数据，涉及产品生命周期各个环节，这部分数据已成为工业领域传统的数据资产。工业物联网数据是指通过传感器等连接机器、产品对象等产生的数据，主要分为生产现场的数据以及交付客户后的终端产品数据，是工业大数据的重要组成部分。企业生产运行不仅受内部生产要素的影响，政策法规、宏观经济数据、市场变化等外部要素也会影响企业的生产和产品创新。由于工业系统处于复杂多变的内外部环境之中，外部跨界数据也是工业大数据的重要来源。

12.2.2 工业大数据的特征

工业大数据除具有一般大数据的特征（数据容量大、多样、快速和价值密度低）外，还具有时序性、强关联性、准确性、闭环性等特征。

1. 数据容量大

数据容量的大小决定所考虑的数据的价值和潜在的信息。工业数据体量比较大，大量机器设备的高频数据和互联网数据持续涌入，大型工业企业的数据集将达到 PB 级别甚至 EB 级别。

2. 多样

多样指数据类型的多样性和来源广泛。工业数据分布广泛，分布于机器设备、工业产品、管理系统、互联网等各个环节，并且结构复杂，既有结构化和半结构化的传感数据，也有非结构化数据。

3. 快速

快速指获得和处理数据的速度。工业数据处理速度需求多样，生产现场要求分析时限达到毫秒级，管理与决策应用需要支持交互式或批量数据分析。

4. 价值密度低

工业大数据更强调用户价值驱动和数据本身的可用性，包括提升创新能力和生产经营效率及促进个性化定制、服务化转型等智能制造新模式变革。

5. 时序性

工业大数据具有较强的时序性，如订单、设备状态数据等。

6. 强关联性

一方面，产品生命周期同一阶段的数据具有强关联性，如产品零部件组成、工况、设备状态、维修情况、零部件补充采购等；另一方面，产品生命周期的研发设计、生产、服务等不同环节的数据之间需要进行关联。

7. 准确性

准确性主要指数据的真实性、完整性和可靠性，更加关注数据质量以及处理、分析技术和方法的可靠性。工业大数据对数据分析的置信度要求较高，仅依靠统计相关性分析不足以支撑故障诊断、预测预警等工业应用，需要将物理模型与数据模型结合，挖掘因果关系。

8. 闭环性

闭环性包括产品全生命周期横向过程中数据链条的封闭和关联，以及智能制造纵向数据采集和处理过程中，需要支撑状态感知、分析、反馈、控制等闭环场景下的动态持续调整和优化。由于以上特征，工业大数据作为大数据的一个应用行业，在具有广阔应用前景的同时，对传统的数据管理技术与数据分析技术也提出了很大的挑战。

本章复习题

1. 大数据的作用是什么？
2. 大数据时代信息分析的特点是什么？
3. 举例说明工业大数据应用的价值。

第 13 章　人 工 智 能

【学习目标】

■ 掌握人工智能的关键技术
■ 理解人工智能的具体应用
■ 了解人工智能时代信息分析的特点和趋势

【思政目标】

■ 培养学生热爱科技和拥抱科技的兴趣
■ 培养学生运用人工智能技术解决国家现实问题的使命感和责任感

13.1　人工智能的概念及发展

13.1.1　人工智能的概念

全球人工智能领域先驱、麻省理工学院计算机科学家帕特里克·亨利·温斯顿（Patrick Henry Winston）教授在《人工智能》一书中对人工智能定义为：人工智能是研究人类智能行为规律（如学习、计算、推理、思考、规划等）、构造具有一定智慧能力的人工系统，以完成往常需要人的智慧才能胜任的工作。即人工智能是研究、开发用于模拟、延伸和扩展人的智能的理论、方法、技术及应用系统的一门新的技术科学，其主要任务是建立智能信息处理理论，进而设计可以展现某些近似于人类智能行为的计算系统。

人工智能是计算机科学的一个分支，它试图了解智能的实质，并生产出一种新的能以与人类智能相似的方式做出反应的智能机器，该领域的研究包括机器人、语言识别、图像识别、自然语言处理和专家系统等。人工智能从诞生以来，理论和技术日益成熟，应用领域也不断扩大，可以设想，未来人工智能带来的科技产品，将会是人类智慧的“容器”。

人工智能是一门极富挑战性的学科，属于自然科学和社会科学的交叉学科，涉及哲学和认知科学、数学、神经生理学、心理学、计算机科学、信息论、控制论、不定性论等。从事这项工作的人，必须懂得计算机知识、心理学和哲学等。总的来说，人工智能的一个主要研究目标是使机器能够胜任一些通常需要人类智能才能完成的复杂工作。人工智能的关键技术包括机器学习、知识图谱、自然语言处理、人机交互、计算机视觉、生物特征识别等。

13.1.2 人工智能的发展

从人工智能的历史发展看，其经历了三次发展浪潮；从技术脉络看，其经历了数据、算法、算力及应用场景的演变；从理论发展看，人工智能经历了计算、感知和认知三个阶段。从 1956 年“人工智能”概念在达特茅斯会议上首次被提出至今，人工智能发展已经历经 60 余年，经历了三次发展浪潮，如图 13-1 所示。当前全球人工智能正处于第三次发展浪潮之中。

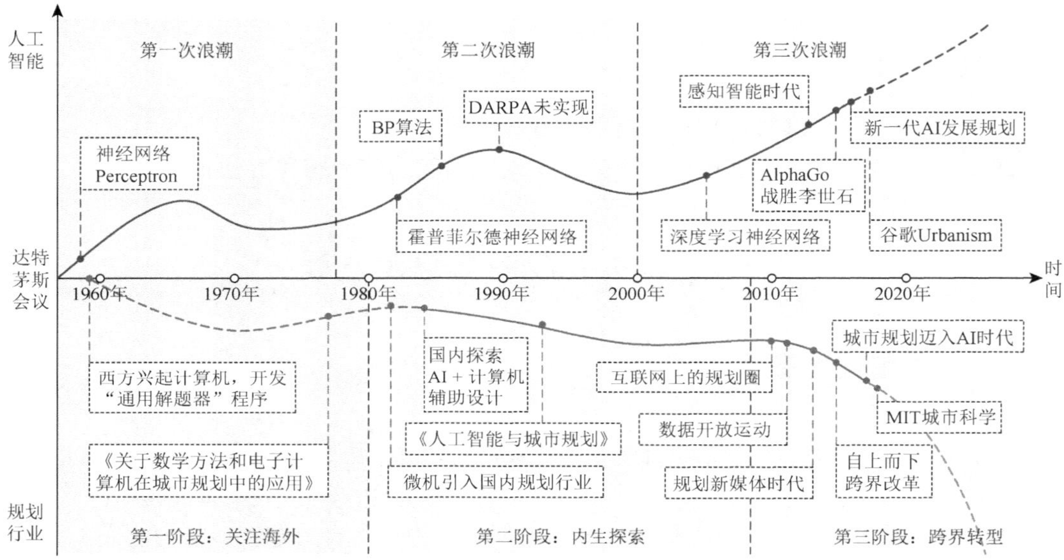

图 13-1 人工智能的三次发展浪潮

数据来源：澎湃新闻智库人工智能报告

人工智能的起源可以追溯到阿兰·图灵（Alan Turing）于 1936 年发表的《论可计算数及其在判定问题中的应用》。后来随着克劳德·香农（Claude Shannon）在 1950 年提出计算机博弈，以及阿兰·图灵在 1954 年提出“图灵测试”，让机器产生智能这一想法开始进入人们的视野。1956 年达特茅斯学院召开了一个研讨会，McCarthy、Minsky、Rochester 以及 Shannon 等正式提出“人工智能”这一概念，它标志着“人工智能”这门新兴学科的正式诞生。算法方面，1957 年，Frank 提出感知计算法 Perceptron，这不仅开启了机器学习的浪潮，也成为后来神经网络的基础。

1. 人工智能的第一次发展浪潮

20 世纪 60 年代，人工智能出现第一波发展浪潮，发展出了符号逻辑，初步萌芽了自然语言处理和人机对话技术。其中的代表性事件是丹尼尔·博布罗（Daniel Bobrow）在

1964 年发表的"Natural language in put for a computer problem solving system"，以及约瑟夫·维森鲍姆（Joseph Weizenbaum）在 1966 年发表的"ELIZA—a computer program for the study of natural language communication between man and machine"两篇应用性文章。早期的人工智能更多地侧重描述逻辑和通用问题求解，到了 60 年代末，爱德华·费根鲍姆（Edward Feigenbaum）提出首个专家系统 DENDRAL，并对知识库给出了初步的定义，这也孕育了后来的第二次人工智能浪潮。

1961 年，Leonard Merrick Uhr 和 Charles Vossler 发表了题目为"A pattern recognition program that generates，evaluates and adjusts its own operators"的模式识别论文，描述了一种利用机器学习或自组织过程设计模式识别程序的尝试。这也是第一个机器学习程序。1966 年，麻省理工学院的计算机科学家 Joseph Weizenbaum 在 ACM（Association for Computing Machinery）发表了题为《ELIZA，一个研究人机自然语言交流的计算机程序》的文章。文章描述了称为 ELIZA 的程序如何使人与计算机在一定程度上进行自然语言对话成为可能。Weizenbaum 开发了最早的聊天机器人 ELIZA，用于在临床治疗中模仿心理医生。1968 年，在美国国家航空航天局的要求下，爱德华·费根鲍姆提出首个专家系统 DENDRAL，该系统具有非常丰富的化学知识，可根据质谱数据帮助化学家推断分子结构。这个系统的完成标志着专家系统的诞生。

经过一代人的努力之后，20 世纪 70 年代出现的专家系统模拟人类专家的知识和经验解决特定领域的问题，成效显著，推动人工智能走入应用发展的新高潮。经过实践应用，人们发现专家系统存在应用领域狭窄、缺乏常识性知识、知识获取困难、推理方法单一、缺乏分布式功能和难以与现有数据库兼容等问题，因此一度将人工智能打入冷宫，相关科研经费大幅度缩减，人工智能相关研究也步入了长达 10 年的低迷期。

2. 人工智能的第二次发展浪潮

20 世纪 70 年代末～21 世纪初，人工智能进入了第二波发展浪潮。其中代表性的工作是 1976 年兰德尔·戴维斯（Randall Davis）构建和维护的大规模的知识库，1980 年德鲁·麦狄蒙（Drew McDermott）和乔恩·多伊尔（Jon Doyle）提出的非单调逻辑，以及后期出现的机器人系统。在这一时期，人工智能技术的关键成果有知识表示、启发式搜索、大规模知识库构建与维护、计算机视觉、贝叶斯网络等。

1975 年，马文·明斯基（Marvin Minsky）在论文《知识表示的框架》（"A framework for representing knowledge"）中提出框架理论，用于人工智能中的"知识表示"。道格拉斯·勒纳特（Douglas Lenat）于 1976 年从斯坦福大学获得博士学位，并发表论文《数学中发现的人工智能方法——启发式搜索》。1976 年，Randall Davis 在斯坦福大学获得人工智能博士学位，并发表文章《构建和维护大规模的知识库》，提出使用集成的面向对象模型是提高知识库（KB）开发、维护和使用的完整性的解决方案。视觉计算理论（computational theory of vision）是在 20 世纪 70 年代由马尔（Marr）提出的概念，指用摄影机和计算机代替人眼对目标进行识别、跟踪和测量等，并进一步进行图像处理，用计算机处理成更适合人眼观察或进行仪器检测的图像。贝叶斯网络（Bayesian network），又称信念网络（belief network），或有向无环图模型（directed acyclic graphical model），是一种概率图模型，于 1985 年由 Judea Pearl 首先提出。它是一种模拟人类推理过程中因果关系的不确定性处理模型，其网络拓扑结构是一个有向无环图（directed acyclic graph，DAG）。

3. 人工智能的第三次发展浪潮

21 世纪初至今，人工智能进入了第三波发展浪潮。互联网技术的发展和高性能计算机的出现，加速了人工智能的创新研究，人们渐渐使用人工智能算法来解决数据采集和处理中的很多问题，促使人工智能技术进一步走向实用化。在这次浪潮中，很多企业参与其中，如塞巴斯蒂安·特（Sebastian Thrun）在谷歌主导下推出的自动驾驶汽车、苹果推出的自然语言问答工具 Siri、2016 年谷歌旗下 DeepMind 公司推出的阿尔法围棋（AlphaGo）战胜世界围棋冠军李世石等。

2015 年，张钹院士提出第三代人工智能体系的雏形。2017 年，美国国防部高级研究计划局（Defense Advanced Research Projects Agency，DARPA）发起 XAI 项目，核心思想是从可解释的机器学习系统、人机交互技术以及可解释的心理学理论 3 个方面，全面开展可解释性 AI 系统的研究。自 2017 年开始，人工智能连续三年被列入政府工作报告中。2019 年，人工智能行业步入稳步发展的轨道。人工智能的技术和应用开始在各个行业落地，人工智能的成果和场景实践层出不穷。例如，NVDIA 开源的 StyleGAN、谷歌量子霸权论文正式登上 *Nature*、波士顿动力机器狗 Spot 即将商用、阿里巴巴推出全球最强的 AI 芯片——含光 800，等等。这些大事件都表明，人工智能技术已经进入人们的生活中，而不是停留在研究和实验当中。人工智能被正式列入我国新增审批本科专业名单。2020 年，在全球抗击新冠疫情的背景下，当人与人之间的交往受到限制的时候，人工智能被赋予了更多期待和重任。它在信息收集、数据汇总及实时更新、流行病调查、疫苗药物研发、新型基础设施建设等领域大显身手。与此同时，随着新技术新业态的不断涌现，人工智能凝聚全球智慧、助力全球经济复苏的力量更加凸显。

13.1.3 人工智能的应用

过去十年，人工智能技术与传统行业深度融合，广泛应用于交通、医疗、教育和工业等多个领域，在有效降低劳动成本、优化产品和服务、创造新市场和就业等方面为人类的生产和生活带来革命性的转变。人工智能与行业领域的深度融合将改变甚至重新塑造传统行业。人工智能已经被广泛应用于制造、家居、金融、零售、交通、医疗、教育、物流、安防等各个领域，对人类社会的生产和生活产生了深远的影响。

1. 智能制造

智能制造（intelligent manufacturing，IM）是一种由智能机器和人类专家共同组成的人机一体化智能系统，基于新一代信息技术，贯穿设计、生产、管理、服务等制造活动各个环节，在制造过程中能进行智能活动，包括分析、推理、判断、构思和决策等，具有信息深度自感知、智慧优化自决策、精准控制自执行等功能的先进制造过程、系统与模式。通过人机合作，扩大、延伸和部分取代人类专家在制造过程中的脑力劳动，把制造自动化的概念更新扩展到柔性化、智能化和高度集成化。

智能制造对人工智能的需求主要表现在以下三个方面：一是智能装备，包括自动识别设备、人机交互系统、工业机器人以及数控机床等具体设备，涉及跨媒体分析推理、自然语言处理、虚拟现实智能建模及自主无人系统等关键技术；二是智能工厂，包括智能设计、智能生产、智能管理以及集成优化等具体内容，涉及跨媒体分析推理、大数据智能、机器学习等关键技术；三是智能服务，包括大规模个性化定制、远程运维以及预测性维护等具体服务模式，涉及跨媒体分析推理、自然语言处理、大数据智能、高级机器学习等关键技术。制造中的智能强调工程建模、机器学习（基于高质量数据）和智能系统架构开发。智能制造以智能工厂的形式呈现，可以缩短产品研制周期、降低资源能源消耗、降低运营成本、提高生产效率、提升产品质量，基于智能装备最终实现智能服务。

2. 智能家居

智能家居是以住宅为平台，通过物联网技术将家中的各种设备（如音视频设备、照明系统、窗帘控制、空调控制、安防系统、数字影院系统、影音服务器、影柜系统、网络家电等）连接到一起，实现智能化的一种生态系统。智能家居最终的目的是让智能家居系统更多按照用户的生活方式来服务用户，创造一个更舒适、更健康、更环保、更节能、更智慧的科技居住环境。它具有智能灯光控制、智能家电控制、电话远程控制、安防监控系统、智能视频共享、室内外遥控、环境监测、暖通控制、红外控制以及可编程的定时控制等分类功能。

与普通家居相比，智能家居不仅具有传统的居住功能，兼备建筑、网络通信、信息家电、设备自动化，提供全方位的信息交互功能，同时能实现各种能源费用的节约。例如，借助智能语音技术，用户应用自然语言实现对家居系统各设备的操控，如开关窗帘或窗户、操控家用电器和照明系统、打扫卫生等。

借助机器学习技术，智能电视可以从用户看电视的完整历史数据中分析其兴趣爱好，并将相关的节目推荐给用户。通过应用声纹识别、脸部识别、指纹识别等技术进行开锁等。通过大数据技术可以使智能家电实现对自身状态及环境的自我感知，具有故障诊断能力，也可以通过收集产品运行数据，发现产品异常，主动提供服务，降低故障率。此外，还可以通过大数据分析、远程监控和诊断，快速发现问题、解决问题，从而提高效率。

3. 智能金融

智能金融即人工智能与金融的全面融合，以人工智能、大数据、云计算、区块链等高新科技为核心要素，全面赋能金融机构，提升金融机构的服务效率，拓展金融服务的广度和深度，使得全社会都能获得平等、高效、专业的金融服务，实现金融服务的智能化、个性化、定制化。人工智能技术应用于金融业对于监管部门来说，能让财富管理服务流程更加公开透明，并且有完整的服务记录，提供有效监管支持。人工智能技术在金融业中可以用于服务客户，支持授信、各类金融交易和金融分析中的决策，并用于风险防控和监督。通过大数据、机器学习等技术为投资者进行精准画像，机构将更了解客户需求、资产状况、风险偏好等，金融服务将会更加个性化与智能化。对于金融机构的业务部门来说，可以帮助精准服务客户，提高效率；对于用户来说，可以实现资产优化配置，体验到金融机构更加完美的服务。人工智能在金融领域的应用主要包括以下几个方面。

（1）智能获客。依托大数据，对金融用户进行画像，通过需求响应模型，极大地提升获客效率。

（2）身份识别。以人工智能为内核，通过人脸识别、声纹识别、指静脉识别等生物识别手段，再加上各类票据、身份证、银行卡等证件票据的光学字符识别（optical character recognition，OCR）等技术手段，对用户身份进行验证，大幅降低核验成本，有助于提高安全性。

（3）大数据风控。通过大数据、算力、算法的结合，搭建反欺诈、信用风险等模型，多维度控制金融机构的信用风险和操作风险，同时避免资产损失。

（4）智能投资顾问。基于大数据和算法能力，对用户与资产信息进行标签化，精准匹配用户与资产。

（5）智能客服。基于自然语言处理能力和语音识别能力，拓展客服领域的深度和广度，大幅降低服务成本，提升服务体验。

（6）金融云。依托云计算能力的金融科技，为金融机构提供更安全高效的全套金融解决方案。

4. 智能交通

智能交通系统（intelligent transportation system，ITS）将成为交通运输管理的重要方式，它是将先进的信息技术、数据通信传输技术、电子传感技术、控制技术及计算机技术等有效地集成运用于整个地面交通管理系统而建立的一种大范围、全方位发挥作用的，实时、准确、高效的综合交通运输管理系统。新一代人工智能技术与交通运输深度融合发展，将方便公众出行，降低交通延误，提高运输效率，节约人力资源，减少交通事故，增进交通安全。

基于大数据、云计算、计算机视觉、智能语音等技术的智能驾驶系统，实时提供各种与出行、停靠相关的重要信息，指导最佳出行方案，交通出行者可以据此选择高效的出行路线及安全的驾驶方式。基于大数据、云计算、机器学习、智能传感器等技术的智能交通系统，不断采集、处理、传达关键信息。交通运输部门能够实时监测道路的交通情况、气象状况，并对交通系统进行高效疏导和协调指挥，实现区域路网信息共享与联动管理。经过信息分析处理系统处理后形成实时路况，根据决策系统调整可变车道或潮汐车道的通行方向等，通过信息发布系统将路况推送到导航软件和广播中，让用户合理规划行驶路线等。以及通过不停车收费系统（electronic toll collection，ETC），实现对通过ETC入口站的车辆身份及信息自动采集、处理、收费和放行，有效提高通行能力、简化收费管理、降低环境污染。

5. 智能安防

随着科学技术的进步和新一代信息技术的发展，智能安防技术已迈入了一个全新的领域，它与计算机之间的界限正在逐步消失，没有安防技术，社会就会显得不安宁，世界科学技术的前进和发展就会受到影响。智能化安防技术的主要内涵是其相关内容和服务的信息化、图像的传输和存储、数据的存储和处理等。就智能化安防来说，一个完整的智能化安防系统主要包括门禁、报警和监控三大部分。

物联网技术的普及应用，使得城市的安防从过去简单的安全防护系统向城市综合化体系演变。城市的安防项目涵盖众多的领域，有街道社区、楼宇建筑、银行邮局、道路监控、机动车辆、警务人员、移动物体、船只等。特别是针对重要场所，如机场、码头、水电气厂、桥梁大坝、河道、地铁等场所，引入物联网技术后，可以通过无线移动、跟踪定位等手段建立全方位的立体防护。智能安防应能实行安全防范系统自动化监控管理，住宅的火灾、有害气体的泄漏实行自动报警；火灾报警系统应以烟、温度及可燃气体等探测器为主；防盗报警系统应安装红外或微波等各种类型报警探测器等。智能安防是兼顾了整体城市管理系统、环保监测系统、交通管理系统、应急指挥系统等应用的综合体系。特别是车联网的兴起，在公共交通管理、车辆事故处理、车辆偷盗防范方面可以更加快捷准确地跟踪定位处理。还可以随时随地通过车辆获取更加精准的灾难事故、道路流量、车辆位置、公共设施安全、气象等信息。

6. 智能医疗

近年来，人工智能技术与医疗健康领域的融合不断加深，随着人工智能领域的自然语言处理、语音识别、计算机视觉等技术的逐渐成熟，人工智能的应用场景越来越丰富。目前，智能医疗被广泛应用于电子病历、影像诊断、远程诊断、医疗机器人、新药研发和基因测序等场景，成为影响医疗行业发展、提升医疗服务水平的重要因素。

智能诊疗就是将人工智能技术应用于疾病诊疗中，帮助医生进行病理分析。通过体检报告等的统计，利用大数据和深度挖掘等技术，对患者的医疗数据进行分析和挖掘，自动识别患者的临床变量和指标。在医疗影像智能诊断技术中，利用计算机图形技术对图像数据进行深层次的分析，通过计算机断层成像（computer tomography，CT）扫描获得数字化的图像，然后将图像数据导入软件系统中进行分析，通过机器的“深度学习”建立模型。对建立的模型，使用一定数量的确诊病例来验证其是否可靠，然后用于检测其他的未知病例，从而给出可靠诊断和治疗方案。智能诊疗是人工智能在医疗领域最重要和最核心的应用场景。医疗机器人在医疗领域的应用也非常广泛，例如，智能假肢、外骨骼和辅助设备等技术修复人类受损身体，医疗保健机器人辅助医护人员的工作等。目前，关于机器人在医疗界中应用的研究主要集中在外科手术机器人、康复机器人、护理机器人和服务机器人方面。

13.2　机器学习的概念及流程

13.2.1　机器学习的概念

机器学习（machine learning，ML）是一门涉及统计学、系统辨识、逼近理论、神经网络、优化理论、计算机科学、脑科学等诸多领域的交叉学科。机器学习是研究计算机怎样模拟或实现人类的学习行为，从样本数据中学习得到知识和经验，以获取新的知识或技能，重新组织已有的知识结构使之不断改善自身的性能，最终用于实际的推断和决策。机器学习是人工智能核心技术，是使计算机具有智能的根本途径。

机器学习推动人工智能快速发展，是第三次人工智能发展浪潮的重要推动因素。机器学习是现阶段解决很多人工智能问题的主流方法，是现代人工智能的本质，目前正处于高速发展之中。机器学习领域诞生了众多的经典理论，包括 PAC（probably approximately correct）学习理论、决策树、支持向量机（support vector machine，SVM）、Adaboost、循环神经网络（RNN）和 LSTM（long short-term memory）、流形学习、随机森林（random forest）等。

在机器学习发展过程中，众多优秀学者为推动机器学习的发展作出了巨大的贡献。1950 年，图灵在关于图灵测试的文章中就已提及机器学习的概念。1952 年，IBM 的亚瑟 •塞缪尔（Arthur Samuel，被誉为“机器学习之父”）设计了一款可以学习的西洋跳棋程序，并在 1956 年正式提出了“机器学习”这一概念，认为“机器学习是在不直接针对问题进行编程的情况下，赋予计算机学习能力的一个研究领域”。有着“全球机器学习教父”之称的汤姆 • 米切尔（Tom Mitchell）则将机器学习定义为：对于某类任务 T 和性能度量 P，如果计算机程序在 T 上以 P 衡量的性能随着经验 E 而自我完善，就称这个计算机程序从经验 E 学习。以上这些定义都比较简单抽象。随着时间的变迁，机器学习的内涵和外延不断变化。

如今普遍认为，机器学习的处理系统和算法是主要通过找出数据里隐藏的模式进而做出预测的识别模式，它是人工智能的一个重要子领域，而人工智能又与更广泛的数据挖掘（data mining，DM）和知识发现领域相交叉。为了更好地理解和区分人工智能、机器学习、数据挖掘、模式识别（pattern recognition）、统计（statistics）、神经计算（neuro computing）、数据库（database）、知识发现等概念，特绘制其交叉关系如图 13-2 所示。

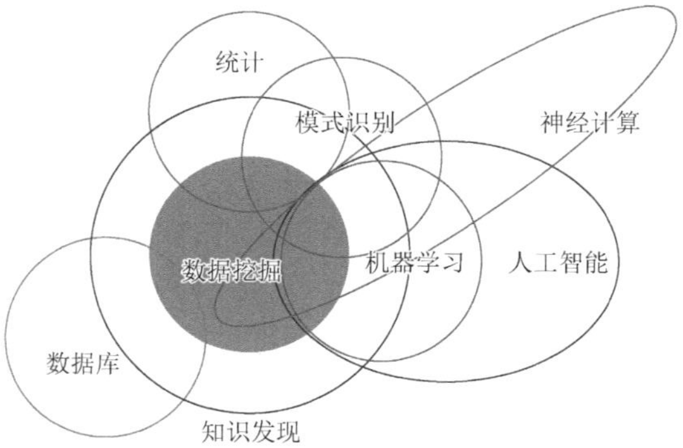

图 13-2　机器学习相关概念的辨识

13.2.2　机器学习的流程

机器学习强调三个关键词：算法、经验、性能。机器学习的处理过程如图 13-3 所示。在数据的基础上，通过算法构建的模型对数据进行训练，并对模型进行评估。评估的性能如果能达到要求，就用该模型来测试其他的数据；如果达不到要求，就要调整算法来重新建立模型，再次进行评估。如此循环往复，最终获得满意的模型来处理其他数据。

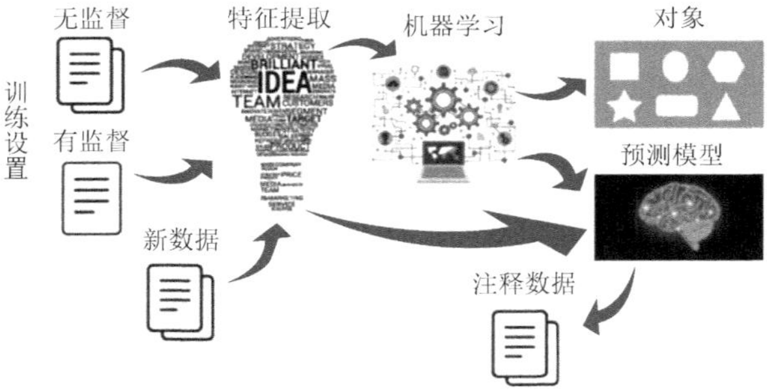

图 13-3　机器学习的处理过程

机器学习算法可以按照不同的标准来进行分类。例如，根据函数 $f(x,\theta)$的不同，机器学习算法可以分为线性模型和非线性模型；按照学习准则的不同，机器学习算法可以分为统计方法和非统计方法；按照训练样本提供的信息以及反馈方式的不同，机器学习算法可以分为监督学习、无监督学习、半监督学习及强化学习等。

1. 监督学习

监督学习（supervised learning）是指利用一组已知类别的样本调整分类器的参数，使其达到所要求性能的过程，也称为监督训练。监督学习是从标记的训练数据来推断一个功能的机器学习任务。训练数据包括一套训练实例。在监督学习中，每个实例都是由一个输入对象（通常为矢量）和一个期望的输出值（也称为监督信号）组成。监督学习算法是分析该训练数据，并产生一个推断的功能，其可以用于映射出新的实例。

监督学习中的数据集是有标签的，对于给出的样本是有答案的。如果机器学习的目标是通过建模样本的特征 x 和标签 y 之间的关系：$f(x,\theta)$或 $p(y|x,\theta)$，并且训练集中每个样本都有标签，那么这类机器学习称为监督学习。根据标签类型的不同，又可以将其分为分类问题和回归问题两类。

分类问题是根据已知样本的某些特征，判断一个新的样本属于哪种已知的样本类（离散的）。例如，给定一个人的身高、年龄、体重等信息，然后判断性别、是否健康等。回归问题用于预测输入变量（自变量）和输出变量（因变量）之间的关系，特别是当输入变量的值发生变化时，输出变量的值（连续的）随之发生变化。例如，预测某一地区人的平均身高。大部分模型都是属于监督学习，包括线性分类器、支持向量机等。常见的监督学习算法有：*k*-近邻（*k*-nearest neighbor，KNN）算法、决策树（decision tree）、朴素贝叶斯（naive Bayesian）等。监督学习的基本流程如图 13-4 所示。

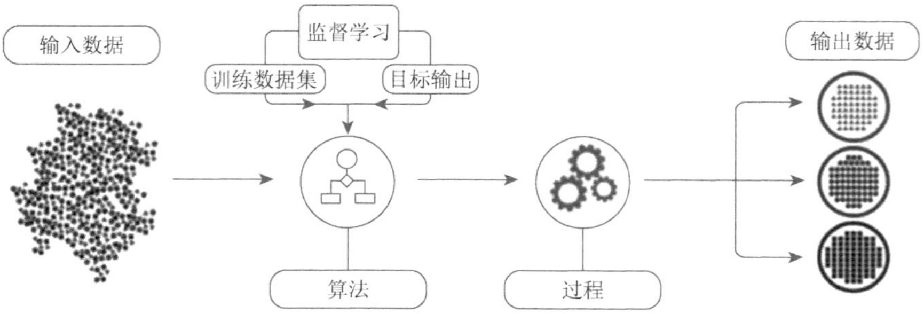

图 13-4　监督学习的基本流程

2. 无监督学习

跟监督学习相反，无监督学习（unsupervised learning，UL）中数据集是完全没有标签的，依据相似样本在数据空间中的距离将样本分类。无监督学习无法清楚判断数据集中数据、特征之间的关系。另外要根据聚类或一定的模型得到数据之间的关系。常见的无监督学习算法包括：稀疏自编码（sparse auto-encoder）、主成分分析（principal component analysis，PCA）、*k*-means 聚类算法（*k*-均值聚类算法）、DBSCAN（density-based spatial clustering of applications with noise）算法、最大期望（expectation-maximization，EM）算法等。利用无监督学习可以解决关联分析、聚类问题和维度约减等问题。

关联分析是指发现不同事物之间同时出现的概率，查找存在于项目集合或对象集合之间的频繁模式、关联、相关性或因果结构。关联分析的一个典型例子是购物篮分析。该过程通过发现顾客放入其购物篮中的不同商品之间的联系，分析顾客的购买习惯。通过了解哪些商品频繁地被顾客同时购买，这种关联的发现结果可以帮助零售商制定营销策略。

聚类问题是指将相似的样本划分为一个簇（cluster）。与分类问题不同，聚类问题预先并不知道类别，自然训练数据也没有类别的标签。同一个簇中的对象有很大的相似性，而不同簇间的对象有很大的相异性。聚类分析的目标就是在相似的基础上收集数据进行分类。

维度约减是指减少数据维度的同时保证不丢失有意义的信息。利用特征提取方法和特征选择方法，可以达到维度约减的效果。特征提取是将数据从高维度转换到低维度。特征选择是指选择原始变量的子集。广为熟知的主成分分析算法就是特征提取的方法。无监督学习的基本流程如图 13-5 所示。

3. 半监督学习

半监督学习（semi-supervised learning）是监督学习与无监督学习相结合的一种学习

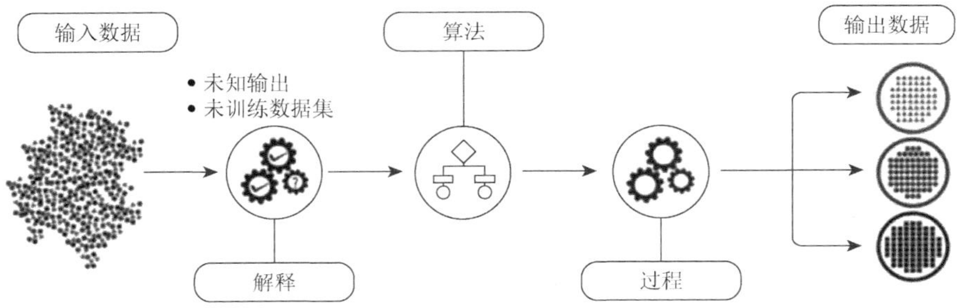

图 13-5 无监督学习的基本流程

方法。半监督学习同时使用未标记数据以及标记数据来进行模式识别工作。半监督学习一般针对的问题是数据量大，但是有标签数据少或者标签数据的获取很困难的情况。与全部使用有标签数据的模型相比，使用训练集的训练模型在训练时可以更为准确，而且训练成本更低。常见的两种半监督的学习方式是直推学习（transductive learning）和归纳学习（inductive learning）。半监督学习的基本流程如图 13-6 所示。

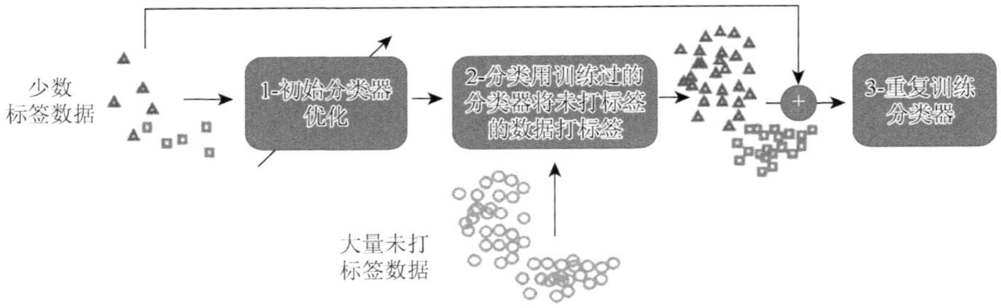

图 13-6 半监督学习的基本流程

直推学习首先观察全部数据，包括训练数据和测试数据，从全部数据集进行学习并使用测试数据进行测试。需要注意，这里只是用了测试数据中的特征（feature）而没有用标签（label），所以并不是一种“欺骗”的方法。归纳学习，即基于已经打标签的训练数据，训练一个机器学习模型，然后用这个模型去预测从未见过的测试数据集上的标签是否准确。

4. 强化学习

强化学习（reinforcement learning，RL）又称再励学习、评价学习或增强学习，是机器学习的范式和方法论之一，用于描述和解决智能体（Agent）在与环境的交互过程中通过学习策略以达成回报最大化或实现特定目标的问题。强化学习的基本原理是，如果 Agent 的某个行为策略导致环境正的奖赏（强化信号），那么 Agent 以后产生这个行为策略的趋势便会加强。Agent 的目标是在每个离散状态发现最优策略以使期望的折扣奖赏和最大。

强化学习理论受到行为主义心理学启发，侧重在线学习并试图在探索-利用（exploration-exploitation）间保持平衡。不同于监督学习和无监督学习，强化学习不要求预

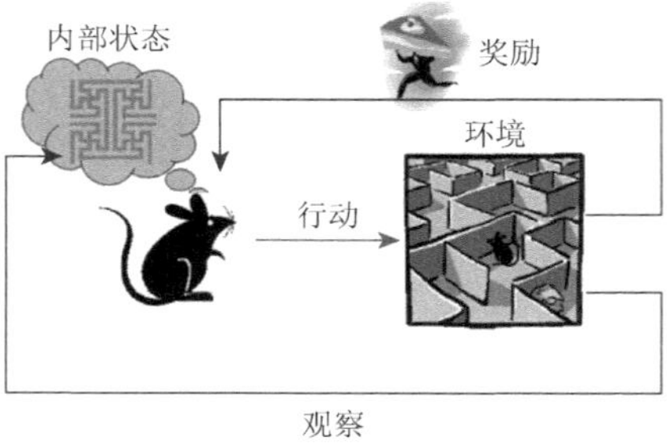

图 13-7　强化学习的基本流程

先给定任何数据，而是通过接收环境对动作的奖励（反馈）获得学习信息并更新模型参数。图 13-7 采用一只老鼠来模拟强化学习中的 Agent，其任务是走出迷宫，每走一步都有一个方法来衡量其路线的好与坏，基本学习过程是当其走得好的时候就给其一定的奖励（如一块蛋糕）。通过这种方式，Agent 在行动评价的环境中获得知识，改进行动方案以适应环境。

13.2.3　机器学习的代表算法

1. 随机森林

随机森林指的是利用多棵决策树对样本进行训练并预测的一种分类器。它包含多个决策树的分类器，并且其输出的类别是由个别树输出的类别的众数而定。随机森林是一种灵活且易于使用的机器学习算法，即便没有超参数调优，也可以在大多数情况下得到很好的结果。随机森林也是最常用的算法之一，因为它很简易，既可用于分类也能用于回归。

其基本的构建算法过程如下。

（1）用 N 来表示训练用例（样本）的个数，M 表示特征数目。

（2）输入特征数目 m，用于确定决策树上一个节点的决策结果；其中 m 应远小于 M。

（3）从 N 个训练用例（样本）中以有放回抽样的方式，取样 N 次，形成一个训练集（即 bootstrap 取样），并用未抽到的用例（样本）进行预测，评估其误差。

（4）对于每一个节点，随机选择 m 个特征，决策树上每个节点的决定都是基于这些特征确定的。根据这 m 个特征，计算其最佳的分裂方式。

（5）每棵树都会完整成长而不会剪枝，在建完一棵正常树状分类器后将被采用。一个简单的随机森林算法示意图如图 13-8 所示。

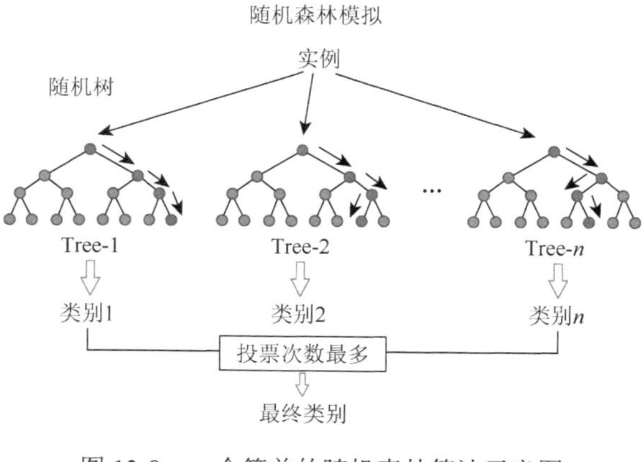

图 13-8　一个简单的随机森林算法示意图

随机森林集成了所有的分类投票结果，将投票次数最多的类别指定为最终的输出，这就是一种最简单的引导聚集算法（Bagging）的思想。

2. 朴素贝叶斯

朴素贝叶斯法是基于贝叶斯定理与特征条件独立假设的分类方法。朴素贝叶斯分类器基于一个简单的假定：给定目标值时属性之间相互条件独立。通过以上定理和“朴素”的假定，可知

$$P(\text{Category} \mid \text{Document}) = P(\text{Document} \mid \text{Category}) \times P(\text{Category})/P(\text{Document})$$

朴素贝叶斯的基本方法：在统计数据的基础上，依据条件概率公式，计算当前特征的样本属于某个分类的概率，选择最大的概率分类。对于给出的待分类项，求解在此项出现的条件下各个类别出现的概率，哪个最大，就认为此待分类项属于哪个类别。其计算流程表述如下：

（1）$x = \{a_1, a_2, \cdots, a_m\}$为待分类项，每个 a_i 为 x 的一个特征属性，其中 $a_1, a_2, a_3, \cdots, a_i$ 相互独立且随机；

（2）有类别集合 $C = \{y_1, y_2, \cdots, y_n\}$，即 C 可以划分为 y_n 个类别；

（3）计算 $P(y_1|x)$，$P(y_2|x), \cdots, P(y_n|x)$；

（4）如果 $P(y_k|x) = \max\{P(y_1|x)\}$，即代表 x 有最大的概率属于 y_k 类别。

3. KNN

KNN 算法的核心思想是如果一个样本在特征空间中的 k 个最相邻的样本中的大多数属于某一个类别，则该样本也属于这个类别，并具有这个类别上样本的特性。该方法在确定分类决策上只依据最邻近的一个或者几个样本的类别来决定待分样本所属的类别。KNN 算法在做类别决策时，只与极少量的相邻样本有关。由于 KNN 算法主要靠周围有限的邻近的样本，而不是靠判别类域的方法来确定所属类别的，因此对于类域的交叉或重叠较多的待分样本集来说，KNN 算法较其他方法更为适合。

KNN 算法不仅可以用于分类，还可以用于回归。通过找出一个样本的 k 个最近邻居，将这些邻居的属性的平均值赋给该样本，就可以得到该样本的属性。图 13-9 为 KNN 算法中，k 等于不同值时的算法分类结果。

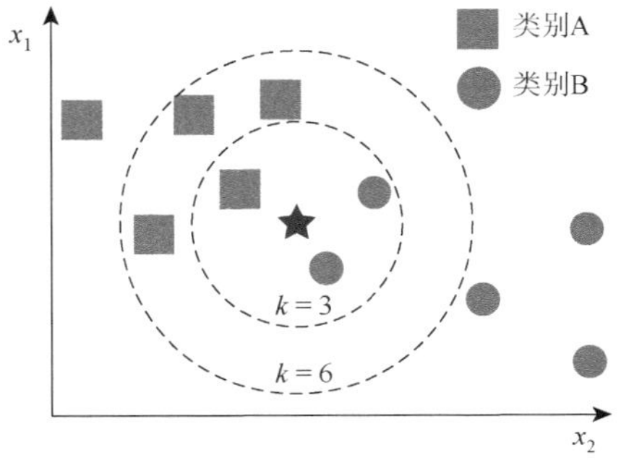

图 13-9　KNN 算法简单示例

简单来说，KNN 算法可以看成有一堆已经知道分类的数据，然后当一个新数据进入的时候，就开始跟训练数据里的每个点求距离，然后挑离这个训练数据最近的 k 个点，看看这几个点属于什么类型，然后用少数服从多数的原则，将新数据归类。

4. k-均值聚类

k-均值聚类是著名的聚类算法，它找出代表聚类结构的 k 个质心。如果有一个点到某

一质心的距离比到其他质心都近，这个点则指派到这个最近的质心所代表的簇。依次利用当前已聚类的数据点找出一个新质心，再利用质心给新的数据指派一个簇。在每次迭代中每个训练样例都被指派到一个最近的聚类质心，每个聚类质心被移动到分配给它的点的平均值的位置（图 13-10）。

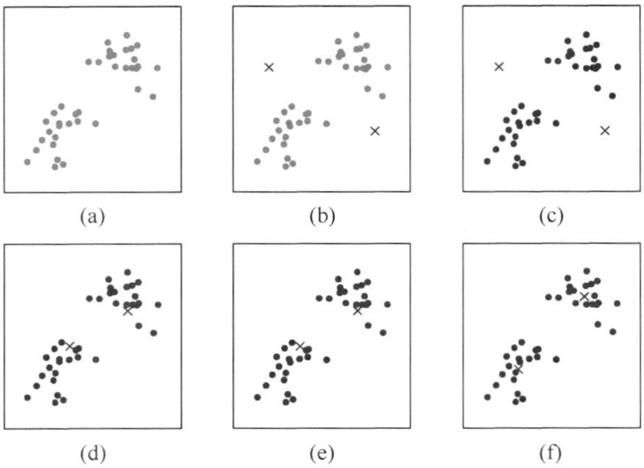

图 13-10　*k*-均值聚类算法图示

用“×”表示聚类质心；用点表示训练样本；（a）原始数据集；（b）随机初始化聚类质心；（c）～（f）代表 *k*-均值迭代 2 次的示意图

5. 支持向量机

支持向量机（SVM）是一类按监督学习方式对数据进行二元分类（binary classification）的广义线性分类器（generalized linear classifier），其决策边界是对学习样本求解的最大边距超平面（maximum-margin hyperplane）。基本思想是找到集合边缘上的若干数据［称为支持向量（support vector）］，用这些点找出一个平面（称为决策面），使得支持向量到该平面的距离最大。

由简至繁的 SVM 模型包括：

（1）当训练样本线性可分时，通过硬间隔最大化，学习一个线性可分支持向量机；

（2）当训练样本近似线性可分时，通过软间隔最大化，学习一个线性支持向量机；

（3）当训练样本线性不可分时，通过核技巧和软间隔最大化，学习一个非线性支持向量机。

在分类问题中，很多时候有多个解，如图 13-11（a）所示，在理想的线性可分的情况下其决策平面会有多个。而 SVM 的基本模型是在特征空间上找到最佳的分离超平面使得训练集上正负样本间隔最大，SVM 算法计算出来的分界会保留对类别最大的间距，即有足够的余量，如图 13-11（b）所示。

在解决线性不可分问题时，它可以通过引入核函数，巧妙地解决了在高维空间中的内积运算，从而很好地解决了非线性分类问题。如图 13-12 所示，通过核函数的引入，将线性不可分的数据映射到一个高维的特征空间内，使得数据在特征空间内是可分的。

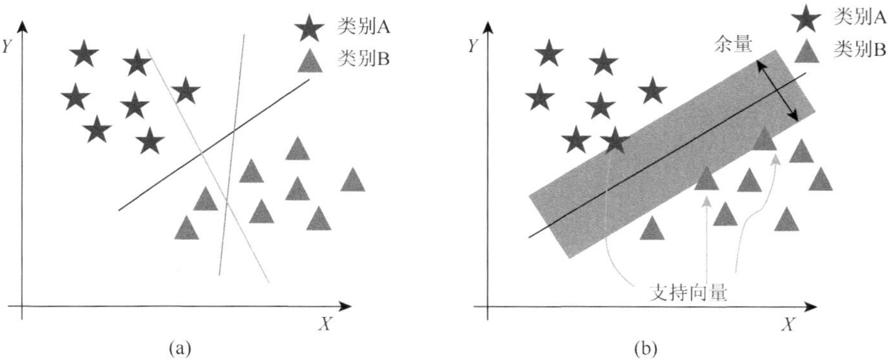

图 13-11 SVM 的决策平面

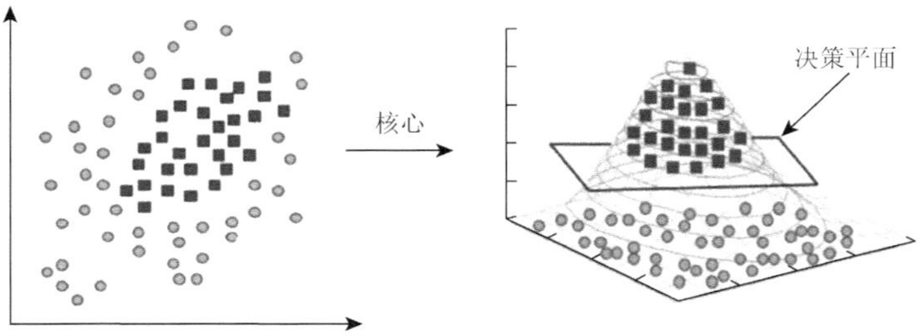

图 13-12 SVM 的核函数

13.3 知 识 工 程

13.3.1 知识工程的概念

知识工程是一门运用现代科技手段高效率、大容量地获得知识、信息的工程技术学科。其目的是最大限度地提高人的才智和创造力，掌握知识和技能，为智力开发服务，主要研究如何组成由电子计算机和现代通信技术结合而成的新的通信、教育、控制系统。知识工程包括知识获取、知识验证、知识表示、推论、解释和理由五个活动过程。知识工程是人工智能的原理和方法，为电子计算机的进一步智能化提供了条件，是关系人工智能发展的关键性学科。

知识工程的概念是 1977 年由美国斯坦福大学计算机科学家、1994 年图灵奖获得者、知识工程的建立者费根鲍姆在第五届国际人工智能会议上提出的，指出知识工程是人工智能的原理和方法，为那些需要专家知识才能解决的应用难题提供求解的手段。恰当运用专家知识的获取、表达和推理过程的构成与解释，是设计基于知识的系统的重要技术问题，将知识集成到计算机系统从而完成只有特定领域专家才能完成的复杂任务。

知识工程的目的是开发一个实现自动化知识转移和利用的技术和方法。知识工程主要包括知识获取、知识表示和知识应用。近年来热度火爆的知识图谱，就是新一代的知识工程技术。在大数据时代，知识工程是从大数据中自动或半自动获取知识，建立基于知识的系统，以提供互联网智能知识服务。大数据对智能服务的需求，已经从单纯的收集获取信息，转变为自动化的知识服务。我们需要利用知识工程为大数据添加语义/知识，使数据产生智慧（knowledge），完成从数据到信息到知识，最终到智能应用的转变过程，从而实现对大数据的洞察、提供用户关心问题的答案、为决策提供支持、改进关于各类产品的用户体验等目标。

知识工程是一门为了传递、利用、扩展知识而涉及计划、设计、构造知识库或知识库系统的学科。知识工程是以知识为基础的系统，就是通过智能软件而建立的专家系统。知识工程可以看成人工智能在知识信息处理方面的发展，研究如何由计算机表示知识，进行问题的自动求解。知识工程的研究使人工智能的研究从理论转向应用，从基于推理的模型转向基于知识的模型，包括了整个知识信息处理的研究。

13.3.2　知识工程的发展

回顾知识工程 40 多年来的发展历程，可以将知识工程的演进过程和技术进展分成前知识工程、专家系统、万维网 1.0、群体智能以及知识图谱五个标志性的时期，如图 13-13 所示。

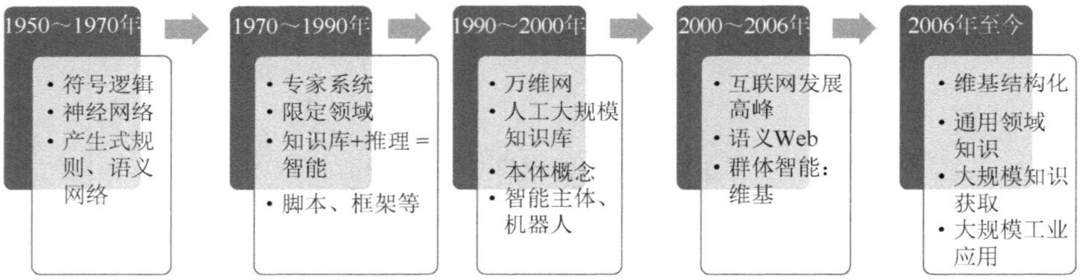

图 13-13　知识工程的发展历程

1. 前知识工程时期

在前知识工程时期（1950～1970 年），知识表示方法主要有逻辑知识表示、产生式规则、语义网络等，具有代表性的工作是通用问题求解程序（the general problem solver，GPS）。GPS 程序是 1972 年由纽厄尔和西蒙研制的第一个能够模拟人类问题解决的计算机程序。这个程序适用于多种类型的问题解决，所以称为通用问题解决程序。它包括长时记忆部分和短时记忆部分。在长时记忆中存储各种语义和一般知识；短时记忆的容量有限，进行信息的比较和加工，并作出决策。GPS 程序利用手段-目的分析法，把总的问题分解成许多次级目标，在每一次级目标下找出当前状态和目标状态的差异，选取一种操作以缩小当前状态和目标状态的差别。这样该程序能一步一步地接近总的目标，一直达到总的问题的解决。

2. 专家系统时期

在专家系统时期（1970～1990 年），知识表示方法有新的演进，包括框架和脚本等。

人工智能开始转向建立基于知识的系统，通过“知识库＋推理”实现机器智能，这一时期涌现出很多成功的限定领域专家系统，如MYCIN医疗诊断专家系统、识别分子结构的DENRAL专家系统以及计算机故障诊断XCON专家系统等，帮助将专家的领域知识转变成计算机可以处理的知识。MYCIN系统是一种帮助医生对住院的血液感染患者进行诊断和选用抗生素类药物进行治疗的人工智能，一种使用了人工智能的早期模拟决策系统，用来进行严重感染时的感染菌诊断以及抗生素给药推荐。

3. 万维网1.0时期

在万维网1.0时期（1990～2000年），提出了本体的知识表示方法，万维网为人们提供了一个可以共享信息的开放平台，出现了很多人工构建大规模知识库，包括广泛应用的英文WordNet、采用一阶谓词逻辑知识表示的Cyc常识知识库，以及中文的HowNet。HowNet是一个以汉语和英语的词语所代表的概念为描述对象，以揭示概念与概念之间以及概念所具有的属性之间的关系为基本内容的常识知识库。HowNet是董振东先生、董强先生父子毕30年之功标注的大型语言知识库，主要面向中文（也包括英文）的词汇与概念。HowNet认为词汇/词义可以用更小的语义单位来描述。这种语义单位被称为义原（sememe），顾名思义就是原子语义，即最基本的、不宜再分割的最小语义单位。在不断标注的过程中，HowNet逐渐构建出了一套精细的义原体系。HowNet基于该义原体系累计标注了数十万词汇/词义的语义信息。

4. 群体智能时期

在群体智能时期（2000～2006年），语义Web的概念被提出，旨在对互联网内容进行结构化语义表示，利用本体描述互联网内容的语义结构，通过对网页进行语义标识得到网页语义信息，从而获得网页内容的语义信息，使人和机器能够更好地协同工作。W3C进一步提出万维网上语义标识语言RDF（resource description framework，资源描述框架）和OWL（web ontology language，万维网本体表述语言）等描述万维网内容语义的知识描述规范。万维网的出现使得知识从封闭走向开放，从集中构建知识成为分布群体智能知识。原来专家系统是系统内部定义的知识，现在可以实现知识源之间相互链接，可以通过关联来产生更多的知识而非完全由固定人生产。这个过程中出现了群体智能，典型代表是维基百科，体现了互联网大众用户对知识的贡献，成为今天大规模结构化知识图谱的重要基础。

5. 知识图谱时期

从2006年至今，知识工程正处于知识图谱的新发展时期。随着大规模维基百科类富结构知识资源的出现和网络规模信息提取方法的进步，大规模知识获取方法取得了巨大进展。与Cyc、WordNet和HowNet等手工研制的知识库和本体的开创性项目不同，这一时期知识获取是自动化的，并且在网络规模下运行。当前自动构建的知识库已成为语义搜索、大数据分析、智能推荐和数据集成的强大资产，在大型行业和领域中正在得到广泛使用。典型的例子是谷歌收购Freebase后在2012年推出的知识图谱（knowledge graph），Facebook

的图谱搜索，Microsoft Satori 以及商业、金融、生命科学等领域特定的知识库。最具代表性大规模网络知识获取的工作包括 DBpedia、Freebase、KnowItAll、WikiTaxonomy 和 YAGO，以及 BabelNet、ConceptNet、DeepDive、NELL、Probase、Wikidata、XLORE、Zhishi.me、CNDBpedia 等。这些知识图谱遵循 RDF 数据模型，包含千万级或者亿级规模的实体以及数十亿或百亿事实（即属性值与其他实体的关系），并且这些实体被组织在成千上万的由语义体现的客观世界的概念结构中。

13.3.3 知识工程的进展

近年来，在知识工程领域，知识获取、推理和应用研究取得了显著的进展，主要表现在如下几个方面。

1. 资源匮乏情况下的知识获取

知识图谱的构建始终是知识图谱领域的核心问题之一，近年来除了传统的有监督的实体、关系、事件知识获取的研究外，也涌现了一批在弱资源情况下的知识获取方法。例如，在集合扩展（实体集扩展）研究中，使用蒙特卡罗树搜索策略的 booststrap 方法有效地提升了实体集扩展方法的稳定性，尤其是在与分类体系相关任务的同时优化上。HiExpan（task-guided taxonomy construction by hierarchical tree expansion）通过提出知识分类体系的扩展框架，模型利用弱监督关系抽取模型，从一个小型的上下位关系树出发，抽取扩展的节点并扩展成一个更加丰富的上下位体系。"FewRel 2.0：Towards more challenging few-shot relation classification"提出了小样本学习任务，通过设计小样本学习机制，能够利用从过往数据中学到的泛化知识，结合新类型数据的少量训练样本，实现快速迁移学习。"COMET：Commonsense transformers for automatic knowledge graph construction"提出常识 Transformer 架构，将语言模型与种子知识图谱相结合，学习其结构和关系，根据图表征形成语言模型，从而生成新的知识并将它们添加到种子图中。

2. 知识图谱的知识补全和可解释推理

传统的表示学习缺乏可解释性，知识图谱推理越来越受到关注，其中既有使用强化学习方法寻找路径的方法，也有使用实体邻居和注意力权重做可解释性推理的方法。"Multi-hop knowledge graph reasoning with reward shaping"是基于多跳推理的知识库问答方法，基于强化学习扩展在知识图谱的推理路径，以获得问题的正确答案。"Learning attention-based embeddings for relation prediction in knowledge graphs"提出一种基于注意力机制的特征嵌入方法，获取实体邻近范围内的实体和关系特征，引入关系聚类和多跳关系，有效提升了基于多跳推理的知识图谱补全的效果，以及研究如何迭代地进行知识表示学习和规则学习，提出的 IterE 模型可以利用学习的规则改进稀疏实体的表示学习，进而提升规则学习和链接预测效果。

3. 基于知识图谱的推荐和对话问答

将知识图谱作为辅助信息引入推荐系统中，可以有效地解决传统推荐系统存在的稀疏性和冷启动问题。随着图卷积神经网络、图注意力机制等技术的逐渐兴起，基于图表示学习的推荐模型达到了更高的表现效果，并为推荐系统的可解释性提供了帮助。“KGAT: Knowledge graph attention network for recommendation”利用知识图谱中商品之间的关系，训练了一个端到端的含注意力机制的模型，用于提高推荐系统的能力。“AKUPM: Attention-enhanced knowledge-aware user preference model for recommendation”使用注意力模型，利用知识图谱对用户进行建模，显著提升了推荐系统的效果，结合强化学习的框架和知识图谱推理来提供对推荐结果的解释。在对话问答方面，以前对话生成的信息源是文本与对话记录，但如果遇到词表之外的词，模型往往难以生成合适的、有信息量的回复，而会产生一些低质量的、模棱两可的回复。

13.4 知 识 图 谱

13.4.1 知识图谱的概念

知识图谱是一种描绘实体间关系的语义网络，是认知智能的必要基础，是人工智能重要研究领域——知识工程的主要表现形式之一。知识图谱是描述现实世界中概念、常识及其关系的结构化语义知识库，其基本组成单元是＜实体，关系，实体＞三元组和＜实体，属性，属性值＞三元组。知识图谱通过两种基本组成单元将知识表达为图结构，易于知识的展现、维护、检索和推理。

知识图谱更加注重通过可视化图形来表现实体或概念间的关联，实现实体提取、属性结构化和形式化，以及实体间的关系推理和互联。与传统知识库相比，知识图谱可以完成语义推理任务，通过存储丰富的实例信息对实例数据之间的联系进行关系展示，并实现实例数据间的关系路径发现及因果推理过程。知识图谱是人工智能技术走向认知的必要基础。

13.4.2 知识图谱的发展历程

知识图谱发展至今可以总结为三个时期和五个阶段，发展历程如图 13-14 所示。1950～1977 年是启蒙期，包含了基础概念阶段和专家系统阶段的开端，这一时期文献索引的符号逻辑被提出并且应用；1977～2012 年是知识图谱不断演变的成长期，包含了大部分专家系统阶段和 Web 1.0 和 Web 2.0 阶段，在此期间出现了很多如 WordNet、Cyc、Hownet 等大规模的人工知识库，知识工程成为人工智能重要的研究领域，2012 年，谷歌正式提出的知识图谱概念，开启了现代知识图谱的序章；2012 年至今是知识图谱的发展期，中国企业开始入局，以百度、阿里巴巴、腾讯为代表的科技公司依托自身业务，在搜索引擎、电商、医疗等领域开始应用知识图谱技术，服务商们也从大数据赛道中脱颖而出，将知识图谱技术拓展到安防、金融、教育等更多领域，让 AI 跳出感知智能的商业局限，向解决各产业生产环节中的核心痛点更进一步。

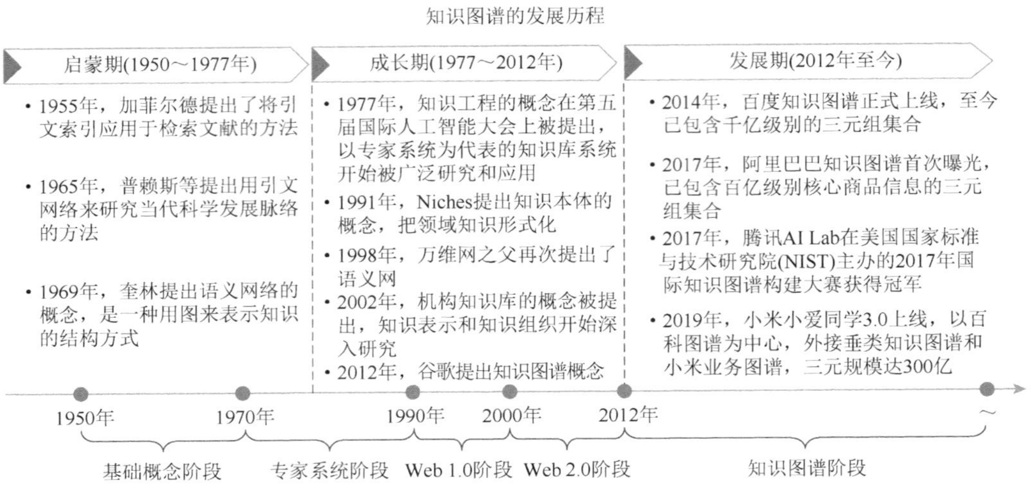

图 13-14　知识图谱的发展历程

数据来源：艾瑞咨询，2020 年知识图谱发展报告

13.4.3　知识图谱的构建流程

在构建和应用知识图谱的过程中有几个重要环节，主要包括知识体系构建、知识获取、知识融合、知识存储、知识推理和知识应用等。

1. 知识体系构建

知识体系构建，也称知识建模，是指采用什么样的方式表达知识，其核心是构建一个本体对目标知识进行描述。在这个本体中需要定义出知识的类别体系、每个类别下所属的概念和实体、某类概念和实体所具有的属性以及概念之间、实体之间的语义关系，同时也包括定义在这个本体上的一些推理规则。知识图谱数据建模最关键的内容是 RDF 的抽取工作。RDF 的基本数据模型包括了三个对象类型：资源（resource）、谓词（predicate）及陈述（statements）。目前，知识图谱中的数据也采用 RDF 数据模型进行描述。在知识图谱中，上述的“资源”称为实体或者实体的属性值；“谓词”称为关系或者属性；“陈述”指的是 RDF 三元组，一个三元组描述的是两个实体之间的关系或者一个实体的属性。

2. 知识获取

知识获取的目标是从海量的文本数据中通过信息抽取的方式获取知识，其方法根据所处理数据源的不同而不同。知识图谱中数据的主要来源有各种形式的结构化数据、半结构化数据和非结构化文本数据（纯文本）。从结构化和半结构化的数据源中抽取知识是工业界常用的技术手段。学术界主要集中在非结构化文本中实体的识别和实体之间关系的抽取，它涉及自然语言分析和处理技术，难度较大。

对信息源的知识抽取主要按照自然语义中的主谓宾语法进行抽取，分为实体抽取、关系抽取、属性抽取和事件抽取等。实体抽取指在信息源中识别出特定的元素标签，并与实体库中的标签相链接，是信息抽取中最基础的部分；关系抽取意在找到信息源中实体间的关系，可分为全局抽取和局部抽取；属性抽取可以看作实体和其属性值之间的关系，属于关系抽取的一种类型；事件抽取是将信息源中指定的事件信息抽取，并结构化地表现出来，包括事件的时间、地点、人物、原因、结果等。

3. 知识融合

知识融合是指从概念层和数据层两方面，通过知识库的对齐、关联、合并等方式，将多个知识图谱或信息源中的本体与实体进行链接，形成一个更加统一、稠密的新型知识图谱，是实现知识共享的重要方法。从而对已有知识图谱进行补充、更新和去重。

概念层的知识融合主要表现为本体对齐，是指确定概念、关系、属性等本体之间映射关系的过程，一般通过机器学习算法对本体间的相似度进行计算来实现，根据自然语言类型，可分为单语言对齐和跨语言对齐，其中跨语言对齐是实现知识国际交流的重要方式。

数据层的知识融合主要表现为共指消解和实体对齐，前者意在将同一信息源中同一实体的不同标签统一，实现消歧的目的；后者是将不同信息源中同一实体进行统一，使信息源之间产生联结。知识融合的使用能够大量应用人类已有知识储备，节省成本，是快速搭建知识图谱的必要手段，也是现代知识图谱应用中重要的研究领域。

4. 知识存储

知识存储是将知识图谱的概念层和数据层以计算机可识别的数据格式进行保存的物理形式存储过程，是知识的现实容器。知识存储按照存储结构可以分为表格形式和图形式，常见的表格存储有三元组表、类型表和关系型数据库，前二者难以大规模建设，且查询、维护、删改等操作成本较高，不适用于现代知识图谱应用。

目前知识图谱大多是基于图的数据结构，它的存储方式主要有两种形式：RDF 格式存储和图数据库（graph database）存储。RDF 格式存储就是以三元组的形式存储数据，如谷歌开放的 Freebase 知识图谱，就是以文本的形式逐行存储三元组 SPO（subject predicate object），但是这种存储方式使得三元组的搜索效率低下，为了提升三元组的搜索效率，通常采用六重索引的方法。图数据库存储比 RDF 格式存储更加通用。目前典型的开源图数据库是 Neo4j，这种图数据库的优点是具有完善的图查询语言，支持大多数的图挖掘算法。它的缺点是数据更新慢，大节点的处理开销大。

5. 知识推理

通过知识建模、知识获取和知识融合，基本可以构建一个可用的知识图谱。但是由于处理数据的不完备性，所构建的知识图谱中肯定存在知识缺失现象（包括实体缺失、关系缺失）。由于数据的稀疏性，我们也很难利用抽取或者融合的方法对于缺失的知识进行补齐。因此，需要采用推理的手段发现已有知识中隐含的知识。

目前知识推理的研究主要集中在针对知识图谱中缺失关系的补足，即挖掘两个实体之间隐含的语义关系。所采用的方法可以分为两种：首先是基于传统逻辑规则的方法进行推理，其研究热点在于如何自动学习推理规则，以及如何解决推理过程中的规则冲突问题；其次是基于表示学习的推理，即采用学习的方式，将传统推理过程转化为基于分布式表示的语义向量相似度计算任务。

6. 知识应用

伴随着人工智能热潮，知识图谱已经在智能搜索、自动问答、用户推荐、决策支持等各个相关任务上得到了广泛应用。

1）智能搜索

知识图谱可以将用户搜索输入的关键词，映射为知识图谱中客观世界的概念和实体，搜索结果直接显示出满足用户需求的结构化信息内容，而不是互联网网页。基于知识图谱的搜索引擎，内部存储了大量的实体以及实体之间的关系，可以根据用户查询准确地返回答案。在百度搜索引擎中输入查询关键词“奥巴马”，搜索引擎不仅返回最相关的网页，还会显示更加丰富和具体的信息，如出生时间、身高、财富状况、配偶、孩子和教育等，甚至包括一些相关的政治人物。这些准确信息的提供显著缩减了用户查找信息的范围，使人们能够快速获取信息。

2）自动问答

基于知识的问答系统将知识图谱看成一个大规模知识库，通过理解将用户的问题转化为对知识图谱的查询，直接得到用户关心问题的答案。例如，在百度搜索引擎中输入“屠呦呦是哪里人”，然后连接该实体的所有关系中匹配“哪里人”的语义（即“国籍”），最后返回答案。

3）用户推荐

在推荐方面，可以利用知识图谱中实体（商品）的关系（类别）向用户推荐相关的产品，当用户在百度中搜索“战狼 2”时，在搜索结果的右侧可以看到同类型影视作品的推荐。这是根据这些电影在知识图谱中的类型标签进行推荐的。

4）决策支持

知识图谱通过语义链接可以帮助理解大数据，获得对大数据的洞察，提供决策支持。知识图谱能够把领域内的复杂知识通过信息抽取、数据挖掘、语义匹配、语义计算、知识推理等过程精确地描述出来，并且可以描述知识的演化过程和发展规律，从而为研究和决策提供准确、可追踪、可解释、可推理的知识数据。例如，通过对数据的一致性检验识别银行交易中的欺诈行为。

13.4.4 知识图谱的应用

除了通用的大规模知识图谱，各行业也在建立行业和领域的知识图谱。当前知识图谱的应用包括语义搜索、问答系统与聊天、大数据语义分析以及智能知识服务等，在智能客服、商业智能等真实场景体现出广泛的应用价值，而更多知识图谱的创新应用还有待开发。知识图谱目前的主要应用如下。

1. 金融领域

随着近些年金融数据的爆发式增长，传统风控系统逐渐力有不逮，而应用机器学习算法和知识图谱的智能风控系统在风险识别能力和大规模运算方面具有突出优势，逐渐成为金融领域风控反欺诈的主要手段。机器学习和知识图谱相结合是目前主流的解决方案。知识图谱通过权威经验和规则创建本体模型和抽取实体的范围，根据实体间关系形成关联数据网的图谱形式，描绘囊括个人基础信息、金融行为、社交网络行为等的用户综合画像。根据画像情况和模型对应，形成具有金融业务特性的风控体系，在解决方案的决策环节结合规则和概率的综合评价，给出最终的风险评估。知识图谱的应用不仅能够为缺乏可解释性的机器学习算法带来必要的参考系，还可以串联金融业务中产生的大量多源异构数据形成数据中台，挖掘数据深层价值，为实现精准营销、投资关系梳理、产业链风险预警、智能催收等上层应用打下基础。

2. 司法领域

近年来，司法领域积极运用大数据、云计算、人工智能等先进技术，深入业务场景解决痛点问题，有效提升办案质效、辅助司法管理、服务群众诉讼，加速推进司法智慧化、数字化、现代化转型升级。知识图谱的构建是实现智慧司法不可或缺的基础工程。司法知识图谱将法律领域中的实体、属性和关系进行体系化梳理，并建立逻辑关联，通过知识图谱和大数据技术进行数据挖掘，辅助决策，洞察知识领域动态发展规律。基于司法知识图谱，通过技术手段可实现司法业务场景的智能应用，解决“案多人少”“同案不同判”等现实问题。目前，司法知识图谱已广泛应用于法律知识检索和推送、文书自动生成、裁判结果预测预警、知识智能问答、数据可视化等方面，为司法人员办案提供高效参考和科学依据，全新定义司法数据应用和司法智能化，凝练司法智慧，服务法治建设。

3. 教育领域

知识图谱在教育领域主要有以下几种应用场景。一是将学科教材知识进行本体建模，形成可关联性查询的知识网络；二是以图结构将教学资源以及关系进行语义化组织，以便合理调用；三是在知识图谱的基础上，应用大数据、AI 等技术形成面向学习目标的个性化学习路径，实现千人千面的教学方案；四是面向受教育者搭建个人知识图谱，通过对其知识点学习进度和考试反馈数据的实时关联，形成知识掌握状态的可视化个人画像，使得习题推送和老师一对一教学有的放矢；五是将教育领域碎片化多源异构数据进行处理，形成标准化的关联数据集，为机器学习算法训练提供充要条件。通过以上五点应用，勾勒出基于知识图谱的数字中台形式，最大限度地对教育领域数据进行资源整合，为上层智能化应用提供支撑，改变了“传统教育披上人工智能外衣”的状况，形成数据指导下自适应学习的价值闭环。

13.5 人 机 交 互

13.5.1 人机交互的概念

人机交互（human-computer interaction，HCI），也称人机互动，是人与计算机之间为完成某项任务所进行的信息交换过程，是一门研究系统与用户之间的交互关系的学问。系统可以是各种各样的机器，也可以是计算机化的系统和软件。人机交互界面通常是指用户的可见部分，用户通过人机交互界面与系统交流，并进行操作。人机交互技术是计算机用户界面设计中的重要内容之一，与认知学、人机工程学、心理学等学科领域有密切的联系。人机交互是现代信息技术、人工智能技术研究的热门方向。

目前关于人机交互的定义主要有三种：一是 ACM 的定义，有关交互计算机系统设计、评估、实现以及与之相关现象的学科；二是伯明翰大学教授 AlanDix 的定义，人机交互是研究人、计算机以及他们之间相互作用方式的学科，学习人机交互的目的是使计算机技术更好地为人类服务；三是宾夕法尼亚州立大学 Carroll 的定义，人机交互指的是有关可用性的学习和实践，是关于理解和构建用户乐于使用的软件和技术，并能在使用时发现产品有效性的学科。

13.5.2 人机交互的发展

人机交互技术的发展是一个从人适应计算机到计算机不断地适应人的发展历程。交互的信息由精确的输入输出信息，逐渐变成非精确的输入输出信息。交互方式也从早期的由设计者进行手工作业，逐渐转变为由计算机程序员可采用批处理作业语言或交互命令语言的方式和计算机交互，进一步到由普通用户使用图形用户界面（graphical user interface，GUI）进行交互，以及如今的网络用户界面。近年来，人机界面的发展越来越强调交互的自然性，即用户的交互行为与其生理和认知的习惯相吻合，随之出现的主要的交互界面形式为触摸交互界面和三维交互界面。

1. 命令行界面

基于命令行界面（command-line interface，CLI），用户使用键盘按照一定的规则输入字符，以形成可供机器识别的命令和参数，并触发计算机进行执行。其优点是由于键盘输入相对较高的准确率，以及几乎不需要冗余的操作，所以熟练的用户可以达到非常高的交互效率，同时，通过规则的设计，命令行界面也能支持丰富灵活的指令形式。命令行界面的缺点在于交互非常不直观，由于机器命令与自然语言的构造规则往往相去甚远，所以用户需要记忆大量的指令，有时甚至需要具备计算机领域的专业知识和技能，才能达到较高的使用效率。这对于新手用户而言显著提升了学习成本，也显著影响了普通用户使用命令行界面时的体验。

2. 图形用户界面

图形用户界面一般包括窗口（window）、图标（icon）、菜单（menu）和指针（pointer）这四类主要的交互元素（WIMP）。用户通过控制指针来对窗口、图标和菜单等显示元素进行指点（pointing）操作，从而完成交互任务。广义的图形用户界面泛指一切用图形表征程序命令和数据的界面系统，但在狭义上，图形用户界面一般指个人计算机（person computer，PC）上的二维 WIMP 界面。此时，用户与界面交互的设备一般是键盘和鼠标。

图形用户界面的一大优势是摆脱了抽象的命令，通过利用人们与物理世界交互的经验来与计算机交互，从而显著降低了用户的学习和认知成本。然而，由于图形用户界面的基本操作是指点，即用户需要使用指针来选择交互目标，因此其往往对用户指点操作的精度有较高的要求。此外，由于鼠标设备所在的控制域（motor space）与界面显现的显示域（visual space）是分离的，因此用户需要对目标进行间接的交互操作（indirect manipulation），从而进一步增加了交互的难度。

3. 触摸交互界面

触摸交互界面一般包括页面（page）、控件（widget）、图标（icon）和手势（gesture）这四类主要的交互元素。用户通过触摸、长按、拖拽等方式直接操控手指接触的目标，或者通过绘制手势的方式触发交互指令。目前，触摸交互界面主要存在于智能手机和可穿戴设备（如智能手表）等设备上。触摸交互界面的优势是充分利用了人们触摸物理世界中物体的经验，将间接的交互操作转化为直接的交互操作（direct manipulation），从而在保留了一部分触觉反馈的同时，进一步降低了用户的学习和认知成本。然而，触摸操作受困于著名的“胖手指问题”，即由于手指本身的柔软，以及手指点击时对于屏幕显示内容的遮挡，在触屏上点击时往往难以精确地控制落点的位置，输入信号的粒度远低于交互元素的响应粒度。同时，由于触摸交互界面的形态仍然为二维界面，所以这限制了一些与三维交互元素的交互操作。

4. 三维交互界面

用户一般通过身体（如手部或身体关节）做出一些动作（如空中的指点行为，或者肢体的运动轨迹等），以与三维空间中的界面元素进行交互，计算机通过捕捉用户的动作并进行意图推理，以触发对应的交互功能。目前，三维交互界面主要存在于体感交互、虚拟现实、增强现实等交互场景中。三维交互界面的优势是进一步突破了二维交互界面的限制，将交互扩展到三维空间中。因此，用户可以按照与物理世界中相同的交互方式，与虚拟的三维物体进行交互，从而进一步提升交互自然度，降低学习成本。不过，三维交互的挑战在于由于完全缺乏触觉反馈，所以用户动作行为中的噪声相对较大，而且交互动作与身体的自然运动较难区分，因而输入信号的信噪比相对较低，较难进行交互意图的准确推理，限制了交互输入的准确度。此外，相对于图形用户界面和触摸交互界面，其动作交互的幅度一般较大，所以交互的效率也较低，同时更容易让用户感到疲劳。

13.5.3　人机交互的具体应用

随着网络的普及和无线通信技术的发展，人机交互领域面临着巨大的挑战和机遇，传统的图形界面交互已经产生了本质的变化，人们的需求不再局限于界面美学形式的创新，用户更多地希望在使用多媒体终端时，有着更便捷、更符合他们使用习惯，同时又有着比较美观的操作界面。利用人的多种感觉通道和动作通道（如语音、手写、姿势、视线、表情等输入），以并行、非精确的方式与（可见或不可见的）计算机环境进行交互，将人们从传统交互方式的束缚解脱出来，使人们进入自然和谐的人机交互场景。人机交互的具体应用包括多通道交互、情感人机交互、智能用户界面、智能体代理及可穿戴设备等。

1. 多通道交互

多通道交互（multi-modal interaction，MMI）是指使用多种通道与计算机通信的人机交互方式。它既适应了“以人为中心”的自然交互准则，也推动了互联网时代信息产业（包括移动计算、移动通信、网络服务器等）的快速发展。通道（modality）涵盖了用户表达意图、执行动作或感知反馈信息的各种通信方法，如言语、眼神、脸部表情、唇动、手动、手势、头动、肢体姿势、触觉、嗅觉或味觉等。采用这种方式的计算机用户界面称为“多通道用户界面”。目前，人类最常使用的多通道交互技术包括手写识别、笔式交互、语音识别、语音合成、数字墨水、视线跟踪技术、触觉通道的力反馈装置、生物特征识别技术和人脸表情识别技术等。

2. 情感人机交互

情感人机交互是由美国麻省理工学院（Massachusetts Institute of Technology，MIT）的 Minsky 教授（人工智能创始人之一）首先提出的。他在 1985 年的专著《心智社会》（*The Society of Mind*）中指出，问题不在于智能机器能否有任何情感，而在于机器实现智能时怎么能够没有情感。在赋予计算机情感能力并让计算机能够理解和表达情感的研究领域，美国 MIT 媒体实验室 Picard 教授团队于 1997 年在专著《情感计算》（*Affective Computing*）中首次提出情感计算一词，即关于情感、情感产生以及影响情感方面的计算。MIT 对情感计算进行全方位研究，正在开发研究情感机器人，最终有可能人机融合。IBM 公司的“蓝眼计划”，主要研究计算机如何领悟人类的意图。

3. 智能用户界面

智能用户界面（intelligent user interface，IUI）是致力于改善人机交互的高效率、有效性和自然性的人机界面。它通过表达、推理，按照用户模型、领域模型、任务模型、谈话模型和媒体模型来实现人机交互。智能用户界面主要使用人工智能技术去实现人机通信，提高了人机交互的可用性。例如，知识表示技术支持基于模型的用户界面生成，规划生成支持用户界面的对话管理，而语言、手势和图像理解支持多通道输入的分析，用户建模则实现了对自适应交互的支持等。当然，智能用户界面也离不开认知心理学、人机工程学的支持。

4. 智能体代理

智能体代理（Agents）是一个能够感知外界环境并具有自主行为能力的以实现其设计目标的自治系统。智能体系统可以根据用户的喜好和需要配置具有个性化特点的应用程序。基于此技术，可以实现自适应用户系统、用户建模和自适应脑界面。

5. 可穿戴设备

可穿戴（wearable）设备中，手环设备基本只有健康和活动检测功能，智能手表可以算作创新终端，但作为缩小版的手机，由于交互界面的缩小和操作方式的限制（通常是小界面上双手参与操作），其承载功能也较手机缩减很多。VR/AR（虚拟现实/增强现实）的一个理想载体是头戴式设备，近几年，多款智能眼镜产品面世，较之前笨重的头盔轻便了许多，逼真的虚拟场景和准确的现实对象识别信息都可以清晰呈现在眼前，并在特定领域开拓着增强体验的应用；然而，智能眼镜尚缺少与其三维真实显示匹配的、准确的自然输入技术，缺少针对的从眼手绑定在手机上转变到眼手分离的眼镜设备上的交互模式。

本章综合案例

玉龙雪山，从0到1的智慧景区

在节假日背景下，成倍增长的接待量也考验着景区的接待能力，如何在保障游客参观体验的同时带来更加人性化的服务成为旅游从业者的难题。玉龙雪山凭借着早期的智慧景区建设，借助智慧旅游管理功能在为游客提供便捷服务的同时，显著地提高了景区运营效率和降低了景区管理成本，很好地体现了智慧景区建设的重要性。

2020年8月19日，丽江玉龙雪山旅游景区信息中心主任蔡云亮在“游云南”App上向广大旅游从业者展示、分享智慧化旅游景区成果，从票务预约、智能交通系统、AI机器人导游、智慧厕所、智慧森林预警等具体场景出发，通过生动的讲解，让旅游从业者能够更好地了解建设智慧景区的若干细节，从而理解整个智慧景区运行的逻辑，进而有效降低管理成本，吸引更多游客光临。

“扫码就能买票，不用排队，节省时间，真是太方便了！”2月6日下午，来自福建的王先生和妻子通过手机“游云南”App买到了2月7日进山的门票。

2021年春节7天，玉龙雪山景区接待了17.12万人次的游客，巨大的人流车流考验着景区的管理服务能力，而包括手机WiFi信号、本地扫码导览、智慧厕所、智慧停车场、可视监测系统、LED显示屏等在内的“智慧旅游”设施精彩的表现，给春节假日期间玉龙雪山旅游的服务管理工作添上了浓墨重彩的一笔。

智能入园、AI识物、投诉、线下包装与本地扫码导览、智慧厕所、智慧停车场……，走进玉龙雪山风景区，一个又一个的信息化成果成功应用，让人应接不暇，置身其间，仿佛进入了数字世界。在玉龙雪山景区指挥中心大屏幕上，景区客流量、车流量、天气变化等数据一目了然。据蔡云亮介绍，早在2007年，玉龙雪山景区就建成了管理指挥调度中心，对当日天气、进山人数、景区环境等情况进行实时监测，为高峰日客流调控、截流分流指挥调度提供决策依据，在维护旅游秩序、确保安全度峰方面发挥了重要作用。另外，通过视频监控还可以获取图像，对所有进入景区的车辆进行识别，分析掌握客源地变化情况，从而实现精准营销，为景区管理部门实施道路交通调控疏导、车辆截流分流、停车安排等提供数据支撑。值得一提的是，游客通过扫码进入景区智能导览系统，可以体验自动定位、手绘地图导览、景点评论等多种功能，还可以自动接收景点语音解说，实现“移步换景”式的自助导览语音讲解，为游客带来个性化的旅途体验。

玉龙雪山景区智慧化工程已建设40个系统，分为数据中心、事务中心和指挥中心“三中心”，管理、服务、交通、营销、生态“五体系”，组成了覆盖全山的信息化网络。包括协同办公、移动通信数据分析、无人机巡逻、门票售检一体化系统、3S系统、智慧交通体系、新能源汽车充电服务、森林防火远程视频监测系统、应用终端提升、AI机器人旅游导览、自助医护站、公安智能感知系统等内容。云南省文化和旅游厅积极推进玉龙雪山智慧景区建设的行动，展现了全国智慧城市建设中的云南作为，成为全国智慧城市建设中可供学习及借鉴的优秀案例。

案例讨论分析问题

1. 玉龙雪山的景区建设是如何实现“智慧”的？
2. 玉龙雪山智慧景区的建设给了你怎样的启示？
3. 试分析如何利用人工智能技术助力新质生产力培育？

本章复习题

1. 请阐述人工智能的概念。请阐述人工智能的关键技术有哪些？
2. 请举例说明人工智能在生活中的具体应用。
3. 人工智能背景下信息分析有什么特点？
4. 机器学习的类型都有什么？请介绍不同机器学习类型的流程。
5. 机器学习的主要算法都有什么？

第 14 章　虚拟现实与增强现实

【学习目标】

■ 掌握虚拟现实与增强现实的概念及发展过程
■ 理解虚拟现实与增强现实的应用场景
■ 能够从中外虚拟现实案例中了解虚拟现实的应用现状

【思政目标】

■ 培养学生热爱科技和拥抱科技
■ 培养学生运用虚拟现实和增强现实技术解决国家现实问题的使命感和责任感

14.1　虚拟现实的概念及发展过程

14.1.1　虚拟现实的概念

虚拟现实（virtual reality，VR）是以计算机技术为核心，结合相关科学技术，生成一种逼真的、可交互的虚拟环境。基于用户关于视觉、听觉、嗅觉、味觉、触觉等感官的模拟沉浸的技术，用户借助必要的装备与数字化环境中的对象进行交互作用、相互影响，可以产生亲临对应的真实环境的感受和体验。广义的虚拟现实还包括增强现实、混合现实。增强现实是将计算机生成的数字化对象叠加在视频图像或现实环境之上，向用户呈现出一种虚实结合的新环境；混合现实和增强现实类似，只是前者中的计算机生成对象与现实环境对象可区分，而后者难以区分。现在一般使用狭义的虚拟现实概念，即完全由计算机生成的虚拟对象和环境。

虚拟现实是计算机生成的给人多种感官刺激的虚拟世界（环境），是一种高级的人机交互系统。在此定义中强调了以下两点。一是计算机生成的虚拟现实系统是一个能给人提供视觉、听觉、触觉、嗅觉以及味觉等多种感官刺激的世界，即虚拟现实系统不能只由一种感官刺激构成。根据目前的技术水平，虚拟现实通常由视觉、听觉和触觉 3 种感官刺激构成。二是虚拟现实系统实质上是一种人机交互系统，且是一种高级的人机交互系统，强调多通道信息的交互操作过程，对沉浸式系统要求采用自然方式进行交互；对于非沉浸式系统可以使用交互设备进行操作。这里强调人在虚拟环境中的真实体验，因此人机交互是虚拟现实技术的核心。

虚拟现实是人类在探索自然、认识自然过程中创造产生，逐步形成的一种用于认识自然、模拟自然，进而更好地适应和利用自然的科学方法和科学技术。虚拟现实核心技术包含近眼显示技术、感知交互技术、渲染处理技术、内容制作技术等，具有多感知性、沉浸性、交互性等特征。根据沉浸式体验分类，虚拟现实技术可以分为非交互式体验、人-虚拟环境交互式体验和群体-虚拟环境交互式体验等。根据展现及操作方式的不同，虚拟现实技术可以分为桌面式虚拟现实、沉浸式虚拟现实、增强式虚拟现实以及分布式虚拟现实。

14.1.2 虚拟现实的特征

虚拟现实技术具有三个特征，即沉浸感（immersion）、交互性（interactivity）和想象性（imagination）。

1. *沉浸感*

沉浸感是指用户感受到被虚拟世界所包围，好像完全置身于虚拟世界之中一样。VR 技术最主要的技术特征是让用户觉得自己是计算机系统所创建的虚拟世界中的一部分，使用户由观察者变成参与者，沉浸其中并参与虚拟世界的活动。理想的虚拟世界应该达到用户难辨真假的程度，甚至超越真实，实现比现实更逼真的照明和声效。除了一般计算机所具有的视觉感知外，还有听觉感知、力觉感知、触觉感知、运动感知。理想的虚拟现实就是应该具有人所具有的全部感知功能，但鉴于目前技术的局限性，较为成熟的交互技术包括视觉沉浸、听觉沉浸及触觉沉浸技术。

视觉沉浸指 VR 系统向用户提供的是虚拟世界真实的、直观的三维立体视图，并直接接受用户的交互控制。听觉沉浸是 VR 系统中除视觉以外的重要感觉通道，提供给用户三维空间中的虚拟声效，与普通立体声效不同，三维声效提供的声效可使听者感觉到声音来自围绕双耳的球形空间的任何位置。触觉沉浸指虚拟世界中，人们借助交互设备，实现的抓、握等操作感觉。触觉沉浸侧重于交互设备提供的力反馈交互过程来模拟用户与真实物体碰触的感觉。

2. *交互性*

交互性是指用户使用专门设备对虚拟环境内的物体的可操作程度和从环境得到反馈的自然程度（包括实时性）。交互性的产生主要依赖于 VR 系统中的特殊硬件设备（包括数据手套、力反馈装置等），使用户通过自然的方式，产生如同在真实世界的感觉。例如，用户可以用手直接抓取虚拟环境中的物体，这时手有触摸感，并可以感觉物体的质量，场景中被抓的物体也立刻随着手的移动而移动。

虚拟现实系统主要强调人与虚拟现实之间进行的自然交互，包括人的走动、头的转动、手的移动等。这与传统的多媒体交互方式有较大的区别，在传统的多媒体技术中，人机之间的交互工具主要是键盘与鼠标，通过键盘与鼠标进行一维、二维的交互。而在 VR 系统中，人们甚至可以意识不到计算机的存在。交互性的另一个方面主要表现了交互的实时性。例如，头转动时能立即在所显示的场景中产生相应的变化，并且能得到相应的其他反馈；用手移动虚拟世界中的一个物体，物体位置会立即发生相应的变化。

3. 想象性

想象性是指用户借助 VR 技术，沉浸在多维信息空间中，依靠自己的感知和认知能力，全方位地获取知识，发挥主观能动性，寻求答案，找到新的解决问题的方法和手段。虚拟现实系统的应用，为人类认识世界提供了一种全新的方法和手段，可以使人类突破时间与空间的限制，去经历和体验世界上早已发生或尚未发生的事件，可以使人类进入宏观或微观世界进行研究和探索，也可以完成那些因为某些条件限制难以完成的事情。

采用虚拟现实系统制作的虚拟现实作品反映的是设计者的思想，所以有些学者称虚拟现实系统为人们心灵的放大镜。虚拟现实的想象性强调人的主导作用，强调用户从观测到沉浸、单维交互到多维交互、启发性认知到创新性认知的过程转化。虚拟现实技术的根本目的是使人们不仅可以在多维信息空间进行仿真体验，更强调帮助人们获取知识和形成新概念的过程。

14.1.3　虚拟现实的发展过程

1. 基础阶段

1960 年以前是虚拟现实技术的基础阶段。许多方法（甚至在今天的虚拟现实中使用的方法）在虚拟现实技术出现之前已经得到了完善。我们首次通过绘画（史前）、透视（文艺复兴）、全景展示（18 世纪）、立体视觉和电影（19 世纪）以及第二次世界大战期间英国飞行员的训练飞行模拟器来展现现实。最后，Heilig 从 1956 年开始在称为 Sensorama 的仿真模拟器以及 1969 年他的 Experience Theater（所有大屏幕动态影院的前身）中使用多模态反馈，让我们有了沉浸感的概念，这是虚拟现实的核心。Sensorama 仿真模拟器被誉为 VR 的原型机。其对现实的感知来自给观看者提供更广范围能够感知到的信息。这些信息和图像（气味、风、直接的振动变化）完美地同步，所有的控制信息都在电影的一个片段里。传感器依据电影场景全自动运行。

2. 起步阶段

1960～1980 年是虚拟现实技术的起步阶段。计算机科学的出现使所有基础元件得以发展，从而导致虚拟现实的出现。即使在今天，合成图像中用于表示虚拟环境的组件仍然是 3D 对象的建模和操作、算法使用（最重要的是 Z-buffer 算法）以及光和照明模型的处理。用于交互系统的组件，包括 Sketchpad——第一个头戴式显示器（head mouted display，HMD）、GROPE 系统——第一个利用力反馈的项目（由 Brooks 于 1971 年在北卡罗来纳大学启动），构成了触觉反馈的基础。在应用方面，飞行模拟器相关的开发进展迅速，例如，由美国空军执行的 VITAL 和 VASS 项目。美国国家航空航天局（National Aeronautics and Space Administration，NASA）Ames 研究中心研制成功了具有近期虚拟现实系统雏形的 VIVED（virtual visual environment display）系统，并利用这一设备评估了在未来航天器上应用黑白 HMD 的可行性。

3. 技术发展阶段

1980～2000 年是虚拟现实技术的发展阶段。这一阶段的特点是专门针对 3D 交互技术发展。1986 年，Fisher 提出了空间化声音复原。美国人 Lanier 和法国人 Grimaud 创建了 VPL Research 公司，该公司利用数据手套和自己设计的视听设备，销售了首批虚拟现实应用程序。由于计算机设备的进步，Brooks 的 GROPE 系统开始运行，其中包括操纵接近 1500 个原子的分子模型。

这一阶段虚拟现实技术也开展了大量应用实验。材料和软件解决方案的集成使实现可信和可操作的实验性应用成为可能。电子游戏行业是专门采纳开发 VR 设备来提供创新解决方案的行业之一：Virtuality、SegaVR、VirtualBoy 和 VFXAHeadgear 等一系列产品在 20 年后仍然影响着当今的解决方案。交通行业（汽车、航空、航天、海事）使用虚拟现实来设计车辆。在这一时期，医疗行业也进行了一些 VR 的实验。在华盛顿大学 Harborview 烧伤中心，Hoffman 和他的同事使用 VR 减少遭受严重烧伤的患者的疼痛；Cotin 等提出了一个将力反馈应用于肝脏手术中的完整仿真系统。能源领域，特别是石油工业，也很早就认识到使用虚拟现实技术的投资价值和可能带来的投资回报。

4. 工业成熟阶段

在专注于产品设计之后，VR 的应用逐渐向维护和培训发展，以及使用模拟来控制工业过程（如从指挥室监视工厂）。可以看到越来越多的应用程序使用 VR，以便更好地理解真实环境。以石油行业为例，研究底土能优化钻井的位置。甚至是在金融界，可视化地研究共享收益和增长曲线组成的空间，能更好地决定采取什么行动（买入、卖出）。在产品设计中以及项目评审期间，也能更好地理解、更好地决策，这减少甚至消除了对物理模型的需求。在设备方面，这 10 年间学术界和（大型）公司在安装沉浸式空间（CAVE）方面取得了重大进展。用户还可以很容易地找到捕获、定位和定向设备，如力反馈臂（触觉反馈）。

最后，这一时期 VR 应用程序的发展出现了非常显著的变化：除了该领域先驱者采用的以技术为中心的设计方法之外，还出现了一种以人为中心的设计方法。这种变化是两个因素同时发生的结果。一是随着虚拟现实技术的日益普及，社会科学领域的研究人员，主要是认知科学领域的研究人员开始研究这一新范式，这开辟了未知的领域。二是应用程序开发人员注意到某些用途被拒绝以及某些用户体验到的不适，开始寻找不只是纯技术的解决方案。从研究人员获得的知识和结果与开发人员的需求融合中，产生了一种考虑到人的因素的、关于应用程序的新思维方式，这种方法今天仍在使用。

5. 大众普及阶段

2010 年以后是虚拟现实技术的大众普及时期。最后一个时期的特点是新设备的大量出现，其费用比以前的设备低得多，同时提供了高水平的性能。这种反弹主要是由于智能手机和视频游戏的发展。尽管头戴式显示器在媒体上的曝光率最高（如 Oculus Rift、HTC Vive），但新的动作捕捉系统也出现了。与这种新设备相对应的是，新的软件环境也建立起来了，它们通常来自视频游戏（如 Unity 3D）。这使得来自上述中小企业的新开发人员能够独立开发他们的解决方案。很明显，这只是 VR-AR 向公众开放的开始。2016 年后这些技术的大规模使用出现爆炸式增长。

微软在 2016 年和 2019 年分别推出混合现实头显 Hololens 和 Hololens2，通过 3D 摄像头、深度传感器、陀螺仪以及麦克风等传感器的组合，完成对环境和使用者行为的捕捉，Hololens2 更是加入了眼球跟踪能力，可以精确地感知使用者在注视什么位置，实现更自然便捷的互动。2020 年，Meta（前身为 Facebook）推出 VR 一体机 Oculus Quest 2，是首款搭载高通骁龙 XR2 平台的 VR 设备，号称能提供目前最先进、最具沉浸感的 VR 游戏体验。Oculus Quest 2 在 2021 年的销量已经超过 1000 万台，远远超越其他 VR 设备，成为当下最受欢迎的 VR 头显之一。Oculus Quest 2 的销量破千万，意味着在元宇宙的战略下，Meta 已经有了基础的 VR 用户数目，加上原本 Facebook 社交平台已有的 29 亿月活跃用户数目，Meta 元宇宙最根本的用户已经被开发出来。扎克伯格认为，元宇宙的核心是互联网体验的升级，所以 VR 设备及其生态特性是关键。

14.2　虚拟现实中的数据手套

14.2.1　数据手套的概念

手是我们与外界进行物理接触及意识表达的最主要媒介，在人机交互设备中也是如此，基于手的自然交互形式最为常见，相应的数字化设备很多，在这类产品中最为常见的就是数据手套。数据手套是指通过在手套内置传感器，采集手部运动数据的硬件设备，通常用于模拟仿真、虚拟现实交互、动画制作等领域。到现在，数据手套是一种被广泛使用的传感设备。

数据手套是一种戴在用户手上的虚拟设备，用于与 VR 系统进行交互，通过手指上的弯曲、扭曲传感器和手掌上的弯度、弧度传感器，确定手及关节的位置和方向，在虚拟世界中进行物体抓取、移动、装配、操纵、控制，并把手指伸屈时的各种姿势转换成数字信号送给计算机。计算机通过应用程序来识别出用户的手在虚拟世界中操作时的姿势，执行相应的操作。在实际应用中，数据手套还必须配有空间位置跟踪定位设备，检测手的实际位置和方向。

14.2.2　数据手套的分类

最早的数据手套是由 VPL 公司于 1987 年开发的，称为 DataGlove。现在比较著名的数据手套产品有 CyberGlove 数据手套、5DT 数据手套、Pinch 数据手套、Didjiglove 数据手套等，它们都使用传感器测量某些（或全部）手指关节的角度。有些产品还内置了跟踪器，以测量用户的手腕运动。现在市面上主流的数据手套从传感器技术角度主要分为惯性、光纤以及光学三大类。

纯光学的数据手套一般在手套关节上布置红外反光小球，通过外置的多个红外摄像头拍摄捕捉进行定位，该类数据手套常与光学全身动捕系统配套使用，但是由于手部动作容易被遮挡且手指上红外定位点过小更容易丢失，所以对相机的分辨率要求较高，成本也同样较高。

光纤数据手套采用光纤传感器，精度较高且稳定性和数据可重复性也不错，一般用于科研用途少量采购。如 CyberGlove、5DT 等，常出现于各类科研论文中。另外光纤传感器在手指上的布置更加复杂，每只手需要 18 个甚至 22 个光纤传感器横向/纵向交叉分布，这也增加了其进行校准的难度。由于用户的手形差距，如果不进行严格的校准，其表现出来的实际效果和理想效果会有很大差距。

惯性数据手套的优点是成本低，没有遮挡问题，使用前不需要搭建室内定位场地，基本可以做到开箱即用。惯性传感器所广为诟病的缺点就是其漂移（drifting）问题，但实际上在地磁传感器的加入以及合适的滤波算法优化下是可以做到零漂移的，只是由于地磁传感器容易被环境中其他硬磁/软磁物体干扰，导致数据偏差。需要注意的是，人手部关节虽然多，但是都是满足一定的人体运动动力学的规律，关节之间有一定约束的，所以根据这些约束条件对传感器数据进行优化会得到更准确的数据。下面介绍 DataGlove、CyberGlove、5DT 三款经典的数据手套。

1. DataGlove 数据手套

至今应用最多的数据手套是 VPL 公司的 DataGlove，它也是第一个推向市场的数据手套。DataGlove 使用光纤作为传感器，用于测量手指关节的弯曲和外展角度，光纤安装在轻便且有弹性的莱卡手套上。采用光纤作为传感器是因为光纤较轻便、结构紧凑，可方便地安装在手套上，并且用户戴上手套感到很舒适。DataGlove 还使用位置传感设备用于三维空间中手掌的位置检测。

DataGlove 的手指的每个被测关节上都有一个光纤环。光纤经过塑料附件安装，使之随着手指的弯曲而弯曲。光纤环的一端与光电子接口的一个红外发射二极管相接，作为光源端；另一端与一个红外接收二极管相接，检测经过光纤环返回的光强度。当手指伸直（光纤是直的）时，因为圆柱壁的折射率小于中心材料的折射率，传输的光线没有被衰减；当手指弯曲（光纤呈弯曲状态）时，光纤壁改变其折射率，在手指关节弯曲处光会逸出光纤，光的逸出量与手指关节的弯曲程度成比例，这样测量返回光的强度就可以间接测出手指关节的弯曲角度。

为了适应不同用户手的大小，DataGlove 有 3 种尺寸。由于用户手形的不同，手套戴在手指上松紧程度不一样。为了能让通过测量得到的光强数据计算出的关节弯曲程度更为准确，每次使用数据手套时，都必须进行校正。所谓手套校正就是把原始的传感器读数变成手指关节角的过程。

2. CyberGlove 数据手套

CyberGlove 数据手套是为把手语翻译成英语所设计的，它也使用线性传感器，可以解决 DataGlove 数据手套固有的传感器问题。1992 年底，VPL 公司倒闭，CyberGlove 数据手套取代了 DataGlove 数据手套。CyberGlove 数据手套把很薄的应变电测量片放在弹性的尼龙合成材料上，手掌区（和某些模型的指尖）不覆盖这种材料，以便透气，并允许通常的活动，如打字和写字等。这样一来，手套就很轻并容易戴。

CyberGlove 数据手套上织有多个由两片应变电阻片组成的传感器，它在工作时检测成对的应变片电阻变化。当手指弯曲时一片受到挤压，另一片受到拉伸，使两个电阻片的电阻分别发生变化，通过电桥换算出相应的电压变化。再把此数据量送入计算机中处理，从而检测到各手指的弯曲状态。

数据手套使用时，连续使用是十分重要的，很多的数据手套都存在着易于外滑，需要经常校正的问题，因而比较麻烦，而 CyberGlove 数据手套的输出仅依赖于手指关节的角度，而与关节的突出无关。传感器的输出与关节的位置无关，因此每次戴手套时，校正的数据不变。传感器的输出与弯曲角度呈线性关系，因此对关节弯曲极点分辨力也不会下降。由于 CyberGlove 数据手套使用了大量的传感器，具有良好的编程支持，并且可以扩展成更加复杂的触觉手套，目前它已成为高性能手部测量仪器事实上的标准。

3. 5DT 数据手套

“5DT Dataglove Ultra”是 5DT 公司为现代动作捕捉和动画制作领域的专业人士专门设计的一款数据手套产品，可满足最为苛刻的工作要求。该产品具有佩戴舒适、简单易用、波形系数小以及驱动程序完备等特点。超高的数据质量、较低的交叉关联以及高数据频率使该产品成为制作逼真实时动画的理想工具。

5DT 数据手套使用的传感器与早期的 VPL 公司的 DataGlove 数据手套中集成的传感器非常类似。每个手指都固定有光纤回路，允许由于手指弯曲而产生微小的平移。5DT 数据手套的 16 个选项中还为小关节以及外展和内收提供了传感器。在 5DT 数据手套最简单的配置中，每个手指都配有一个传感器，另外还有一个倾斜传感器用于测量手腕的方向。随着电子技术和小型化技术的进步，接口电路放置在用户腕部的一个小盒中。

此外，5DT 数据手套也可以采用无线连接，能达到 20m 的无线通信距离，显著增强了用户的工作范围。无线接收器每秒可获得 100 个采样值（来自手指和倾斜传感器的数据）然后发送给主计算机，计算机处理后得到手的动作。为了使无线通信不互相干扰，左手和右手使用不同的频率。手套为可伸缩的合成弹力纤维制造，可以适合大小不同的手掌。

14.2.3 数据手套的应用场景

1. 影视制作与动作捕捉

数据手套广泛应用于影视工业上，主要用于对手部精细动画的生成，提高动画师工作效率，数据手套可以轻松与各种主流光学全身动作捕捉系统进行对接，提供专业的动作捕捉支持。

2. 虚拟现实与人机交互

数据手套提供虚拟现实交互解决方案，可以在虚拟现实场景下，高精度低延迟地渲染出手部 3D 的动作，提供主流游戏引擎（Unity 3D 以及 UE4）的支持，并开源提供示例 demo 交互场景，让开发者更容易上手进行二次开发。

3. 工业仿真与机器人

利用数据手套，可以开发出工业模拟仿真的高复杂度系统，将原本高成本、高风险、高环境要求的工业培训置于低成本、安全可控的虚拟场景之中。除了应用于教学和培训，数据手套还可以用来进行一些机器人/无人机科研项目的研发，例如，可以通过捕捉人手数据实现机械手的遥操作等功能。

4. 医疗康复与仿真

数据手套可以用于一些医疗操作中数据的采集和分析，也可以用于患者手部的康复程度评估。例如，可以将康复过程中患者的手指、手臂的动作状态以三维模型的方式实时呈现，在康复训练的同时收集数据，可以帮助医师对康复效果进行评估，并定制下一步康复方案。

5. 虚拟偶像直播

数据手套可以与全身动捕系统结合，用于驱动虚拟偶像全身骨骼运动，可以将真人表演者的肢体动作、手部动作以及面部表情等一一精准低延迟地还原展现在虚拟主播上，并通过直播的形式实时推送到用户端设备上。

14.3　虚拟现实技术的应用场景

《中华人民共和国国民经济和社会发展第十四个五年规划和 2035 年远景目标纲要（草案）》针对“加快数字化发展　建设数字中国”给出了明确的战略方向以及布局，其中，虚拟现实（含增强现实、混合现实）是新一代信息技术的重要前沿方向，是数字经济的重大前瞻领域，将深刻改变人类的生产生活方式。虚拟现实技术广泛应用于军事演练、虚拟医学手术训练、远程会诊、手术规划及导航、工业产品论证设计、装配、数字博物馆/科学馆、大型活动开闭幕式彩排仿真、沉浸式互动游戏等方面。虚拟现实技术的应用场景主要在制造领域、教育领域、文化领域、医疗领域及商贸领域等。

1. 制造领域

虚拟现实技术赋能产品研发、装配、维修等环节，显著提升仿真设计、制造测试、运营维护可视化程度，实现工业制造全流程智能化和一体化。以产品相关数据为基础，在虚拟环境中，对生产过程进行仿真、评估和优化，并进一步扩展到整个产品的生命周期。力主解决产品设计和产品制造之间的“鸿沟”。参与到产品生命周期中的设计、制造、装配、物流等各个阶段。降低设计到生产制造之间的不确定性。在虚拟环境下将生产制造过程所用的时间进行压缩，并得以在早期就实施评估与检验，从而缩短产品设计到生产的转化时间，并且提高产品的可靠性与成品率。同时基于 5G + 云 XR 技术的远程协作解决方案受到更多企业关注和使用，借助远程协作系统工作人员可进行“面对面”的远程指导服务，解决难以亲临现场的问题。

2. 教育领域

目前 VR 技术已经逐渐应用于中小学课程、高校课程和职业培训等教培领域，通过游戏化、情景化等多种手段，打造沉浸性和交互性的学习体验，激发学生学习兴趣。在虚拟环境中，创造“实操”机会，让学生在自然逼真的环境下直接参与互动，使书本知识生动形象，操作技能得心应手，摆脱传统的教学模式。

将 VR 技术应用于教育领域有很多优势，包括消除培训风险、模拟使用稀有或烦琐且价格昂贵的材料、模拟创建复杂的实际情况、降低成本、能够控制学习环境/情境等。同时虚拟现实环境可以实现远程协同操作，使协作小组通过网络实现实时交互。虚拟现实环境还可以逼真地再现现实生活元素，模拟系统的反应和它所代表的真实系统一样，甚至模拟的情景要比真实情景灵活和丰富（例如，具有更好的修改情景的能力、对罕见情况的模拟、控制特定参数的能力、情景的可重用性和适应性、行为的可逆性以及监控学习者的能力）。

3. 文化领域

虚拟现实在文化领域的应用主要包括通过数字手段对传统影视作品进行艺术加工，使观众能够身临其境，甚至与作品中的人物进行互动。此外，还可作为一种新型工具来进行艺术创作。作为传输显示信息媒体和新型设计工具，虚拟现实可以将艺术动态化，将创作者构思变成看得见的虚拟物体和环境，并大幅提高表现能力，使观众更加深切地感受到作品魅力。VR 技术在文博领域也得到了广泛的应用，它让博物馆摆脱了实体场馆的限制，增强了文物展示，也扩展了观众的体验维度；在文旅行业，VR 引导场景游览、增强内容呈现，创新数字文旅体验模式。

4. 医疗领域

虚拟现实、增强现实、混合现实等技术在医学成像、外科手术、临床治疗、远程医疗、医学/健康教育等方面彰显价值，并进一步推动精准医疗。让医生能够更形象、直观地了解患者情况，并快速发现问题，得以更好地确定治疗解决方案。虚拟现实技术在医疗健康领域的应用主要包括学习培训、手术模拟、精神康复治疗等方面。通过提供真实环境和实时触觉反馈，虚拟现实技术可以帮助医生提高手术的熟练度和成功率，制订有效的康复训练计划帮助患者实现术后康复。

5. 商贸领域

传统电商平台对商品信息表达有限，看得见却摸不着，这是电商平台与实体店之间最明显的差距。而借助 VR 技术，未来的电商平台不仅可以呈现商品真实外形，还可以实现部分交互。这是 VR 技术对传统电商的价值所在，它可以从某种程度上改变看得见摸不着的尴尬。虚拟现实技术在增加顾客对在线商品的感知度、提升在线商品信息的准确性以及在线产品虚拟制造和展示这三方面应用前景广阔。通过沉浸式的体验，消费者可以虚拟体验任何一款服装或其他消费产品，商家也可以收集用户数据对产品进行针对性设计，增加产品或服务的吸引力，探索新型商业推广模式。

14.4 增 强 现 实

14.4.1 增强现实的概念

增强现实是一种实时地计算摄影机影像的位置及角度并加上相应图像的技术，这种技术的目的是在屏幕上把虚拟世界合成到现实世界并进行互动。通俗地讲，增强现实就是把计算机产生的虚拟信息实时准确地叠加到真实世界中，将真实环境与虚拟对象结合起来，构造出一种虚实结合的虚拟空间。增强现实技术可以让用户看到一个添加了虚拟物体的真实世界，不仅可以展现真实世界的信息，而且将虚拟的信息同时显示出来，两种信息相互补充、叠加。因此，增强现实介于完全虚拟和完全真实之间，是一种混合现实。

增强现实作为现实环境和虚拟环境沟通的纽带，既可以对虚拟环境进行补充，又增强了现实环境的信息。增强虚拟靠近虚拟环境一端，是指在虚拟三维场景中叠加现实场景信息，以增强计算机对于环境的认知能力，以虚拟场景为主，现实场景作为补充；增强现实靠近现实环境一端，是指在真实场景中叠加计算机建模的虚拟场景信息，以增强人对所处环境的认知能力，这里以现实环境为主，虚拟信息为辅。

增强现实技术是在虚拟现实技术基础上发展起来的一个比较新的研究领域。早在 20 世纪 60 年代，就已经有学者提出了增强现实的基本形式。增强现实利用计算机产生的附加信息来对使用者看到的现实世界场景进行增强，它不会将使用者与周围环境隔离开，而是将计算机生成的虚拟物体和场景叠加到真实场景中，从而实现对现实的增强，使用者看到的是虚拟物体和真实世界的共存。增强现实技术是人机交互技术发展的全新方向，是将虚拟和现实结合的体现，具有三维注册和实时交互的特性。

14.4.2 增强现实的特征

增强现实主要具有虚实结合、实时交互及三维注册三个特征。

1. 虚实结合

增强现实技术是在现实环境中加入虚拟对象，可以把计算机产生的虚拟对象与用户所处的真实环境完全融合，从而实现对现实世界的增强，使用户体验到虚拟和现实融合带来的视觉冲击。其目标就是使用户感受到虚拟物体呈现的时空与真实世界是一致的，做到虚中有实，实中有虚。这里“虚实结合”中的“虚”是指用于增强的信息。它可以是在融合后的场景中与真实环境共存的虚拟对象，也可以是真实物体的非几何信息，如标注信息和提示等。增强现实技术增强了现实世界中相关的补充信息。

2. 实时交互

实时交互是指实现用户与真实世界中的虚拟信息间的自然交互。增强现实中的虚拟元素可以通过计算机的控制，实现与真实场景的互动融合。虚拟对象可以随着真实场景的物理属性变化而变化，增强的信息不是独立出来的，而是与用户当前的状态融为一体。同时，实时交互是用户与虚拟元素的实时互动。也就是说，无论用户身处何地，增强现实都能够迅速识别现实世界的事物，然后在设备中进行合成，并通过传感技术将可视化的信息反馈给用户。

实时交互要求用户能在真实环境中借助交互工具与“增强信息”进行互动。AR 在家装方面的应用是典型的实时交互案例。对于大件家具，消费者想要试用几乎是不可能的，但是利用 AR 技术将家具“摆放”到家里，观察其大小以及颜色是否合适，然后决定是否购买，这是增强现实技术在家装方面的实用性。当然，这里摆放的不是真正的家具，而是 AR 呈现出来的虚拟物品，用户通过显示屏幕旋转角度，可以看清虚拟物品全貌。用户还可以调整家具的不同属性，如颜色和款式，实时显示在客厅内。这充分体现了实时交互以及虚实结合的特点。

3. 三维注册

三维注册的原理是根据用户在真实三维空间中的时空关系，实时创建和调整计算机生成的增强信息。信息的精准性则取决于传感器在真实世界获取的信息，其借助三维注册技术实时显示在终端正确的位置上，从而增强用户的视觉感受。简单地讲，增强现实的三维注册就是根据真实场景实时生成增强信息，然后将增强后的信息显示在终端。增强现实不仅包括对用户视觉上的增强，还包括对听觉、嗅觉、触觉等全方位感官上的增强。

14.4.3 增强现实与虚拟现实的联系与区别

1. 增强现实与虚拟现实的联系

增强现实是由虚拟现实发展起来的，两者联系非常密切，均涉及了计算机视觉、图形学、图像处理、多传感器技术、显示技术、人机交互技术等领域。两者有很多相似点，具体如下。

1）两者都需要计算机生成相应的虚拟信息

虚拟现实看到的场景和人物全是虚拟的，是把人的意识带入一个虚拟的世界，使其完全沉浸在虚构的数字环境中。增强现实看到的场景和人物一部分是虚拟的，一部分是真实的，是把虚拟的信息带入现实世界中。因此，两者都需要计算机生成相应的虚拟信息。

2）两者都需要用户使用显示设备

VR 和 AR 都需要使用者使用头戴显示器或者类似的显示设备，才能将计算机产生的虚拟信息呈现在使用者眼前。

3）使用者都需要与虚拟信息进行实时交互

无论 VR 还是 AR，使用者都需要通过相应设备与计算机产生的虚拟信息进行实时交互。

2. 增强现实与虚拟现实的区别

尽管 AR 与 VR 具有不可分割的联系，但是两者之间的区别也显而易见，主要体现在以下 4 个方面。

1）对于沉浸感的要求不同

VR 系统强调用户在虚拟环境中的完全沉浸，强调将用户的感官与现实世界隔离，由此而沉浸在一个完全由计算机构建的虚拟环境中。通常采用的显示设备是沉浸式头盔显示器。与 VR 不同，AR 系统不仅不与现实环境隔离，而且强调用户在现实世界的存在性，致力于将计算机产生的虚拟环境与真实环境融为一体，从而增强用户对真实环境的理解。其通常采用透视式头盔显示器。

2）对于“注册”的意义和精度要求不同

在 VR 系统中，注册是指呈现给用户的虚拟环境与用户的各种感官匹配，主要是消除以视觉为主的多感知方式与用户本身感觉之间的冲突。而在 AR 系统中，注册主要是指将计算机产生的虚拟物体与真实环境合理对准，并要求用户在真实环境的运动过程中维持正确的虚实对准关系。较大的误差不仅使用户不能从感官上相信虚拟物体与真实环境融合为一体，还会改变用户对周围环境的感觉，严重的误差甚至还会导致完全错误的行为。

3）对于系统计算能力的要求不同

在 VR 系统中，要求使用计算机构建整个虚拟场景，并且用户需要与虚拟场景进行实时交互，系统的计算量非常大。而在 AR 系统中，只是对真实环境的增强，不需要构建整个虚拟场景，只需对虚拟物体进行渲染处理，完成虚拟物体与真实环境的配准，对于真实场景无须太多处理，因此显著降低了计算量。

4）侧重的应用领域不同

VR 系统强调用户在虚拟环境中感官的完全沉浸。利用这一技术可以模仿许多高成本、危险的真实环境。因此，它主要应用在娱乐和艺术、虚拟教育、军事仿真训练、数据和模型的可视化、工程设计、城市规划等方面。AR 系统是利用附加信息增强使用者对真实世界的感官认识。因此，其应用侧重于娱乐、辅助教学与培训、军事侦察及作战指挥、医疗研究与解剖训练、精密仪器制造与维修、远程机器人控制等领域。

因此，AR 相比于 VR，其优势主要在于较低的硬件要求、更高的注册精度以及更具真实感。

14.4.4　增强现实的应用领域

无论是在科研、教育、工程、医学等行业，还是我们的生活中，增强现实都发挥着重要的作用。目前，移动增强现实已经覆盖了众多领域，包括在电子商务、导航、教学培训等方面。

1. 电子商务领域

AR 将现实世界用作画布，并创建了真实和虚拟对象的组合。在电子商务中使用增强现实，能够给人一种沉浸式真实的体验。借助 AR 应用程序，购买者可以像在真实商店中一样体验产品，可以 360°对其外观、材质进行查看。例如，北京地铁站已经出现了虚拟的购物超市，当消费者想要购买某种商品的时候，消费者只需要用手机拍摄物品，然后发送给服务商，这样服务商就可以将消费者购买的物品直接送上门。

2. 导航领域

目前已经在新开发的 GPS 软件上应用了增强现实技术，用户只需把这款 GPS 安装在车辆上，就可以在前方道路上看到叠加后的方向和路况信息。这样就可以实时指引驾驶员，给驾驶员提供了非常好的驾驶感受。AR 在无人机地图中的使用，将 GIS 图形数据、标注信息等，根据实际的位置，叠加到无人机采集的视频中，对视频内容进行增强，赋予视频更多的应用意义。增强后的视频，不仅更易读，还能进行单体化数据查询、交互式数据搜索等应用。采集的视频与 GIS 图形数据相叠加，不同的部分一目了然，违章建筑、违停车辆无所遁形。

3. 教学培训领域

目前在化学、地理等一些教学科目中，利用移动增强现实技术，可以对三维的分子结构或空间星系进行增强展示。这样可以加强学生对这些知识的理解。相比于传统的以书本为基础的教学方式，利用 AR 的教学具有以下几个性质：易得性、规范性、可视性、交互性。由于是基于计算机设备的教辅材料，AR 教学软件有极强的规范性。同时 AR 辅助教学的核心在于人机交互配以合理的物理引擎，学生可以大胆地在设备上进行实验。例如，对于浓硫酸稀释的危险实验，学生在电子设备上进行时可以完全不用考虑安全隐患。

本章综合案例

AR 与 VR 在新冠疫情中的抗疫作为

新冠疫情初期，人们对于非接触测温的需求激增。亮风台在春节期间紧急研制了红外测温眼镜。当时原材料供货紧张，企业紧急与全球供货商联系才得以解决。如今，亮风台的 AR 测温设备已应用在杭州西溪湿地景区、浦东新区金桥管委会、虹口区 1929 园区、东方万国企业中心、张江集电港北大园区等多个场景。

非接触式 AR 眼镜可以帮助工作人员快速测量通行人员的体温数据。在 2 米左右的距离内，警务、医护、物业等一线工作人员佩戴上 AR 眼镜，即可以第一视角进行测温，通行员工的实时体温会显示在视野前方。如果被测人员的体温超过 37.3 度，可直接触发报警。与测温枪等传统体温计不同的是，非接触式 AR 眼镜在使用时，测量者和被测量者无须近距离接触，还支持全身检测及多人同时检测，可以有效降低因近距离接触、人员堵塞等引起的交叉感染风险。

人民日报官方微博点赞了新冠疫情期间九大硬核战疫黑科技，亮风台的5G AR远程会诊系统就是其中之一。通过5G AR远程会诊系统，专家可以进行隔空诊断。医生戴上AR眼镜后，一个三维立体的新冠肺炎患者肺部就会出现在眼前，可以360°清晰立体呈现器官、病灶形态、体积、细微结构，帮助医生进行精准诊断。2020年3月，昆明医科大学第一附属医院联合亮风台、中国移动上线了云南省首个5G AR新冠肺炎远程会诊系统，实现了新冠疫情期间的非接触式会诊，提高了诊疗效率。参加会诊的医生感慨地说："即使对于非影像专业的医生来说，戴上AR眼镜，也非常直观。"

受新冠疫情影响，一些企业的设备调试、异地检修等现场作业受限，远程协作成为迫切需求。亮风台与海尔智研院合作上线了AR远程协作系统，短短两周内新增300多个账号，用户覆盖了39家海尔工厂、123家外部供应商及设备商。又如，青岛一家滚筒工厂的打包机出了问题，但外地的供应商还没复工，一时赶不过来。正是通过这套AR远程协作系统，把设备问题以第一视角展示出来，专家犹如身临其境，手把手传授维修技巧。AR系统还能全程记录维修过程，方便回看。这一系统的应用，协助海尔集团在新冠疫情期间实现了降本增效。

消防设施运行是否正常？社区存在哪些安全隐患？亮风台的AR远程通信平台在新冠疫情期间也应用在了昆明市西山区的消防巡检上。在无法到达现场的情况下，控制室里的监督员只需佩戴AR眼镜即可进行"云办公"，各个现场一览无余，还能在画面上实时标注"隐患"与"问题"。

因新冠疫情快速上马的产品，并不是一次性交易，这些场景应用其实是技术公司们长期以来专注的领域。危往往与机并存，这次新冠疫情使得"远程＋"从柔性需求变成了刚性需求，与5G、大数据、工业互联网等新基建项目密切相关的AR技术，必将迎来新的市场机遇。

案例讨论分析问题

1. AR眼镜是如何实现"抗疫作为"的？
2. AR眼镜在抗疫中的行动给你怎样的启示？
3. 试分析如何利用虚拟现实及增强现实技术来开拓中国数字产业新格局？

本章复习题

1. 虚拟现实技术产生的时代背景是什么？
2. 虚拟现实技术、增强现实技术有哪些特点？
3. 虚拟现实技术及增强现实技术的应用场景是什么？
4. 举例说明虚拟现实技术的应用实例。

第 15 章　区块链技术

【学习目标】

- ■ 掌握区块链的概念和特点
- ■ 理解区块链技术的原理
- ■ 了解区块链技术在多领域中的应用

【思政目标】

- ■ 开阔学生的知识视野，了解区块链技术应用领域的前沿知识
- ■ 提升学生信息素养，为国家数字经济建设培养高素质信息化人才

15.1　区块链的概念及特点

15.1.1　区块链技术的概念

区块链（blockchain）的概念首次出现在 2008 年中本聪（Nakamoto）发表的“Bitcoin：A peer-to-peer electronic cash system”一文中。该文提出以区块链技术为基础的比特币（Bitcoin）系统构架，该构架记录着所有元数据和加密交易信息，从而建立了一个采用点对点（peer-to-peer，P2P）技术的分布式电子现金系统，使得在线支付的双方不用通过第三方金融机构而直接进行交易。

区块链本质上是一种基于分布式网络构建的多方共同维护、使用密码学保障传输与访问安全的数据库技术。区块链技术架构中没有中心服务器，所有计算设备都是平等节点，不需要建立信任关系，任一节点都拥有相同的数据副本，无须经过第三方便可直接与区块链网络中的其他节点进行交易。节点将一段时间内产生的所有数据通过加密储存到一个带有时间戳的区块中，形成新的区块，按照时间顺序，链接到当前最长的主区块链上。

从 2008 年比特币问世至今，区块链的发展大体可以分为三个时期，其应用范畴已经从最初的数字货币或资产扩展至现今社会经济生活的方方面面。其中，1.0 阶段以比特币等数字资产为典型代表，2.0 阶段以智能合约的应用为典型特征，而 3.0 阶段以可编程社会为核心特征。当前正处于 2.0 高级阶段，区块链仍主要以小规模局部应用为主，真正的行业级和生态级落地还很少。未来 3.0 阶段，区块链将成为社会治理工具，以基于规则的可信智能社会治理体系为典型特征，将实现社会治理模式从基于传统信息化技术辅助的阶段进入基于区块链秩序的法治阶段。

区块链作为点对点网络、密码学、共识机制、智能合约等多种技术的集成系统，提供了一种在不可信网络中进行信息与价值传递交换的可信通道，凭借其独有的信任建立机制，与云计算、大数据、人工智能等新技术、新应用交叉创新，融合演进成为新一代网络基础设施，重构数字经济产业生态。

15.1.2 区块链技术的特点

开放共识：任何人都可以参与到区块链网络，每一台设备都能作为一个节点，每个节点都允许获得一份完整的数据库副本。

去中心化：由众多节点共同组成一个端到端的网络，不存在中心化的设备和管理机构。网络的维护依赖网络中所有具有维护功能的节点共同完成，各节点地位平等，一个节点甚至几个节点的损坏不会影响整个系统的运作，网络具备很强的健壮性。

去信任：节点之间无须依赖可信第三方事先建立信任关系，只要按照系统既定的规则运行即可在分布式节点间完成可信的协作与交互。同时，区块链的运行规则和节点间数据是公开透明的，没有办法欺骗其他节点。

匿名性：区块链中的用户只与公钥地址相对应，而不与用户的真实身份相关联。用户无须暴露自己的真实身份即可完成交易、参与区块链的使用。

不可篡改性：区块链系统中，由于相连区块间后序区块对前序区块存在验证关系，若要篡改某个区块的数据，就要改变该区块及其所有后序区块数据，并且还需要在共识机制的特定时间内改完。因此，参与系统的节点越多，区块链的安全性就越有保证。在比特币系统中，除非能够控制整个系统中超过 51%的节点同时修改，否则很难实现攻击。

可追溯性：区块链采用带时间戳的链式区块结构存储数据，为数据增加了时间维度，并且区块上每笔交易都通过密码学方法与相邻两个区块相连，因此任何一笔交易都是可追溯的。

可编程性：区块链支持链上脚本进行应用层服务的开发，并且用户能够通过构建智能合约实现功能复杂的去中心化应用。

15.2 区块链的原理

15.2.1 区块链的基础架构

区块链具有的去中心化、不可篡改性、数据透明性、交易可追溯性以及匿名性等特性保证了交易活动可以在任何时间和任何地点进行，突破了传统贸易在时空上的限制，同时也为交易双方创造了更多的交易机会。区块链的这些特性源于它的基础架构，区块链基础架构模型如图 15-1 所示。一般来说，区块链系统分为五个部分，分别是数据层、网络层、共识层、激励层以及合约层。

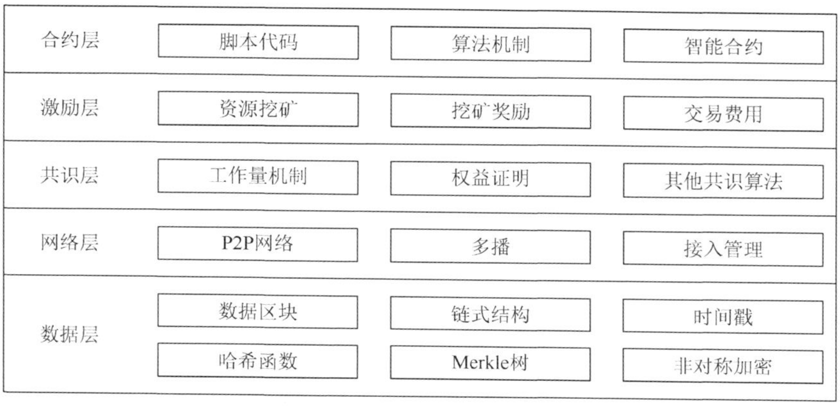

图 15-1　区块链基础架构模型

数据层：数据层是区块链通过使用各种密码学技术，例如，非对称加密、默克尔（Merkle）树以及哈希函数等创建的数据存储格式，用以保证区块链数据稳定性和可靠性。

网络层：网络层将区块链底层的 P2P 网络组织起来，并且快速让交易在网络中扩散，以确保能够及时地验证交易的正确性。

共识层：共识层主要实现了整个网络中高度分散的节点对交易和数据快速地达成共识，确保全网记账的一致性。

激励层：激励层的主要功能是提供一定的激励方式，去鼓励网络中每个节点积极参与区块链中区块的生成和验证工作，以保证区块链的稳定运行。

合约层：合约层是在这些基础上提供的一种用于编写可执行代码的接口，利用该接口可以开发基于区块链的各种实际应用。

15.2.2　区块链的数据结构

1. 区块链本质上是分布式存储系统

区块链本质上是分布式存储系统，采用了记账式存储模型，以记账形式记录资产的发行、变更、交易和注销等，因此也可称为分布式记账（distributed ledger）系统。在存储结构上，数据区块是区块链的基本构成单元，由区块头（block header）、交易数量（number of transactions）和区块体三部分组成，区块体的内容就是交易列表（list of transactions），包括 Coinbase 交易（也被称为创世交易）和常规交易（regular transaction），如图 15-2 所示。

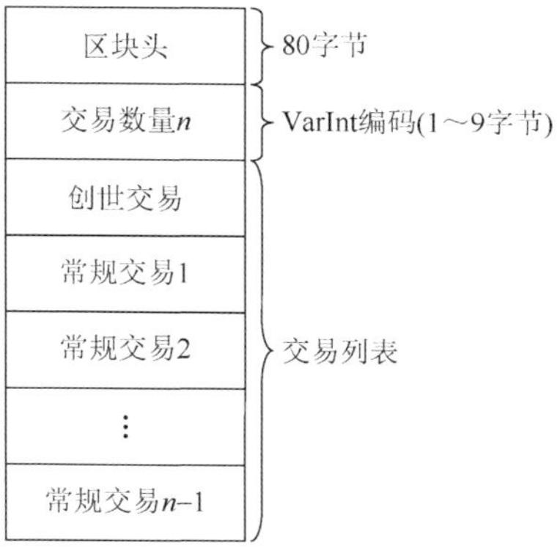

图 15-2　块结构

2. 区块头主要内容

区块头保存着各种用于连接上一个区块的信息、各种用来验证区块的信息以及时间戳等信息，交易数量用于声明区块体中具体的交易个数，区块体包含了该区块中的所有交易信息。区块头主要包括：版本号（nVersion）、前一个区块的哈希值（HashPrevBlock）、用于验证区块体交易的哈希默克尔树根（HashMerkleRoot）、当前区块的生成时间（nTime）、当前区块工作量证明的目标难度值（nBits）、用于工作量证明算法的随机数（nNonce），具体结构如图 15-3 所示。区块链中通常采用哈希函数（SHA256）进行哈希运算，即将任意长度的原始数据经过哈希运算后转换为 256 位（32 字节）的二进制数字来统一存储和识别。

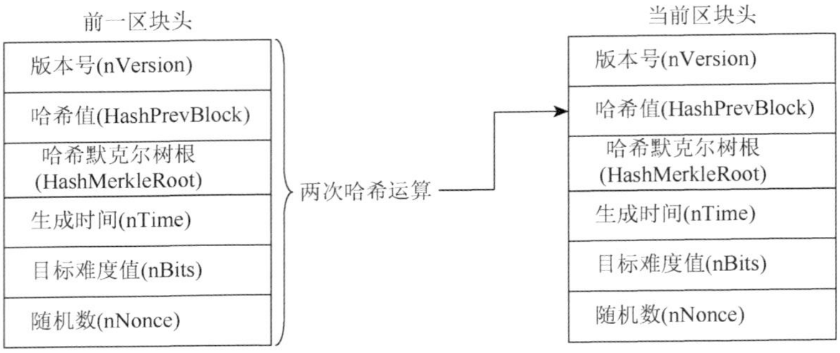

图 15-3　相邻区块之间的关系

如图 15-3 所示，每个区块将其区块头部信息进行两次（double）哈希运算所得到的结果称为该区块哈希值。通常任何一段信息只能有唯一的哈希值，即便是改变信息中的任何一个比特，就会引起整个哈希值出现巨大的差别，而哈希值碰撞（不同的输入信息产生相同哈希值）的概率是极低的，因此区块哈希值可以安全地被认为是区块的唯一标识符。

综上所述，与传统分布式数据库相比较，上述区块链的存储方式提供了对交易数据一致性检验和完整性验证功能的支持。区块链中每个保存完整数据的节点记录了从创世区块到当前区块的所有交易数据，哈希链表能验证各节点中的数据是一致的，任何改变都会以密码验证方式被发现。另外，默克尔树保证了交易记录不会被恶意篡改。

15.2.3　区块链的工作流程

区块链技术不是单一的技术主体，而是多种技术整合的结果，包括密码学、数学、计算机网络等技术在内的有机整合完善了区块链的去中心化的数据记录方式。区块链技术主要解决了在没有第三方信任机构参与的情况下如何达成可靠的信任记录的问题。区块链技术架构如图 15-4 所示。

互联网金融与第三方可信机构有很密切的关联。这些第三方金融机构在电子交易过程中扮演中介的角色，负责协调交易双方的信息。在整个交易过程中，第三方机构承担了审计、安全守卫、维持交易的责任。在线交易过程中存在的欺诈行为，突出了第三方金融机构的中介地位，同时也导致了较高的交易成本。比特币是区块链技术最本质的应

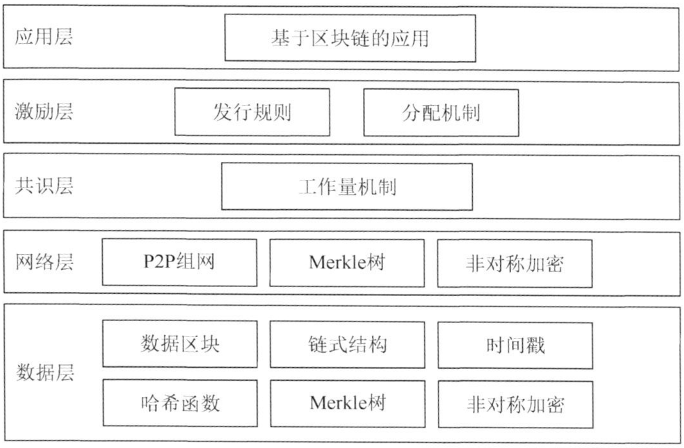

图 15-4　区块链技术架构

用，但是区块链技术的应用并不局限于电子货币，它可以被应用到电子资产在线交易的各个领域。接下来将以比特币为例对区块链技术源的相关原理、概念进行阐述。

比特币基于密码技术，在有交易倾向的双方之间充当第三方中介的角色。在具体交易过程中，每一笔交易都通过电子签名进行保护确认。在比特币网络中，交易的发起者通过自有私钥对交易进行签名，并发送到接收者的账户地址（即公钥）。在花费比特币时，比特币的持有者需要证明自己拥有对交易签名的私钥。比特币交易审核时，通过发送者的公钥对其交易签名进行验证，进而确定交易方是否可以使用对应的比特币。

每一笔交易都将被广播发送到比特币网络的每一个节点上，在节点通过审核后被记录到生成的区块链区块中。所谓“新的数据记录广播”，实际上不需要抵达全部的节点。只要数据记录信息能够抵达足够多的节点，那么将很快地被整合进一个区块中。而区块的广播对被丢弃的信息是具有容错能力的。如果一个节点没有收到某特定区块，那么该节点将会发现自己缺失了某个区块，也就可以提出自己下载该区块的请求。

那么如何保证不会有人制造假数据记录？这就涉及时间戳的概念。时间戳使各个区块通过时间线有序连接起来，形成了一个区块的链条，因此才称为区块链。区块按时间的先后顺序排列使账簿的页与页的记录也具有了连续性，通过给数据记录印上时间标签，使每一条数据记录都具有唯一性，从而使数据记录在哪一区块产生及具体发生位置都可以被精确定位，且可回溯，也给其他的校验机制协同发挥作用提供了极大的便利和确定性，使整个区块链网络能够确定性地验证某条数据记录是否真实。这些区块通过把前一个区块的哈希值写入自身区块头字段的方式，按照区块生成时间的先后顺序连接成遵循时间顺序排列的区块链。

这种通过时间顺序连接记录交易的方式，带来了另一个问题，即在比特币网络中的每一个节点都可以收集未确认的交易、生成区块并把新生成的区块广播到全网其他节点，那么比特币网络怎么决定哪一个生成的区块应该被链接到之前区块链的末端？

比特币系统通过引入一个计算数学难题来竞争区块链的生成权，也就是大家熟知的工作量机制（proof of work，POW）。每个节点生成区块需要证明它付出了一定的计算资源来竞争解决对应的数学难题。具体来说，每个节点被要求寻找一个随机数，当这个随机数、交易记录与前一个区块的哈希值共同进行哈希化后的数值的开头包含一定数量的 0，并且小于目标值，即哈希值（前一区块的哈希值 + Merkle 树根 + 随机数）$<T$（目标哈希值）。

但是这个数学难题并不是一成不变的，比特币系统通过调整它的难度来平衡区块的生成时间，使系统内平均每 10min 产生一个新的、被接收的区块。在网节点通过贡献其自身的计算资源来解决数学难题，竞争产生区块。最早成功计算出数学难题解的节点，将有权利把本节点生成的区块链接到区块链末端，被其他节点接收，并被授予一定数量的比特币作为对它贡献计算资源的奖励。

比特币通过竞争计算哈希值的方式，依据 POW，保证平均每 10min 会有新的区块产生，通过新区块的生成来发行新的比特币，最终生成的区块链结构如图 15-5 所示。具体的区块链的工作流程如下。①在网节点收集一段时间内所有的交易信息。②接收节点对收到的交易信息进行检验，审核交易是否合法。通过检验的交易记录将被记录到新区块的主体中。③在网节点通过对区块主体中交易信息进行计算，结合区块链当前末端区块的哈希值，计算寻找满足条件的新区块的哈希值。④最先计算得出满足条件的哈希值的节点，将把新生成的区块信息广播到全网其他节点。⑤节点对该新生成区块进行验证，经审查无误后，所有节点接收该区块。而接收的方式，就是把该新生成区块确定为区块链当前末端区块。

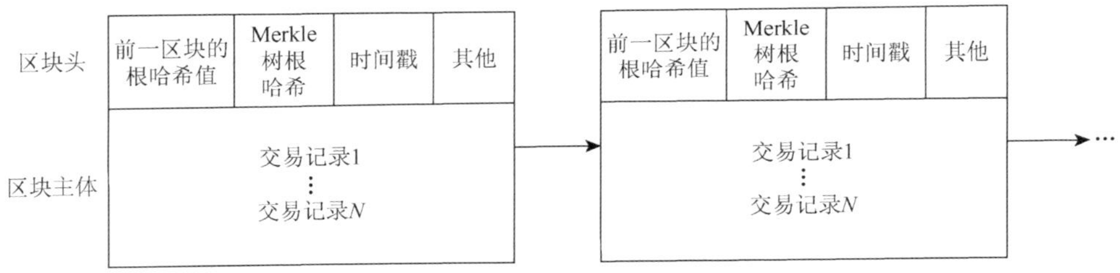

图 15-5　区块链结构示意图

通过以上的步骤，区块链网络中所有在网节点共同参与、维护、审查区块链区块的生成过程，并且区块链网络在网节点都维护相同的区块链账本记录，保证了区块链上区块记录的真实、可靠与不可篡改。

在区块链中，区块中的信息由区块头和区块主体中的信息构成。其中，区块主体中将记录具体的交易信息，包括交易双方的公钥地址、交易数量、签名验证等信息。而区块头的大小为固定字节，以比特币为例，具体见表 15-1，比特币区块头大小始终为 80 字节。

通过区块的哈希值，可以唯一地标识出区块链中的区块。每一个区块通过对前一区块哈希值字段的引用，指向前一区块。通过时间戳 + 哈希算法的方式，构建了区块链为一条可以按照交易时间先后顺序追踪交易记录的链条，确保了区块链所记录的交易次序是按照时间依次发生的。而引入随机数 + Merkle 树根 + 前一区块的哈希值作为当前区块哈希值的计算方式，保证了交易信息的真实性、可靠性。

表 15-1　区块信息

字段	字段描述	大小/字节
版本号	软件协议的版本号	4
前一区块的哈希值	通过计算得出的前一区块的哈希值	32
Merkle 树根	本区块中所有交易信息计算生成的哈希值	32
时间戳	区块生成的时间	4
难度	POW 的难度目标（动态变化）	4
随机数	用于 POW 计算中寻找满足难度的数字	4

本章综合案例

区块链打造济南市防疫智慧大脑

2020 年新春佳节，突如其来的新冠疫情打破了阖家团圆的喜庆时刻，举国上下实行居家抗疫，全国人民投入到紧张的抗击新冠疫情战役之中。济南市凭借着在区块链建设方面的优势条件，通过区块链技术联合全社会的力量，为济南打造出新冠疫情应急信息管理与服务的全新模式。

在政府部门、医院和区块链企业的通力合作下，山东省医保处方流转平台在济南率先投入使用。区块链领域的创新成果在该平台中得到了深度应用，基于区块链的不可篡改等特性，处方的线上可信流转得以实现。同时，基于区块链的强监管特性，智能合约与共识机制应用在医保局对处方的智能监管中，医保资金的安全使用得到了保障。数字化身份认证和医保支付工具由医保电子凭证代替，围绕着人民群众就医、买药和报销等环节，将处方开具、医保支付和药品取送等就医链条打通，实现了医疗、医保、医药的三医联动和互联互通。开设医保结算小程序，可通过医院微信公众号进入，参保患者能够实现线上挂号、就诊、医生开具处方，之后，可直接在手机端进行线上医保结算，统筹账户、个人账户，以及自费项目部分还可以通过“一码结算”和“融合支付”实现，省去了去结算窗口排队的时间和精力。同时，互联网诊疗平台可提供线上复诊、续方、结算和药品取送等便民医疗服务。

在解决复工复产的问题上，济南市依托区块链企业已经搭建好的区块链环境，上线并运行了企业复工复产人员管理系统。该系统配备了复工信息采集、企业复工复产备案和企业防疫申报等不同的功能模块，能够实时掌握企业复工复产情况、在岗人数、员工健康状况、防疫物资储备以及企业日常管理情况等。还可在线生成新冠疫情数据分析报告，分析新冠疫情防控与复工复产趋势，实现企业与政府管理部门“不见面”网上申报，及时上报企业在复工复产中的问题与困难。使用时企业负责人在系统内注册填报信息，生成专属二维码分发给员工进行扫码，操作简单便捷。员工通过手机或电脑填写的新冠疫情相关信息全部实时写入区块链，生成了独一无二的区块链个人健康码，保证信息的不可篡改性。员工的每一步操作都打上了时间戳，帮助企业实时获取员工的真实健康状况，如果出现信息申报异常情况，个人健康码中储存的区块链信息也可以帮助进行企业精准追溯。同时基于区块链的非对称加密和授权技术，链上数据均使用哈希函数等保密系数极高的技术加密，系统内的无关部门与其他企业未经授权便无法访问获取信息，系统外的黑客想要入侵更是难上加难。

案例讨论分析问题

1. 济南市是如何将区块链技术应用到新冠疫情应急信息管理与服务中的？
2. 阅读案例，归纳区块链综合运用了哪些技术？
3. 总结区块链技术在应急信息管理与服务应用的前景是什么？

本章复习题

1. 什么是区块链技术？
2. 区块链技术的工作原理是什么？
3. 举例说明区块链技术的应用场景。

附录 A EndNote 工具参考文献相关功能应用

■ 课程名称：信息分析：方法、案例与应用
■ 实验内容：文献管理软件 EndNote 工具参考文献相关功能应用

A.1 实 验 目 的

■ 熟悉 EndNote 工具在参考文献导入、分析和编排等方面的应用

A.2 实 验 任 务

■ 应用 EndNote 工具进行参考文献导入、文献的分组与统计分析和参考文献的编排

A.3 实 验 要 求

■ 按实验内容依次进行操作，操作的每个文件依次命名为学生姓名 1，学生姓名 2，并截屏后粘贴到 Word 上保存成一个文件。

A.4 实验组织计划及安排

■ 由于学校计算机实验室资源的限制，所以本课程的实验组织学生在上课的教室内，自带笔记本，事先安装好相关的应用软件，分两个组进行。

A.5 实验操作要点

1. 实验内容 1：EndNote 参考文献的导入

（1）双击打开 EndNote 软件，从默认界面选择“Create a new library”，如图 A-1 所示；选择好要保存的位置后，成功创建属于自己的个人图书馆，如图 A-2 所示。

创建成功后，会出现一个后缀为“.enl”的文件和一个后缀为“.Data”的文件夹，若后续要使用或移动个人图书馆，需确保上述两个文件处在同一文件夹内。

（2）在 File 菜单栏中 Import 选项下，继续选择 File 选项，可以导入 PDF 文件，如图 A-3 所示。

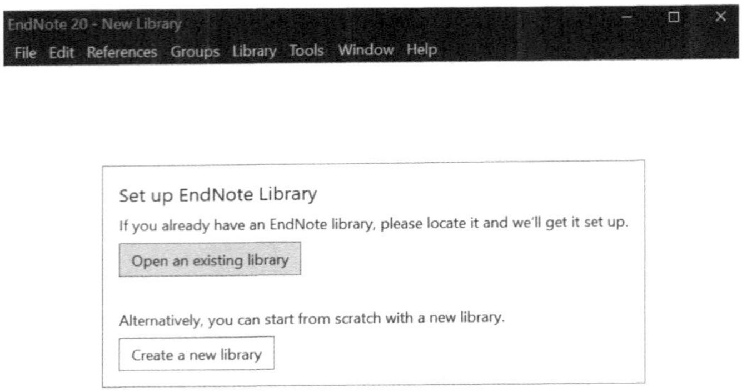

图 A-1　选择“Create a new library”

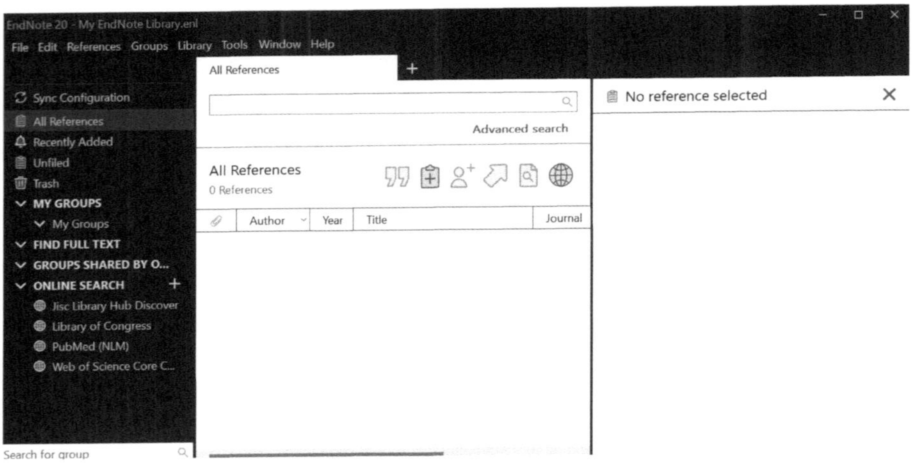

图 A-2　创建个人图书馆

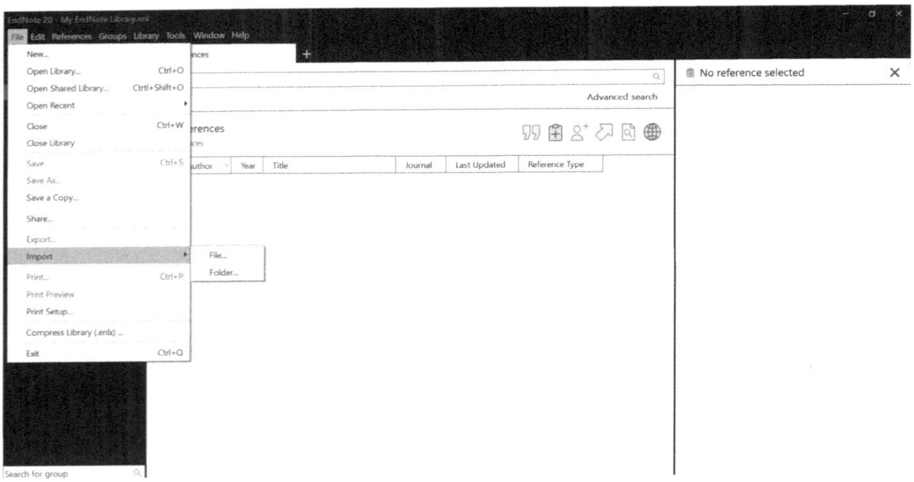

图 A-3　在 File 菜单下进行选择以导入 PDF 文件

若想要批量导入 PDF 参考文献，则可以同时打开 PDF 参考文献所储存的文件夹和 EndNote 软件，在文件夹中批量选择所要导入的参考文献，并拖拽至 EndNote 软件中的指定位置，完成 PDF 参考文献的批量导入。若处在联网状态，则会自动更新 PDF 文献的记录，实现参考文献的初次导入，如图 A-4 所示。

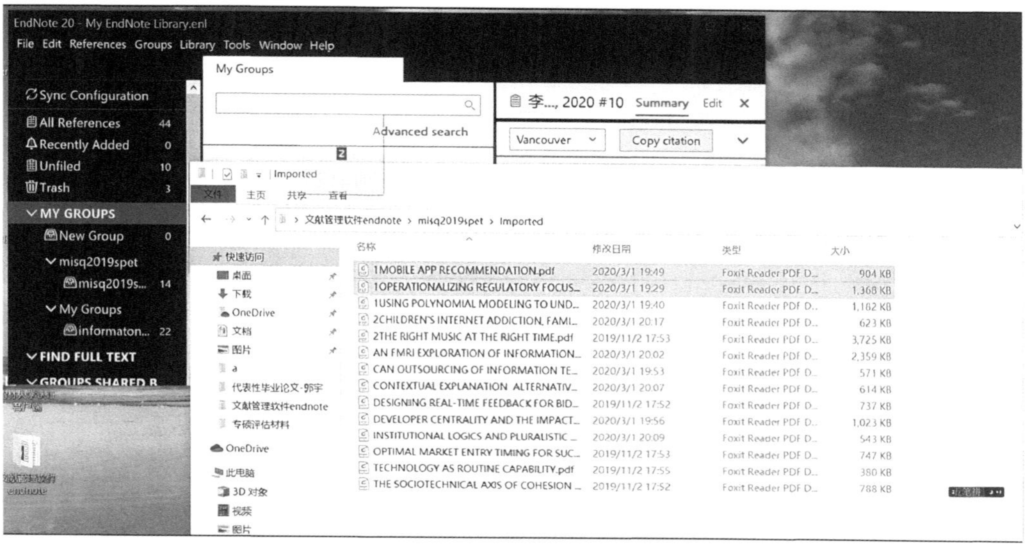

图 A-4　PDF 参考文献的批量导入

（3）导入时同样可以按照文件夹形式进行参考文献导入，分为手动导入和自动导入两种模式。

手动方式选择 EndNote 的 File 菜单栏中 Import 选项下的 Folder，如图 A-5 所示。

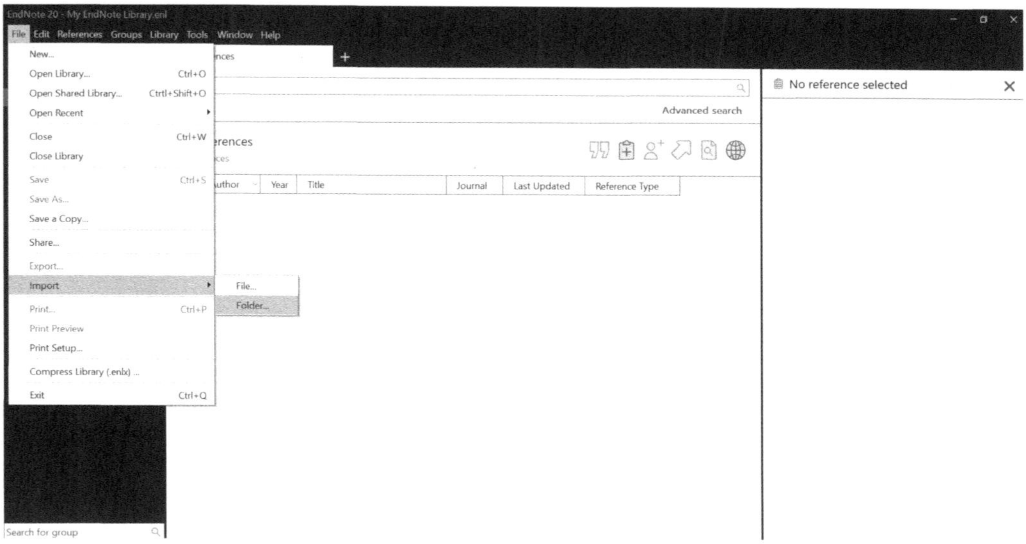

图 A-5　参考文献文件夹手动导入 1

随后单击 Choose 按钮，选择所要导入的文件夹后，单击“确定”按钮，如图 A-6 所示。

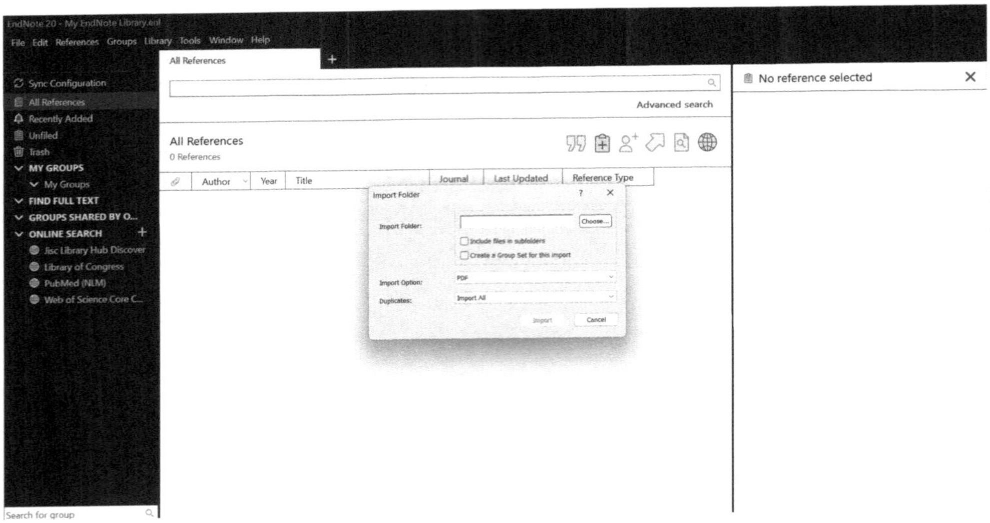

图 A-6　参考文献文件夹手动导入 2

勾选 Include files in subfolders 支持二级文件夹导入选项和 Create a Group Set for this import 支持导入时按文件夹生成相应分组选项，并单击 Import 按钮，如图 A-7 所示，完成 EndNote 参考文献文件夹的手动导入。

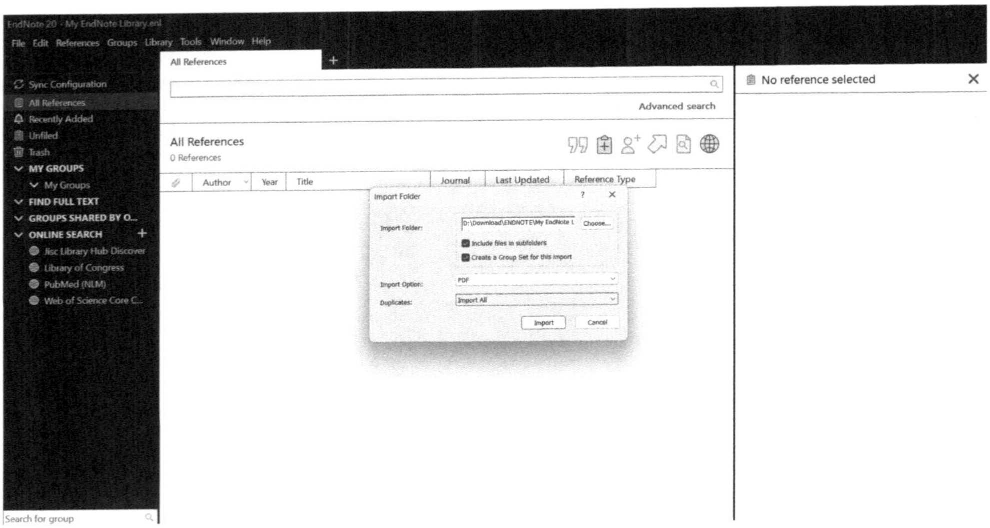

图 A-7　参考文献文件夹手动导入 3

自动导入文件夹则选择 Edit 菜单栏中 Preferences 选项，如图 A-8 所示。

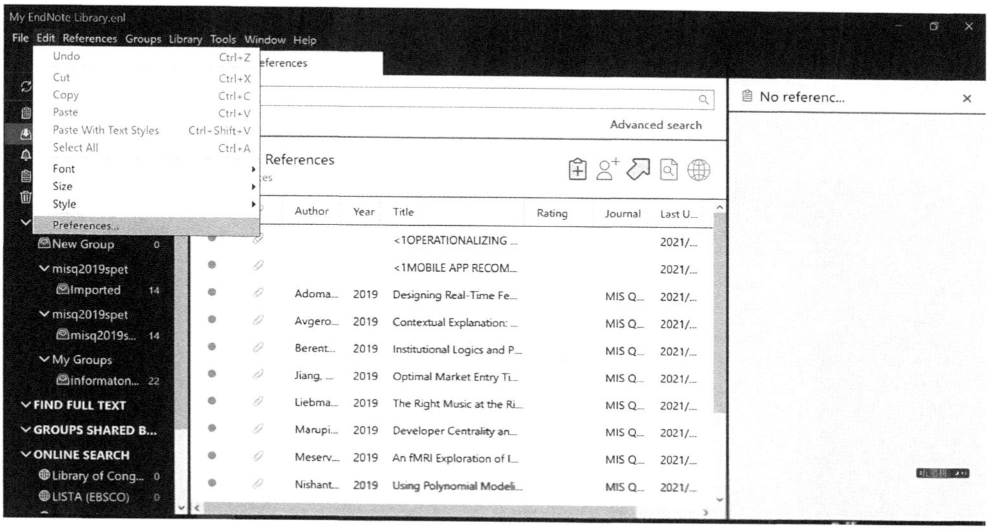

图 A-8　参考文献文件夹自动导入 1

在 PDF Handing 选项中，选择 Enable automatic importing 选项后，单击 Select Folder 按钮，选择所要导入的文件夹后，单击“确定”按钮，如图 A-9 所示，完成参考文献文件夹的自动导入。

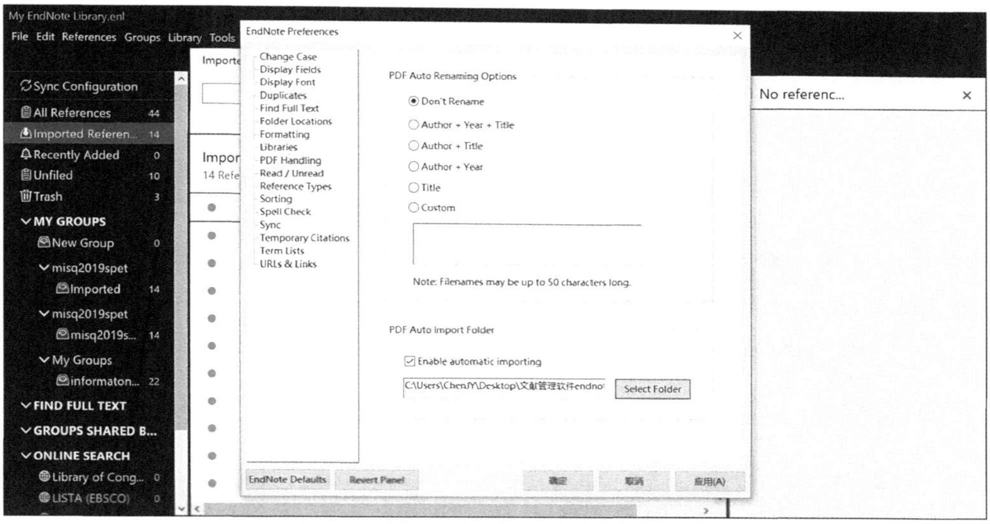

图 A-9　参考文献文件夹自动导入 2

通过自动导入方式导入的文件夹，若设置好定期自动导入，后续所要导入的新文章不需要每次导入，只需将新文章放入该文件夹中，EndNote 软件将自动定期导入最新版本的文件夹，帮助用户节省更多文献导入时间。

（4）EndNote 软件中 Tools 工具栏下，选择 Install EndNote Click Browser Extension 选项

安装插件，用户在多个出版平台、期刊网站、数据库平台、多个浏览器上查看文献时，插件能够自动运行，选择 Install EndNote Click Browser Extension 后，就可以看到文献的信息，如图 A-10 所示。

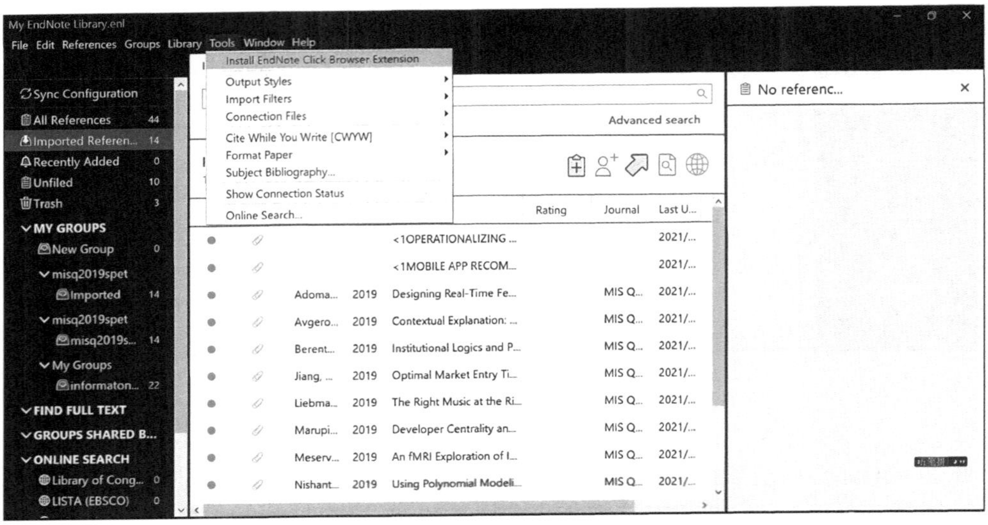

图 A-10　软件插件自动运行并查看浏览器中文献浏览信息

（5）数据库检索文献时，批量文献信息的导入。

以 Web of Science 为例，检索时在“选择数据库”下选择“Web of Science 核心合集”，在“主题”检索框中输入 Information analysis，在“更多设置”中勾选“Social Sciences Citation Index（SSCI--1900 年至今）”选项。

选择“导出至 EndNote Desktop”，记录来源选择“1”至“10”，记录内容选择“全记录”，单击“导出”按钮，EndNote 软件会自动抓取文献，完成批量文献导入。

（6）EndNote 软件具有在线检索和导入功能，打开 EndNote 软件后，在左侧菜单栏中选择 Online Search，指定 PubMed（NLM）直接在页面中设定检索条件，单击 Search 按钮检索后，PubMed 就会开始自动检索。

2. 实验内容 2：EndNote 文献信息的分类管理和统计分析

（1）EndNote 文献分组包括 Create Group、Create Smart Group 和 Create From Group 三种，我们以 Create Group 为例进行演示，打开 EndNote 软件，选择 Groups 菜单栏中的 Create Group。可以按照需求将目标文献直接拖动到所建文件夹中，完成目标文献的文件夹分类。

（2）在文献导入过程中，可能会导入相同的文献，EndNote 软件提供了文献去重功能，在 Library 菜单栏中选择 Find Duplicates 选项，可以手动筛选决定保留哪条记录。若数据量较大，则在 References 菜单栏中选择 Move References to Trash 选项，一键移动重复文献至垃圾箱。

重复文献的定义设置，在 Edit 菜单栏中选择 Preferences 选项，在左侧菜单栏中选择 Duplicates，勾选 Author、Year、Title、DOI 等选项，精准定位重复文献的记录。

（3）在 EndNote 中保存了很多的文章，我们想看一下如何利用 EndNote 了解已经整理文献的影响力，能不能在其中找到有价值的资料。EndNote 实现了与 Web of Science 的无缝链接，可以进行 Web of Science 全记录页面、相关记录结果和一键式引言报告的生成。

在 References 菜单栏中选择 Web of Science 下的 View Source Record 选项，查看原数据文献，自动在浏览器中打开 Web of Science 界面，并在右侧详细显示有影响力的信息。

（4）打开 EndNote 软件，在 References 菜单栏中选择 Web of Science 下的 View Related Records 选项，可以发现不同学科之间的关系。

若想看某些文章当前影响力的发展，则可利用创建引文报告功能，选中目标组别，选择 Create Citation Report 选项，可以看到 Web of Science 界面中对引文发展的整体概览和历年影响力发展变化趋势，对我们目前掌握的内容进行补充。

3. 实验内容 3：EndNote 参考文献的编排

（1）安装 EndNote 软件后，打开 Word 文件，会显示 EndNote 选项卡，若要在 Word 中引用目标文献，则在 EndNote 软件界面中选中目标文献，右侧将出现该文献的相关信息，直接选择复制信息并粘贴至所需地方即可。

（2）在 Word 文档中添加参考文献，则在 EndNote 选项卡下的下拉菜单中选择合适的参考文献格式。

将鼠标移动至所要添加参考文献的位置，单击 Insert Citation 按钮添加参考文献，就会打开 EndNote 和 Word 文档的联动选项卡，在检索框中输入检索词并查找，选中待添加的参考文献后，单击 Insert 按钮，完成参考文献的插入，文章中指定位置和文后都将自动显示插入的参考文献。

有的读者感觉在 Word 中检索文献比较费事，若想在 EndNote 中搜好文献再往 Word 中添加，则可通过快捷键 Alt + 数字 2（同时按住这两个键即可）实现。

附录 B　SPSS 工具进行回归分析和曲线分析

■ 课程名称：信息分析：方法、应用与工具
■ 实验内容：SPSS 工具进行回归分析和曲线分析

B.1　实 验 目 的

■ 熟悉 SPSS 软件的分析应用功能

B.2　实 验 任 务

■ 应用 SPSS 软件进行一元线性回归、多元线性回归、一次曲线、二次曲线分析

B.3　实 验 要 求

■ 按实验内容依次进行操作，操作的每个文件依次命名为学生姓名 1，学生姓名 2，并抓图后粘贴到 Word 上保存成一个文件。

1. 实验内容 1：一元线性回归

【应用案例 B-1】居民消费和总储蓄的相关性分析。

（1）新建一个文档，在“变量视图”中输入如图 B-1 所示的变量。

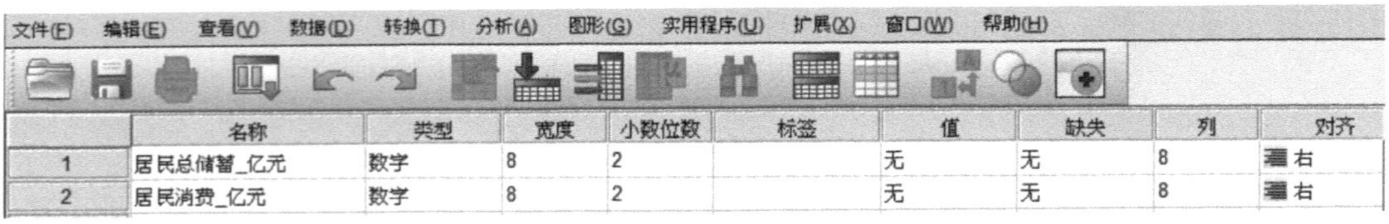

	名称	类型	宽度	小数位数	标签	值	缺失	列	对齐
1	居民总储蓄_亿元	数字	8	2		无	无	8	右
2	居民消费_亿元	数字	8	2		无	无	8	右

图 B-1　输入变量图

（2）在“数据视图”中，输入如图 B-2 所示数据。

（3）选择“分析”→“回归”→“线性”选项，在弹出的“线性回归”对话框中，设置“居民消费”为因变量，“居民总储蓄”为自变量，如图 B-3 所示。

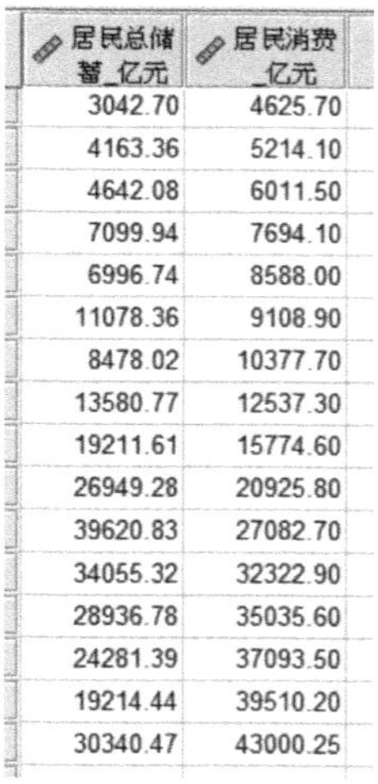

居民总储蓄_亿元	居民消费_亿元
3042.70	4625.70
4163.36	5214.10
4642.08	6011.50
7099.94	7694.10
6996.74	8588.00
11078.36	9108.90
8478.02	10377.70
13580.77	12537.30
19211.61	15774.60
26949.28	20925.80
39620.83	27082.70
34055.32	32322.90
28936.78	35035.60
24281.39	37093.50
19214.44	39510.20
30340.47	43000.25

图 B-2　输入初始数据图

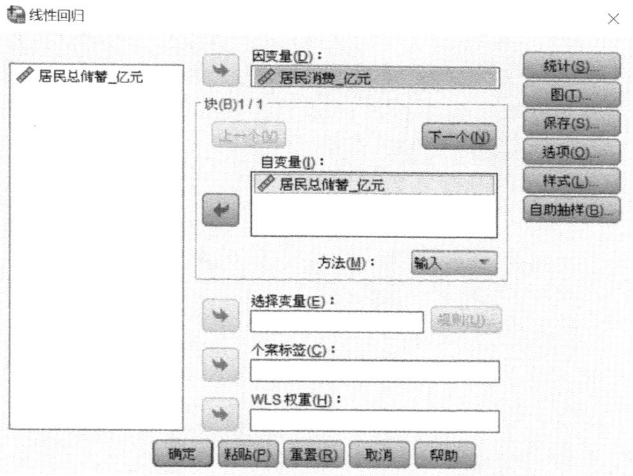

图 B-3　设置线性回归图

（4）单击“确定”按钮，分析结果如图 B-4 所示。

输入/除去的变量[a]

模型	输入的变量	除去的变量	方法
1	居民总储蓄_亿元[b]	.	输入

a. 因变量：居民消费_亿元

b. 已输入所请求的所有变量

模型摘要

模型	R	R^2	调整后 R^2	标准估算的错误
1	0.821[a]	0.675	0.652	8130.46321

a. 预测变量：(常量)，居民总储蓄_亿元

ANOVA[a]

模型		平方和	自由度	均方	F	显著性
1	回归	1920795769	1	1920795769	29.057	0.000[b]
	残差	925462048.5	14	66104432.04		
	总计	2846257818	15			

a. 因变量：居民消费_亿元

b. 预测变量：(常量)，居民总储蓄_亿元

系数[a]

模型		未标准化系数		标准化系数		
		B	标准错误	β	t	显著性
1	（常量）	2878.518	3721.319		0.774	0.452
	居民总储蓄_亿元	0.954	0.177	0.821	5.390	0.000

a. 因变量：居民消费_亿元

图 B-4　分析结果图 1

（5）选择“图形”→“旧对话框”→“散点图/点图”选项，在弹出的“散点图/点图”对话框中，选择“简单散点图”，单击“定义”按钮，选择“居民总储蓄”作为 X 轴、“居民消费”作为 Y 轴，如图 B-5 所示。

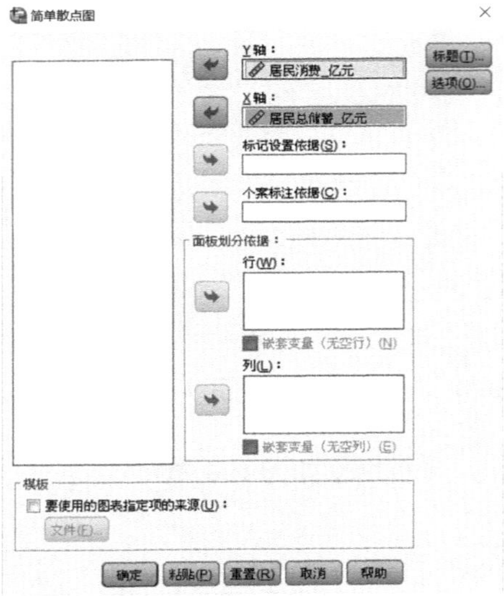

图 B-5　设置散点图

（6）单击“确定”按钮，最后效果如图 B-6 所示。

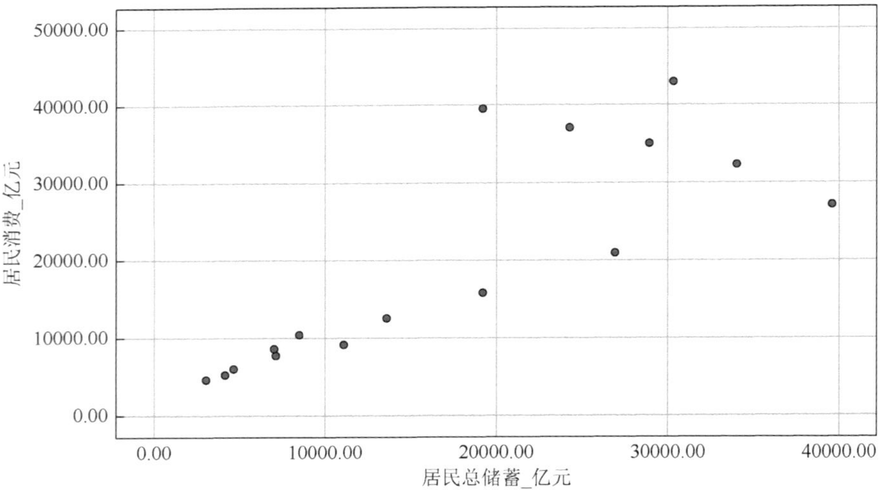

图 B-6　分析结果图 2

2. 实验内容 2：多元线性回归

【应用案例 B-2】上海房价变动受人口密度、人均可支配收入等因素的影响。

（1）新建一个文档，在“变量视图”中输入如图 B-7 所示的变量。

（2）在“数据视图”中，输入如图 B-8 所示的数据。

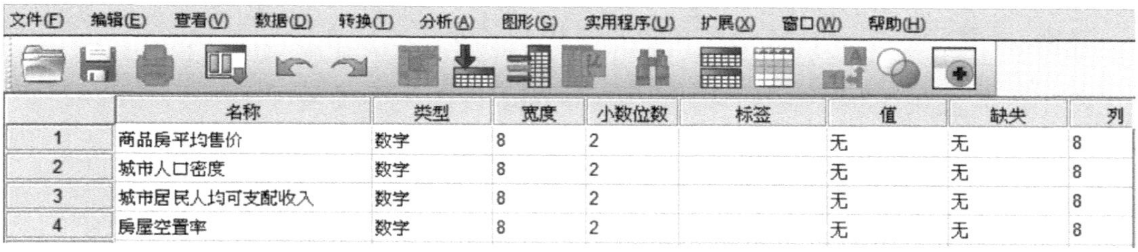

	名称	类型	宽度	小数位数	标签	值	缺失	列
1	商品房平均售价	数字	8	2		无	无	8
2	城市人口密度	数字	8	2		无	无	8
3	城市居民人均可支配收入	数字	8	2		无	无	8
4	房屋空置率	数字	8	2		无	无	8

图 B-7　设置变量图 1

商品房平均售价	城市人口密度	城市居民人均可支配收入	房屋空置率
3401.00	1654.00	8532.00	9.62
3422.00	1672.00	10937.00	15.62
3565.00	1757.00	11358.00	23.73
3866.00	2050.00	12538.00	44.62
4134.00	2279.00	13487.00	57.26
5118.00	3250.00	14653.00	64.26
5855.00	3913.00	16413.00	55.62
6842.00	4912.00	18641.00	40.27
7196.00	5172.00	20722.00	34.26
8361.00	6231.00	23654.00	39.62
8362.00	6240.00	26737.00	36.51

图 B-8　设置变量图 2

（3）选择“分析”→“回归”→“线性”选项，在弹出的“线性回归”对话框中，设置“商品房平均售价”为因变量、“城市人口密度”“城市居民人均可支配收入”“房屋空置率”为自变量，如图 B-9 所示。

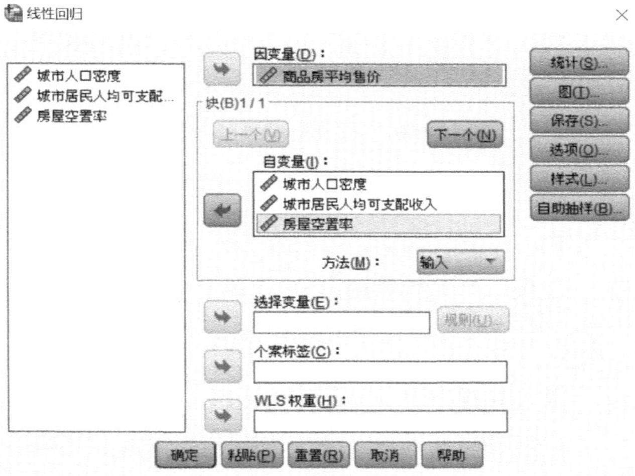

图 B-9　设置线性回归图

（4）单击“确定”按钮，分析结果如图 B-10 所示。

输入/除去的变量[a]

模型	输入的变量	除去的变量	方法
1	房屋空置率、城市人口密度、城市居民人均可支配收入[b]	.	输入

a. 因变量：商品房平均售价

b. 已输入所请求的所有变量

模型摘要

模型	R	R^2	调整后R^2	标准估算的错误
1	1.000[a]	1.000	1.000	30.19318

a. 预测变量(常量)：房屋空置率、城市人口密度、城市居民人均可支配收入

ANOVA[a]

模型		平方和	自由度	均方	F	显著性
1	回归	38310345.15	3	12770115.05	14008.027	0.000[b]
	残差	6381.399	7	911.628		
	总计	38316726.55	10			

a. 因变量：商品房平均售价

b. 预测变量：(常量)，房屋空置率、城市人口密度、城市居民人均可支配收入

系数[a]

模型		未标准化系数		标准化系数		
		B	标准错误	β	t	显著性
1	（常量）	1558.159	46.277		33.671	0.000
	城市人口密度	1.022	0.023	0.953	44.006	0.000
	城市居民人均可支配收入	0.016	0.007	0.047	2.169	0.067
	房屋空置率	0.276	0.580	0.002	0.475	0.649

a. 因变量：商品房平均售价

图 B-10　分析结果图 3

3. 实验内容 3：一次曲线

【应用案例 B-3】广告投入对销售量的影响。

（1）新建一个文档，在“变量视图”中输入变量“X”和“Y”，在“数据视图”中输入如图 B-11 所示数据。

（2）选择“分析”→“回归”→“曲线估算”选项，在弹出的“曲线估算”对话框中，设置“销售”为因变量、“广告”为变量，如图 B-12 所示。

（3）单击“确定”按钮，分析结果如图 B-13 所示。

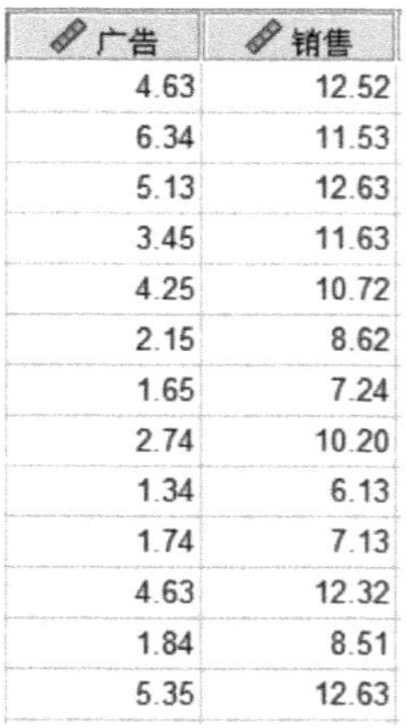

广告	销售
4.63	12.52
6.34	11.53
5.13	12.63
3.45	11.63
4.25	10.72
2.15	8.62
1.65	7.24
2.74	10.20
1.34	6.13
1.74	7.13
4.63	12.32
1.84	8.51
5.35	12.63

图 B-11　设置初始数据图 1

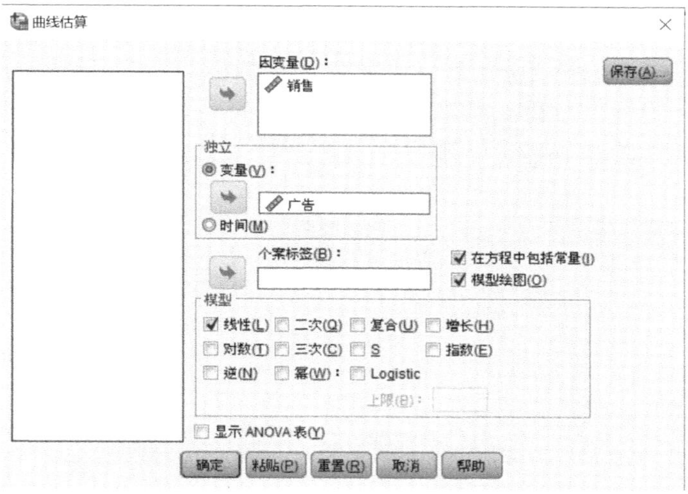

图 B-12　设置曲线估计图 1

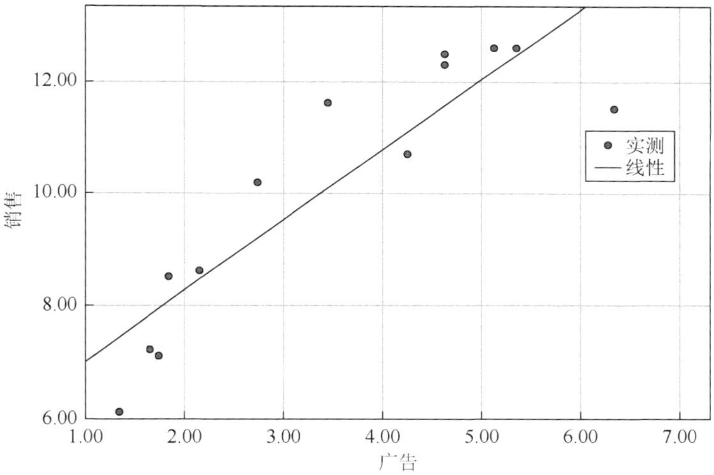

图 B-13　分析结果图 4

4. 实验内容 4：二次曲线

【应用案例 B-4】专利申请与时间的关系。

（1）新建一个文档，在“变量视图”中输入如图 B-14 所示的变量。

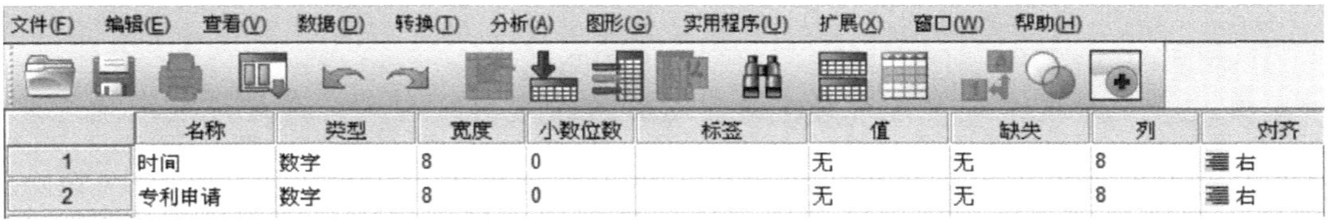

	名称	类型	宽度	小数位数	标签	值	缺失	列	对齐
1	时间	数字	8	0		无	无	8	右
2	专利申请	数字	8	0		无	无	8	右

图 B-14　设置变量图 3

（2）在“数据视图”中，输入如图 B-15 所示数据。

（3）选择“分析”→“回归”→“曲线估算”选项，在弹出的“曲线估算”对话框中，设置“专利申请”为因变量、“时间”为变量，在“模型”复选框中选择“二次”，效果如图 B-16 所示。

时间	专利申请
-17	684
-15	1053
-13	1585
-11	1956
-9	1964
-7	2785
-5	3573
-3	4247
-1	4167
1	4073
3	4086
5	4965
7	5374
9	5837
11	7174
13	8375
15	10363
17	13738

图 B-15　设置初始数据图 2

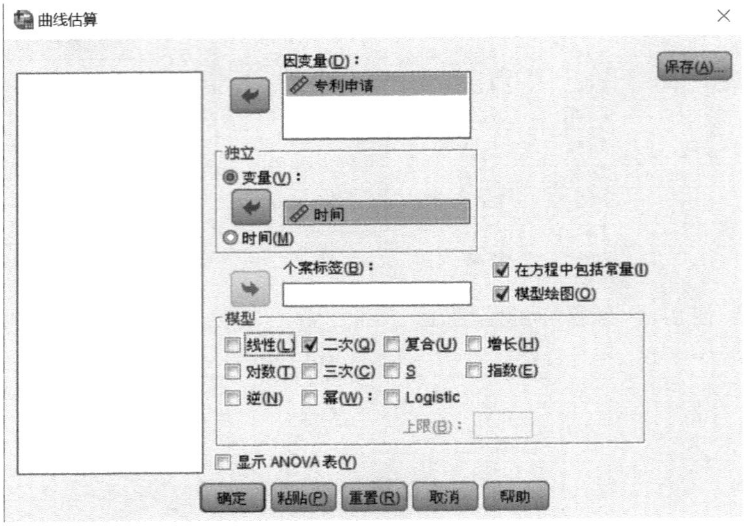

图 B-16　设置曲线估计图 2

（4）单击“确定”按钮，分析结果如图 B-17 所示。

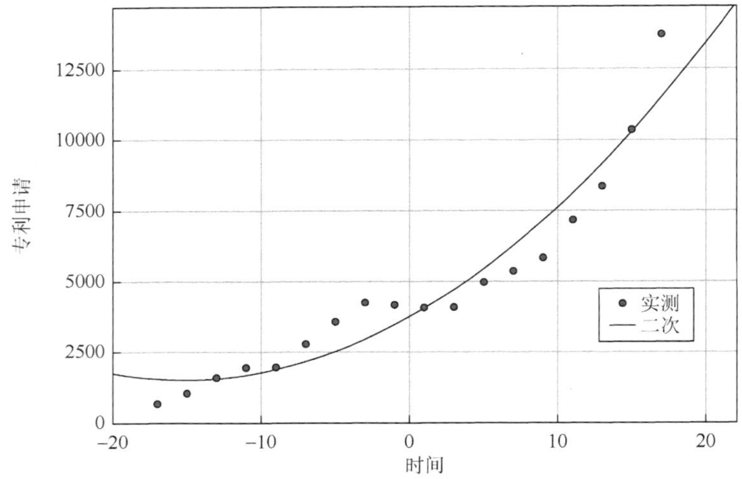

图 B-17　分析结果图 5

附录 C　运用问卷星进行问卷设计

问卷星是一个专业的在线问卷调查、考试、测评、投票平台，专注于为用户提供功能强大、人性化的在线设计问卷、采集数据、自定义报表、调查结果分析等系列服务。与传统调查方式和其他调查网站或调查系统相比，问卷星具有快捷、易用、低成本的明显优势，已经被大量企业和个人广泛使用。

其具体操作流程如下。

（1）在线设计问卷。问卷星提供了所见即所得的设计问卷界面，支持 49 种题型以及信息栏和分页栏，并可以给选项设置分数（可用于考试、测评问卷），可以设置关联逻辑、引用逻辑、跳转逻辑，同时还提供了千万份量级专业问卷模板。

（2）发布问卷并设置属性。问卷设计好后可以直接发布并设置相关属性，如问卷分类、说明、公开级别、访问密码等。

（3）发送问卷。通过微信、短信、QQ、微博、邮件等方式将问卷链接发给填写者填写，或者可将问卷邀请链接嵌入公司网站。

（4）查看调查结果。可以通过柱状图、饼状图、圆环图、条形图等查看统计图表，按字段查询答卷详情，分析答卷来源的时间段、地区和网站。

（5）创建自定义报表。自定义报表中可以设置一系列筛选条件，不仅可以根据答案来做交叉分析和分类统计（例如，统计年龄在 20～30 岁女性受访者的统计数据），还可以根据填写问卷所用时间、来源地区和网站等筛选出符合条件的答卷集合。

（6）下载调查数据。调查完成后，可以下载统计图表到 Word 文件保存，或者下载原始数据到 Excel 再导入 SPSS 等分析软件，或利用网站支持的在线 SPSS 进行直接分析。

1. 题型介绍

常见题型包括：单选题、多选题、填空题、排序题、比重题、评分题等。

具体题型说明见网址：https://www.wjx.cn/Help/Help.aspx?helpid = 192。

2. 逻辑介绍

关联逻辑是指后面的题目关联到前面题目的指定选项，只有选择前面题目的指定选项，后面的题目才会出现。通过关联逻辑可以设置在问卷打开时不显示某些题目，只有在选中关联的选项后才会显示。

引用逻辑是指将前面多选题的选项答案引入后面题目的选项中或矩阵题的小题题目中。跳转逻辑包括按选项跳转（仅单选题可用，多选题不能用）与无条件跳转两种方式。具体设置方式可见网址：https://www.wjx.cn/help/help.aspx?helpid = 218。

3. 渠道介绍

可利用问卷星官网的线上渠道，直接进行注册和使用。问卷星官方网址：https://www.wjx.cn/app/survey.aspx。

4. 其他功能介绍

问卷星还支持线上的统计分析功能，如分类统计、交叉分析等。

主要参考文献

艾瑞咨询研究院. 2020. 2020年中国知识图谱行业研究报告[R]. 北京: 艾瑞咨询.

巴比. 2000. 社会研究方法[M]. 邱泽奇, 译. 8版. 北京: 华夏出版社.

包昌火, 缪其浩, 谢新洲. 1997. 对我国情报研究工作的认识和对策研究（上)[J]. 情报理论与实践, (3): 6-8.

包昌火, 谢新洲. 2002. 企业竞争情报系统[M]. 北京: 华夏出版社.

包昌火, 谢新洲. 2003. 竞争对手分析[M]. 北京: 华夏出版社.

波特. 2016. 竞争战略[M]. 陈丽芳, 译. 北京: 中信出版社.

布鲁诺, 帕斯卡. 2020. 虚拟现实与增强现实: 神话与现实[M]. 侯文君, 蒋之阳, 译. 北京: 机械工业出版社.

车尧, 耿哲, 刘志辉, 等. 2016. 美国联邦政府科技信息机构的服务模式研究——以NTIS为例[J]. 情报学报, 35(5): 510-520.

陈静. 2013. 提升战略研究水平 发挥决策支撑作用[J]. 科技情报开发与经济, 23 (2): 119-121.

陈筱敏. 2012. 湖南外教社图书公司竞争战略研究[D]. 长沙: 湖南大学.

陈云伟. 2024. 关于新时代我国科技情报工作发展的思考[J]. 情报学报, 43 (1): 95-105.

程传茹. 2017. 面向公众的政府信息服务研究[D]. 合肥: 安徽大学.

达尔文. 2021. 物种起源[M]. 韩安, 韩乐理, 译. 北京: 中央编译出版社.

大数据产业生态联盟. 2020. 2020 中国大数据产业发展白皮书[EB/OL]. https://www.doc88.com/p-51747362747582.html[2022-05-05].

代海涛. 2010. 基于SWOT模型的吉林省人参产业发展路径分析[J]. 湖北农业科学, 49 (12): 3238-3241.

戴侣红. 2021. 追念竞争情报分会创始人包昌火先生[J]. 竞争情报, 17 (2): 44-45.

戴显红. 2021. 新中国70年科技情报事业发展的经验和启示[J]. 图书馆研究与工作,(1): 5-10, 74.

范晓良. 2005. 兰德公司: 现代智囊的“大脑集中营”[J]. 今日中国论坛, (9): 67-68.

方志军, 董新华, 俞雷, 等. 2019. 数据科学与大数据技术导论[M]. 武汉: 华中科技大学出版社.

风笑天. 2009. 社会学研究方法[M]. 北京: 中国人民大学出版社.

戈德斯坦. 2020. 专利的真正价值——判定专利和专利组合的质量[M]. 顾雯雯, 林委之, 于行洲, 等, 译. 北京: 知识产权出版社.

关静, 肖盛宁, 赵慧. 2020. 实用多元统计分析[M]. 天津: 天津大学出版社.

管清俊. 2012. 基于SWOT分析的我国第三方物流发展研究[J]. 科技广场, (2): 119-122.

郭国庆. 2009. 市场营销学通论[M]. 4版. 北京: 中国人民大学出版社.

郭敬. 2011. SWOT分析法在营销战略中的应用[J]. 企业改革与管理, (6): 54-55.

郭强, 董明伟. 2004. 问卷设计手册[M]. 北京: 中国时代经济出版社.

韩淋, 李国鹏, 杨帆, 等. 2022. 利用技术聚焦方法得到TOP 100技术焦点[J]. 中国科学基金, 36(1): 100-106.

何晓群, 刘文卿. 2019. 应用回归分析[M]. 5版. 北京: 中国人民大学出版社.

胡敏. 2007. 水平比较法在整车自主开发中的应用[D]. 上海: 上海交通大学.

胡默达, 凤军. 2017. 对二战后日本迅速崛起的一点思考[J]. 课程教育研究, (1): 171.

胡小强. 2020. 虚拟现实技术及应用[M]. 北京: 北京邮电大学出版社.

湖南省知识产权局. 2012. 专利信息检索与分析利用丛书：专利信息分析利用与创新[M]. 北京：知识产权出版社.
黄兰秋. 2012. 基于云计算的企业竞争情报服务模式研究[D]. 天津：南开大学.
冀宪武，赵永胜，赵春，等. 2003. 浅析竞争情报在农业领域中的应用[J]. 科技情报开发与经济, (3): 30-31.
江三宝，毛振鹏. 2008. 信息分析与预测[M]. 北京：清华大学出版社.
姜爱林. 2002. 中国信息化发展的历史变迁[J]. 津图学刊, (3): 1-6.
蒋颖. 2013. 人文社会科学领域文献计量学研究[M]. 北京：社会文献出版社.
柯惠新，丁立宏. 2000. 市场调查与分析[M]. 北京：中国统计出版社.
赖先进. 2017. 国际智库发展模式[M]. 北京：中共中央党校出版社.
劳伦斯. 2007. 社会研究方法——定性和定量的取向[M]. 郝大海，译. 北京：中国人民大学出版社.
雷明. 2019. 机器学习算法与应用[M]. 北京：清华大学出版社.
李董，魏进武. 2016. 区块链技术原理、应用领域及挑战[J]. 电信科学, 32(12): 20-25.
李国秋，张小翠，严众开. 2007. 招商银行金融产品创新中的定标比超[J]. 竞争情报, (2): 29-40.
李会娟. 2005. 客户关系管理系统模型研究与实现[D]. 北京：机械科学研究院.
李楠. 2017. 地方社会主义学院系统智库建设的实践路径分析[J]. 江苏省社会主义学院学报, (1): 59-62.
李文智，钟奕思，詹晓琳. 2011. 美国六大州立图书馆与档案馆在线政府信息公开服务比较研究[J]. 图书馆学研究, (19): 97-101.
梁峰. 2007. 情报研究应主动适应知识经济发展[J]. 现代情报, (12): 41-42,46.
林子雨. 2020. 大数据导论——数据思维、数据能力和数据伦理[M]. 北京：高等教育出版社.
刘敖迪，杜学绘，王娜，等. 2018. 区块链技术及其在信息安全领域的研究进展[J]. 软件学报，29(7): 2092-2115.
刘欢. 2006. 竞争情报与企业竞争战略管理[D]. 湘潭：湘潭大学.
刘静一，曹兵，王景侠. 2008. 今日美国信息服务业发展及其启示研究[J]. 浙江高校图书情报工作，6: 54-60.
刘树. 2000. 预测与决策[M]. 北京：海洋出版社.
刘欣，李向东，耿立校，等. 2021. 工业互联网环境下的工业大数据采集与应用[J]. 物联网技术，11(8): 62-65, 71.
刘训涛，曹贺，陈国晶. 2011. TRIZ 理论及应用[M]. 北京：北京大学出版社.
刘宇. 2012. 足球运动竞赛情报理论与实证研究[D]. 上海：上海体育学院.
刘昭东. 2001. 美国的信息服务机构与信息服务业[J]. 中国信息导报, (7): 44-46.
娄岩. 2016. 虚拟现实与增强现实技术概论[M]. 北京：清华大学出版社.
卢泰宏. 1998. 信息分析方法[M]. 广州：中山大学出版社.
卢小宾，朱庆华，查先进，等. 2020. 信息分析导论[M]. 武汉：武汉大学出版社.
罗琳. 2008. 定标比超在高校图书馆中的应用[J]. 晋图学刊, (6): 18-20.
罗琳，谷丽萍. 2009. 竞争情报在中小企业应用中的问题分析[J]. 现代情报, 29 (4): 179-182, 19.
骆建彬，严鸾飞，傅明智. 2001. 入世：企业应迅速提高情报竞争力[J]. 中国高校技术市场, (12): 29-31.
马天旗. 2021. 专利分析——方法、图表解读与情报挖掘[M]. 2 版. 北京：知识产权出版社.
马喜武. 2007. 数学方法在图书情报学中的应用[J]. 吉林农业科技学院学报, (4): 63-64.
马永峰. 2011. 虚拟现实技术及应用[M]. 北京：中国铁道出版社.
祁鹏华，褚超美，张轶. 2008.Benchmarking 技术在汽车开发领域中的应用[J]. 机械设计与制造, (10): 64-66.
秦铁辉. 2002. 信息分析与决策[M]. 北京：北京大学出版社.
秦铁辉，王国庄，高宇晶. 1997. 日本情报研究工作探微[J]. 情报探索, (2): 35-38.

清华大学人工智能研究院，清华-中国工程院知识智能联合研究中心. 2020. 中国人工智能发展报告2020[R]. 苏州：中国人工智能学会.
邱均平. 2019. 文献计量学[M]. 2版. 北京：科学出版社.
塞德曼. 2009. 质性研究中的访谈：教育与社会科学研究者指南[M]. 周海涛，译. 3版. 重庆：重庆大学出版社.
上海社会科学院智库研究中心项目组，李凌. 2014. 中国智库影响力的实证研究与政策建议[J]. 社会科学，(4): 4-21.
邵夫林，刘明岩. 2009. 竞争对手分析[J]. 现代企业教育，(12): 120-121.
宋艳辉，朱李，邱均平. 2022. "破五唯"背景下我国科研评价体系构建的几点思考[J]. 情报杂志，41(2): 190-197.
上海张江（集团）有限公司. 2020. 三十而"新"，释放张江创新动能[EB/OL]. https://www.sohu.com/a/572139253_121124569 [2022-05-05].
苏敏. 2010. 信息分析方法在信息素质教育中的应用研究[J]. 大学图书情报学刊，28 (3): 60-64.
孙志腾. 2022. 面向科技创新治理的科技情报服务体系研究[D]. 淄博：山东理工大学.
汤君友. 2020. 虚拟现实技术及应用[M]. 南京：东南大学出版社.
唐生苗. 2012. 投资决策实例中SWOT分析及应用[J]. 内蒙古科技与经济，(15): 35-36.
田芳. 2004. 标杆管理及其在绩效评估中的应用[D]. 大连：大连海事大学.
涂洪樱子，赵映年，李名家. 2008. 高校后勤改革的战略选择[J]. 管理观察，(18): 116-117.
涂平. 2012. 市场营销研究方法与应用[M]. 北京：北京大学出版社.
万德利，仲伟新. 2014. 对注册税务师行业引入标杆管理的若干思考[J]. 注册税务师，(5): 51-54.
王冰琪，李楠欣，赵芳，等. 2020.新时代对科技情报工作的呼唤——对工作模式和工作体系的新要求[J]. 情报理论与实践，43 (7): 11-17.
王彩杰，叶素萍，廉立军. 2008. 定标比超分析法在高校图书馆中的应用研究[J]. 新世纪图书馆，(5): 65-66,101.
王春燕，田润青. 2020. 职业教育支撑"新基建"人才培养的关键策略——以北京为例[J]. 中国职业技术教育，(22): 47-52.
王竞一. 2020. 2020中国大数据产业态势分析[J]. 软件和集成电路，(10): 76-87.
王向梅. 2007. 连锁业竞争战略的研究[D]. 北京：中国石油大学.
王雪. 2016. 二战后日本经济迅速崛起的原因的深析[J]. 商业故事，(6): 122-123.
威腾，弗兰克，霍尔，等. 2014. 数据挖掘：实用机器学习工具与技术[M]. 李川，郭立坤，彭京，等，译. 北京：机械工业出版社.
魏晨，吴晨生，马燃，等. 2003. 新时代背景下科技情报工作的发展与转变[C]//北京科学技术情报学会. 科技情报与智库建设. 北京：北京市科学技术情报研究所: 26-34.
魏琦. 1998. 论不正当竞争情报行为及其法律制约[J]. 情报理论与实践，(1): 24-26.
温芳芳. 2015. 专利计量与专利合作[M]. 北京：中国社会科学出版社.
温克勒. 2014. 基于科学计量学指标的科研评价[M]. 马峥，潘云涛，郭红，等，译. 北京：科学技术文献出版社.
文必龙，高雅田. 2019. R语言程序设计基础[M]. 武汉：华中科技大学出版社.
夏晓慧. 2005. 试论竞争情报分析与正确使用互联网信息[J]. 现代情报，(3): 196-198.
肖苏，张建芹，孙利，等. 2007. 市场调查与分析[M]. 北京：人民邮电出版社.
谢峰梅. 2005. 中国竞争情报的研究现状及其发展战略[J]. 社科纵横，(6): 237-238.
谢新洲，吴淑燕. 2003. 竞争情报分析方法——定标比超[J]. 北京大学学报(哲学社会科学版)，(2): 137-151.
谢宇. 2013. 回归分析: Regression Analysis[M]. 北京：社会科学文献出版社.

新浪科技. 2001. 信息产业部公布国家信息化指标构成方案 [EB/OL]. https://tech.sina.com.cn/it2/2001-07-29/77961.shtml[2022-05-05].
邢必刚. 2009. 眼镜品牌竞争对手分析的技巧[J]. 中国眼镜科技杂志, (10): 79-81.
徐斌. 2013. T 集团综合绩效评价体系的构建[D]. 南京：南京理工大学.
徐海涛，陶霁月. 2008. 高校战略管理中的方法和技术[J]. 科技创业月刊, (1): 87-89.
徐红昌，张静茹. 2014. 定标比超法在高校图书馆学科服务中应用探讨[J]. 河北科技图苑, 27 (6): 58-60.
徐津铭. 2013. 竞争情报在河北省中小企业创新中的应用研究[J]. 科技信息, (14): 6-7.
徐路，王丽媛，杨昆. 2019. 美国国会图书馆《2016—2020 战略规划报告》分析与启示[J]. 图书馆理论与实践, (2): 20-24.
徐显峰. 2005. 对升达公司企业竞争情报系统的建设与分析[D]. 成都：西南财经大学.
许俊荣. 2004. 论企业竞争情报系统的建立与服务[J]. 宿州教育学院学报, (3): 143-144.
杨春静，刘颖璇. 2007.试论竞争情报中的分析方法[J]. 科技情报开发与经济, (36): 108-110.
杨子竞. 1994. 美国信息服务机构的现状与特点[J]. 情报资料工作, (1): 41-43.
姚小远，杭爱明. 2009. 市场调查原理与方法[M]. 上海：立信会计出版社.
叶萍，杨博. 2014. 基于 SWOT 分析法的 SNEI 公司战略分析[J]. 品牌(下半月), (Z2): 73-74.
叶素萍，廉立军. 2008. 定标比超法在高校图书馆信息资源优化中的应用研究[J]. 情报杂志, (4): 29-30.
殷宏. 2016. 虚拟现实计划及应用[M]. 北京：国防工业出版社.
英国皇家人类学会. 2016. 田野调查技术手册[M]. 何国强，等，译. 6 版. 上海：复旦大学出版社.
余厚强. 2022. 替代计量学概念、指标与应用[M]. 北京：科学技术文献出版社.
俞立平. 2021. 计量视角下的科技评价[M]. 北京：科学技术文献出版社.
俞淼. 2012. SWOT 模型在战略管理审计中的具体运用分析[J]. 中国乡镇企业会计, (3): 141-142.
云明向. 2010. 技术竞争情报理论与方法研究综述[J]. 情报科学, 28 (1): 154-160.
查先进. 2000. 信息分析与预测[M]. 武汉：武汉大学出版社.
查先进，焦玉英. 1999. 网络环境下企业竞争的信息保障[J]. 中国图书馆学报, (6): 39-43.
查先进，严亚兰. 2000. 论企业竞争对手[J]. 情报科学, (2): 123-125.
张锋. 2019. 日本智库的发展历程及借鉴价值[J]. 人民论坛, (17): 130-131.
张景森. 2020. 大数据时代情报分析人员能力素质要求[J]. 情报探索, (4): 44-49.
张丽云. 2014. 基于 Hadoop 的企业知识管理系统的主要功能的研究与实现[D]. 长春：东北师范大学.
张琳，胡怀翠. 2013. 情报软件在竞争情报搜集中的应用[J]. 农业图书情报学刊, 25 (2): 40-42.
张鹏，常羽彤. 2007. 基于人工神经网络的动态过程聚类研究[J]. 计算机工程与应用, (23): 72-73, 82.
张庆阳. 2007. 双目立体视觉在反求工程中的应用研究[D]. 西安：西安建筑科技大学.
张新民. 2007. 美国信息机构的发展概况[J]. 中国信息导报, (1): 16-21.
张鑫. 2010. 基于战略联盟的企业竞争情报工作研究[D]. 保定：河北大学.
张莹. 2006. 竞争情报在武汉市大型公立医院战略管理中应用模式的研究[D]. 武汉：华中科技大学.
张玉峰，黄姮. 2011. 融合文本自动分类的竞争情报定标比超分析模型研究[J]. 图书情报知识, (4): 78-83.
赵凡，宗萍. 2013. 美国大学图书馆信息服务的进展及启示[J]. 图书馆建设, (1): 49-52.
赵军. 2018. 知识图谱[M]. 北京：高等教育出版社.
赵蓉英，许丽敏. 2010. 文献计量学发展演进与研究前沿的知识图谱探析[J]. 中国图书馆学报, 36(5): 60-68.
赵玉敏. 2010. 定标比超在提高大学生职业竞争力中的应用[J]. 情报探索, (5): 50-51.
郑东新. 2010. 浅述信息分析师队伍建设[J]. 科技创新导报, (16): 40-41.
郑树泉，覃海焕，王倩. 2017. 工业大数据技术与架构[J]. 大数据, 3(4): 67-80.
郑思佳，汪雪锋，刘玉琴，等. 2021. 关键核心技术竞争态势评估研究[J]. 科研管理, 42(10): 1-10.

郑志明，邱望洁. 2020. 我国区块链发展趋势与思考[J]. 中国科学基金, 34(1): 2-6.
中华人民共和国工业和信息化部. 2016. 大数据产业发展规划 (2016—2020年)[EB/OL]. https://www.cac.gov.cn/2017-01/17/c_1120330820.htm[2017-01-17].
中华人民共和国人力资源和社会保障部. 2020. 新职业——大数据工程技术人员就业景气现状分析报告[R]. 北京：中华人民共和国人力资源和社会保障部.
周辉. 2006. 企业持续竞争优势来源的动态系统研究[D]. 南京：南京航空航天大学.
周九常. 2011. 竞争情报及其作用研究[J]. 河南科技, (5): 14-15.
周晓虹. 1997. 现代社会心理学：多维视野中的社会行为研究[M]. 上海：上海人民出版社.
周志华. 2016. 机器学习[M]. 北京：清华大学出版社.
周子番，邱均平，魏开洋. 2021. 从文献计量学到“五计学”：计量学方法的演化与发展[J]. 情报杂志, 40(10): 171-178.
朱青长. 2004. 巨龙钢管有限公司产品竞争战略研究[D]. 西安：西北大学.
朱庆华，陈铭. 2004. 信息分析基础、方法及应用[M]. 北京：科学出版社.
朱岩，王巧石，秦博涵，等. 2019. 区块链技术及其研究进展[J]. 工程科学学报, 41(11): 1361-1373.
Han J W, Kamber M, Pei J. 2001. 数据挖掘：概念与技术[M]. 3版. 范明，孟小峰，译. 北京：机械工业出版社.
MBA 智库百科. 2007. 竞争对手分析论纲 [EB/OL]. https://wiki.mbalib.com/wiki/竞争对手分析论纲[2022-05-05].
MBA 智库百科. 2007. SWOT 分析模型[EB/OL]. https://wiki.mbalib.com/zh-tw/SWOT[2022-05-05].